HP

用心研创　值得尊重

皮书研创
不在于发现新大陆，而在于分享新方案

侯胜田教授
"健康经济与管理系列"总主编

健康经济与管理系列

中医膏方蓝皮书

中国中医膏方产业发展报告（2025）

主　编　侯胜田　侯　倩
副主编　沈　刚　王丽新　李建鹏

中国中医药出版社
·北　京·

图书在版编目（CIP）数据

中国中医膏方产业发展报告. 2025 / 侯胜田，侯倩
主编 . -- 北京：中国中医药出版社，2025. 7. --（健
康经济与管理系列）. -- ISBN 978-7-5132-9571-0

Ⅰ. F426.7

中国国家版本馆 CIP 数据核字第 2025FH5025 号

中国中医药出版社出版

北京经济技术开发区科创十三街 31 号院二区 8 号楼
邮政编码　100176
传真　010-64405721
廊坊市佳艺印务有限公司印刷
各地新华书店经销

开本 710×1000　1/16　印张 22.25　字数 387 千字
2025 年 7 月第 1 版　2025 年 7 月第 1 次印刷
书号　ISBN 978 - 7 - 5132 - 9571 - 0

定价　198.00 元
网址　www.cptcm.com

服 务 热 线　**010-64405510**
购 书 热 线　**010-89535836**
维 权 打 假　**010-64405753**

微信服务号　**zgzyycbs**
微商城网址　**https://kdt.im/LIdUGr**
官 方 微 博　**http://e.weibo.com/cptcm**
天猫旗舰店网址　**https://zgzyycbs.tmall.com**

如有印装质量问题请与本社出版部联系（010-64405510）

《中国中医膏方产业发展报告（2025）》

编　委　会

张菁芳　张惠贞　陈步星　陈艳玲　陈谦峰　武　婧
苑　艺　孟雨晴　赵　灿　赵汉青　赵吉超　赵丽萍
赵政泽　侯胜田　侯铭强　施　怡　姜　苗　顾　瞻
倪　磊　徐卫方　高嘉桧　黄海龙　曹峰铭　董美佳
蒋立聪　韩文博　韩俊阁　鲁春丽　童宏选　解博文
熊燕影　衡永青

秘　书　长：董美佳　侯铭强
副 秘 书 长：张学婷　李　享　刘梦雨
秘书处成员：干永和　李艺清　蒋立聪　高嘉桧　白　林　孙海燕

《中国中医膏方产业发展报告（2025）》

研创课题组

组　　　长：侯胜田　苏惠萍

副 组 长：李建鹏　陈龙健　沈　刚

课题组成员（按姓氏笔画排序）

干永和	马艺丹	马新英	王　滨	王　曦	王丽新
王宏艳	王欣怡	王泽厚	王润泽	王悦芬	王雪茜
王琪琳	王琳超	韦雪寒	邓　萍	石伯伦	白　林
吕章明	刘　虎	刘　彩	刘　聪	刘华云	刘国栋
刘梦雨	刘斯宁	孙　瑞	孙海燕	李　享	李　茜
李　然	李艺清	李东辉	李衣艻	李秀珍	李奇伶
李国祥	李京伦	李建鹏	李慧玉	杨　光	杨化冰
杨思红	张　红	张　震	张仪方	张芮溪	张学婷
张玲华	张菁芳	张惠贞	陈步星	陈艳玲	陈谦峰
武　婧	苑　艺	赵　灿	赵云松	赵汉青	赵吉超
赵丽萍	赵政泽	荆雅楠	侯成志	侯胜田	侯铭强
姜　苗	倪　磊	留典淳	高嘉桧	黄海龙	曹峰铭
彭云浩	彭佳羽	董美佳	蒋　尧	蒋立聪	韩文博
韩俊阁	鲁春丽	童宏选	谢洋峰	解博文	蔡泽楷
魏向慧					

"健康经济与管理系列"蓝皮书

研创顾问

（按姓氏笔画排序）

于贵红	才世红	万繁荣	王 济	王 捷	王卫星	王永毅
王成祥	王志刚	王雪茜	王深远	毛嘉陵	申 河	田贵华
冯兴中	朱桂祯	刘 伟	刘国栋	刘怡桐	刘庭芳	孙 沛
孙鲁英	苏惠萍	李 莉	李 峰	李玉峰	李良松	李树华
李晨玉	李瑞锋	杨道纳	邱继烈	邱德亮	何小建	宋 新
张 晋	张录法	张朝伟	陈小勇	陈玉琢	陈立新	陈林海
陈建成	欧阳静	欧阳竞峰	赵 静	赵立冬	赵建磊	侯 倩
姜 苗	袁彦龙	耿嘉玮	贾海忠	徐希胜	高 民	郭廷建
郭府青	郭治中	黄德海	黄灏峰	蒋 锋	韩根东	曾国军
蓝韶清	路云铁					

《中国中医膏方产业发展报告（2025）》

主要编撰者简介

侯胜田 | 管理学博士，北京中医药大学管理学院教授（兼国家中医药发展与战略研究院健康产业研究中心主任）、澳门城市大学大健康学院教授；兼任上海交通大学健康长三角研究院健康旅游研究中心主任、上海交通大学健康长三角研究院数智慢病治理研究中心名誉主任、温州医科大学大健康发展研究院康养休闲旅居研究所所长、世界中医药学会联合会医养结合专业委员会副会长、中国老年学和老年医学学会国际旅居康养分会副主任委员、中国中医药信息学会医养居融合分会副会长、世界中联国际健康旅游专业委员会副会长、北京中医生态文化研究会副会长。《全球健康蓝皮书》《中医药蓝皮书》《中医医馆蓝皮书》《中医医院蓝皮书》《食药同源蓝皮书》《数智中医药蓝皮书》《康养旅居蓝皮书》主编。《医疗服务营销》《医药市场营销学》《医药市场调研》《医药广告学》等多部教材主编。主要研究方向：健康经济与管理、中医药与大健康产业、数智健康与数智中医药。发表中英文论文90余篇，主持完成多项国家社科基金、教育部社科基金和北京市社科基金课题。

侯 倩 中西医结合外科学博士，副教授，硕士生导师，中国人民解放军总医院医学创新研究部主任医师。长期从事创伤修复与再生的中西医结合研究，付小兵院士国家科技创新团队成员，擅长战、创、烧伤中医外科，皮肤病，肿瘤诊治植物药研究。兼任中国研究型医院学会创伤与修复委员会委员、北京中医外科委员会常委、中国生命关怀协会修复与再生医学专业委员会秘书长。先后承担包括国家重点研发计划在内的省部级课题 5 项，聚焦中医药远程诊疗、教学及产品开发研究，作为骨干参与 973 计划和 863 计划课题、军队重点研发项目、"十三五"规划军事医学重大课题、国家自然科学基金、青年基金及省部级重点研发计划十余项。以第一发明人申请中医药外科应用方面的国家发明专利 7 项，发表 SCI 论文 40 余篇，第一作者 SCI 论文 20 余篇。

沈 刚 中药药理学博士，硕士生导师，成都中医药大健康产业创新研究中心主任。世界中医药联合会新药创制专委会常务理事、中华中医药学会中成药分会委员。主要从事神经药理、道地药材道地性形成原理、中药新药创制和大健康产品开发等方面的研究，主持 / 主研国家自然科学基金、四川省科技厅、四川省中医药管理局、成都市卫健委等项目 10 余项，承担企事业委托横向项目 20 余项，其中新药项目 3 项。发表论文 30 余篇，其中 SCI 论文 12 篇。获国家发明专利授权 6 项，编撰专著 2 部，并担任多本 SCI 杂志审稿人。

王丽新	同济大学附属上海市肺科医院中西医结合科行政主任，同济大学教授、博士生导师、博士后合作导师；上海市中医药高层次引领人才，上海市科委白玉兰人才，2024 年度同济大学医学院最美人物称号。国家中医药管理局中西医协同旗舰科室学科带头人，兼任中国未来研究会中医药一体化分会副会长、中国中医药信息协会医养居融合分会副会长、上海市生物医药行业学会中西医结合分会主任委员。主要致力于中医药防治肺癌及呼吸系统疾病的基础和临床研究。同济大学授课《中医养生与现代生活》《中医各家学说》《中医内科学》等。主持国家中医药管理局中西协同危重疑难攻关项目、国家重点研发计划中药现代化子项目、国家自然科学基金、上海市科委等 10 余项课题研究；出版专著 3 部。《中国食药同源产业发展报告（2024）》副主编。
李建鹏	就职于中国中医科学院，从事中医药膏方健康促进理论及临床研究工作。国家中医药管理局第七批全国老中医药专家学术经验继承人，国家中医药管理局龙砂医学流派传承人，膏方诊疗技艺师承于国医大师余瀛鳌教授。兼任中华中医药学会亚健康分会副秘书长、中国药膳研究会常务理事、北京中西医慢病防治促进会膏方诊疗分会会长。擅长应用膏方治未病，调理脏腑，治疗体质偏颇、虚劳、骨痿等。研究课题曾荣获 2023 年中华中医药学会科学技术奖二等奖、中国产学研合作创新与促进奖优秀奖。《中国食药同源产业发展报告（2024）》副主编、《中国康养旅居发展报告（2024）》副主编。

摘　　要

《中国中医膏方产业发展报告（2025）》作为"中医膏方蓝皮书"系列的首部综合性著作，深度聚焦中医膏方领域传统智慧与现代实践的融合，强调其科学性、实用性、创新性、时代性及需求导向性。本报告广泛涉猎中医膏方的理论精髓、制备工艺、临床应用、疗效评估等多个层面，依托中医膏方的发展现状和丰富的实践案例，为政策制定者、学术界、医疗从业者及广大患者群体提供了宝贵的实践经验和深刻的行业洞察，旨在促进中医膏方在当代社会的传承与创新发展。该报告的编纂凝聚了众多专家的智慧与贡献，是中医膏方领域的一份权威性文献。

《中国中医膏方产业发展报告（2025）》是中医膏方研究领域的重大成果。本报告综合运用文献综述、实地研究、问卷调查、案例分析等研究方法，系统梳理了中医膏方的历史渊源、现代制备技术的进步、个性化健康方案的开发及质量控制与监管体系的完善。在此基础上，报告还提出了一系列前瞻性的策略与建议，旨在解决当前中医膏方应用中面临的挑战，探索其在新时代下的可持续发展路径。本报告不仅为中医膏方的深入研究和广泛应用提供了坚实的理论基础和实践指导，也为促进中医药事业的全面发展贡献了重要力量。

本报告共包含 3 个部分，具体由 19 篇独立报告构成。

第壹部分市场研发篇（HB.01～HB.07）由 7 篇分报告组成。《现代中医膏方传承创新与实践报告》（HB.01）提出，膏方作为中药剂型之一，历史悠久，具有独特的理论基础和临床应用价值，是中国传统医学的重要组成部分。随着现代科技的发展，膏方在继承传统的基础上不断创新，其应用范围得到了显著扩大，效果得到了显著提升。报告系统探讨了现代中医膏方的传承、创新及其在临床实践中的应用。《中医膏方治未病的研究现状与发展对策》（HB.02）采用文献调研的方法，通过对中医膏方治未病的研究现状进行多维度分析，总结归纳了"中医膏方成分复杂，现代研究进展缓慢""气候地域体质多样，临床应用难以规范""膏方亦是以偏纠偏，过犹不及反生弊端"等问题，进而针对性地提出了"系统生物网络药理，整体观念指导研究""防病治病三因制宜，当用则用不可泛滥""膏为常用剂型之一，普及惠民均衡发展"等对策建议，以期为中医膏方在治未病领域的未来研究和临床推广提供一定的借鉴。《中医膏方外用的优势与前景报告》（HB.03）提出软膏、糊膏等研究层面尚单一，需要完善并进行多学科合作研究才能更好进行市场化。此外，当下仍存在外用膏方命名分类混乱、规范标准缺乏、人员培训不足的问题，应规范名称分类，制定相应诊疗指南、操作规范，加强人员培训。随着中医药文化的广泛传播与科技的持续进步，中医膏方外用有望在未来开拓更广阔的全球市场。

　　《中医膏方区域化研发设计策略研究》（HB.04）探讨了中医膏方区域化研发设计的现状、策略，包括地域特色与市场需求、中药材资源区域化利用、传承与创新融合、产学研合作模式探索等方面。同时，展望了中医膏方区域化研发设计在满足市场需求和推动中医药产业发展方面的广阔前景，并对后续研究方向提出了建议。《食药物质膏方发展现状与应用分析》（HB.05）运用文献研究、数据调查等方法，对部分具有代表性的食药物质和膏方进行多维度评价，系统分析其在处方数、年龄、性别、平均费用等方面的情况，提出加强临床科研转化、多方共建膏方文化、建立完善监管体制、争取财政资金扶持的对策和建议，以期为食药物质膏方产业的后续发展提供参考与支持。《中医膏方的循证证据总结与现状报告》（HB.06）旨在对中医膏方的临床随机对照试验（RCT）进行全面的概述和分析，以提供临床研究、政策制定、指南修订、产业发展的循证依据。提出未来应提高临床试验的设计、执行和报告水平，开展更多高质量、大样本、多中心的随机对照试验；在试验设计阶段引入方法学专家的专业技术指导，并在研究执行过程中注重过程质量控制，不断优化和完善该领域临床研究的质量；相关部门应完善中医膏方产业的政策制定，推进中医膏方的标准化和规范化进程。《传统膏方文献与现代应用分析研究》（HB.07）系统探讨了膏方从传统中医文献到现代应用的发展与创新，通过多学科交叉分析揭示其在现代医学体系中的应用潜力及未来方向。建议未来研究应加强膏方与现代医学的融合，利用智能化手段推进膏方在复杂疾病治疗中的应用，发掘其在精准医疗和个性化健康管理中的潜力，为膏方现代化发展和全球健康产业提供科学依据与创新方向。

第贰部分应用实践篇（HB.08～HB.13）由6篇分报告组成。《中医膏方治疗心血管疾病发展现状及未来展望》（HB.08）通过市场调研发现，目前中国膏方产业面临市场开发不足的挑战，未来尚需通过拓展市场路径、规范制备工艺、精准人群定位、传递品牌价值等策略推动膏方产业发展。《食药物质在膏方防治糖尿病中的应用现状与发展建议》（HB.09）提出降糖类膏方作为一种传统的中医调养方案，滋补力强，服用方便，口味宜人，在糖尿病的防治中越加受到关注和认可。食药物质类产品临床应用广泛，作用温和，不良反应少，应用食药物质膏方防治糖尿病具备政策支持与社会需求的双重时代机遇，具有广阔开发潜力与发展前景，值得政府、企业、高校等多方协同研发推广。《肿瘤中医膏方应用现状分析与应用前景》（HB.10）主要讲述膏方在肿瘤领域的应用现状，包括膏方治疗肿瘤的特色优势，膏方在胸部肿瘤、消化道肿瘤和其他类型肿瘤防治中的应用；分析膏方在肿瘤领域应用中存在的主要问题，并对膏方防治肿瘤的应用前景进行展望。

《中医膏方在肾脏病中的应用情况及前景分析》（HB.11）认为，由于中医膏方的制剂组成复杂、群众认知欠缺等多种现实问题，其在肾脏病的临床应用中也存在局限性，如膏方的禁忌证、普及欠缺、生产销售不规范等问题，中医膏方在肾脏病中的应用仍需进一步推广，以期为患者提供更多的治疗选择。《慢性呼吸道疾病中医膏方市场现状与前景展望》（HB.12）针对慢性呼吸道疾病中医膏方的市场现状进行深入分析，并展望其未来发展前景。报告指出，不同地区对中医膏方有着不同的使用偏好，中医膏方在临床应用上亦处在不断探索的过程中。国家层面对中医药的政策扶持、市场监管的规范化、医保政策的优化调整以及公众健康意识的提升，均将成为推动膏方市场健康发展的重要因素。《中医膏方在不同区域应用差异研究》（HB.13）通过查阅文献，研究中医膏方的历史沿革及在不同区域应用的差异，旨在通过对膏方历史和地域应用的挖掘，促进膏方学术内涵和临床应用的深入研究，促进中医药文化的传承和发展。

第叁部分综合发展篇（HB.14～HB.19）由 6 篇分报告组成。《中医膏方产业品牌发展现状与营销策略分析》（HB.14）运用文献研究、SWOT-PEST 分析等方法，对膏方产业市场环境进行了多维度分析，探讨其在产品、价格、渠道、促销、人员、有形展示、服务过程等维度的营销策略，提出了政策调整、挖掘中医药文化内涵、开发应用适应广大人群的养生膏方、规范膏方生产、创新膏方配方等针对性的对策和建议，以期为中医膏方产业的后续发展提供参考与支持。《中医膏方国际传播现状与对策研究》（HB.15）系统分析了中医膏方国际传播的现状，包括其推广渠道、受众认知及存在的问题，同时探讨了中医膏方在国际市场的接受度和应用情况。通过对国内外相关文献的研究和案例分析，提出了加强中医膏方国际传播的对策，包括加大科学研究的支持力度、加强文化交流与宣传、建立国际合作平台等，以促进中医膏方的全球推广和应用。

《中医膏方市场监管与标准化建设》（HB.16）通过市场调研，全面分析了中医膏方行业的市场环境、市场基本状况、消费者需求、产品种类与质量、价格策略、销售渠道以及竞争格局；提出了加强中医膏方市场监管与标准化建设的对策与建议。在标准化建设方面，应组织专家研究制定中医膏方的统一质量标准和规范，包括药材选择、制作工艺、质量控制等方面。此外，还应加强质量控制体系建设，确保膏方质量稳定可靠。同时，要鼓励和支持中医膏方生产企业进行技术创新和研发，提高膏方的制备工艺和质量控制水平。《新质生产力在中医膏方产业的发展现状与未来展望》（HB.17）从新质生产力相关政策分析、发展环境、中医膏方产业发展现状的角度阐述了在中医药振兴的趋势下和国家的政策支持下，新质生产力在中医膏方产业中的发展现状，并提出未来展望。中医膏方产业将继续依托新质生产力，通过加强基础研究和人才培养、提升中药材质量、推进科技创新、加强膏方产业监管等方式，推进中医膏方产业的高质量发展。北京同仁堂永盛合阿胶作为一个有代表性的产品，其发展历史和现代应用是中医药老字号品牌的传承发扬与市场发展紧密结合的典范，鉴于阿胶本身具有极高的开发和利用价值，以及北京同仁堂老字号的影响力，《北京同仁堂永盛合阿胶的发展历史和现代应用》（HB.18）对北京同仁堂永盛合阿胶的发展历史和现代应用内容进行探索和研究，为当代中医药产品的传承、发扬和转化提供借鉴，为相关中医药产品的进一步深入开发利用及走向市场提供思路。胶类中药作为膏方的重要组成部分，兼具赋形、增效双重功能，具有独特的药用价值和临床意义。《膏方中胶类中药的应用分析》（HB.19）重点分析阿胶、龟甲胶、鹿角胶、黄明胶等在膏方中的应用特点及临床价值，探讨其在中医临床中的作用及发展前景，为临床合理应用胶类中药提供参考。

关键词：中医膏方；发展报告；大健康系列；蓝皮书

目　　录

叁　综合发展篇

壹

市场研发篇

HB.01 现代中医膏方传承创新与实践报告

童宏选 ①　　孟雨晴 ②　　熊燕影 ③

摘　要：膏方作为中药剂型之一，历史悠久，具有独特的理论基础和临床应用价值，是中国传统医学的重要组成部分。随着现代科技的发展，膏方在继承传统的基础上不断创新，其应用范围得到了显著扩大，效果得到了显著提升。本文将系统探讨现代中医膏方的传承、创新及其在临床实践中的应用。

关键词：中医膏方；传承创新

一、膏方的概念

膏方属于方剂剂型中的"膏剂"类别，也被称作"煎膏""膏滋"。它是通过将药材反复煎煮，去除渣滓后取汁，再进行浓缩，加入冰糖或蜂蜜等收膏而制成的。"膏"这个字，在《说文解字》中有"肥也"的解释，而《释文》又说"用以润物曰膏"。前者阐述了其肥厚脂溢的性状，后者论述了它荣润滋养的作用。正如秦伯未在《膏方大全》中所说："膏方者，盖煎熬药汁成脂溢，而所以营养五脏六腑之枯燥虚弱者，故俗称膏滋药。""方"的意思是将众多药物组合在一起，是《说文解字》中"方，併船也。象两舟总头形"的引申义。所以，膏方应当是在辨证论治的基础上，合理选择药物，妥善进行配伍，凝练成为膏剂，从而起到滋补强身、延缓衰老、治病纠偏的作用[1]。

---

① 童宏选，中西医结合博士，中国中医科学院中医基础理论研究所助理研究员。研究方向：中医药发展战略。

② 孟雨晴，中药学博士，中国中医科学院青蒿素研究中心助理研究员。研究方向：中药有效成分对心血管疾病的作用靶点及机制研究。

③ 熊燕影，中医学硕士，重庆市中医院教务处。研究方向：慢性肾病中西医结合诊治。

二、膏方的起源和传承

（一）春秋战国时期

《五十二病方》是我国现存最古老的医方，其中包含膏剂三十余方，因制作时加入膏糊剂而被称为"膏之"。书中记载的胶状剂类似于现代煎膏剂，即将药材加水煎煮、去渣浓缩后加入糖或蜂蜜等制成稠厚状半流体剂型，这表明在春秋时期就已有膏的制作和使用[2]。到了战国时期，《养生方》和《杂疗方》中记载了用煮烂大枣捣烂成泥状制成的枣膏。

（二）汉唐时期

汉唐时期的"煎"与现在的膏方相似。此时的"膏"虽有称谓，但仍以治疗为主，分为内服和外用两类；而"煎"则多用于内服，不仅用于治疗，还常作为调补之剂。《黄帝内经》中有豕膏和马膏的记载，分别用于治疗猛疽化脓、米疽和颊筋受寒等病症。公论膏方内服的最早记录为《金匮要略》中的大乌头煎，其制膏工艺与现代相似。《肘后备急方》中首次记载了黑膏药的制备，所载膏剂多以醋和猪油为溶剂，既有外用也有内服[3]。南北朝时，《小品方》中的地黄煎是最早的滋补膏方。唐代孙思邈的《备急千金要方》中有类似现代膏滋方的"煎"方，如苏子煎，制法讲究，有养阴润肺、降气化痰之效，主要治疗阴虚咳喘。《千金翼方》中还有用于妇人美容的膏方记载。王焘的《外台秘要》载有"古今诸家煎方六首"，皆为调补身体、滋养祛病的膏方。

（三）宋金元时期

宋金元时期，膏、煎称谓无明确分别，但有膏逐渐取代煎的趋势。北宋《太平圣惠方》中有地黄煎、栝楼煎等，《圣济总录》中的栝楼根膏以"膏"命名，有养胃生津之效。南宋《洪氏集验方》中的琼玉膏至今仍被广泛沿用。此外，许叔微的宁志膏和国老膏、《东垣试效方》的清空膏、《丹溪心法》的藕汁膏等，都是却病养身之品。

（四）明清时期

明清时期是膏方发展的成熟阶段。膏方名称多从功用、意象等角度出发，以"某某膏"命名。如明代王肯堂的《证治准绳》中的"通声膏"，以效为名，治疗气阴耗伤之证。此时"膏"已成为滋润补益类方剂的专用名，"煎"则指水煎剂。明代《景岳全书》的两仪膏主治气血两亏等证。清朝时期，膏方的应用更加受到重视且更加灵活。叶天士在《叶氏医案存真》中随证选方定制膏药。吴尚先的《理瀹骈文·略言》为选方入膏提供了新思路。晚清名医张聿青认为膏方的配制必须建立在辨证的基础上。这个时期记载的膏方数量远超前期，如明代董宿的《奇效良方》和洪基的《摄生总要》中都收载了众多膏方。在膏方的制作上，明清时期已基本固定为用水多次煎熬、浓缩药液，最后加蜂蜜等成膏。

三、现代膏方的创新与发展

（一）个性化定制与精准治疗

1. 基于中医辨证论治的个性化配方

现代膏方突破了传统固定配方模式，充分考虑患者个体差异。中医通过望、闻、问、切收集患者信息，如面色、舌苔、脉象、症状等，进行辨证论治，从而确定证型（如气虚、血虚、阴虚、阳虚、痰湿、血瘀）。针对不同证型，选用相应药物配伍成膏方。例如，对于气虚患者，常选用人参、党参、黄芪等补气药物；对于阳虚体质者，常选用附子、肉桂、淫羊藿等温热助阳药物；对于阴虚者，则以熟地黄、枸杞子、麦冬、石斛等滋阴之品为主。根据患者症状轻重、病程长短等因素调整药物剂量和配伍比例，实现精准用药[4-5]。这种个性化配方使膏方更贴合患者身体状况，提高治疗效果，体现中医"因人而异、辨证论治"的精髓。

2. 结合现代医学的精准调理

借助现代医学检查手段，如血常规、生化指标、影像学检查等，深入了解患者身体状况。对于患有慢性疾病（如高血压、糖尿病、高脂血症等）的患者，在膏方中加入具有相应调节作用的中药。例如，对于高血压患者，可选用钩藤、菊花、决明子等平肝降压中药；对于糖尿病患者，可选用黄芪、山药、葛根等调节血糖药物；针对高脂血症患者，如高胆固醇血症患者、高甘油三酯血症患者，可针对性地选用山楂、泽泻等降脂药物，并结合患者的其他健康问题（如肝功能异常）调整药物选择，确保膏方安全有效。结合现代医学对疾病病理生理机制的认识，能够进一步优化膏方配方，使其应用更能获得疗效[6]。

3. 多学科融合提升配方精准度

现代膏组方融合多学科知识，在传统中医药四气五味、升降浮沉等理论基础上，参考现代医学对中药成分和药理作用的研究成果。例如，已知丹参中的丹参酮具有活血化瘀作用，在治疗心血管疾病的膏方中，可根据病情需要合理选用丹参，以增强活血化瘀功效[7]。依据营养学原理，添加具有保健功能的食材，如富含维生素、矿物质和膳食纤维的枸杞子、山药、核桃等，既增强膏方营养，又改善口感，提高患者依从性。此外，基因检测、大数据分析等技术也被应用于膏方调理。通过基因检测了解患者遗传背景和体质倾向，大数据分析整合患者临床资料、生活习惯等信息，可以为膏方配方和用药提供更科学的依据，实现更精准的个体化治疗。

（二）制作工艺的创新

1. 标准化制作流程与质量控制

首先是将标准化纳入膏方制作的各个环节。一些大型的医疗机构和制药企业已经建立了膏方制作的 GMP 车间，按照药品生产的规范要求进行膏方的制作，确保膏方的质量和安全性[8]。在药材采购与溯源管理方面，大型医疗机构和制药企业与正规中药材种植基地合作，建立严格的药材采购标准，要求基地提供详细的种植环境信息（土壤、气候、水质等）、种植管理记录（施肥、病虫害防治等），确保药材来源可追溯。仅选用符合标准的道地药材，如长白山人参、宁夏枸杞等，从源头上保证膏方质量[9]。

在验收环节，采用严格的质量检测标准，对每一批采购的药材进行检测[10]。采用多种现代检测技术和标准对药材进行验收。例如，运用高效液相色谱法（HPLC）检测药材有效成分含量，确保其符合国家标准[11-13]。同时，对重金属、残留农药等有害物质进行检测，严格控制药材质量。如检测人参中人参皂苷含量、甘草中甘草酸含量等，保证进入制作环节的药材质量可靠。

在炮制工艺规范与创新上，严格遵循传统炮制方法并结合现代技术。如地黄炮制,传统有九蒸九晒工艺,现代在此基础上利用低温干燥设备,既保留传统工艺精髓,又提高炮制效率和质量稳定性[10]。对于一些有毒中药材,通过现代炮制技术降低毒性,保证膏方安全。如附子炮制,采用水漂、蒸煮等方法,降低乌头碱含量,确保用药安全。智能熬药设备广泛应用,精确控制熬制温度、时间和搅拌速度。对于复方膏方,根据不同药材特性自动调整参数。如对于含有挥发性成分的药材(如薄荷、藿香等),采用低温短时熬制,防止有效成分散失;对于质地坚硬、有效成分难以溶出的药材(如龙骨、牡蛎等),适当延长熬制时间和提高温度,确保有效成分充分释放,提高膏方疗效。

在灌装储存上,采用无菌灌装技术和密封性能良好的包装材料,如铝箔袋、塑料瓶等,防止膏方在储存过程中受微生物污染[14]。严格控制储存环境温度(一般在10~20℃)、湿度(相对湿度45%~65%)等条件,延长膏方保质期。同时,在包装上标注详细的生产日期、保质期、服用方法等信息,方便患者使用。

2. 新技术提升膏方质量与疗效

新技术的引入也能在很大程度上提高膏方的制作质量,这是古代传统制法所无法比拟的。通过超微粉碎技术,将药材粉碎成微米级颗粒,显著提高药物提取度、吸收率和生物利用度[8,15]。例如,灵芝孢子粉经超微粉碎后,其有效成分更易被人体吸收,可增强保健和治疗效果。在膏方制作中,对于一些质地坚硬的药材(如珍珠等),超微粉碎可破坏细胞壁,使有效成分更易溶出,提高膏方疗效。利用超临界状态下的流体(如二氧化碳)对中药有效成分进行高效萃取,该技术具有萃取效率高、选择性好、无溶剂残留等优点[16-17],对于一些脂溶性成分(如挥发油、黄酮类化合物等)的提取效果显著优于传统方法。如从玫瑰花中提取挥发油,超临界流体萃取技术可获得更高纯度和收率的挥发油,提高膏方香气和疗效,同时保证膏方质量安全。通过膜分离浓缩技术对中药提取液进行分离浓缩,可精准去除大分子杂质(如蛋白质、多糖等)和多余水分,保留有效成分,使膏方浓度适宜、服用方便[18]。在制备膏方时,膜分离浓缩技术可有效去除杂质,提高膏方澄清度和稳定性,同时减少有效成分损失,保证药效。真空浓缩技术则能够进一步保质提效,利用降低沸点挥发的原理,在真空环境下对膏方进行浓缩。该技术能防止有效成分因高温氧化或分解而损失,提高膏方质量和制作效率[8]。例如,在浓缩含有热敏性成分(如维生素C、挥发油等)的膏方时,真空浓缩技术可最大程度保留有效成分,确保膏方功效。大孔吸附树脂可选择性地吸附中药提取液中的有效成分，去除无效成分和有害物质（如重金属离子、残留农药等）。在滋补膏方制作中，经过大孔吸附树脂纯化处理后，膏方纯度提高，安全性增强。如人参膏方经纯化后，可去除其中的残留农药和重金属离子，使膏方更纯净、安全，提高其在市场上的竞争力[19]。

3. 膏方剂型创新与多样化

传统膏方多为罐装或瓶装，体积大、携带不便且口味苦涩。现代膏方在剂型上进行了创新，推出多种新剂型以满足不同需求。颗粒剂膏方通过将膏方制成颗粒状，用独立小包装分装，每次服用一包，方便携带和服用，且易于控制剂量。口服液剂型则利用现代制药技术，将膏方制成液体状，口感较好，吸收快，尤其适合儿童、老年人和吞咽困难患者[20]。此外，还出现了棒棒糖膏方、小块膏等新剂型。棒棒糖膏方将膏方与棒棒糖形式结合，口味香甜，解决了儿童服药困难的问题，深受儿童喜爱；小块膏独立包装，便于携带和保存，适合上班族在忙碌的生活中随时服用，适应现代人快节奏的生活方式和消费习惯，提高了膏方的使用便利性和患者的依从性。同时，在新剂型中加入适量调味剂（如蜂蜜、冰糖、木糖醇等），改善膏方口味，使其更容易被患者接受，进一步拓展了膏方的市场应用范围[9]。

（三）时令调补

1. 四季膏方理论依据

中医经典理论强调"四时阴阳者，万物之根本也。所以圣人春夏养阳，秋冬养阴，以从其根"。人体与自然界息息相关，四季气候不同，人体生理病理变化亦有差异。春季阳气升发，人体新陈代谢加快，肝主疏泄，与春季相应，此时使用膏方应注重疏肝理气、养血柔肝，以顺应春季阳气上升之势，预防和治疗因肝气郁结、肝血不足引起的疾病，如失眠、焦虑、月经不调等。夏季气候炎热，人体阳气外浮，汗出较多，易伤津耗气，且夏季暑湿较重，脾胃功能相对较弱。因此，夏季膏方以清暑化湿、益气养阴为主，帮助人体清除暑湿之邪，补充气阴，增强脾胃功能，预防中暑、疲劳、食欲不振等问题。秋季气候干燥，燥邪易伤肺阴，人体常出现口干、咽干、咳嗽等症状。秋季膏方侧重于滋阴润燥、润肺止咳、滋养肺阴，预防和治疗秋燥引起的呼吸系统疾病，如支气管炎、咳嗽等。冬季是封藏的季节，人体阳气内藏，肾主藏精，与冬季相应。此时膏方多以补肾填精、温阳散寒为主，有助于补充人体肾精，增强机体抵御寒冷的能力，预防和治疗肾阳虚衰引起的腰膝酸软、畏寒怕冷、性功能减退等病症，为来年身体健康打下基础。

2. 四季膏方调补配伍

春季，对于工作压力大、情绪易波动的人群，可选用柴胡、白芍、当归、薄荷等疏肝养血中药组成膏方，以缓解紧张情绪、改善睡眠质量。夏季，对于户外工作者或易中暑人群，可使用藿香、佩兰、荷叶、西洋参等制成膏方，起到清暑益气、健脾化湿的作用。秋季，对于长期吸烟者或慢性咽炎患者，可选用沙参、麦冬、百合、杏仁等润肺止咳中药制成膏方，以滋养肺阴、缓解咳嗽症状。冬季，对于中老年人或体质虚弱者，可选用熟地黄、山药、山茱萸、肉桂、附子等补肾温阳中药制成膏方，以增强体质、预防疾病。四季膏方的应用根据不同季节和人群特点进行调整，体现了中医"因时制宜、因人而异"的治疗原则，使膏方在养生保健和疾病治疗方面发挥更精准的作用。

（四）线上线下结合

1. 线上平台服务拓展

在数字化时代，众多西医院、中医院、中医诊所和中药店纷纷建立线上平台[21-22]。患者可通过线上平台进行远程咨询，向中医师详细描述病情、症状、生活习惯等信息，中医师根据这些信息进行初步诊断和辨证论治，为患者提供膏方调配建议。在线处方功能使患者无须到医院或诊所即可获得膏方处方，节省时间和精力。同时，线上支付功能方便快捷，患者完成支付后，膏方可通过快递配送到家。部分线上平台还提供膏方制作进度查询服务，让患者随时了解膏方制作情况。此外，一些线上平台开设健康科普专栏，介绍冬病夏治、三伏贴的膏方知识、养生保健方法等，提高患者对膏方的认知度和接受度。通过医院的线上平台，患者注册登录后，可进入专门的膏方咨询页面，通过文字、图片甚至视频等方式与中医师进行沟通。中医师根据患者提交的信息，结合中医理论和临床经验判断患者的体质和病情，然后给出个性化的膏方配方建议。患者确认配方后，在线下单支付，医院便安排膏方制作。在膏方制作过程中，患者可随时查看制作进度，如药材浸泡时间、熬制进度等。制作完成后，膏方会以密封包装的形式快递给患者，并附上详细的服用说明和注意事项。同时，平台的健康科普专栏定期发布膏方相关文章，如不同季节适用的膏方种类、膏方在治疗慢性疾病中的作用等，吸引了大量用户关注，增加了膏方的影响力和受众群体。当然，线上诊疗仍存在沟通效率低、信任建立难及诊断有局限等劣势，如信息回复延迟、无法当面接触、不能诊脉等[23]，有待通过相关技术方法进一步完善，比如行业认可的便携式脉诊仪。

2. 线下服务优化与体验提升

线下医疗机构和药店在膏方服务方面也不断优化。加强与线上平台的衔接，确保患者在线上咨询和开具处方后的线下服务顺畅。在膏方制作环节，严格按照标准化流程和质量控制要求，确保膏方质量。一些机构还提供个性化膏方包装定制服务，如根据患者需求定制包装规格、图案等，增加膏方的礼品属性。同时，线下开展膏方义诊、讲座等活动，邀请专家现场讲解膏方知识、解答患者疑问，让患者近距离了解膏方的功效和应用。

3. 社交媒体与电商平台推广

社交媒体平台（如微信、微博、抖音等）和电商平台为膏方的推广提供了广阔空间。医疗机构和企业通过这些平台发布膏方相关的科普内容、案例分享、制作工艺展示等，吸引用户关注。利用社交媒体的互动性，与用户进行交流，解答疑问，增强用户对膏方的信任。同时，在电商平台开设店铺，方便用户购买膏方产品，拓展膏方的销售渠道。

四、膏方在现代医疗体系中的应用价值

（一）慢性疾病调理

现代社会中，慢性疾病如高血压、糖尿病、冠心病、慢性肾病等的发病率逐年上升。膏方在慢性疾病的调理中发挥着重要作用。对于高血压患者，膏方可以在降压药物治疗的基础上，根据患者的中医辨证，加入具有平肝潜阳、滋养肝肾等功效的中药，如天麻、钩藤、杜仲、桑寄生等，辅助调节血压，改善患者的头晕、头痛等症状，同时提高患者的生活质量[24-25]。糖尿病患者在服用降糖药物的同时，服用具有益气养阴、健脾补肾作用的膏方，如黄芪、山药、生地黄、山茱萸等中药组成的膏方，有助于稳定血糖水平，减少血糖波动，改善患者的消渴症状，增强体质，预防糖尿病并发症的发生[26]。冠心病患者可通过膏方调理，选用活血化瘀、通络止痛的中药，如丹参、川芎、

三七、瓜蒌等，改善心肌供血，缓解心绞痛症状，降低心血管事件的风险[27]。膏方在慢性疾病调理中的应用，体现了中医"治未病"的理念，通过调整人体的阴阳平衡，提高机体的自我修复能力，从而达到控制疾病进展、改善患者预后的目的。

（二）亚健康状态改善

随着生活节奏的加快和工作压力的增大，亚健康状态人群日益增多。这类人群常表现为疲劳乏力、失眠多梦、食欲不振、记忆力减退、情绪低落等症状，但经现代医学检查往往无明显器质性病变。膏方在改善亚健康状态方面具有独特优势。根据亚健康人群的不同表现，进行辨证论治，选用具有扶正固本、调理气血、平衡阴阳作用的中药制成膏方[28]。例如，对于以疲劳为主要表现的人群，可选用人参、黄芪、白术、茯苓等补气健脾的中药，增强机体的活力和抗疲劳能力；对于失眠多梦的人群，加入酸枣仁、柏子仁、远志、夜交藤等养心安神的药物，改善睡眠质量；对于食欲不振者，使用山楂、神曲、麦芽、陈皮等健脾开胃的中药，促进消化吸收。膏方通过整体调理，使人体恢复到健康平衡的状态，提高亚健康人群的工作效率和生活质量，预防疾病的发生。

（三）养生保健与抗衰老

膏方自古以来就被视为养生保健的佳品。在养生保健方面，膏方根据不同年龄、性别、体质的人群特点进行配制。中老年人可服用具有补肾填精、健脾益胃、强筋健骨功效的膏方，如熟地黄、山药、枸杞子、鹿角胶、龟甲胶等中药组成的膏方，可以延缓衰老，增强机体免疫力，预防老年疾病的发生[29]。女性在不同生理阶段，如经期、孕期、更年期等，可通过服用相应的膏方进行调理。如在经期可选用养血调经的膏方，在孕期根据孕妇的体质和孕期反应选用安胎、滋补的膏方，更年期女性则可服用滋阴清热、平衡阴阳的膏方，缓解更年期综合征的症状[30]。青少年在生长发育阶段，可适当服用一些健脾开胃、益智助长的膏方，以促进生长发育，增强体质[31]。从抗衰老角度来看，膏方中的中药成分具有抗氧化、清除自由基、调节免疫功能等作用。例如，人参、黄芪、枸杞等中药含有多种抗氧化成分，能够减少自由基对细胞的损伤，延缓细胞衰老，保持机体的年轻状态[32]。

（四）疾病康复辅助

在疾病康复期，患者身体较为虚弱，需要进行有效的调养以促进康复。膏方可以作为疾病康复的辅助手段。例如，肿瘤患者在手术、化疗、放疗后，身体正气受损，气血亏虚，此时服用具有扶正固本、益气养血功效的膏方，如八珍汤、十全大补汤等加减而成的膏方，有助于提高机体免疫力，可减轻放化疗的不良反应，促进身体恢复[33]。骨折患者在康复过程中，可服用补肾壮骨、活血化瘀的膏方，加速骨折愈合，改善肢体功能[34]。对于一些慢性疾病急性发作后处于恢复期的患者，如慢性支气管炎急性发作后，可服用润肺止咳、健脾化痰的膏方，有助于修复受损的肺功能，改善呼吸功能，减少疾病复发的风险[35]。膏方在疾病康复期的应用，能够帮助患者尽快恢复体力，缩短康复时间，提高康复质量。

五、膏方发展面临的挑战与对策

（一）面临的挑战

首先是膏方对应的专业人才短缺，其配制需要具备扎实中医理论知识、丰富临床经验和精湛炮制技术的专业人才。然而，目前中医药领域中，既精通中医辨证论治又熟练掌握膏方制作工艺的复合型人才相对匮乏。一些中医师对膏方的认识和应用不够深入，在配方时可能存在不精准的情况；而膏方制作人员对中医理论的理解有限，难以根据药物特性和临床需求进行灵活调整。这在一定程度上影响了膏方的质量和疗效，限制了膏方的进一步发展；膏方在质量标准上有待统一，尽管现代膏方制作在一定程度上实现了标准化，但由于缺乏统一的国家标准和规范，不同医疗机构和企业在膏方制作过程中的质量控制标准存在差异。例如，在药材采购环节，对道地药材的认定标准不一致；在炮制工艺方面，传统炮制方法与现代技术的结合程度不同，导致炮制后的药材质量参差不齐；质量检测方法和指标也不尽相同，影响了膏方的质量稳定性和安全性。质量标准的不统一，使得消费者对膏方的信任度受到影响，也不利于膏方市场的健康发展。

虽然膏方在近年来逐渐受到关注，但与西药和传统中医药相比，其民众认知度仍然相对较低。许多人对膏方的功效、适用人群、服用方法等缺乏足够的了解，存在误解和偏见。部分人认为膏方只是一种滋补品，没有治疗疾病的作用，还有人担心膏方的安全性和不良反应。此外，虽然剂型增加，但是多数医院仍沿用传统的膏方服用方式（如传统膏方需用温水冲服，较为不便），且在口感优化上仍比不上大型中医药制剂企业，而这类企业又无法定制膏方，这也在一定程度上影响了民众的接受度。民众认知度的不足，导致膏方的市场需求受到限制，难以充分发挥其在医疗保健领域的作用。

此外，膏方在医保报销政策方面存在一定的局限性。大多数地区的医保并不支持膏方报销。这使得许多有养生保健需求的人在选择膏方时会考虑经济因素，从而影响了膏方在养生保健市场的推广和应用。膏方全额自费往往导致患者不愿意选择膏方，这不利于膏方产业的全面发展，也未能充分体现膏方在预防疾病、提高民众健康水平方面的价值。

（二）对策建议

1. 加强人才培养

建立完善的膏方人才培养体系，在中医药院校开设膏方相关课程，包括膏方的历史文化、理论基础、配方原则、制作工艺等内容，培养学生对膏方的全面认识和应用能力。同时，加强在职中医师和中药师的继续教育，通过举办膏方培训班、学术研讨会等形式，提高他们的膏方知识水平和技能。鼓励中医师和中药师之间的交流与合作，促进中医辨证论治与膏方制作工艺的有机结合，培养一批既懂中医又精通工艺的膏方专业人才，为膏方的发展提供坚实的人才支撑。

2. 完善质量标准体系

政府部门应组织相关专家，制定统一的膏方质量标准和规范，涵盖药材采购、炮制工艺、制作流程、质量检测等各个环节。明确道地药材的标准和来源，规范炮制方法和技术参数，统一质量检测指标和方法，确保膏方的质量稳定性和安全性。加强对膏方生产企业和医疗机构的监管，建立严格的质量追溯体系，对不符合质量标准的膏方产品进行严肃处理。通过完善质量标准体系，提高膏方的整体质量水平，增强消费者对膏方的信任。

3. 加强科普宣传与推广

利用多种渠道加强对膏方的科普宣传。通过电视、广播、报纸、网络等媒体，制作膏方专题节目、文章、视频等，广泛传播膏方的知识和文化。开展膏方科普讲座、义诊活动，走进社区、学校、企事业单位等，向民众普及膏方的功效、适用人群、服用方法、注意事项等内容，消除民众的误解和偏见。针对膏方的口感问题，研发新的调味技术和配方，改善膏方的口味，同时推出更便捷的服用剂型，如颗粒剂、咀嚼片等，提高民众的接受度。通过加强科普宣传与推广，提高膏方的知名度和美誉度，扩大膏方的市场需求。

4. 优化医保政策

政府应根据膏方的实际应用情况，对医保政策进行适当调整和优化。在确保医保基金安全的前提下，逐步扩大膏方医保报销范围，将确定可用于治疗各种疾病的膏方纳入报销范围，解决患者使用膏方治疗疾病无法报销的困境。同时，建立合理的医保报销比例和支付方式，鼓励民众合理使用膏方进行疾病预防和健康管理。通过优化医保政策，提高民众对膏方的可及性，促进膏方产业的健康发展。

六、总结

膏方作为中医药宝库中的一颗璀璨明珠，经历了漫长的发展历程，从春秋战国时期的初步形成，到汉唐时期的应用发展，宋金元时期的演变，明清时期的成熟，再到现代的创新发展，膏方不断适应时代需求。融合现代科技和理念的现代膏方在个性化定制、制作工艺、时令调补和线上线下结合等方面取得了显著的创新成果，在慢性疾病调理、亚健康状态改善、养生保健与抗衰老及疾病康复辅助等方面发挥着重要的作用。然而，膏方在发展过程中也面临着专业人才短缺、质量标准不统一、民众认知度有待提高和医保政策支持有限等挑战。通过加强人才培养、完善质量标准体系、加强科普宣传与推广及优化医保政策等对策，有望推动膏方产业的持续健康发展，使其在人类健康事业中发挥更大的作用。未来，随着科技的不断进步和人们健康意识的提高，膏方有望在传承创新的道路上不断发展壮大，为人类健康福祉作出更大的贡献。

七、展望

随着中医药事业的蓬勃发展和人们对健康需求的日益增长，膏方的未来充满着无限的潜力和机遇。在科技持续创新的推动下，膏方的个性化定制有望借助人工智能、大数据等技术实现更精准的辨证论治和配方优化，进一步提高膏方的安全性和有效性。随着全球对传统医学的关注度不断提高，膏方有望走向国际市场，为世界人民的健康服务。通过加强国际合作与交流，开展膏方的临床研究和推广应用，将使更多国家和地区的人们了解和认识膏方的独特魅力和治疗优势。同时，适应国际市场的需求和标准的过程，也将进一步促进膏方理论和应用的提升。膏方的发展也将在未来继续传承创新，在医疗保健领域发挥更加重要的作用，为人类健康事业书写更加辉煌的篇章。

参考文献

[1] 童宏选.中国膏方源流浅述 [J].内蒙古中医药，2012，31（4）：135–136.

[2] 范碧亭.中药药剂学 [M].上海：上海科学技术出版社，1997.

[3] 张洁，韩建伟.黑膏药剂型发明及应用年代探讨 [J].湖北中医杂志，2008，30（7）：56–57.

[4] 武彦伶.辨清体质 找准您的专属膏方 [J].家庭医学（下半月），2015（12）：10–12.

[5] 吴潍.膏方的应用和制备 [J].中国乡村医药，2012，19（9）：42.

[6] 荣辉，赵雅靓.中医内服膏方现代临床运用进展 [J].中国现代药物应用，2013，7（17）：224–226.

[7] 龙秀鹏，曾雨婷，陶顺，等.丹参酮ⅡA在心血管疾病中的研究进展 [J].华西医学，2024，39（9）：1487–1492.

[8] 范晓良，张纯，陈芳，等.医院膏方制作过程中新技术与新方法应用的可行性探讨 [J].中华中医药杂志，2017，32（8）：3577–3580.

[9] 柳佳，陈国宝，花海兵，等.澄江膏方制作技艺的文化探究 [J].名医，2023（21）：57–59.

[10] 刘冬菊，张敬璋.中医膏方处方中不同种类原料药物对膏滋成品的影响 [J].临床合理用药杂志，2018，11（7）：48–49.

[11] 王缨，历娜，李桂荣，等.HPLC测定益肾减脂胶囊中淫羊藿苷含量 [J].人参研究，2022，34（1）：42–44.

[12] 杨道纳，蔡天进，刘金来，等.HPLC 法测定中医滋补膏方中甘草酸含量 [J].海峡药学，2013，25（5）：37–39.

[13] 黄雨威，张义生，徐惠芳，等.膏方制备工艺与质量标准研究 [J].中国药房，2017，28（22）：3157–3160.

[14] 王丽芳，王孝敏.中药膏方制作现状分析 [J].中国民间疗法，2011，19（10）：6–8.

[15] 王艳，张铁军.微波萃取技术在中药有效成分提取中的应用 [J].中草药，2005（3）：470–473.

[16] 李杏花，孙晖，王喜军.超临界萃取技术在中药成分提取分离中的应用研究进展 [J].亚太传统医药，2011，7（2）：154–156.

[17] 王莹.超临界萃取在中药提取中的应用与发展 [J].中医临床研究，2011，3（9）：101.

[18] 徐龙泉，彭黔荣，杨敏，等.膜分离技术在中药生产及研究中的应用进展 [J].中成药，2013，35（9）：6.

[19] 傅跃青，单云岗，陈锡林，等.自动化传输设备在膏方制作中的应用 [J].中医药管理杂志，2019，27（15）：221–224.

[20] 盛一梁，吴嫣，张静，等.膏方制作工艺与质量控制研究 [J].临床医药文献电子杂志，2017，4（73）：14264–14265，14275.

[21] 何芳，刘利艳.基于互联网医药模式的医院线上处方分析 [J].实用癌症杂志，2024，39（11）：1909–1912.

[22] 谭明华.线上线下一体化模式在医院运营中的应用 [J].现代医院，2024，24（11）：1769–1772.

[23] 罗辉.中医线上诊疗，靠谱吗？[J].中医健康养生，2023，9（2）：63–65.

[24] 赵乐，蒋美玲.膏方治疗高血压病特色探析 [J].中国民间疗法，2019，27（20）：42–44.

[25] 屈丽丽，董联玲，陈博艺，等.膏方治疗高血压病的应用特点与优势 [J].临床医药实践，2017，26（5）：377–379.

[26] 方水林.膏方治疗糖尿病 [J].实用中医内科杂志，2014，28（5）：66–67.

[27] 柳强，薛雪.膏方与体质辨识在冠心病治疗中的应用 [J].长春中医药大学学报，2018，34（2）：209–211.

[28] 李秀月，代民涛，郑小伟.亚健康状态的膏方调治 [J].河南中医，2011，31

（3）：249–251.

[29] 马杭琨，王海云，徐凤芹.膏方在老年病养生保健中的作用[C]//中国医师协会，中国医师协会中西医结合医师分会.2014中国医师协会中西医结合医师大会论文摘要集.北京：中国医师协会，2014：123.

[30] 赵光恒，张芳.膏方辨证治疗更年期综合征[J].长春中医药大学学报，2011，27（2）：266–267.

[31] 金方，方国兴，王静波."三两半"膏方对于青春早期青少年体格发育的影响[J].浙江临床医学，2024，26（6）：826–828.

[32] 张晓天，丘俊鑫.中医抗衰老膏方临床应用述要[J].河南中医，2014，34（4）：656–658.

[33] 林丽珠，张少聪.膏方治疗恶性肿瘤放疗化疗毒副反应探讨[J].中医杂志，2012，53（8）：651–654.

[34] 蒋杰.补肾养血膏方在肱骨外科颈骨折手术后的疗效观察[D].南宁：广西中医药大学，2016.

[35] 程伟，胡心康，冷新，等.冬季膏方基础上中西医结合治疗老年慢性支气管炎[J].中国临床医生，2009，37（12）：46–47.

壹 市场研发篇

HB.02 中医膏方治未病的
研究现状与发展对策

吕章明 ①　　杨化冰 ②　　张仪方 ③　　李奇伶 ④　　周　凡 ⑤

摘　要： 从古至今，"治未病"始终是中医学密切关注的核心命题。早在《左传》《史记》等史书中，已记载晋平公"不节不时"以致晦淫惑疾、齐桓公"疾在腠理"直至病深不治等案例，皆生动体现了"治未病"的重要性。近如国家中医药管理局 2007 年启动的"治未病"健康工程，旨在全面构建中国特色中医预防保健服务体系，推动未来医学从疾病医学向健康医学理念的转变。膏方是中医常用的传统剂型，以其浓缩精华、辨体施膏、善于调补等特点，被广泛应用于治未病领域。本报告采用文献调研的方法，通过对中医膏方治未病的研究现状进行多维度分析，总结归纳"中医膏方成分复杂，现代研究进展缓慢""气候地域体质多样，临床应用难以规范""膏方亦是以偏纠偏，过犹不及反生弊端"等问题，进而针对性地提出了"系统生物网络药理，整体观念指导研究""防病治病三因制宜，当用则用不可泛滥""膏为常用剂型之一，普及惠民均衡发展"等对策建议，以期为中医膏方在治未病领域的未来研究和临床推广提供一定的借鉴。

关键词： 膏方；治未病；研究现状；发展对策

---

① 吕章明，医学博士，湖北中医药大学中医学院讲师，研究方向：中医理论的临床应用。
② 杨化冰，医学博士，湖北中医药大学基础医学院教授，研究方向：中医延缓衰老理论研究。
③ 张仪方，湖北中医药大学基础医学院研究生，研究方向：中医基础理论。
④ 李奇伶，湖北中医药大学基础医学院研究生，研究方向：中医基础理论。
⑤ 周凡，湖北中医药大学基础医学院研究生，研究方向：中医基础理论。

2022 年 9 月，健康中国行动推进办、国家卫生健康委、国家中医药局联合发布的《健康中国行动中医药健康促进专项活动实施方案》指出，在实施好国家发布的 20 个中医治未病干预方案基础上，鼓励有条件的二级以上中医医院、综合医院中医科和基层医疗卫生机构开展膏方和三伏贴服务。膏方，这一历久弥新的中医特色剂型，作为治未病的核心方法，在维护人民健康和防治疾病中发挥着日益关键的作用。为推动中医治未病融入疾病防治全过程，本报告以膏方在治未病中的研究与应用为主要考察对象，通过溯源其由古至今的发展历史，进而针对现阶段的主要问题提出相应的发展对策建议。

一、历史背景

（一）中医治未病的历史概念和范畴

治未病的概念由来已久，在中医理论的奠基之作四大经典（《黄帝内经》《难经》《伤寒杂病论》《神农本草经》）中皆有丰富而深刻的体现。如《素问·四气调神大论》所言，"圣人不治已病治未病，不治已乱治未乱"，《素问·刺热》说："病虽未发，见赤色者刺之，名曰治未病。"《灵枢·逆顺肥瘦》说："上工刺其未生者也……方其盛也，勿敢毁伤，刺其已衰，事必大昌，故曰：上工治未病，不治已病，此之谓也。"《难经·七十七难》说："所谓治未病者，见肝之病，则知肝当传之于脾，故先实其脾气，无令得受肝之邪，故曰治未病焉；中工治已病者，见肝之病，不晓相传，但一心治肝，故曰治已病也。"《伤寒杂病论》则在《黄帝内经》和《难经》等经典构建的理论基础上补充"四季脾王不受邪，即勿补之""虚虚实实，补不足，损有余"的治未病原则，并将疾病发生的原因总结为"千般疢难，不越三条"，相应的治未病措施概括为"若人能养慎，不令邪风干忤经络""适中经络，未流传脏腑，即医治之"等方面，其中最核心的宗旨在于"五脏元真通畅，人即安和""不遗形体有衰，病则无由入其腠理"，表明内在正气的充盈、流畅乃是治未病的根本前提；在《神农本草经》中虽然没有明确出现"治未病"三字，但治未病的理念已潜移默化地贯穿于"三品分类法"之中，"上药一百二十种为君……欲轻身益气、不老延年者，本上经"即专为"治未病"而备，"中药一百二十种为臣"和"下药一百二十五种为佐使"则分别为"欲遏病、补虚羸者"和"欲除寒热邪气、破积聚、愈疾者"等不同程度的"治已病"而设，又如"五脏未虚，六腑未竭，血脉未乱，精神未散，服药必活；若病已成，可得半愈；病势已过，命将难全"亦强调了早期治疗的重要性。

由此可见，中医经典中治未病的概念不是一成不变的，而是随着理论的进步不断地充实并深入的，在《黄帝内经》《难经》《伤寒杂病论》三部经典中的传承、发展脉络尤为明显，体现了中医经典对人体生理和疾病发生发展规律的认识。推究治未病思想的起源，应是古人在与疾病的漫长斗争中，发现"治病"在很多情况下不能达到满意的预期，例如当疾病深重时往往已经错过了最佳的治疗时机，因此对疾病产生和发展的过程进行了更深入的思考，进而创造性地提出了未病先防的治未病思想。但"未病"不等同于"不病"，没有患病趋势的"不病"是没有治疗必要的，反而可能"因治致病"，如《素问·至真要大论》所说的"气增而久，夭之由也"。因此"未病"大体上是介于"不病"与"已病"之间的状态，在不良的生活习惯导致疾病之前，或是在疾病的早期萌芽阶段，或是疾病初愈而身体功能尚未完全恢复的阶段，对人体"微偏"而未甚的体质进行及时的"微调"纠偏，从而避免疾病的产生、加重或复发。其中对于"微偏"体质的辨识是"治未病"的要点与难点所在——只有明确何为"平人"方能清楚何为"偏人"，只有明晰是何"微偏"方能知晓如何"微调"，因此"治未病"相对于"治已病"，对医者的辨证论治水平提出了更高的要求。

综上，"治未病"是与"治已病"相对的概念，强调对疾病的预防和早期干预，从而避免疾病的产生和发展。广义的"治未病"亦包括"已病愈后"的防止复发。根据中医对治未病的认识，可将其分为"未病之前"（养生防病）、"初病之时"（防欲病及亚健康调理）和"病愈之后"（已病防变、防复发）三个阶段（图1）。

图 1　中医治未病的三个阶段

（二）中医治未病的主要原则

未病之前（养生防病）的"治未病"原则，以《素问·上古天真论》所述较为全面。即"虚邪贼风，避之有时"以治未病之外风，并保护肺气；"恬惔虚无，真气从之"以治未病之内气，调五脏之气；"精神内守，病安从来"以治未病之精神情志，调心、肝之气；"食饮有节，起居有常"以治未病之水谷精微与先天精气，顾护脾、肾。五脏整体之气血则如《素问·至真要大论》所言："气血正平，长有天命。"

初病之时（防欲病及亚健康调理）的"治未病"原则，首先在于防止病情的进一步加重，其次在于使疾病减轻直至"不病"。如《素问·脏气法时论》所说"肝欲散，急食辛以散之"等，顺五脏之性以行补泻，又如《素问·至真要大论》所言"谨守病机，各司其属，有者求之，无者求之，盛者责之，虚者责之，必先五胜，疏其血气，令其调达，而致和平"，使五脏气血均和调通达，不虚不实。

疾病初愈（已病防变、防复发）的"治未病"原则，基本与未病之前相同，而尤其需要注重胃气。对于《素问·热论》提出的"病热少愈，食肉则复，多食则遗"问题，张仲景进一步在论瘥后病时提出"损谷则愈"的解决策略，原理亦在于保护脾胃正气。在后世医学流派中，易水学派之所以被独尊为"医中王道"，与"养正积自除""内伤脾胃，百病由生"重视治未病的思想息息相关。

通过归纳中医治未病的主要原则，可以发现，首先在辨证方面，重点不在于外来的疾病类型，而是以人体自身的体质状态为本，疾病为标，重视体质辨证，此亦"不治已病治未病"的意义所在。在辨证准确的基础上，治疗时注重顾护人体的胃气，用药轻灵，中病即止，避免过度治疗。在治疗方法方面，始终抓住气血这一生命的核心载体，以之为调整体质的诀窍，气血调畅则脏腑经络皆和，四肢百骸皆养。用药方面，虽然重视平和药物和食疗药物的应用，但对于"已病"而当用毒药时并不忌用，只是遵循"大毒治病，十去其六"之原则，祛邪而不伐正，治病勿忘照顾患者体质。对于部分中医不重视辨证，而只以疾病症状为目标，忽略患者体质的现状，皆有指导和借鉴作用。又有部分中医好用毒药重剂，对于体质强实的急危重症暂用则可，对于体质虚弱的一般情况则"粗工凶凶，以为可攻，故病未已，新病复起"，戒之戒之。

（三）中医膏方的发展简史

膏方，又称"膏子""膏煎""膏滋"等，是口服膏剂，为中医药传统剂型之一，是药工根据中医师辨证论治结论为病家量身定制的大复方，将药材分次久熬，去渣，浓缩，再加入药胶和细料而制成的膏状制剂。近贤秦伯未指出，膏以物言，则为油脂；以形态言，则凝而不固；以口味言，则甘美滑腻；以内容而言，则为物之精粹；以功用言，则有滋养滋润之作用；以药效言，则可疗疾[1]。

膏方的历史十分悠久。如成书于西汉初期的马王堆汉墓出土的《五十二病方》即载有膏剂30余方，制作时加用膏糊剂而称为"膏之"；胶的入药在书中出现4次，多是与他药配成剂型应用。东汉早期的《武威汉代医简》载有"千金膏药方"[2]，由蜀椒、川芎、白芷、附子组成，可内服亦可外用。而东汉末年张仲景《伤寒杂病论》中的一些处方与现代膏方之制已十分相似，如大乌头煎、乌头汤、猪膏发煎、猪肤汤、鳖甲煎丸、甘草粉蜜汤等，又如皂荚丸亦载有"以枣膏和汤"之服法。

古代文献显示，晋代以前的膏剂多偏于祛邪疗疾。到了唐代，养阴补虚润燥之药占了大半，如《备急千金要方》之枸杞煎、黄精膏方等。自宋以后，膏方则更以滋阴补虚为主，如《洪氏集验方》琼玉膏即为代表性的滋补膏方，上守六朝隋唐清热养阴膏方之正，下开宋元明清滋阴疗虚膏方之新[2]。

明代以补虚为主之膏方更加繁多，如王肯堂《证治准绳》提出膏方疗虚劳之疾，因虚劳"非黏腻之物填之不能实也。精血枯涸，非滋湿之物濡之不能润也"。在明代命门、元气等学说影响下，江南医家深入阐发了《黄帝内经》"藏于精者春不病温""秋冬养阴"之冬令进补思想，在冬季将具有滋补功效之膏方用于补养人体，使人体在"主收藏"之冬令得以充分吸收五谷百药之精华，形成人体所需之"精气"并加以封藏。此为今"冬令进补，膏滋摄生"之主要理论依据[3]。明代亦开始出现一人一膏方，诚如近贤章次公云："膏方之剂……溯其所自，实始于明代注重血肉有情之物，为虚赢不足者辟一新途径。"

明清时期膏方逐渐定型，其标志有三。一则膏方之名多采用"某某膏"，如陈嘉谟《本草蒙筌》言"膏，熬成稠膏也"；二则组成多为中药饮片、细料药、胶类、糖类；三则制法基本固定，即浸泡、煎煮、去渣、浓缩、收膏、盛装等程序。清代膏方重视清润养阴、顾护脾胃，此与温病学派之兴有着密不可分之关系[4]。清代中期以素膏、清膏为主，且药味较少；中后期荤膏、蜜膏大量出现，且药味增加许多；清代晚期，冬令膏方开始在江浙一带流行。此期膏方除应用范围扩大外，制作过程亦形成规范，如孙采邻《竹亭医案》提出"凡药一两，煎膏三钱；每膏一两，加白蜜二钱。此成规也"。

民国时期秦伯未先生撰著的《膏方大全》《谦斋膏方案》二书是最早的膏方专著，为中医膏方奠定了理论基础及应用规范，其中有三大贡献尤为突出[5]。其一是确定膏方定义，指出"膏方者，盖煎熬药汁成脂液而所以营养五脏六腑之枯燥虚弱者也，故俗亦称膏滋药"；其二是阐明了膏方的性质及用途，认为膏方性质主要为"润泽、滋补"，而用途"并非单纯之补剂，乃包含救偏却病之义"；其三是创立了膏方施治的基本法则，即"须视各个之体质，而施以平补、温补、清补、涩补，亦须视各个之病根，而施以生津、益气、固精、养血"。

二、研究现状

（一）中医膏方养生防病

"未病先防"是中医"治未病"思想的基本原则，其以"内养"（内养正气）和"外防"（外避邪气）为基本要旨。中医膏方作为内养的关键措施之一，遵循辨体施治、辨证论治的主要原则，根据人体不同的体质和证候特点，灵活化裁组方，注重顾护脾胃、助运消食，常在滋腻补品中加入健脾补胃中药和适量健脾理气、化湿消食药，对脾胃升降并调，既扶正气以增祛邪之力，又祛除痰湿食滞以助运化吸收[6]。

健康态多以平和质为主，表现为精神爽利，面色红润，脏腑气血调畅，其膏方当予平调平补之剂，重点在于调护，维持和扶助正气。《丹溪心法》中提到"与其救疗于有疾之后，不若摄养于无疾之先。盖疾成而后药者，徒劳而已"。通过膏方调摄养生，增强正气，保持人体气血调畅，阴阳平和，可以强健体魄，防治疾病，维护"精神内守，病安从来"的健康状态[7]。

人体体质的偏颇、种种病理变化皆为阴阳失调，而膏方是通过对不同体质进行辨证治疗，扶正补虚，调和其阴阳，改善及提高体质，从而使之恢复"阴平阳秘"的状态。故在施膏时务必仔细审察患者气血阴阳的虚实盛衰，采取阴阳兼顾、气血并补的方式，遵循因人制宜的原则，随证加减，综合调治，"谨察阴阳所在而调之，以平为期"。例如，老年人脏腑功能减退，阴阳俱虚，且气血运行迟缓，故膏方中多佐以行气活血、温阳补肾、填精益髓之品；中年人工作生活压力大，患病日久则损及气血阴阳，又多有吸烟、饮酒等不良嗜好，病机较为复杂，多为虚实夹杂之症，治疗时多采用补泻兼施的方法；女子则以肝为先天，易于肝气郁滞，膏方用药常佐以疏肝解郁、调畅气机之品；小儿为纯阳之体，不宜过早服用补品，必要时也仅以甘淡之品予以调养，如六君子汤、六味地黄丸等。阴阳失调但尚未致病，若能及早调整，则可以防止疾病的发生，这正符合中医学"治未病"的思想。

传统膏方多强调"冬令进补"，例如《素问·四气调神大论》曰："圣人春夏养阳，秋冬养阴，以从其根。"故在冬季服用膏方，顺应"冬气之应，养藏之道"的自然规律，精华易于吸收并储存于体内，益阴精而养阳气，从而使体质得到全面改善，可扶正固本以"治未病"。膏方的服用多在冬至之后，从"一九"至"九九"之间，每天晨起空腹一勺（10～20g），温水冲服，亦可直接含化。但如今随着膏方之风的推广和盛行，逐渐出现了"四季膏方"的新现象，即根据自然界四时节令及四季变化规律，结合人体阴阳消长、五脏盛衰的不同时间特点个性化制作膏方。如利用"冬病夏治""夏病冬治"的疗法分别推出"夏令""冬令"膏方，春夏养阳，秋冬养阴，同时顾护"阴阳平衡"，阳中求阴，阴中求阳，阴阳互补，使人体适应自然四时节令春生、夏长、秋收、冬藏的变化规律，达到阴平阳秘的目的，"谨察阴阳所在而调之，以平为期"[8]。

在中医古籍中，不乏养生抗衰、却老全形之膏方，且不同时期的膏方各具特色。早期的膏方多以治病为主，用于养生防病者相对较少。南北朝时期《小品方》中首次出现了滋补类膏方（单味地黄煎）。唐宋时膏方开始向补益方向转变，最负盛名者当属《洪氏集验方》中主治"万神具足，五脏盈溢，髓实血满，发白变黑，返老还童，行如奔马……神识高迈，夜无梦想"之琼玉膏（含人参、生地黄、茯苓、白沙蜜），方中人参、茯苓健脾益气，生地黄滋养阴血，共奏益气养阴之功，该方至今仍广为使用。明代在内服膏方的运用上更注重养生，如《寿世保元》载有"益荣卫，生血，悦颜色，延年益寿"的枸杞膏；《摄生众妙方》载有"轻身益气，令人不饥，延年不老"的天门冬膏，以及"至百岁身轻气壮，积年不废，可以羽化"的金髓煎。清代出现了许多滋补养生、却老全形的著名膏方，如《慈禧光绪医方选议》中有"平补脾元，调理胃气"的资生健脾膏、"先后天皆补，气血双理"的扶元益阴膏；《医宗金鉴》中有"大补精髓，益气养神"的龟鹿二仙胶等。

（二）中医膏方防欲病及亚健康调理

世界卫生组织（WHO）对"亚健康状态"的定义是介于健康和疾病之间的过渡状态，也称为"第三状态"。此类人群虽经各种诊疗仪器及临床化验检查结果均为阴性，但仍有各种各样的不适感觉。根据 WHO 的定义，健康不仅仅是身体无病，还包括身体、精神和社会上的完满状态[9]。"亚健康"在中医学大致属于"欲病"范畴，因此治疗"亚健康"属于"防欲病"。

根据中医理论，"欲病"主要包括患者初现的轻微症状、未显的潜在疾病、没有阳性指标的症状，诸如睡眠障碍、乏力、头晕、纳呆、易怒、皮肤干燥等，并与虚证关系较为密切。中医学虚证的主要表现有气虚、血虚、阴虚、阳虚和津液不足，而在五脏六腑中，脾为人体后天生化之本，肾为先天精气之本，因此虚证尤与脾肾气虚关系密切。中医学认为，亚健康状态多为情志失调、紧张、疲劳等多种不良因素长期、共同作用于人体，导致脏腑功能紊乱，气血阴阳失调，并在此基础上产生气滞、痰湿、瘀血等病理产物，本虚标实。因此通过辨证论治，辨体施方，根据具体情况投以不同膏方调理，补虚泻实，恢复内环境的动态平衡，可以有效遏制疾病的发生发展。

（三）中医膏方已病防变、防复发

疾病态，即机体脏腑功能失常，气血阴阳失调，津液代谢紊乱。如《素问·阴阳应象大论》云："邪风之至，疾如风雨，故善治者治皮毛，其次治肌肤，其次治筋脉，其次治六腑，其次治五脏。治五脏者，半死半生也。"外邪侵袭，由表及里，由浅入深，疾病处于不同阶段，其病理机制也不同，应抓住时机，以"既病防变"为原则，在起病之初、中邪轻浅之时，截邪防变，从源头阻断疾病的发生和发展[7]。在疾病的恢复期，患者尚未完全恢复，调摄不慎易导致旧疾复发或新病复增，因此这一阶段的膏方当以调摄为主、治疗为辅，调理阴阳，补气养血，防止"死灰复燃"，并促进机体痊愈，不仅能减少急性发作，还可使疾病向痊愈方向发展[10]。在慢病防复发的阶段，膏方的处方大多采用综合治疗的方法，防治结合，使患者的血气、脏腑、阴阳、精神得以恢复，以达到扶正固本的目的。如近贤秦伯未谓："膏方者，盖煎熬药汁或脂液，而所以营养五脏六腑之枯燥虚弱者，故俗亦称膏滋药……进言之，膏方非单纯补剂，乃包含救偏却病之义。"并且膏方中多以血肉有情之品的胶质收膏，滋

25

补的力量显著增强，非草木类药剂所能及[11]。例如癌症患者处于术后恢复期时，根据体质、证候适当服食膏方，有助于防复发、抗转移，放疗或者化疗后，患者体内元气会遭受较大的损伤，身体比较虚弱，膏方通过对患者进行相应调理，可以扶正固本，促进患者身体恢复[12]。

此外，临床遇到血脂高、胆固醇高、甘油三酯高、血糖高、血压高、尿酸高等代谢紊乱疾病患者时，使用膏方治疗要注意虚实兼顾。如糖尿病患者不宜用糖类收膏；尿酸高患者的膏方中不宜加入驴皮胶、鳖甲胶等，而应以素膏收膏，临证尤其不可忽视。

三、发展对策

（一）存在的主要问题

综观中医膏方在治未病中的研究和应用现状，主要存在如下问题。

1. 中医膏方成分复杂，现代研究进展缓慢

膏方通常由 20～50 种甚至更多的中药材组成，这些药材经过复杂的熬制工艺，如浸泡、煎煮、浓缩等，最终形成稠厚的半流质或冻状剂型。如此复杂的成分和制作过程使得膏方的药效成分难以精确分析和控制。并且膏方中包含多种药材，每种药材本身又含有许多复杂的化学成分，这些成分在熬制过程中还有可能发生化学反应，分解或产生新的化合物，进一步增加了研究的难度。因此，膏方作为中药的一种剂型，其现代研究难以快速推进。

目前，膏方的制备工艺和质量标准缺乏统一的标准，各医疗机构自行制定的操作规程和质量标准不一致，导致膏方成品质量差异较大[13]。虽然有部分文献提出使用薄层色谱法和高效液相色谱法进行定性和定量的质量控制，但整体上仍缺乏系统性和标准化的质量评价体系。膏方的个性化特点使得其质量控制更加复杂。由于"一人一方"的特性，不同膏方的药物组成、剂量、辅料种类及用量等均不一致，加之煎煮、浓缩收膏的容器和操作人员的熟练程度不同，使得膏方质量难以标准化。此外，膏方的贮藏条件，如温度和湿度对产品质量也有重要影响，但目前尚未形成统一的贮藏标准。尽管膏方产业迅猛发展，但在生产工艺和质量标准方面缺乏相关的科学数据支持，导致膏方的质量评价体系尚不完善。

2. 气候、地域、体质多样，临床应用难以规范

膏方的制作和服用需要根据季节变化进行调整。例如，夏季高温湿气重，膏方中应减少滋补类药物，注重清热化湿；冬季则需增加温阳益气的成分[14]。这种随季节变化的用药原则使得膏方难以形成统一的标准。

不同地区的气候条件对膏方的配方有显著影响。例如，岭南地区气候湿热多雨，膏方需注重健脾祛湿；北方地区气候寒冷干燥，膏方则需偏重滋阴润燥。这种地域差异导致膏方的应用必须因地制宜，增加了规范化的难度。

与此同时，膏方的配方也需要考虑个体的体质差异，不同年龄、性别、生活习惯等因素都会影响膏方的选择和使用。例如，老年人可能需要更多的补益成分，儿童则需注重调理脾胃。这也使得膏方难以制定统一的临床应用标准。

此外，由于膏方是手工制作的中药制剂，人为因素直接影响其质量。目前缺乏规范化的膏方制作工艺及质量标准培训和技术指导，这进一步制约了膏方的规范化应用。

3. 膏方亦是以偏纠偏，过犹不及反生弊端

任何事物的发展都有其两面性，膏方虽以其补虚延年之功效被大众欢迎，但随之而来的滥用弊端也日益突出。如《慎五堂治验录》中就提到"膏子之方，今世俗习咸以参、地、归、芪为补，不知气血有胜偏，上下有虚实，受病有浅深，阴阳有倚偏之不同。一概混以大补，不问其因虚、因饮、因实、因瘀，甘温酸腻，随手书方……更兼品味太多，甚至五六十味，东扯西协，此长彼消"[15]。

膏方的原理是利用药物的偏胜之性来纠正人体阴阳气血的不平衡。然而，如果一味地投补，尤其是对于虚实夹杂的复杂病情，如中老年人脏气渐衰的情况，过度补充反而可能适得其反，导致病情加重。

膏方中的药物多为滋腻之品，若脾胃功能不佳或体内存在湿热、痰浊等病理因素，服用膏方可能会引起不良反应，甚至加重原有症状。因此，在使用膏方时，必须注意脾胃功能的调理，并结合患者的具体情况来调整用药，避免使用不当带来的弊端。

（二）发展对策与建议

1. 系统生物网络药理，整体观念指导研究

膏方作为一种复杂的中药复方制剂，其作用机制涉及多成分、多靶点、多途径的协同作用，这使得其研究具有高度的复杂性和系统性。膏方的组成通常包含多种药材，每种药材都有不同的药效成分，这些成分在体内通过复杂的生物过程相互作用，从而发挥整体疗效。这种多成分、多靶点的特点，要求研究者运用系统生物学的方法来解析这些复杂的相互作用关系。系统生物学能够帮助研究者从整体上理解膏方的生物学效应，揭示其作用机制，并优化膏方的配方和制备工艺。

网络药理学是研究药物与生物系统之间相互作用的一种新兴学科，它通过构建药物－靶点－疾病之间的网络关系以解释药物的作用机制，因此可以有效地揭示膏方中各成分之间的相互作用及其对机体的影响，从而为膏方的临床应用提供科学依据。

此外，膏方的研究还需要中医整体观念的指导。整体观念强调人是一个有机的整体，而膏方的制备和应用也必须考虑个体差异、体质特点及整体健康状况。在膏方的研究中，整体观念可以帮助研究者更好地理解膏方如何通过调节人体的阴阳平衡来达到治疗和预防疾病的目的。膏方的复杂性和多维度的作用机制决定了其研究需要综合运用现代科学技术和传统中医理论，因此中医膏方的研究需要系统生物学、网络药理学技术的支持和中医学整体观念的指导，以确保膏方的安全性、有效性和科学性。

2. 防病治病三因制宜，当用则用不可泛滥

根据不同季节调整膏方的配方和服用方法，需要遵循中医"三因制宜"的原则，结合不同地域的气候和患者的体质特点进行调整。例如，春季应注重调护脾胃，以健脾祛湿为主，并可酌情加入疏肝、疏风药，如薄荷、菊花等，以适应春季气候多变、湿气较重的特点。夏季应注重清补，避免滋腻，可以加入化湿类药物，如茯苓、泽泻等，以利水渗湿，适应夏季湿热气候，并注重益气养阴以顾其本。秋季应注重养阴，可以加入滋阴润燥的药物，如麦冬、玉竹等，以适应秋季的干燥气候。冬季气候寒冷，是进补的最佳时期，膏方应注重滋补强身，可以适当增加补益药的应用，如人参、地黄等，以补益精气，适应冬季的寒冷气候。此外，在制作膏方时，还要根据季节变化适当调整浸泡时间。一般浸泡时间为6小时左右，但在冬季可适当延长到12小时左右，以确保药材中的有效成分充分溶解。

不同地区的气候和地理特点差异很大，例如岭南地区人群饮食偏嗜肥甘厚腻的海鲜发物，容易助湿生痰，阻碍脾胃运化水湿，因此膏方中需要减少胶含量和糖含量，并加入适合当地人群肠胃动力不足特点的成分，如春砂仁、巴戟天、陈皮等，以增强益气健脾、化湿醒脾的功效。

此外，随着中医体质学说的研究推进，加强体质辨证的中医教育，强调辨证论治、辨体施方，这也是中医治未病需要遵循的原则，切不可不论体质而一概为之。

3. 膏为常用剂型之一，普及惠民均衡发展

中医膏方作为常用的中药剂型之一，其普及惠民和发展可以通过多种方式实现。首先，各地医疗机构可以举办膏方节或膏方文化节，邀请知名中医专家进行义诊和提供膏方定制服务，同时提供免费的健康咨询、体质辨识等服务，以增强公众对膏方的认知和接受度。医疗机构可通过线上直播、健康讲座等形式，将膏方知识普及到广泛的受众群体中，例如通过线上直播的方式，让更多人参与到膏方文化节活动中来。也可结合中医药文化宣传月、世界传统医药日等，通过多种形式的科普宣传弘扬中医药文化，提升公众对膏方的认知和信任度。

此外，还应进一步加强膏方的规范化管理，以保障医疗的安全性和有效性。

参考文献

[1] 张玉萍 . 秦伯未膏方集 [M]. 上海：上海中医药大学文献所，2007：4.

[2] 郭天玲 . 内服煎膏剂源流探索 [J]. 上海中医药杂志，1987（11）：29–31.

[3] 赵艳 . 明代内服膏剂与酒剂探究 [J]. 北京中医药，2013（10）：786–788.

[4] 白美茹 . 探析医易哲理与膏方治未病的关系附冬令膏方治疗小儿哮喘缓解期临床研究 [D]. 上海：上海中医药大学，2013.

[5] 屠执中 . 颜德馨膏方精华 [M]. 北京：中国中医药出版社，2009.

[6] 吕晓恩，陈湘君 . 中医膏方源流及临床运用进展 [J]. 辽宁中医药大学学报，2013，15（10）：213–215.

[7] 章页 . 浅谈中医"治未病"与中医膏方 [J]. 中华中医药杂志，2015，30（6）：2005–2007.

[8] 王平，谢立群，周林福 . 中医膏方在"治未病"中的应用 [J]. 辽宁中医药大学

学报，2015，17（10）：110-112.

[9] 沈红艺，倪红梅，赵春妮，等．亚健康的相关概念比较 [J]．医学与哲学（人文社会医学版），2008，（1）：8-10.

[10] 王珺，张婉，陈浩林，等．探讨传统膏方在"治未病"中的临床体现 [J]．时珍国医国药，2009，20（12）：3100-3101.

[11] 程志清．膏方的临床应用 [C]// 中国医药新闻信息协会中医药临床分会，北京中医慢病防治促进会全国膏方医学专业委员会，北京中西医肿瘤防治技术创新联盟全国膏方抗癌专家委员会．第二届中华国医膏方服务启动仪式、中国医药新闻信息协会中医药临床分会2016年年会、全国膏方抗癌专家委员会年会、全国膏方医学专业委员会2016年年会、华东地区全国优秀中医临床人才专家座谈会论文选集．北京：中国医药新闻信息协会，2016：133-138.

[12] 薛红莉．浅析中医膏方的发展及应用 [J]．中国卫生标准管理，2015，6（32）：146-148.

[13] 王国军．浅谈中药膏方制备工艺与质量评价 [J]．浙江中医药大学学报，2019，43（3）：266-269.

[14] 姜永浩，李焱，张冰睿，等．薛一涛运用膏方辨治心系疾病思路探析 [J]．山东中医药大学学报，2024，48（1）：41-44.

[15] 杨杏林点校．慎五堂治验录 [M]．上海：上海科学技术出版社，2004：66-69.

HB.03 中医膏方外用的优势与前景报告

施　怡[①]　张学婷[②]　曹峰铭[③]

摘　要： 中医膏方及其相关疗法历史悠久、疗效肯定、优势众多、受众广泛，具有良好的市场前景。外用膏方种类繁多，可分为硬膏、软膏、糊膏等剂型。配合外用膏方常用的贴敷疗法，可用剂型有膏药、软膏、糊膏。硬膏中的膏药研究起步早、市场化程度高，但仍缺乏深入的机理研究。软膏、糊膏等研究层面尚单一，需要完善并进行多学科合作研究，才能更好地市场化。此外，当下仍存在外用膏方命名分类混乱、规范标准缺乏、人员培训不足的问题，应规范名称分类、制定相应诊疗指南、操作规范、加强人员培训。随着中医药文化的广泛传播与科技的持续进步，中医膏方外用有望在未来开拓更广泛的全球市场。

关键词： 外用膏方；优势；发展前景

中医膏方及其相关疗法具有悠久的历史传统，是中医学的重要组成部分。在中医八大传统剂型中，膏剂的出现早于汤剂。早期膏方主要是将药物混以动物脂肪制成膏状并外敷患处疗疾。在《五十二病方》《山海经》《黄帝内经》等医书中均记载了诸多膏方，大部分是外用疗疾的。自汉代开始，膏方外用治

---

① 施怡，北京中医药大学中西医结合临床博士，北京中医药大学东直门医院，副主任医师，硕士生导师，中国中医药信息学会膏方分会常务副秘书长，研究方向：膏方、治未病、肿瘤康复、亚健康。

② 张学婷，北京中医药大学针灸推拿学硕士，中国中医药信息学会膏方分会副秘书长，研究方向：膏方、针灸、推拿。

③ 曹峰铭，新疆医科大学中医学院研究生，中国中医药信息学会膏方分会副秘书长，研究方向：膏方、中医药治疗代谢性疾病。

疗疾病的范围逐渐扩大至内科、妇科，至晋代黑膏药的出现使膏方外用更加便捷，唐宋时期外用膏方数量大幅增加。明清时期，外用膏方及其外治法已经成为普遍的治疗手段之一，适应证范围涉及内、外、妇、儿诸科，在民间认可度极高，很多经典外用膏方沿用至今。

在当今人们日益关注自身健康且追求方便、快捷、高效的社会背景下，外用膏方因其特殊治疗优势越来越被临床与民间青睐，市场热度逐渐升高，并成为一张中国文化的名片，走出国门，走向世界。不同于内服膏方，外用膏方种类较多，不同剂型各有其适应疗法。本报告通过文献研究法分析目前应用最广泛的膏药剂型及贴敷疗法的应用现状，以评估外用膏方的优势与应用前景。

一、资料与方法

（一）调查对象

本调查以中医膏方外用的临床应用情况、工艺研发进展、政策法规环境及市场现状为研究范畴，通过系统性地检索并分析相关文献资料，旨在全面而深入地理解膏方外用的优势、当前面临的问题及其未来的发展趋势。目前，外用膏方主要包括糊膏剂、硬膏剂及软膏剂三大类别，不同剂型各有其对应的外治法。具体而言，糊膏剂多用于配合贴敷疗法或膏摩疗法；软膏剂既可外涂，亦可与膏摩疗法协同使用；硬膏剂则主要以直接贴敷于体表为治疗手段。贴敷疗法作为中医膏方外用中最为广泛的疗法，其重要性显而易见。硬膏剂中的膏药凭借其在国内外的高知名度和良好的市场表现，已成为传统外用中医膏方中的佼佼者。本报告将通过对目前应用广泛的贴敷疗法和膏药剂型展开深入的调查与分析，来发现膏方外用的优势并展望前景。

（二）调查内容与方法

1. 贴敷的应用

选择跨库高级检索入口，以"贴敷""敷膏"为主题词，检索中国知识资源总库（中国知网）、中国学术期刊数据库（万方数据知识服务平台）、中文科技期刊数据库（维普网）中的中文文献。检索时间选择建库至2024年10月31日，筛选医药卫生方针政策与法律法规学科类文献，从宏观角度研究贴敷的发展状况。检索时间选择 2008 年 1 月 1 日至 2008 年 12 月 31 日、2014 年 1 月 1 日至 2014 年 12 月 31 日、2023 年 10 月 31 日至 2024 年 10 月 31 日三个时间段，筛选生物医药类学科文献，提取研究热点，分析应用优势，并对 2008 年、2014 年、2024 年研究热点进行对比分析，从微观层面评估应用前景。

2. 膏药的应用

选择跨库高级检索入口，以"膏药""贴膏""膏贴""硬膏"为主题词，检索中国知识资源总库（中国知网）、中国学术期刊数据库（万方数据知识服务平台）、中文科技期刊数据库（维普网）中的中文文献，检索时间选择建库至 2024 年 10 月 31 日。

（三）数据处理

将筛选后的文献导入 NoteExpress4.0 文献管理软件，去重并按摘要筛选文献。因为关键词能够反映出一篇文章的主旨内容，因此对关键词进行统计分析。以 Refword 格式导出文献题录，通过 CiteSpace6.4.R1 软件对数据进行格式化，并进行聚类、时间线等分析。利用 NoteExpress4.0 进行文献关键词规范化处理，合并同义、近义关键词，并进行频数统计。

二、数据分析

（一）从贴敷疗法看外用膏方优势与前景

1. 从医药方针、政策法规等研究层面文献统计分析

（1）发文量统计　以"贴敷"为主题词搜索中国知网从建库至 2024 年 10 月 31 日的文献，共检索到文献 1.93 万篇。2008 年之前，发文量处于 100～300 篇 / 年水平，呈逐年递增趋势。从 2008 年开始，发文量快速攀升，在 2014—2015 年经历了一个短暂平台期后，发文量更加快速攀升。2017 年之后发文量逐渐稳定在 1500～2000 篇 / 年水平，2019 年达到高峰后发文量虽略有下降，但也维持在较高水平（图 1）。从发文量来看，贴敷这种外治法一直在临床有应用的传统，2008 年后其关注度迅速提升，且近 10 年都是热门研究领域。

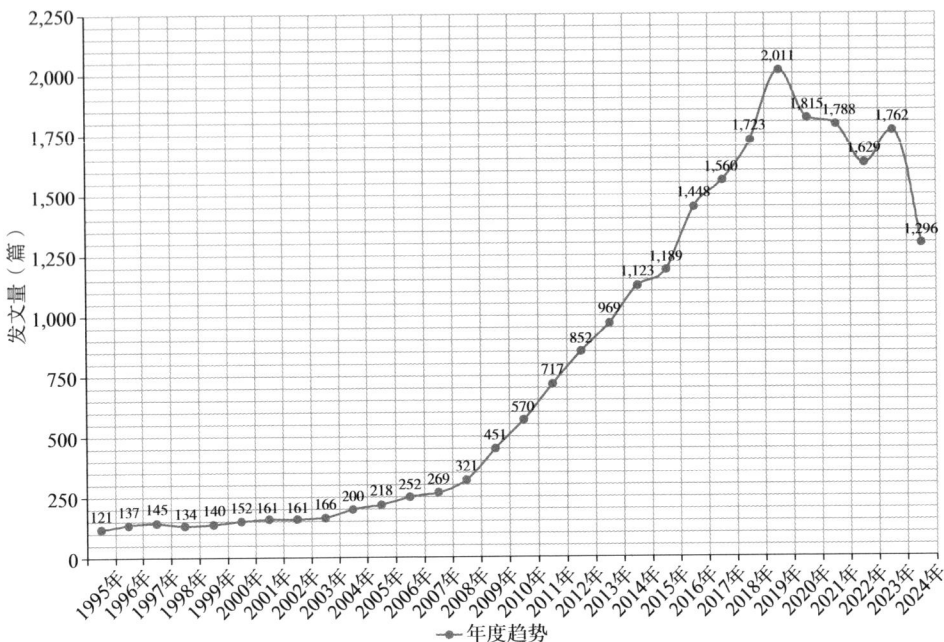

图 1　中国知网历年"贴敷"主题研究层面发文量

　　以上可以看出，"贴敷"作为热门疗法，使用者众多，逐渐形成了一种广泛应用的基础中医适宜技术，并受到管理部门重视，与之相应的方针政策领域研究逐渐增多。从中国知网数据库检索建库至 2024 年 10 月 31 日"贴敷"主题相关文献，筛选出医药方针、政策法规研究层面的文章 84 篇。发文量在 2010 年、2014 年、2023 年形成三个高峰，在 2019 年后发文量逐年上升，直至 2023 年达到历年最高峰。2024 年发文量统计时间为 10 个月，按发文量趋势，预计至少与 2023 年持平（图 2）。从发文趋势看，政策方针研究层面的文献量与上述"贴敷"主题相关总发文趋势密切相关。总文献量分别在 2008 年、2014 年、2019 年出现大幅攀升，而政策方针研究在 2010 年、2014 年、2019 年出现明显文献数量变化，说明政策方针研究及时跟进了这种研究热度的变化。2008—2010 年，政策方针跟进略滞后，说明这个研究热点处于初期形成阶段。2019 年至今，政策方针研究文章越来越多，说明贴敷已经逐渐形成一个比较稳定的研究方向和应用领域，有着稳步递增的市场需求，需要宏观层面进一步规范、推广。

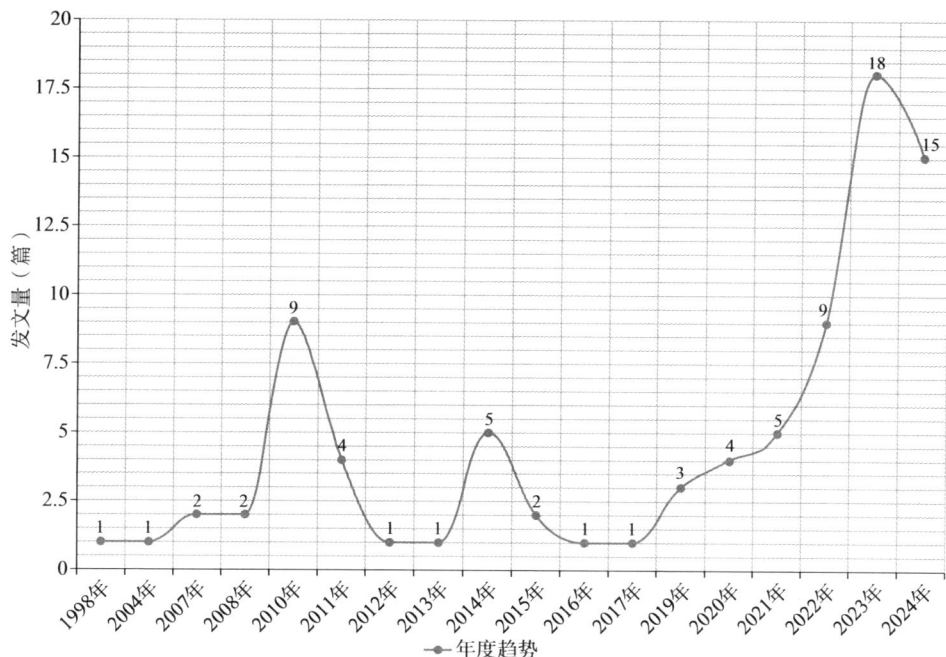

图2　中国知网历年"贴敷"主题政策方针研究层面发文量

（2）关键词分析　选择跨库高级检索入口，以"贴敷"为主题词，检索中国知识资源总库（中国知网）、中国学术期刊数据库（万方数据知识服务平台）、中文科技期刊数据库（维普网）中政策法规类中文文献，检索时间选择建库至2024年10月31日。经去重并筛选文献后，共纳入文献80篇。将文献题录导入CiteSpace6.4.R1软件，对关键词进行聚类分析、时间线分析。从提取的文献关键词中（表1）可以看出，政策方针研究者在贴敷适宜的各类场所紧密围绕贴敷应用的现状进行调查研究，调查主要手段为问卷调查，调查内容主要涉及应用现状、医护人员对该疗法的认知水平及态度、受众群体对该疗法的需求度与满意度；针对目前问题找出影响因素，并思索改进途径、提出应对策略；在调查研究数据的基础上构建管理方案与规范；对新形势下贴敷疗法发展的推广现状及未来推广模式进行探索。从关键词中还能看出，贴敷的适宜应用场所及专科广泛，从门诊至病房，从综合医院至专科医院乃至社区医院，从农村到城镇社区乃至贫困地区均有大量受众；针灸科、推拿科、康复科、神经内科、产科、外科等专科均是具有良好应用前景的领域。

壹　市场研发篇

35

表 1　贴敷政策方针层面研究文献提取关键词分类

分类	关键词
受用者	住院患者、临床中心、专科门诊、门诊部、综合医院、中医医院、社区医院、儿童医院、社区、贫困地区、农村
应用者	主管医师、医务人员、医护人员
专科	针灸推拿、康复护理、神经内科、康复科、针灸临床、产科、普外科
管理	构建、规范、改进途径、应对策略、管理、临床管理、病程记录、管理对策、管理方案、信息系统、经济核算
现状	问卷调查、现况调查、使用情况、应用现状、影响因素、认知、认知水平、态度、满意度、需求、需求度
推广	新形势、推广现状、现状、探索
特色	中医、中药文化、冬病夏治、疑难病症

　　纳入文献关键词共现网络分析如图 3 所示，图谱模块值（Q 值）=0.8409，平均轮廓值（S 值）=0.9601，关键词聚类有效。图中字体越大说明关键词出现频率越高。黄色连线区域关键词相对数量少、出现频率高、联系较紧密；红色连线区域关键词相对数量多、出现频率低、联系较松散。从黄色连线区域高

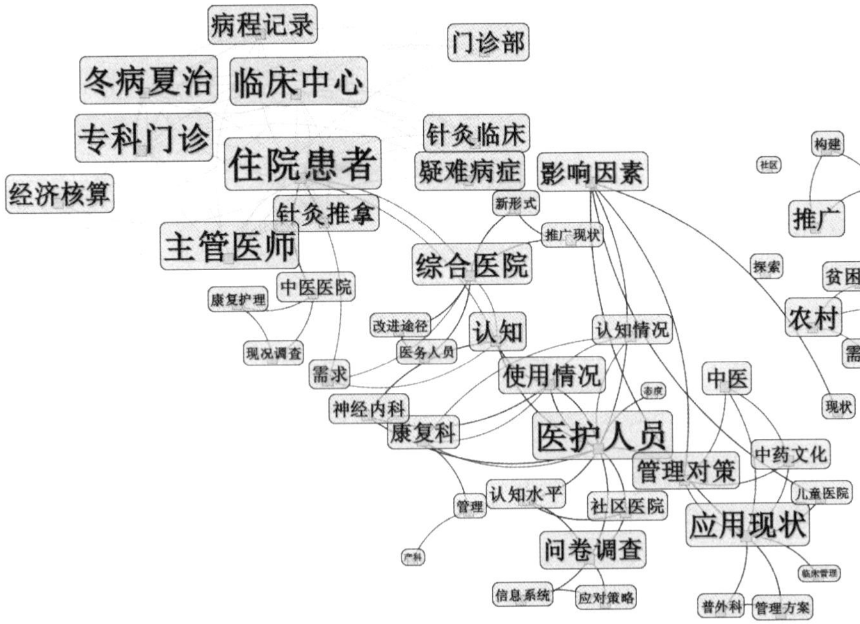

图 3　"贴敷"主题相关政策方针研究文献关键词共现网络图

频关键词可以看出，住院患者，专科门诊，中医医院的针灸、推拿、康复等专科中已经形成了一个以冬病夏治为理论基础的稳定应用市场，尤其是在疑难病症上，贴敷有一定的应用优势[1]。从红线区域高频关键词可以看出，在综合医院、社区医院，存在对贴敷疗法的应用的需求，医护人员对贴敷存在一定认知，但仍存在有待改进的问题，需要加强推广[2]。当下对应用现状的解决方案不仅关注构建临床管理对策，而且更注重中医文化的宣传[3-6]。

纳入文献关键词时间线分析如图4所示，图谱模块值（Q值）=0.8409，平均轮廓值（S值）=0.9601，关键词聚类有效。从时间线分析图中可以看出，研究集中在2008—2010年、2014—2015年、2020年以后三个时间段，与前述发文量统计结果相符合。从时间线上的关键词可以看出，2008—2010年是贴敷疗法发展的初期阶段，主要围绕构建服务规范及农村地区、城镇社区推广方针政策进行研究[7-10]；2014—2015年贴敷疗法已经逐渐成为热点及中医医院门诊、住院患者常用的疗法，政策方针多集中在经济核算等领域[11-12]；2020年之后关键词增多，说明贴敷已经由点到面，逐渐成为综合医院、社区医院、专科医院、专科门诊、贫困地区等各专科推广应用的疗法，政策研究领域更加广泛，并开始注重文化宣传。

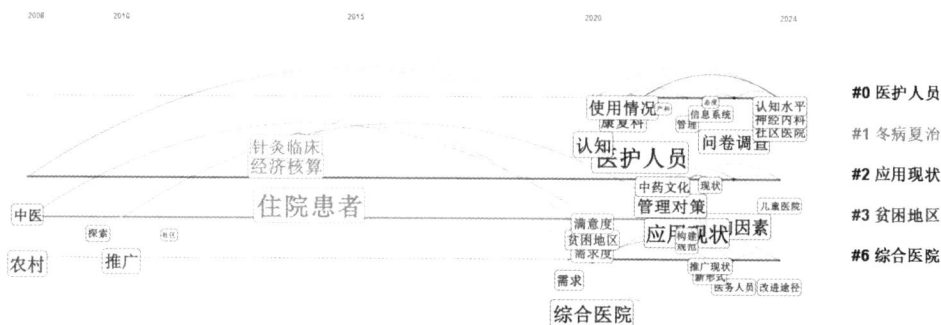

图4 "贴敷"主题相关政策方针研究文献关键词时间线

2.临床医学层面文献统计分析

上述政策相关类文献统计分析中，贴敷疗法的发展阶段以2008年、2014年、2020年划分，因此选取2008年、2014年、2024年以"贴敷""敷膏"为主题词的文献，比较分析这三年关键词变化，透视贴敷疗法的发展。按前述研究方法检索2008年、2014年、2023年10月至2024年10月生物医药类文献，导入 NoteExpress4.0 去重并根据摘要筛选相关文献。纳入文献数量分别为 2008 年 229 篇、2014 年 986 篇、2023 年 10 月至 2024 年 10 月 1276 篇。将题录格式化后导入 CiteSpace6.4.R1，分别进行三年关键词聚类分析，以出现频率排列关键词，聚类分析 Q 值及 S 值分别为 2008 年 Q=0.63，S=0.8734，2014 年 Q=0.4703，S=0.7608，2024 年 Q=0.4956，S=0.7586，聚类有效、显著，结果详见图 5～图 7。

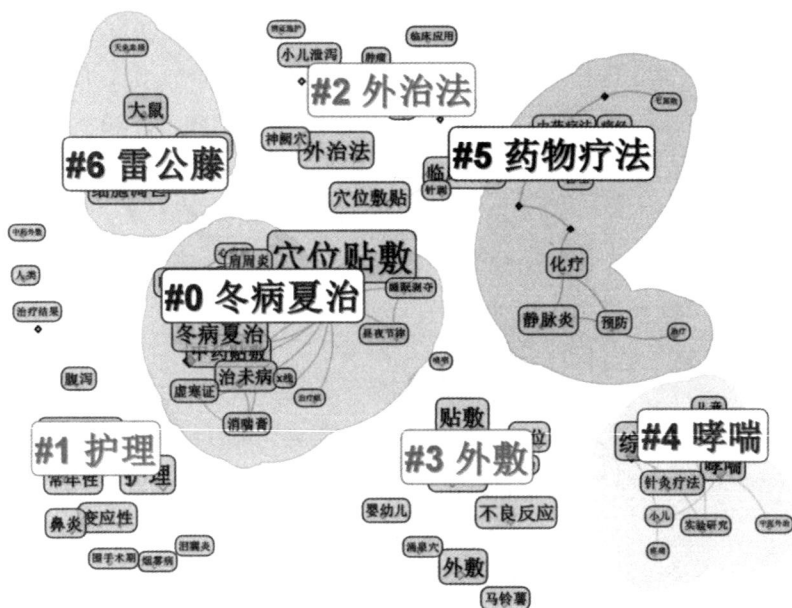

图 5　2008 年贴敷相关文献聚类分析图

从聚类结果可以看出，贴敷外治法最初是一种以"治未病""冬病夏治"等理论为基础的外治法，多应用在哮喘等呼吸系统疾病的防治中。随着贴敷疗法在临床应用方面的优势越来越被认可，其应用领域逐渐由呼吸系统疾病扩展到消化系统、心血管系统疾病。经过近 20 年的发展，其适应范围逐步扩大。当下，贴敷疗法的应用已不局限于"冬病夏治"，呼吸系统、消化系统、神经系统、心血管系统等内科疾病及妇科、儿科、骨科、肿瘤科疾病均是优势应用范畴，尤其是随着近年来恶性肿瘤发病率的快速攀升，贴敷疗法在"疼痛""化疗"患者中的应用已成为研究热点。

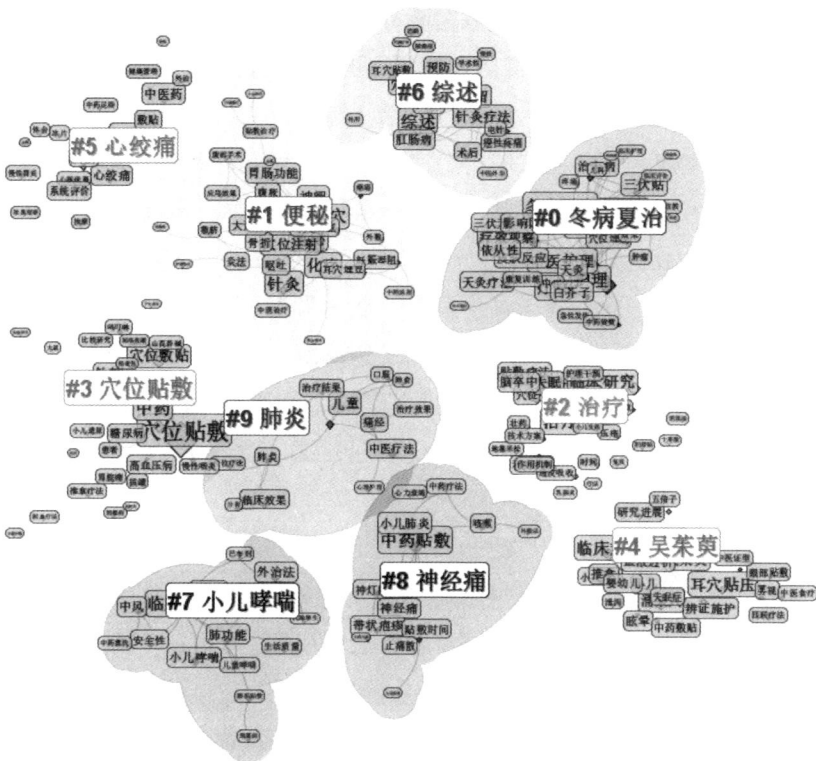

图 6 2014 年贴敷相关文献聚类分析图

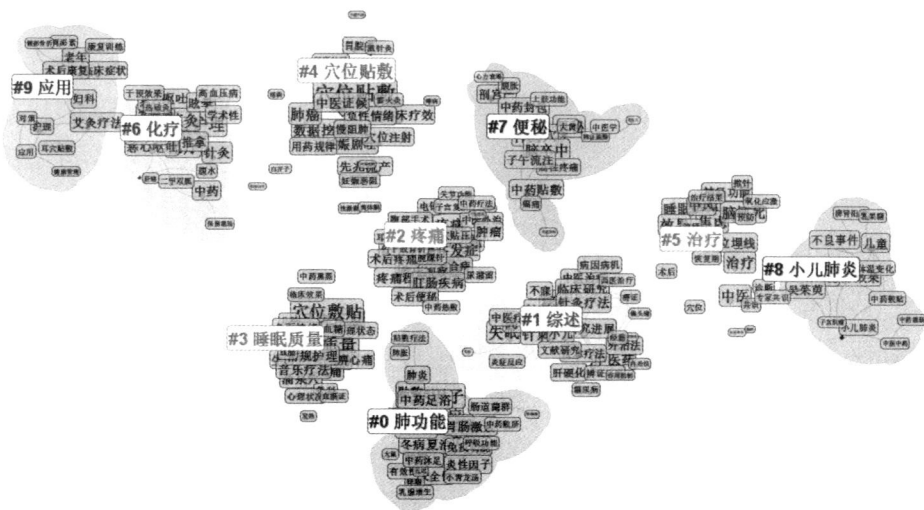

图 7 2024 年贴敷相关文献聚类分析图

壹 市场研发篇

3. 从贴敷主题相关文献分析数据看外用膏方优势与发展前景

贴敷疗法广泛的临床应用让人们逐渐熟知了这种中医适宜技术，这种以"治未病""冬病夏治"理论为基础的外治法深入人心，在社会上掀起了贴"三伏贴"的养生潮流。每年三伏时节，来医院贴三伏贴的患者众多，医院人满为患，三伏贴在各大药店也持续热销。受众群体的热捧本身就说明了贴敷疗法的优势——依从性高。贴敷疗法痛苦小、不良反应少、操作简便、优势病种多、花费较低，这些均与受众需求高度贴合，从而带来了高认可度与高黏度。当然这种"盛名"也带来一些"隐忧"，各种乱象悄然出现 [2,13-14]，于是政策方针层面研究文献增多，一些适应新形势变化的方针出台 [15-17]。管理层面关注度的逐渐提高从侧面反映了贴敷疗法的受欢迎程度，而这种及时跟进的研究能够保证贴敷疗法的健康发展。

目前，各中医专科医院广泛开展贴敷疗法，其中"三伏贴"有望成为公卫服务内容 [16]。近些年贴敷疗法在综合医院、基层医院、社区卫生站、养老社区、农村贫困地区进一步推广，根据文献，在这些地区，中医适宜技术运用率较高的是穴位按摩和穴位贴敷，受众群体对中医适宜技术的应用需求普遍较高 [3,18-23]。从以上分析不难看出，贴敷疗法的乱象逐步规范，其受众需求度逐渐增高、优势病种不断扩大，中医膏方外用将具有广阔的市场前景。

（二）从膏药看外用膏方优势与前景

贴敷作为一种疗法，需要与相应的应用药物相配合。贴敷所用外用膏方以糊膏与膏药为主，其中膏药的治疗方案相对成熟，研究层面多样，已经形成稳定的市场，而糊膏尚未形成稳定治疗方案。以下我们以膏药为例，分析外用膏方从临床到产业化的发展路径。

1. 从关键词看膏药应用优势

选择跨库高级检索入口，以"膏药""膏贴"为主题词，检索中国知识资源总库（中国知网）、中国学术期刊数据库（万方数据知识服务平台）、中文科技期刊数据库（维普网）中医药卫生类文献，检索时间选择建库至2024年10月31日。导入 NoteExpress4.0 去重并根据摘要筛选后共纳入文献1886篇。将题录格式化后导入 CiteSpace6.4.R1，关键词贡献网络如图8所示（Q值 =0.6515，S值 =0.8886）。从关键词我们可以看出，膏药研究涉及临床医学、工艺制备、质量标准、药理学、毒理学等诸多层面，且与传统文化关系度较高。

（1）适应证广泛 从文献提取的关键词（图8）可以看出，膏药适应证广泛，其中骨科、外科疾病优势病种最多，是膏药应用的传统范围。而随着对"内病外治""内外兼治""标本兼治"等理论重视度的提升，便秘、胃轻瘫、厌食、哮喘、支气管炎、感冒、鼻炎、肿瘤、疼痛、面瘫、痛风、心脑血管病等诸多内科疾病也成为适应证。受限于患儿口服药物依从性差的问题，儿科疾病也是膏药的"用武之地"。中医适宜证型为气血亏虚、气滞血瘀、气虚血瘀、湿热下注、脾胃虚寒、寒邪凝滞、寒湿痹阻、脾肾阳虚、气阴两伤、浊毒瘀滞、正虚邪实、肾虚、血虚；膏药治则立法多为养血祛风、化痰散结、疏肝理气、祛痰通络、扶正化瘀。

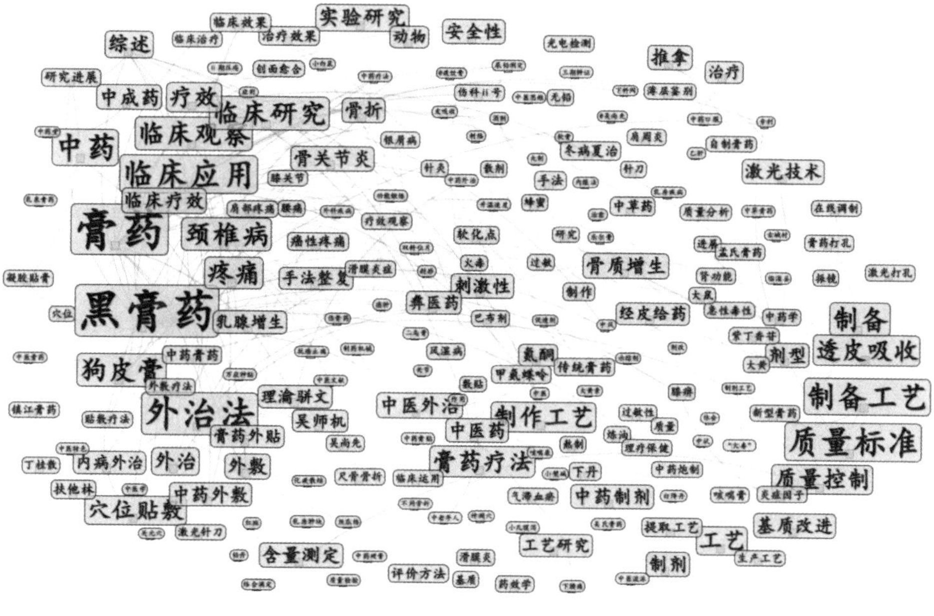

图8 膏药关键词贡献网络

（2）可配合多种中医适宜技术方法 膏药疗法多样，可用于病变局部外敷或敷脐等，也可以配合推拿、按摩、热熨、艾灸等增强膏药本身的药力。也有研究者配合其他剂型如散剂一起贴敷于患处，以增加膏药药力[24]。膏药疗法及其可配合疗法具体见表2。

表2　膏药疗法及可配合疗法

分类	关键词
贴敷方法	膏药外贴、外敷、穴位贴敷、贴敷、敷脐
行药方法	手法、推拿、穴位按摩、热敷疗法、透皮指疗术
其他疗法	针灸、温针灸、针药结合、熏洗、足浴、刮痧、拔罐、刺络拔罐、理疗保健、内服外敷、中西医结合

　　膏药与中医药文化的关键词见表3，从其中可以看出膏药具有悠久的历史传承，时间可以上溯至秦汉以前，其传承理论丰富，广为人知。膏药流传地域不同，组方及制法也不同，都独具特色。尤其是膏药的手工制法更是具有传统文化特色。膏药制法、组方及相关疗法的传承与保护一直受到重视，相当一部分已经成为非物质文化遗产，或是潜在的非物质文化遗产资源[25-29]。很多研制推广比较成熟的膏药产品已经开始注意维护自己的品牌形象，并注意在新形势下利用现代化信息手段推广[30]。膏药在推广上的优势很早就体现在了经典文学名著中，例如《水浒传》《红楼梦》中均有大量关于膏药应用的内容[31]。膏药对中医药文化的贡献还体现在民间文学、传统曲艺、民俗文化、社会生活等方面，真正做到了生活化的传承，也给文化旅游产业带来了不尽的资源，既促进了文化传播，也促进了膏药的推广。

表3　膏药与中医药文化关键词

分类	关键词
历史沿革	唐以前、明代、清代、民国、黑膏药起源与发展、考证、历史沿革与变迁
古籍文献	古籍文献、秦汉简牍、武威汉代医简、千金膏药方、百病膏药方、内经、肘后备急方、鲁府禁方、吴师机、理瀹骈文
传承理论	冬病夏治、内病外治、辨证论治、三伏贴、皮部理论、夏病冬治、经筋理论、中医适宜技术
医派地域	中医流派、北运河流域、临淄、梅州、甘肃、河西、凉州、商洛、少林寺伤科秘方、黔西南州、新疆库车
民族医药	民族医药、彝医药、瑶医药、侗医学、苗药膏药
保护传承	古今工艺、传承人口述史、传统手工、中医药特色技术传承、人物纪录片、保护传承
文化传播	传统膏药、民间文学、水浒传、新编京剧、民俗文化、数字博物馆、社会生活、生活化传承

续表

分类	关键词
旅游资源	中医药文化、非物质文化遗产、文创产品、文化资源、中医药旅游、运河文化遗产

2. 从时间线看膏药市场化前景

从建库起，膏药相关文献发表一直呈上升趋势，研究文献发文时间跨度较长，大部分发文集中在 1985 年之后，因此在筛选的文献中选取 1985 年至 2024 年发表文献 1696 篇，格式化题录后导入 CiteSpace6.4.R1，时间切片选择 5 年，以出现频率排列关键词，结果如图 9 所示。

从图 9 可以看出，从 1985 年开始，膏药制备工艺、质量检测、毒理学、药理学等方面进行的现代化研究开始增多。1990—2005 年，研究层次更加全面，制备工艺中，对炼油、熬制等关键步骤进行了详细研究，从多项指标制定质量标准。临床研究广泛而深入，涉及病种多样。开展多种动物研究、实验研究深入探索机理，透皮吸收是研究中的热点。2005—2015 年，制备工艺进行了一系列改进，包括基质改进、提取工艺改进、制作机械改进、激光打孔技术应用等。在药效学上深入研究，提高经皮给药疗效。在毒理学上深入研究，减少膏药不良反应，提升安全性。这个阶段出现了多种膏药成方的临床研究，这类膏药或是有所传承，或是在临床有较长的应用史。在临床研究上引入新的评价方法，扩大临床适应证，同时，膏药配合其他适宜技术的应用逐渐受到重视。这个阶段穴位贴敷关键词频率最高，与前述贴敷疗法分析中文献发表高峰时间段吻合，说明膏药是贴敷疗法中重要的应用药物类型。2015 年之后的近 10 年，膏药制备中引入了更加数字化、自动化的技术，凝胶贴膏等新型膏药逐渐增多。经过前 30 年的研究积累，近 10 年专利申请逐渐出现高峰，侧面说明了膏药的制备与临床治疗方案逐渐成熟。民族医药、文化传承研究占有一定比重。膏药的研究集中在提升临床疗效，尤其是对一些内科系统等非传统膏药优势病种治疗上。同时，中老年人进入研究视线，随着未来银龄经济市场的不断扩大，膏药的应用前景更加广阔。

壹 市场研发篇

壹
市场研发篇

图 9 "膏药"相关文献关键词时间区分布图

3. 从膏药相关文献看外用膏方优势与发展前景

膏药具有悠久的应用历史，在专业人员与民间百姓中认可度很高，是目前市场化程度最高的一类外用膏方。从宋代起，膏药就已经在民间形成了广泛的受众群体，历代医家均重视这种外用膏方的应用，至清代达到高峰，民间传承效验的膏方诸多。由于膏药具有"简、便、廉、验"的特点且适应证范围广，中华人民共和国成立后医学专业人员就呼吁大力推广膏药应用，其中不乏干祖望等中医名家[32-34]。膏药在临床推广时间早、疗效肯定、优势病种多，在规范化研究上起步早、研究层次全面，近些年在不损失药效的前提下改进剂型，更加便捷、安全、有效，这些优势决定了膏药有着良好的市场前景。例如有文献报道，骨伤科膏药是零售药店非常重要的"流量大类"，2022 年在中西成药 22 个类别中，骨伤科膏药给药店带来的客流量排名第 8，平均毛利率为 30.3%[35]。另有文献分析中药退热凝胶贴膏市场，问卷调查结果显示，97.4% 的被调查对象有意向购买中药成分退热贴膏[36]。目前膏药已经形成了较为成熟且需求度高的市场，更多的研究层面已经转向专利申请、营销策略、市场细分、成本控制、品牌形象等方面，并注重发挥中医药文化资源的优势，在国内外市场拓展业务[37-39]。由此可见，膏药发展前景远大，尤其是市场前景光明。

三、问题与建议

（一）存在的主要问题

1. 命名分类混乱

外用膏方种类繁多，临床常用的剂型有膏药、橡皮贴膏、凝胶贴膏、油脂性基质软膏、水溶性基质软膏、乳剂型基质软膏、糊膏[40]。膏药特指将饮片、油、基质混合炼制成的膏料摊涂于裱褙材料上制成的外用膏方，基质为铅丹者称为黑膏药，为铅粉者称为白膏药，为松香者称为松香膏药。膏药属于外用膏方中的传统硬膏，在改良了裱褙材料和基质后，衍生出了多种新型硬膏，例如橡皮贴膏、凝胶贴膏。油脂性基质软膏、水溶性基质软膏分别指原料药物与油脂性或水溶性基质混合制成的均匀半固体状外用膏方。乳剂型基质软膏则是指原料药物溶解或分散于乳状液型基质中形成的均匀半固体状外用膏方。糊膏是指大量的原料药物固体粉末（一般 25% 以上）均匀地分散在适宜的基质中所组成的半固体外用制剂，可分为含水凝胶性糊剂和脂肪糊剂[41]。贴敷疗法所用膏方多为软膏、糊膏和膏药。正逐渐成为外治法热点的膏摩疗法多用软膏、糊膏。然而，在文献回顾中发现，部分研究者对膏方的分类和命名存在混淆。例如，将膏摩疗法中所用膏方误称为膏药，但所用膏方其实为软膏或糊膏；也有文献将内服膏方称为膏药；更有膏药产业研究报告将软膏归类为膏药，以膏药统称软膏、硬膏等外用膏方，导致剂型命名缺乏专业性且分类混乱。专业人员对膏方称谓的不统一，不仅影响了相关研究结果的检索，也降低了其研究结果的可信度。命名的不统一为文献研究、临床研究和市场研究带来了障碍，且不利于膏方的推广和普及。

2. 研究层次不均

外用膏方中的膏药因其悠久的传承历史和早期开发，在质量标准、传统工艺、改良工艺、毒理药理、透皮吸收、临床观察、经验传承、数据挖掘等各研究层次已积累了丰富的研究资料和可借鉴的标准规范。但膏药目前仍缺乏深入的疗效机制研究，新开发的病种也仍缺乏大样本、多中心、随机对照的临床研究资料。软膏、糊膏的贴敷治疗临床观察是近 20 年才逐渐增多的，一方面以小样本的疗效观察为主，大样本临床研究缺乏，证据等级较低，且观察指标较单一，缺乏客观指标，疗效难以评价；另一方面安全性评价、毒理药理、透皮机制、疗效机制研究匮乏，研究层次仍停留在初期阶段，成果转化缺乏，市场化难度较高[42-44]。

3. 规范标准缺乏

目前，贴敷相关疾病的诊断、辨证、分型、分期缺乏权威性诊疗指南，贴敷的时机选择、时长控制、恰当选穴、操作手法、不良反应处理没有统一操作规范。贴敷疗法的疗效很大程度上依赖于操作人员的熟练度和诊疗经验。没有统一的中医诊疗指南依据和操作规范使疗效不稳定、不良反应发生率增加，非常不利于外用膏方及其疗法的推广与市场化[45]。

4. 人员培训不足

随着外用膏方疗法的日益普及，其应用范围已不再局限于中医医院。然而，从相关文献调研报告中可知，特别是在综合医院及基层医疗机构中，尽管对外用膏方疗法重要性的认识已达到一定高度，但其实际掌握程度却相对较低，这导致了使用率偏低的现象，与广大患者的迫切需求形成了鲜明对比[46-48]。尽管多数中医外治法操作简便，但要充分展现中医外治法在临床实践中的优势，仍需深入理解和运用中医的基本理念，如临床辨证论治等。当前，仍有相当一部分从业者对中医基础理论及外用膏方疗法的相关知识掌握不足，这种状况不仅直接制约了外用膏方临床应用的效果，也降低了患者的满意度，而且制约了外用膏方的发展。

5. 学科合作不足

随着科技的发展，跨学科合作研究将是未来趋势。随着基因组学、蛋白质组学等生物技术的发展，外用膏剂的个体化治疗成为可能，将大大提高治疗精准度和效果。纳米技术、脂质体、微球等新型给药系统的应用，将显著提升外用膏方的透皮吸收效率和靶向性。人工智能和大数据技术可以通过分析海量数据，优化配方设计、预测疗效和安全性，提高研发效率。在膏药研究文献中可见到临床与毒理学、药理学、材料科学、经济学的跨学科研究，但膏药与基因组学、人工智能、信息技术等领域的合作仍不足，其他剂型的外用膏方的跨学科研究更加匮乏。多学科领域协同创新将推动外用膏方在基础研究和临床应用中的突破，进而推动相关疗法的普及与市场化。

（二）对策与建议

1. 规范称谓

欲善其事，必先正其名。典雅、明确的称谓是外用膏方传承推广的前提。膏者，浓厚而稠谓之膏，物之精华谓之膏；方者，正道术法谓之方，以慎辨物谓之方。膏方一词既说明了剂型，也说明了其组方严谨、药物道地、加工精细。"膏方"一词远比"膏剂"一词更有文化传承之力，且"外用膏剂"一词不能区分是西药制剂还是中药制剂，因此建议使用统一的词汇"外用膏方"来指称中医外用膏剂。"膏药"一词已有特定指称的剂型，即外用膏方中的硬膏剂型，应避免与其他外用膏方剂型混称。在政策方针中加强对外用膏方命名分类的规范，并在医疗、产业等各行业相关从业人员及普通受众中，加强对外用膏方历史沿革、剂型分类、适应疗法等方面知识的科普，才能避免这种称谓混乱的现象。

2. 加强科研

第一，开展外用膏方的多中心、大样本、随机、对照临床试验。通过循证医学研究，进一步验证其临床疗效和安全性，为制定相关临床指南提供依据。第二，加大对软膏、糊膏等外用剂型的毒理学、药理学、药效学的研究力度，为临床用药提供科学依据。第三，加强制剂工艺的优化研究，通过对基质材料、制备工艺的创新和改进，提高药物的稳定性和生物利用度，以满足临床治疗的需求。第四，重视外用膏方的质量控制研究，建立科学、可靠的质量评价体系，包括定性、定量分析方法，稳定性考察等，以确保产品的质量一致性。第五，呼吁政府和相关机构加大对中医药外用膏方研究的支持力度，通过政策引导和资金投入，推动基础研究和临床应用。

3. 制定规范

建立健全外用膏方疗法的临床应用规范和指南。制定统一的操作规程和质量标准，为临床实践提供科学依据和操作指导，提高治疗效果和安全性。建立完善的外用膏方疗法质量控制和评估体系。定期开展疗效评估和不良反应监测，及时发现并解决问题，不断优化治疗方案，确保患者安全和治疗效果。

4. 培训人员

加强中医基础理论及外用膏方疗法的教育培训。通过系统化、专业化的培训课程，提高医务人员的理论水平和实践能力，确保其能够准确掌握和运用外用膏方疗法。可根据医务人员的掌握水平分层次组织开展培训，逐步帮助医务人员（尤其是操作人员）熟练掌握各项技术的辨证运用方法，培养其临床思维能力。同时还可考虑完善医务人员继续教育体系，为医务人员提供自主学习平台，提高医务人员的岗位胜任力，促使中医外治技术服务质量持续提升。

5. 鼓励合作

鼓励中医药学、化学、材料科学、生物学等领域的专家开展跨学科合作，通过整合不同学科的优势，推动外用膏方在基础研究和临床应用中的创新。利用纳米技术、基因工程、生物信息学等现代科技手段，提升外用膏方的制备工艺和疗效。例如，开发纳米载体系统以提高药物的透皮吸收效率，或利用基因工程技术筛选和优化活性成分。积极参与国际合作，推动外用膏方的标准化研究。通过与国际标准化组织合作，制定统一的国际标准，促进外用膏方的全球化应用。

四、总结与展望

中医膏方起源于外用，外用膏方包括膏药、软膏、糊膏等多种剂型。外用膏方疗法属传统外治法，自古以来，外用膏方对内、外、妇、儿多种疾病均有良好疗效，尤其是其中的膏药，因疗效突出、适应证广、使用便捷、经济实惠，自宋代起就深入百姓生活，使中医药文化得到了生活化的传承。清代名医吴尚先曾说"外治之理即内治之理，外治之药亦即内治之药"，"膏药能治病，无殊汤药，用之得法，其响立应"。在这种理论指导下，外用膏方配合贴敷、膏摩等多种疗法在临床上优势不断扩大，疗效显著且不良反应少，受众需求度不断增高，在海内、海外均有良好市场前景[49-51]。

在外用膏方疗法中，贴敷疗法成为研究热点已经将近 20 年，但涉及的优势病种研究中大部分尚未完成多层次研究，有待进一步进行疗效机理及规范标准研究，为市场化奠定基础。膏药的市场化程度较高，但市场准入门槛偏低、同类竞品多，更需要加强创新、深入研究，才能在市场中脱颖而出。膏方外用产品种类繁多，质量存在明显差异，监管力度有待加强。同时加强对中医药专业人才的培养，以及对公众进行膏方知识的普及，将有助于膏方外用的正确使用和推广。膏方外用的独特疗效和传统中医药的深厚底蕴，使其在国际市场上逐渐受到关注，特别是在发展中国家和资源匮乏地区，可通过开发廉价、高效的外用膏方，改善当地居民的健康状况。许多国家开始引入膏方外用产品，并结合当地法律法规进行本土化改良。同时，国际学术交流和合作研究的不断深入，促进了膏方外用的全球认知度和接受度。借此良机，应当及时加强外用膏剂的市场推广和品牌建设，提高产品的知名度和美誉度。通过多渠道营销策略，扩大市场占有率，推动中医药外用膏方走向国际市场，使中医膏方涉及的众多产业链实现共赢。

展望未来，随着中医药文化的广泛传播与科技的持续进步，膏方外用在慢性疾病治疗及康复养生领域都面临着机遇和挑战。通过不断创新和改进，膏方外用有望在未来的医疗、保健领域中发挥更加重要的作用，为人类健康作出更大的贡献。

参考文献

[1] 方芳，韩露. 冬病夏治市民热敷三伏贴 [N]. 北京日报，2010-06-10（5）.

[2] 严少卫. 医院与社区"冷热不均"[N]. 健康报，2010-07-20（2）.

[3] 周丽霞，陈鑫，梅苏华，等. 某医院中医中药文化的应用现状调查与推广管理对策探讨 [J]. 中医药管理杂志，2022，30（21）：222-224.

[4] 马芳，潘娜娜. 融入中医文化管理理念的中医适宜技术在临床管理中的应用 [J]. 中医药管理杂志，2023，31（5）：164-166.

[5] 周春荣，俞佳丽，孔成英，等. 新形势下综合医院中医适宜技术与中医药文化推广的现状 [J]. 中医药管理杂志，2023，31（6）：240-242.

[6] 杜德平，朱勇. 马正文：以身作则，传承中医文化 [J]. 中医健康养生，2024，10（9）：80.

[7] 董梅娟. 中医药适宜技术在社区卫生服务中的作用和地位 [J]. 社区医学杂志，2007（2）：16-17.

[8] 马宝东，陈岩松，赵用. 外敷穴位药物治疗风湿性关节炎培训难点及其对策——"十一五"农村卫生中医适宜技术推广项目述评 [J]. 实用中医内科杂志，2008，22（12）：112-113.

[9] 任壮. 规范化"冬病夏治"更精彩 [N]. 中国中医药报，2010-7-2（2）.

[10] 于雪峰，李国信，陈光，等. 农村推广伏九穴位贴敷技术阶段性分析 [J]. 实用

中医内科杂志，2010，24（8）：99-100.

[11] 徐静晗 . 北京市中医医疗服务项目的成本与定价研究 [D]. 北京：北京中医药
大学，2014.

[12] 邢悦 . 中医医疗服务项目与价格现状及调整情况分析 [D]. 北京：北京中医药
大学，2015.

[13] 张添怡 . "盛名"之下的"隐忧"[N]. 吉林日报，2024-8-8（2）.

[14] 潘良蕾 . 看同一科　挂多次号　病人多跑路多花钱 [N]. 联合时报，2010-04-
23（1）.

[15] 中国中医科学院广安门医院 . 针灸技术操作规范　第 9 部分：穴位贴敷 [S].
北京：中国标准出版社，2008.

[16] "三伏贴"有望列为公卫服务内容 [J]. 中医药临床杂志，2013，25（7）：577-
585.

[17] 胡勇珠 . 中医操作技术规范与推广模式的构建研究 [J]. 中医药管理杂志，
2022，30（14）：203-205.

[18] 陆声美，费芬芬 . 基层中医院中医适宜技术的研究要点与思考 [J]. 中医药管理
杂志，2023，31（16）：44-46.

[19] 关于印发全面提升县级医院综合能力工作方案（2018—2020 年）的通知 [J].
中华人民共和国国家卫生和计划生育委员会公报，2018（10）：3-8.

[20] 王丽，井明鑫 . 北京市中医干预在社区养老服务中的现状分析 [J]. 社区医学杂
志，2014，12（3）：69-70.

[21] 王秀蓉 . 中医治未病联合健康管理在社区卫生服务管理中的作用 [J]. 中医药管
理杂志，2019，27（6）：200-202.

[22] 徐青丽，洪鲜，臧文雯，等 . 综合医院住院患者对中医适宜技术认知与需求
情况的调查分析 [J]. 浙江医学教育，2020，19（4）：23-25.

[23] 张银娟，杨佳琦，陈攀宇 . 农村贫困地区中医药适宜技术应用现状调查研究
[J]. 现代医药卫生，2020，36（8）：1257-1260.

[24] 李正兴，韩庭良，吴云剑，等 . 镇江膏药掺和丁桂散外敷治疗中重度膝骨性
关节炎的临床研究 [J]. 中医药导报，2018，24（4）：87-89.

[25] 本刊通讯员 . 4 项传统医药项目入选第三批国家级非物质文化遗产名录 [J]. 中
国中医药信息杂志，2011，18（8）：59.

[26] 于泽敏 . 金氏正骨手法及膏药的传承——本溪市非物质文化遗产研究 [J]. 辽宁

科技学院学报，2014，16（2）：54–55.

[27] 赵大泰.凉州区的非物质文化遗产资源及其开发 [J].今古文创，2020（14）：51–52.

[28] 王明.河南省省级非物质文化遗产姚家膏药考略 [J].中国民族博览，2021（21）：68–70.

[29] 于红，马依林.非物质文化遗产平乐郭氏正骨活血接骨止痛膏的历史传承 [J].亚太传统医药，2021，17（5）：162–164.

[30] 马依林，张虹.互联网背景下非物质文化遗产——平乐郭氏正骨黑膏药的文化传播新模式 [J].亚太传统医药，2019，15（11）：6–8.

[31] 王浩洁.《水浒传》中的药与江湖文化 [J].菏泽学院学报，2018，40（1）：26–30.

[32] 干祖望.祖国宝贵医学遗产之一的膏药简介 [J].中医杂志，1955（11）：32–34.

[33] 干祖望.从理瀹骈文中初步分析各种"膏药"的药理作用 [J].江西中医药，1955（8）：26–27.

[34] 大力推广膏药疗法 [J].福建中医药，1958（7）：13.

[35] 杨剑英，梁贺琼.严重碎片化的骨伤科用药市场 [J].中国药店，2024（1）：8–17.

[36] 尹瑞阳，祝莹莹，顾益枭，等.中药退热凝胶贴膏市场分析 [J].中国药业，2022，31（11）：17–20.

[37] 杨艺帆.基于 SWOT 的羚锐制药开拓北美市场营销策略研究 [D].郑州：河南财经政法大学，2017.

[38] 黄河."代温灸膏"北京市场营销策略研究 [D].湘潭：湘潭大学，2016.

[39] 邓颖君.奇正藏药集团中国市场营销策略优化研究 [D].西安：西北大学，2012.

[40] 赵铁葆，施怡.外用膏方疗法 [M].北京：中国医药科技出版社，2024.

[41] 国家药典委员会.中华人民共和国药典四部 [M].北京：中国医药科技出版社，2020.

[42] 王丛礼，邹华，殷明.穴位贴敷临床应用进展 [J].中国中医药现代远程教育，2023，21（24）：191–193.

[43] 刘玲琦，朱春燕，李牟，等.近 10 年小儿哮喘常用中医外治法临床研究综述

[J].中医儿科杂志，2024，20（5）：102–105.

[44] 张丹，刘佳，何东仪，等.中医外治法在类风湿关节炎中的研究进展[J].陕西中医，2024，45（11）：1582–1585.

[45] 凌丽.中医外治法在儿科的实施现状与发展前景[J].中医药管理杂志，2024，32（17）：141–143.

[46] 祝时青.社区医院中医适宜技术开展现状及认知水平调查[J].中医药管理杂志，2024，32（19）：40–42.

[47] 胡丹燕，杨琼，郑春喜，等.神经内科医护人员对中医药技术的认知、使用情况与患者需求调查[J].中医药管理杂志，2024，32（10）：48–50.

[48] 徐丹，叶俊花，方柳絮.杭州某三甲医院待产妇的中医适宜技术认知与需求调查[J].中医药管理杂志，2023，31（6）：53–54.

[49] 刘骁华.西安"一带一路"朋友圈不断扩大[N].西安日报，2024–10–16（3）.

[50] 兰昊，熊淋宵，陈锋."一带一路"倡议下中医药文化在俄罗斯传播的现状、问题及对策[J].世界中医药，2023，18（14）：2098–2102.

[51] 陈焕鑫，张昕，卓清缘，等.中医药在非洲发展前景的SWOT–PEST分析[J].中医药导报，2021，27（11）：1–6.

HB.04 中医膏方区域化研发设计策略研究

赵吉超 ① 邓 萍 ② 陈谦峰 ③

摘 要： 膏方作为中医治疗的重要手段，已成为诊疗体系中不可或缺的组成部分。本文探讨了中医膏方区域化研发设计的现状及策略，具体涵盖地域特色与市场需求分析、中药材资源区域化利用、传承与创新融合路径、产学研合作模式探索等方面。通过深入调研、挖掘地域性药材资源、融合传统与现代技术、实施产品创新与差异化战略以及强化产学研合作机制等举措，为满足不同地域人群健康需求、促进中医药文化传承与创新、推动中医药产业高质量发展提供了有力支撑。同时，展望了中医膏方区域化研发设计在满足市场需求和推动中医药产业发展方面的广阔前景，并对后续研究提出了建议与方向。

关键词： 中医膏方；区域化研发设计；中医药产业

中医膏方在中医药领域具有重要历史地位和现代价值，其在健康养生、疾病预防与治疗方面的作用日益凸显。区域化研发设计能满足不同地域人群的健康需求，促进中医药文化传承与创新，推动中医药产业高质量发展。

---

① 赵吉超，中医学博士，江西中医药大学中医学院副教授，研究方向：中医气学说及临床运用研究。

② 邓萍，中医学博士，江西中医药大学中医学院副教授，研究方向：中医辨证论治规律研究。

③ 陈谦峰，中医学博士，江西中医药大学中医学院副教授，研究方向：医学与文化的互动研究。

一、引言与背景分析

（一）研究背景与意义

中医膏方起源于汉代，历经唐宋的发展和明清的成熟，至今已有两千多年的历史。随着社会的发展和人们对健康的重视，中医膏方在现代的应用越来越广泛[1]。例如，在岳西县中医院举办的膏方节中，特邀专家为前来就诊的群众免费体质辨识，开具个性化中医调理膏方[2]。在"望闻问切"四诊基础上，专家们精准把握个人体质、病情，结合实际情况，精准调节人体气血阴阳，以达到恢复健康、防治疾病的目的，活动现场人头攒动，群众热情高涨。中医膏方具有多种功效，既可发挥滋养机体、增强体质、调节免疫系统、促进健康、抵御外邪等作用，又能有效实现扶正祛邪，预防、减轻或缓解慢性疾病，并有助于延长寿命。膏方用药须遵循中医辨证论治原则，因人而异、量身定制、对症下药，使人体达到"阴平阳秘"的状态。

此外，中医膏方的区域化研发设计对于满足不同地域人群的健康需求具有重要意义。区域化研发设计的理念本质上契合中医的因地制宜思想。因地域不同，地理环境的差异造就了气候、物产、饮食结构等区别。无论自然环境还是饮食因素，都会形成体质的区域化特征，这也与中医体质学说相吻合。从区域化视角切入，既可设计符合当地物候特点的膏方，又能细化出不同性别、年龄阶段和体质的膏方方案。这一理念要求选用区域特色中药材，既能促进药材资源的开发利用，又可带动地方经济发展，最终形成融合区域中医文化、药材资源、经济效益与民众健康的综合性体系。

（二）中医膏方区域化研发设计的重要性

承接上文所述，膏方的区域化研发设计本质上是以中医文化理论为引领，将"三因制宜"原则融入地方经济发展与全民健康水平提升之中。区域化可催生特色膏方，如东阿阿胶作为道地药材，其应用能显著增强膏方的地方特色。从区域化层面看，既能推动道地药材工艺的传承创新，其原料驴皮的需求将带动养殖业发展，还能衍生相关产业链——驴皮用于药材生产，驴肉可开发药膳、餐饮及地方特产。随着人们健康意识的增强和对中医药认可度的提升，中医药市场发展前景广阔。

　　中医膏方作为中医药的重要组成部分，其区域化研发设计将有效推动产业创新发展。一方面，通过引入纳米技术、生物技术等现代科技，在保持传统特色的同时改进制备工艺、提升质量控制水平；另一方面，可加速产学研一体化进程。因其在促进经济发展与全民健康水平提升方面的作用，若能整合政府、企业、高校和科研机构的优势，将开创膏方研发与市场推广的新格局。如湖北九楚大健康产业有限公司通过创新技术手段，实现膏方食品化与工厂化融合，为中医药产业开辟新赛道。此外，区域化研发设计还能弘扬地方中医药文化，打造地域特色品牌，增强我国中医药的国际竞争力。

二、中医膏方区域化研发设计现状研究

（一）地域特色与市场需求

　　中医膏方有着悠久的历史和深厚的文化底蕴，在不同地区逐渐形成了各具特色的膏方派系。以上海为代表的江南地区，一直是膏方中心，海派膏方注重一人一方、辨证施治，选料考究、做工细致、药性平缓、药力长久，有着治疗纠偏、抗衰延年的临床治疗效果[3]。颜氏内科膏方成为"海派膏方"的一种代表，以病机为基，立足"衡法"治则，经过调气活血使体内阴阳臻于和谐。龙砂膏方以龙砂医药派别为渊源，注重和擅长应用《黄帝内经》的运气学说和《伤寒论》经方。岭南膏方有着鲜明的地域特色，气候湿热多雨，自古即有食用中医凉茶及药膳进补之风俗[4]。岭南膏方以调补身体、治疗纠偏、调护肝脏为特点，药物轻灵，治疗灵活多样。苏派膏方则荟萃中医名家，包含多个相互关联又各有特色的中医流派，以辨证精准、组方严谨、轻巧灵动、效力宏为特色。自武汉市中医医院成立以来，江南中医界的杰出人士不断努力，开发了一批独具武汉本土特色的"汉派膏方"膏剂，其中包括瘰疬膏、接骨膏、桑椹滋阴膏和健脾膏。

　　随着人们对健康的重视和对中医药的认可度不断提高，膏方的市场需求也在不断变化[5]。如膏方既可以提供营养，达到预期的补益之功，又可以治疗慢性胃病、慢性支气管炎、糖尿病、高血压等。此外，现代膏方也发展出了诸多便捷的形式。如针对一些上班族，考虑到携带和服用的问题，膏方的包装出现

了袋、条等易携带的形式；如针对一些发育不良或者禀赋不足的幼儿，出现了形状可爱、类似棒棒糖模样与口感的膏方棒棒糖等。雷允上药业集团在产品研发方面，通过创新理念研发出水果口味的膏方，解决了传统膏方的口味问题，提高了消费者的接受度和使用体验[6]。此外，随着生活节奏的加快，消费者对膏方的制作工期和保存方式也有了新的要求。谷医堂膏滋系列产品改良膏剂制作工艺，实现了制膏快、效用稳、口感佳、便于存储的膏方生产，满足了百姓对膏滋的需求。

（二）中药材资源的区域化利用

不同地区的中药材资源各具特色，对中医膏方的研发设计产生重要影响。例如，以上海为代表的江南地区，海派膏方因名家辈出、学术精湛而备受推崇。该地区拥有丰富的中药材资源，为膏方的考究选料、精细制作提供了基础。江南地区的气候和土壤条件适宜多种中药材生长，如道地的阿胶等，这些中药材品质优良，为海派膏方的临床功效提供了保障[7]。海派膏方强调一人一方、辨证施治，注重分析体质差异，量体用药，这与江南地区丰富的中药材资源和多样化的体质特点密切相关。

岭南地区夏季炎热潮湿，历来有喝中药凉茶和服用药膳的传统。岭南膏方具有调节身体功能、改善疾病症状、保护脾胃的功效，且用药简便、疗程灵活。岭南地区的中药材资源丰富，如具有清热祛湿功效的中药材，适应了当地的气候特点和人群体质需求[8]。这些中药材的分布广泛，为岭南膏方的研发提供了充足的原料。江苏地区的中药材资源种类繁多，如吴门医派、孟河医派等所使用的中药材，具有品质高、疗效好的特点。苏派膏方的药材分布广泛且品质优良，其临床具有辨证准确、组方严谨、轻盈灵活、疗效显著的特点。武汉市中医医院推出一系列独具武汉特色的"汉派膏方"，为武汉市民带来了更多的滋补养生之选。武汉地区的中药材资源也有其独特之处，这些资源与当地气候特征、人群体质特点相结合，为汉派膏方的研发提供了有力支撑。

（三）传承与创新的融合现状

中医膏方的历史源远流长，它以辨证论治、一人一方、量身定制的原则为指导，结合当代患者的体质和病情精心调配，以满足不同患者的需求，并且在传承传统制作工艺和配伍原则的同时，更加注重实效。时代的进步也促使膏方融入现代科技以寻求创新。例如，在药材的加工处理上，采用了先浓煎、打粉等方法，对价格昂贵的药材如冬虫夏草、人参、西洋参等进行预先加工，提高了药材的利用率[9]。

在配方优化方面，中医膏方结合现代医学的研究成果，针对不同人群的体质和健康需求，进行了更加科学合理的配方设计[10]。为了改善慢性病患者的健康状况，研发出了一系列特殊的膏方，它们可以有效地治疗慢性支气管炎、慢性胃肠炎、三高症、风湿病等慢性顽固性疾病。针对亚健康人群，通过合理配伍实现调理、养生、强身三位一体，组方严谨，用料考究。在制备工艺改进方面，不同地域或企业都在进行着探索与创新，如将传统膏滋转化为现代化商品，通过先进的技术，使用高精准的萃取、浓缩设备及先进的无菌灌装生产线[11]，确保产品的高标准。此外，《中国药典》[12]也为膏滋产品的质量管理提供了严格的指导，要求通过相对密度、不溶物、装载量及微生物限定等严格检测。同时，一些企业也建立了严格的质量控制体系，如东阿阿胶的药材来自雷允上百余家自建药材基地，有效成分含量显著高于国家标准，全程可溯源，保证了膏方的质量。

（四）产学研合作模式的探索与实践

产学研合作模式的探索与实践，给予了中医膏方的发展很多新的机遇。这一模式较好地融合了各方面的长处与优势。"研"使得膏方具有了很多现代科学的要素，能提升大众理解接受度，有效弥补膏方科普短板。"学"则将传统的与现代的研究成果较好地传输给未来的执业人员，既实现"站在巨人肩膀上"的传承创新，也可以为未来膏方的研发设计储备人才。"产"则可以将传统膏方带到市场，展示在大众面前，实现学、研成果的产业化转化。取之于民用之于民，使中医膏方这一宝贵的中医产品普惠大众，服务于人民。这一合作模式，对于行业标准的制定、实现国际化传播与扩大市场均具有客观而实际的价值意义。例如东阿阿胶携手华东市场合作伙伴，共同筹建"阿胶膏方慢性筋骨病养治结合联合研究院"及世界孟河医派名方验方成果转化合作基地，力促膏方"产学研"一体化发展[13]，在合作模式上，整合了企业的市场资源、科研机构的技术资源和医疗机构的临床资源，实现了三线融合的新商业模式。这不仅提升了东阿阿胶的品牌影响力和市场竞争力，还为膏方文化的传承与发扬作出了贡献。又如御品膏方与中南林业科技大学合作研发"黑茶膏"，双方发挥各自优势，将传统中医药和现代科技深度融合，实现了安化黑茶数十种有效成分及活性物质的精准萃取、精制，在合作模式上，采用了"科研成果"与"应用转化"紧密结合的方式，推进了茶科学技术的应用产品化、产业化，开发出具有降脂护肝、降血糖、降尿酸、减肥、调理肠胃等多种功效的"黑茶膏"，为消费者提供了一种全新的健康茶饮产品。

三、中医膏方区域化研发设计策略研究

（一）深入调研和需求分析

调查研究也是中医膏方区域化研发设计策略中不可或缺的关键一环。任何优秀的研发设计都必须立足实际需求，即人民群众的真实需要。要准确掌握这一需求，最直接有效的方式便是通过调研获取第一手资料。随着网络的快速发展，调研工作的实施效率显著提升。问卷、访谈这两个简单有效的方式也是符合设计需要的。基于区域化特性，在设计问卷或访谈问题时，必然要了解当地的人文、地理乃至中医药的一些现状，以更加深入地了解各区域的共性与差异。这主要体现在希望通过膏方这一形式获得什么益处与体验。在问卷设计中，除了一般所需要的性别、年龄等基本信息，可有针对性地设计相关的膏方。如需要取得哪些效果、对口感是否有特殊要求、便捷必要性等方面的问题。此外，这一策略设计特别需要了解当地的气候等资料，在问卷中可以有所体现。如不同季节都有哪些特殊的气候，从自身角度出发哪一季节或气候体感最不适，以推测其体质或者健康状态，即可在后期问卷分析时进行总结，如有明显的人群特点，那么这有可能成为膏方研发设计的一个方向，乃至可以专门形成一个产品系列。这是膏方推广中的特色与亮点，也是区域化设计调研中的创新之处。此外，还可以通过网络、语音、视频等现代化多媒体的形式对不同人群进行访谈，从正面或侧面获得他们的自身需求。

不同人群的自身需求是膏方策略设计的核心，研发工作均需围绕这一核心。随着大健康产业的兴起，健康也已经成为绝大多数人关心的事情，如健康养护乃至消除症状、提升生存质量等，尤其是老年人的养老、慢性病的调理等。故膏方既可作为养生保健食品，也可作为医疗辅助手段，为有需要的人群保驾护航。

深入调研贵在深入实际，需将大而广与细而深有机结合。如此获得的数据才能真正为中医膏方研发提供可靠基础。结合现有工艺水平及产品经验等，可有效推动膏方的普及与发展。换言之，这种基于实践经验的推广，既能积累市场反馈提升效益，更将促进临床、教学、科研协同发展，通过持续迭代实现质的飞跃，最终实现成果转化、经济效益与民众健康水平的全面提升。

（二）地域性药材资源的深度挖掘

膏方的区域化策略设计中，另一不可忽视的重要因素是当地的中药品种与资源储备。从另一层面看，气候、人群及物产均具有区域化特色，而膏方的生产依赖中药材，当地药材无疑最适合当地人群。因此，深入挖掘和利用这些特色中药材资源本身，正是膏方设计"针对性"的体现。

随着网络传播的普及，大众对中医药的认知逐步加深，形成潜移默化的影响。例如，许多地区传统饮食本就蕴含中医药特色，道地药材的广泛使用既反映了其普及程度，也印证了其功效的公认性。这类药材往往产量充足、储备丰富，若在策略设计中将其融入膏方，既可探索新型药物配伍以拓展应用场景，又能助推产学研模式创新，为消费者提供多样化选择，同时促进当地产业转型升级。因此，对地域性药材资源的深入探索必然要进行实地考察。从临床使用、日常膳食、区域分布、市场供需及其产生的养生或治疗某类疾病的效应等方面进行筛选，开展单位药物的系列研究，从有效成分、细胞和动物实验、临床疗效评价等多维度进行考察。经过如此系统严密的挖掘评价以后，所研发出的膏方则是真正有特色、有品质、能多方位应用的区域化膏方。

（三）传统与现代技术的有效融合

科学技术是时代发展的红利，无论是中医整体还是其具体治疗形式，都在随时代进步发生嬗变。中医膏方作为中医特色疗法之一，在历史长河中持续进行多维度融合创新：在传承经典特色（如传统制作工艺与药物配伍）的同时，积极结合现代科技实现自我革新。例如，辨证论治、一人一方的传统仍沿用熬制工艺，但对西洋参、红参、太子参等补益类贵细药材已实现精细化的加工——通过研磨为细粉并过筛，显著提升药材利用率。得益于科技手段的中药颗粒剂，可直接用于熬膏流程，既节省人力物力，又能精准控制有效成分含量，成为工艺突破的典型代表。此外，智能煎煮设备的应用使膏方熬制更精准可控，小包装设计实现服用剂量标准化。这些技术革新不仅提升了制作效率，更优化了口感普适性与保存周期，使需要长期服药的慢性病患者切实受益。

纳米技术的引入进一步拓展了中药加工路径，从分子层面提升药物利用度，践行可持续发展理念：既通过增强吸收率提升疗效、节约资源，又减少药材浪费，为生态保护与产业韧性发展提供支撑。这些创新要素共同构成膏方历久弥新的生命力源泉。

现代科技还深度参与膏方全流程质量控制。《中国药典》明确规范膏方检测标准，涵盖相对密度、不溶性物、装量及微生物限度等关键指标。企业层面，东阿阿胶依托雷允上等百余家自建药材基地，确保原料有效成分含量远超国标，并实现全程可溯源管理；鹤有方人参黄精小块膏在恪守古法熬制工艺的基础上创新技术，实现品类升级，坚持不添加防腐剂、色素及增稠剂，树立健康安全新标杆。

（四）产品创新与差异化策略

针对不同地域，可充分结合各地的地域特色进行产品创新。例如南方地区气候炎热潮湿，可研发更多具有清热祛湿功效的膏方产品，如在传统清热祛湿膏方的基础上，加入当地特色的中药材，如具有清热利湿功效的道地药材，以更好地满足南方地区人群的健康需求。北方地区气候寒冷干燥，可加大对温补养生膏方的创新力度，选用温阳补肾的道地药材，开发出更适合北方地区人群体质的膏方产品。

根据不同人群进行产品研发，以年龄为维度进行研发突破。如针对中老年人，可研发具有强筋健骨、滋阴补肾功效的膏方，在解决老年人常见健康问题的基础上兼顾其整体功能减退的特点，推出膏方产品，为老年人提供更全面的健康解决方案。对于中年人，考虑到他们工作压力大、睡眠不足等问题，开发调理亚健康、改善睡眠的膏方。针对女性，可推出养血补气、调经养颜的膏方，满足女性美容养颜、减肥瘦身等需求。儿童常见外感与食滞问题，研发健脾和胃、消食化积兼顾益气固表、增强抵抗力的膏方，以解决儿童脾胃虚弱、消化不良引起的免疫力下降，易感冒、反复感冒等问题；另外儿童现多见腺样体肥大、鼻炎等问题，也可以开发适宜的膏方以缓消之。

根据不同需求，如糖尿病患者需要降低或控制血糖等，其核心即某一检查指标或者症状，可以研制一系列特定的膏方，以改善慢性支气管炎、哮喘、慢性胃肠炎、高血压、风湿等疾病或症状，从而提高患者的生存质量。对于注重无病养生的人群，可推出集调理、养生、强身功能于一体的膏方。同时，还可以结合现代科技，如纳米技术、生物技术等，研发具有更高生物利用度和更好疗效的膏方产品。例如，利用纳米技术将中药材中的有效成分制成纳米颗粒，提高药效，满足消费者对高效养生产品的需求。

此外，还可以通过差异化策略提升中医膏方吸引力，从而提升竞争力。

第一，产品配方差异化。中医膏方学术流派众多，各流派在配方上各具特色。完全可以学习融汇各流派的特色，进行产品配方的创新，以衍生更多新的具有特色的品类，亦是多维创新的形式之一。

第二，制作工艺差异化。此工艺可以融合科技创新元素、传统工艺与现代工艺，因为市场上有些消费者更喜欢传统工艺，而有些则更喜欢现代科技工艺。所以多工艺并存或灵活组合的方式可以吸纳更多的受众，也可提升竞争力。

第三，品牌形象差异化。通过塑造独特的区域化品牌形象，实现区域间的差异化竞争。将膏方产品定位为道地、纯天然、高品质、健康有效的中药保健品，突出其独特性和优势。学习其他产品的成功经验，如挖掘膏方产品的历史、文化和工艺内涵，通过讲述品牌故事，传递文化价值[14]。例如鹤有方人参黄精小块膏秉承百年传统古法熬制，采用古法工艺，八繁九制、品质把控、取汁浓缩、滴滴精华，匠心成就好膏，同时放弃原有的厚重包装，改变膏方习惯形态，突破技术障碍，开创小块膏新局，独立小包装，整洁卫生，健康安全，让养生更轻松，与时代同速。建立一个与众不同的品牌形象，以此来拓展其声望，拓展其影响范围，并有效地提高其在市场上的竞争力。

第四，服务体验差异化。提供优质的服务所带来的亲身体验，也是无形中提升竞争力的重要手段。例如，为合作店铺提供膏方知识培训，确保店员能够准确传达产品信息及功效，提升消费者购买信心。举办膏方文化节活动，通过现场制作、品鉴、讲座等形式，让消费者深入了解膏方文化及产品特点。

（五）产学研合作机制的强化

合作的直观体现是共赢。此共赢是在政府、高校、企业、科研机构各尽其能、发挥长处，彼此之间能够明确分工和利益趋向的前提下实现的，通过其承载的丰富理论与药物，在原有成功经验和实践积累的基础上，实现融合创新发展。政府的引导和支持具有无可替代的作用，其具备搭建平台促进各方交流合作的能力，还可制定各方面的扶持政策等；高校则善于整合各种专业人才，负责核心研发；企业则长于整合包装、营销推广等方面的工作。其中最为重要的一点共性是为人民服务、为祖国健康事业贡献力量，并通过膏方事业发挥自身价值、创造价值、收获价值。因此，这种共同价值可以促进各方明确共同目标，并带来克服各种困难的力量。如高校科研人员可以根据政府、企业获取的民众诉求，明确研发重点和方向，乃至克服研发所需的各种经费与政策难关，以及推广应用中的多重难题，产学研合作机制的强化主要体现在这一关键点上。

四、总结与展望

（一）研究总结与主要发现

通过对中医膏方区域化研发设计的研究，我们全面梳理了现状，包括地域特色与市场需求的多样性、中药材资源区域化利用的现状、传承与创新的融合情况及产学研合作模式的探索实践，提出了一系列针对性的研发设计策略，如深入调研与需求分析、地域性药材资源深度挖掘、传统与现代技术有效融合、产品创新与差异化策略以及产学研合作机制强化等。这些策略将有助于提高中医膏方的针对性和有效性，推动中医药产业蓬勃发展。

（二）对中医膏方区域化研发设计未来的展望

展望未来，中医膏方区域化研发设计前景广阔。随着科技的迅猛发展，现代技术如人工智能辅助配方设计、大数据分析市场需求等将深度融入膏方研发，进一步提高研发效率和精准度。中药材资源的开发利用将更加科学合理，可持续发展理念将深入人心，确保中药材资源的长期稳定供应。产品创新将层出不穷，更好地满足消费者日益多样化和个性化的需求。产学研合作将更加紧密无间，形成高效的创新生态系统，推动中医膏方在国内外市场广泛应用，为人类健康事业作出更大贡献。

（三）对后续研究的建议与方向

中医膏方区域化研发设计在取得显著成果的同时，也为后续研究指明了方向。

首先，进一步深入研究不同地域中医膏方学术流派的特色和优势。目前，虽然对海派膏方、岭南膏方、苏派膏方等地域流派有了一定的认识，但仍有许多方面有待深入挖掘。例如各流派的传承脉络、代表人物的学术思想演变、特定配方在不同地域人群中的适应性等。应当先将已有的理论与经验传承好、利用好，这已是一份宝贵的财富。

其次，做好发展。综合前述内容，发展是多方面、多维度的，任何一个点的突破都意味着前进、发展。所以从不同流派的融合再创造即在继承基础上的发展，从膏方制备的各环节乃至原材料的获取的改革进步也是发展。包括了各种科学技术手段的使用，各种先进仪器的使用，都会带来膏方发展的新变化、新面貌。

再者，政府政策的引领扶持、导向必然会带来较为显著的、根本性的进步。对科研人员而言，必然会造就从事该项研究的科技工作者，为人民健康投身科研的工作者。对企业而言，不同膏方品类的包装、营销，不仅带动设计、管理、市场推广的人才，也必将推动新兴产业的出现或老企业的转型升级。所以临床工作者应结合临床研究与相关成果及实践依据，再联合科研人员设计实验，探讨研究不同膏方对不同人群、不同病种多维度的作用机制，获得一手资料之后。联合药品食品相关工艺，制作出口感、视觉观感等优良的膏方。将特色、优势、亮点进行组合包装，投入市场，必然可以引起膏方市场的变革，乃至成为标志性产品。

总之，一切的理念与设计策略，均是为人民服务，服务于国家、时代。在这个过程中将自身价值融入为人民谋幸福、为国家民族繁荣昌盛的事业中去。

参考文献

[1] 张群群，钱芳，徐玲玲，等.中药膏方制备工艺的研究进展[J].上海医药，2021，42（15）：82-85.

[2] 彭俊宇.开展中医"治未病"工作完善医院预防保健服务体系[C]//安徽省中医药学会.安徽省中医药学会2012年学术会议暨中医治未病高层论坛资料汇编.合肥：安徽省中医药学会，2012：35-37.

[3] 张群群，钱芳，徐玲玲，等.海派膏方历史发展浅析[J].药学实践与服务，2023，41（7）：408-410，448.

[4] 李洁，梁尧.浅析岭南地区膏方及其临床应用[J].世界最新医学信息文摘，2017，17（22）：77-78.

[5] 刘亚梅，周义斌，施怡，等.中国北方膏方认知现状及改善策略[J].辽宁中医杂志，2022，49（4）：4-7.

[6] 何大明.百年雷允上[M].苏州：苏州大学出版社，2019.

[7] 龚鹏，朱抗美，余小萍，等.海派膏方兴盛成因与思考[J].中医药导报，2016，22（20）：5-8.

[8] 周登威，徐志伟.岭南医学湿热病的形成与学术特色[J].中国中医基础医学杂志，2017，23（8）：1052-1053，1098.

[9] 林基伟，汪栋材，吴海滨，等.中医膏方历史源流及现代发展状况[J].中成药，2018，40（11）：2554-2556.

[10] 张家连.个体化膏方制备现状及问题分析[J].实用中医药杂志，2019，35（6）：752-755.

[11] 李海燕，范秀荣.中药膏方制作工艺探讨[J].河南中医，2013，33（11）：1930-1932.

[12] 国家药典委员会.《中国药典》2020年版四部通则 草案[M].北京：中国医药科技出版社，2019.

[13] 高新军，王敬.共建中医药产学研联盟[N].中国中医药报，2011-05-09（1）.

[14] 魏一.口红效应下文化创意产品的设计发展探究[J].大众文艺，2019（15）：78-79.

HB.05 食药物质膏方发展现状与应用分析

张　震① 马新英② 石伯伦③ 侯成志④ 杨　光⑤

摘　要： 近年来随着社会经济发展水平的提高，基于中医传统理论"药食同源"的食药物质走进普罗大众消费视野，形成了具有中国特色的高附加值全产业链。本报告运用文献研究、数据调查等方法，根据有关部门文件选取15种具有代表性的食药物质以及近三年中医门诊使用的食药物质膏方为研究对象，对其发展现状和应用进行多维度评价，系统分析其在处方味数、年龄、性别、平均费用等方面的情况，并对食药物质膏方发展应用现状进行分析。结果表明，食药物质膏方存在原始创新不足、宣传途径单一低效、市场混乱缺乏标准、政策法规有待梳理等问题，并提出加强临床科研转化、多方共建膏方文化、建立完善监管体制、争取财政资金扶持的对策和建议，以期为食药物质膏方产业的后续发展提供参考与支持。

关键词： 食药物质；药食同源；膏方

　　近年来，随着社会经济发展水平的提高，人们对于追求身体健康与食品安全的美好生活需要不断增长，基于中医传统理论"药食同源"的食药物质走进普罗大众消费视野，形成了具有中国特色的高附加值全产业链。食药物质

　　① 张震，医学博士，空军特色医学中心主治医师，研究方向：中医药防治老年心脑血管与代谢性疾病。

　　② 马新英，医学博士，空军特色医学中心主任医师，研究方向：中西医结合治疗代谢性疾病。

　　③ 石伯伦，医学博士，中国中医科学院助理研究员，研究方向：经方时方在肿瘤治疗中的应用研究、中医临床思维方法研究、中医药思想政治理论研究。

　　④ 侯成志，医学博士，中国中医科学院望京医院主治医师，研究方向：骨与关节退行性疾病研究。

　　⑤ 杨光，医学博士，北京大学第一医院住院医师，研究方向：中西医结合防治心血管病。

指既是食材又是药品的天然原料，强调具有悠久的食用历史且列入药典的前提条件，一般满足对人体无毒害的安全要求[1]。因此以开发食药物质资源为总抓手，有利于进一步贯彻落实"健康中国"战略，推动生物医药食品行业高质量发展。膏方是中医传统八种药物剂型之一，根据服用方法可分为外用及内服两种。其中，外用膏方一般通称为"膏药"，不在本文讨论的重点范围之内；内服膏方（下文膏方统指内服膏方）是指在传统中医理论指导下，按照方剂组方原则和配伍规律，选择相应的中药饮片经煎煮、浓缩、炼蜜、炼糖等工艺加工而成的半流体制剂[2]。膏方对于慢性虚损性疾病具有卓越疗效，能够以小剂量、长期服用的形式起到固本培元、补益气血、扶正祛邪的作用，体现顺应四时、防治结合的医学理念。我国劳动人民在长期的医学实践中，逐渐形成了以食药物质为主体的膏方滋补学说，在治未病和抗衰老领域发挥了重要作用[3]。与西方维生素、番茄红素等保健食品不同，食药物质膏方根植于中国本土文化，坚持天然健康、辨证施治的原则，倡导因时、因地、因人制宜，更能满足中国式保健的发展需要。因此，食药物质膏方的发展与应用将引领未来健康食品与生物医药产业潮流，成为"银发经济"背景下首批培育孵化的品牌先锋。本文通过对食药物质膏方发展现状和应用的分析，在充分发挥中医理论指导作用的基础上，总结制约食药物质膏方发展的系统性问题并提出对策建议，旨在促进食药物质膏方产业的规范管理与良性发展，更好发挥其在"健康中国"战略和"积极老龄化"战略中的重要作用。

一、资料与方法

（一）调查对象

1. 15种常见食药物质膏方

以国家卫生健康委员会食品安全标准与监测评估司公布的常见的15种食药物质（党参、肉苁蓉、铁皮石斛、西洋参、黄芪、灵芝、天麻、山茱萸、杜仲叶、当归、山奈、西红花、草果、姜黄、荜茇）[4-5]为调查对象，分析其在膏方配伍中的发展现状。

2. 近三年中医门诊食药物质膏方

以近三年门诊购买食药物质膏方的患者为调查对象，分析膏方的应用现状。

（二）调查内容与方法

1. 15 种常见食药物质膏方

以古今书籍、医学期刊、电子出版物等记载膏方的医学文献资料为主体，经两名专家评估，筛选出有效膏方 4000 余首，通过 EXCEL 表建立样本数据库。搜索常见的 15 种食药物质（党参、肉苁蓉、铁皮石斛、西洋参、黄芪、灵芝、天麻、山茱萸、杜仲叶等）在组方配伍中的频次，见表 1。

2. 近三年中医门诊食药物质膏方

以近三年门诊系统内有记录的购买食药物质膏方患者数据为主体，通过 EXCEL 表建立样本数据库，重点分析患者性别、年龄、处方味数、费用。

（三）数据处理

上述数据均采用 2016 版 EXCEL 处理，以例数（n），百分率（%），均数 ± 标准差（x±S）表示。

表 1　15 种常见食药物质在膏方配伍中的频次

序号	食药物质	性味	归经	功效	频数	占比
1	当归	味甘、辛、性温	肝、心、脾经	补血活血、调经止痛、润肠通便	898	22.45%
2	黄芪	味甘，性微温	脾、肺经	补气升阳、益卫固表、利水消肿、生津养血	563	14.08%
3	党参	味甘，性平	脾、肺经	健脾益肺、养血生津	471	11.78%
4	西红花	味甘，性平	心、肝经	活血化瘀、凉血解毒、解郁安神	269	6.73%
5	山茱萸	味酸、涩，性微温	肝、肾经	补益肝肾、收涩固脱	265	6.63%
6	杜仲叶	甘微辛，性温	肝、肾经	补肝肾、强筋骨、安胎	236	5.90%
7	天麻	味甘，性平	肝经	息风止痉、平抑肝阳、祛风通络	123	3.08%
8	肉苁蓉	味甘、咸，性温	肾、大肠经	补肾阳、益精血、润肠通便	97	2.43%

续表

序号	食药物质	性味	归经	功效	频数	占比
9	姜黄	味辛、苦，性温	脾、肝经	破血行气、通经止痛	86	2.15%
10	铁皮石斛	味甘，性凉	肺、胃、肾经	益胃生津、滋阴清热	68	1.70%
11	西洋参	味甘微苦，性凉	心、肺、肾经	补气养阴、清热生津	58	1.45%
12	灵芝	味甘，性平	心、肺、肝、肾经	补气安神、止咳平喘	35	0.88%
13	荜茇	味辛，性温	胃经	温中散寒、下气止痛	16	0.40%
14	山柰	味辛，性温	胃经	行气温中、消食止痛	12	0.30%
15	草果	味辛，性温	脾、胃经	燥湿化痰、截疟、消食、温中止呕、祛寒止痛	10	0.25%

二、数据分析

（一）15 种常见食药物质在膏方配伍中的发展现状

根据整理的统计数据可知，15 种食药物质在膏方组成中的比例较高，最高可达 22.45%，可见食药物质膏方发展潜力巨大。通过综合分析相关数据，有 2/5 的食药物质占比在 200 首膏方以上，有超过六成的食药物质占比在 1%以上，表明食药物质是膏方的重要组成部分，这与其悠久的药食两用历史相符合[6]。

从性味角度分析，绝大部分食药物质都为辛、甘温。甘味为中正平和之品，无明显的偏性，能补能缓，符合食药物质的特点，适宜长久服用。辛味能发散、流通气血。辛甘结合，可以助阳化气，提高全身功能。姜黄、荜茇、草果、山柰等，味辛性温，生活中常作为厨房香辛料，符合脾胃生理的一般规律[7]。这些食药物质不仅本身是食材的一部分，也能够促进消化，增进食欲，充分体现了"以通为用，以和为贵"的思想。从归经角度分析，这些食药物质主要入脾、肝、肾经。中医理论认为，肾为先天之本，藏有元阴元阳之精气，可以充养五脏之精，食药物质入肾则能起到补益肾气、滋阴填精的功效。脾为后天之本，通过运化水谷精微之气充养全身，食药物质入脾则能起到健脾益气的功效。脾肾同补则有助于先天后天交汇，加强食药物质的补益营养、延缓衰老作用。此外，肝具有藏血的功能。《素问·五脏生成》记载"目受血而能视，足受血而能步，掌受血而能握，指受血而能摄"，食药物质入肝则有益于血液生成和运行，维持全身正常生理功能。从功效角度分析，正如数据所表明，使用频率前5名依次为当归、黄芪、党参、西红花、山茱萸，功效则聚焦于活血、补气、滋阴方面，提示食药物质膏方的主要应用人群是气虚血瘀、肾精亏虚的亚健康人群以及老年人群。食药物质膏方目的是益气补血，滋阴填精，扶正祛邪，久久服之自然能延年益寿，符合健康食品药品产业发展的方向。

值得注意的是，食药物质膏方切合老年人群的病理生理特点。第一，老年人肠道津液亏损，便秘难解。含有当归、肉苁蓉的食药物质膏方可以发挥膏滋的特性，具有润肠通便的作用，对于改善老年人群生活质量具有重要意义。第二，老年人体力、免疫力下降，肺脾气虚、肺卫不固，易感受外邪，引发诸多变证。食药物质膏方基于"治未病"的学术思想，重在预防，通过黄芪、党参、西洋参、灵芝等补气食药物质，提高机体生命活力，增强免疫功能，预防后遗病症，延长预期寿命[8]。第三，老年人体内激素水平下降，易发生骨质疏松，进而长期卧床引发血栓栓塞、褥疮、吸入性肺炎等并发症。食药物质中山茱萸、杜仲具有补益肝肾的功效，现代研究表明这两味物质能调控成骨细胞活性，增加骨皮质厚度[9]。

（二）食药物质膏方在中医门诊的应用分析

根据整理的统计数据（表2）可知，2021—2023年处方数量保持稳定增长，累计食药物质膏方3598张，其中，男性累计1184张，女性2414张，性别比为0.49∶1，表明女性患者接受膏方的比例高于男性，其原因可能在于女性比男性更容易关注、感受身体的变化，并且愿意尝试接受相应治疗。男性平均年龄高于女性平均年龄。男性平均金额略低于女性平均金额，男性平均处方味数略低于女性平均处方味数，其原因可能在于女性对于滋阴补肾类药物的需求更高，而滋阴补肾类药物价格更高。

《素问·上古天真论》认为，女子七七四十九岁时"任脉虚，太冲脉衰少，天癸竭，地道不通"，同时期男子六八四十八岁时"阳气衰竭于上，面焦，发鬓颁白"，两者所处生理状态有明显不同。食药物质膏方的治则以益气活血、滋阴补阳为主，切合肾精亏虚、气血阴阳虚衰的病因病机。男性使用较多的食药物质有覆盆子、益智仁、砂仁等，女性使用较多的食药物质有西洋参、龙眼肉、山药、女贞子、当归等。近年来，食药物质膏方平均金额和平均处方数整体呈下降趋势，其原因可能是当前全国公立医院国考指标起到医疗行为调控的指挥棒作用，同时可能也与国内经济周期调整存在一定联系。

表2 2021—2023年食药物质膏方在中医门诊的基本数据

年份	男（n=1184）				女（n=2414）			
	处方数	平均年龄	平均金额	平均处方味数	处方数	平均年龄	平均金额	平均处方味数
2021	383	50.34±1.18	3109	35.94	788	50.18±1.23	3217	36.13
2022	392	50.31±1.21	2984	34.52	803	50.25±1.12	3096	34.98
2023	409	50.35±1.25	2951	34.43	823	50.24±1.23	3024	34.53

三、问题和建议

（一）存在的主要问题

1. 食药物质应用有限，膏方原始创新不足

食药物质是指既是食品又是中药材的一类物质，在我国具有悠久的药食两用历史，是我国优秀传统医药文化的重要组成部分。根据先秦传说，夏末商初时，伊尹依据烹饪厨艺的基本原则，将本草改制为汤液，实现了中药制剂理论的一次飞跃。随后在《黄帝内经》中可以明确找到处于萌芽状态的药食同源学术思想。另一本中国历史早期古籍《五十二病方》中，也记载了猪脂、乳汁、蜜、食盐等既是食物，也可以用作药物的原料，可以从侧面印证这一观点。《周礼·天官》明确提出食医这一官职，即负责根据统治者的身体健康状况，调配并提供具有相应治疗作用的美食以促进恢复。这一证据表明，先民从生活实践出发，不仅探索了食药物质在防病治病中的普遍规律，还将从中得到的知识进一步升华，凝练固化为严格执行的日常制度。

《黄帝内经》中的五味学说、脏象学说，如"酸入肝""甘入脾"等，为食药物质奠定了坚实的理论基础。古人还发现了饮食的治疗作用和饮食偏嗜的致病作用，前者如"心病者，宜食麦、羊肉、杏、薤"，后者如"酸走筋，多食令人癃"等。晋唐时期，药食同源思想进一步发展，食药物质的范围逐渐扩大。陶弘景在《本草经集注》中大幅增补了常用的食药物质，在治疗大腹水肿一条下列举海藻、昆布、苦瓜、赤小豆、黑豆、鲫鱼，表明当时人们对于食药物质的应用已有一定的成熟经验。这可能是由于食药物质具备双重功效，在经历战乱后的晋唐时期，人们对相关资料的整理与挖掘更加重视。从魏晋时期的《四时御食经》《崔氏食经》《服食杂方》《齐民要术》发展到唐朝的《千金要方·食治篇》，特别是孙思邈弟子孟诜编著的《食疗本草》，成为最早系统整理食药物质的划时代巨著。宋元时期，随着社会经济的繁荣发展，人们对于健康生活的需求也相应增加，食药物质发展进入快车道。宋代大型官修本草《太平圣惠方》中记载了 160 首食治方，《圣济总录》中记载了 285 首食疗方。经过一定时期的历史积累后，元代《饮膳正要》成为药食同源、医养结合的集大成者，收集整理了以荔枝膏、天门冬膏、琼玉膏为代表的一系列里程碑式食药物质膏方。明清时期，食药物质膏方继续丰富完善，进入成熟阶段，形成较完整的独立体系。医药学家李时珍、张景岳等高度重视膏方在慢病调理、强身健体、延年益寿方面的作用，食药物质膏方在预防疾病方面的地位更加突出。大批补益名膏如"两仪膏""参术膏""霞天膏""龟鹿二仙膏"等被创造并用于临床实践。统治阶级也予以高度重视，《清太医院配方》《禧溪光绪医方选议》中出现多首食药物质膏方，如"河车膏""八仙膏"等，并由此形成宫廷膏方学派。

中华人民共和国成立以来，党和政府高度重视中医药事业发展。目前，根据国家有关部门先后发布的四批食药物质名单统计，共有 109 种食药物质被列入 [10]。然而，并非所有食药物质都进入膏方应用的视野。现存膏方的组成配伍仍以传统古籍记载的配方为主，并结合了部分名老中医的用药经验。以北方城市某医院开具膏方成分分析为例，其频次前 15 名依次为黄芪、山药、熟地黄、白术、白芍、当归、党参、茯苓、丹参、枸杞子、川芎、太子参、黄精、生地黄、薏苡仁，功效聚焦于补气、活血、健脾、滋阴，与本研究结果基本相似 [11]。

通过进一步对比分析可以发现，医院开具的食药物质膏方处方未能真正适应消费市场需求，其根本原因有两点。第一，此类膏方以传统本草饮片为重点，供货来源单一，未能充分吸纳民间食用烹饪经验成果——"药"多于"食"。这种选择倾向导致膏方重在治疗，其销售、购买具有较高门槛且适口性欠佳。第二，此类膏方仅完成从中药汤剂到膏剂的剂型转换，作为中成药的下位概念，未能真正体现其健康价值。

笔者认为食药物质膏方存在的主要问题在于应用分布的不充分、不平衡。基于医疗专业视角的膏方对常用食药物质重视不足，存在天然的忽视现象。例如，民间广泛凉拌食用的一年生肉质草本植物马齿苋具有清热解毒、凉血止血、止痢的功效，其原料富含黏稠液质，是较理想的膏方原料，但在现实调研中罕有医者运用。此外，许多美味可口、功效多样的果实类食药物质也未能入选。西北地区盛产的沙棘作为蒙古族和藏族常用药材，具有止咳祛痰、消食化滞、活血散瘀的功效，其制品已形成全国市场规模，但同样未见膏方配伍报道。

究其根源，开具膏方的医生存在路径依赖，原始创新严重不足。膏方组成长期保持静态固化，因循守旧于古籍和新中国成立初期的配伍方案。从历史唯物主义视角看，古代受经济水平、贸易条件、农业技术限制，食药物质种类远较今日匮乏，这种历史局限产物必然随时代发展而被淘汰。教条主义影响下的流水化处方，使医务人员囿于"平和温补"理论，忽视亚健康患者的虚热、痰湿等实际倾向。当前供应链水平已大幅提升，但原料种类仍显局限，未能充分吸纳新来源的食药物质。物质准备与思想准备的双重不足，构成了膏方产业创新发展的重要制约因素。

2. 消费人群范围有限，宣传途径单一低效

食药物质作为一种新兴的保健食品概念，经过二十年的推广，虽然已取得一定成绩，但其社会总体认可度仍处于较低水平。从市场经济改革和医药保健品的发展历史而言，过去一段时间内，一方面，以维生素、矿物质、蛋白粉等保健品为代表的高端企业占据市场主体地位，形成若干知名连锁品牌，其投放的广告规模效应显著，客观上挤压了中医药类保健食品的市场空间。另一方面，中医药类保健品存在乱、散、弱的客观现象，市场溢价效应明显与虚假广告、违法添加等问题并存，为人所诟病。两个因素叠加，直接导致食药物质膏方在推广宣传过程中遭遇了一定阻力，不能及时被市场所认可，消费人群范围有限。此外，我国社会结构逐步转型，迈向老龄化社会，呈现出人口规模巨大、深度老龄化与快速老龄化并存的特征。以此为背景，老年人群成为购买食药物质膏方的主力军，在消费行为上对市场预期形成了购买膏方等同于衰老的消费心理符号，这进一步限制了消费主体的扩大。上海市某调研结果表明，上海本地居民中医药健康素养的不足是导致食药物质消费程度低的重要原因[12]。党的十八大后才逐渐重视中医药健康素养在大众传媒中的话语地位，形成了以北京卫视的《养生堂》为代表的知名电视健康节目。即便如此，比起食药物质膏方，节目组在制作和宣传时更侧重于中医基础理论、健身气功、茶饮、中成药等内容。其原因在于食药物质膏方属于精加工、高度定制化产品，涉及中医体质与辨证理论、煎膏与储存工艺，其制作难度较煎煮汤剂更高，一般不易为收视群体所掌握。媒体在宣传报道时又同样以患病老年人群为主体，而需要亚健康调理预防的中年人群对此认识不足。偏向性宣传加深了人们的误解，认为膏方是老年人的特权。

随着新媒体平台的崛起，知识传播更加方便快捷，然而食药物质膏方尚未搭上时代的快车。膏方的宣传仍以传统的线下宣教为主要方式，具体体现为医院或药店等社会机构发放的宣传手册、社区基层的专题膏方保健讲座及医疗部门义诊活动中的口头宣教。这种宣传途径单一低效，制约了膏方相关信息的传播扩散。目前市场上较为出色的食药物质膏方以某品牌阿胶糕为代表，横向对比同属食药物质产业体系的某凉茶企业，后者通过批量线上线下广告投放、电视节目品牌赞助、媒体话题引导，树立了凉茶健康饮品的品牌标杆，而某品牌的阿胶糕则忽视了广告投放中蕴藏的商业价值，较少参与社会话题、较少实施文化宣传与引导、较少投放视频广告，仍以线下门店品牌加盟为主。该案例说明食药物质膏方在进行宣传时选择保守的途径，未能适应时代发展节奏，采用更符合现代消费观念的多元化宣传方式。

3. 科学监管力度不足，市场混乱缺乏标准

当前，膏方的生产主体为各级医疗机构，一般按照院内制剂标准进行制作，在外包装上简要标示成分、生产时间、保质期、服用方式，监管主体为各级卫生健康委员会。但这种制剂标准明显缺乏机构间的统一规范，其管理模式也难以推向市场化运作和销售，不符合大健康产业的发展需求。市场监管对于食药物质膏方的主要争议在于其特殊的双重地位，食药物质膏方既接受国家市场监督管理总局的监管，又需要满足国家卫生健康委员会的相关文件要求，在具体监管实践中存在以下三个方面的问题。

第一，产品原料出售、加工时所参考的标准。原则上食药物质既可以作为

饮片出售，此时食品药品检验所可使用 2020 年版国家药典和各省中药炮制技术规范条例相关标准对中药饮片进行质量检验。食药物质还可以作为初级农产品进行质检，此时食品药品检验所可使用农残产品技术标准进行质检。此两者之间产品标准相差甚远，对于最终食药物质膏方产品效果产生重大影响，对应的处罚标准也各不相同。各省对于中药炮制技术规范条例也存在不同的管理规定，若同一原料产地分布全国各地，进行跨省混合、替换采购，极有可能造成产品质量不均衡的问题。

第二，产品制作工艺所参考的标准。目前国家尚未对膏方制作工艺出台国家标准，其制作过程主要依靠个人或企业经验，对于中间环节关键技术未作要求，这可能导致不同生产加工企业做出的同一组方的膏方仍然效果不同。此外，食药物质膏方在理论上应适用食品添加剂的国家标准，但实际上由于其黏稠、微苦、芳香的性状特征，必然与防腐剂、增稠剂、稳定剂、甜味剂、食用香精等发生关联，是否会因其成分剂量发生反应，进而危害人体健康尚不清楚。同时对于产品的质量稳定性，所采用的质量分析方法需要进一步讨论，通过科学的方法保证药效和安全性，为监管决策提供参考。

第三，消费终端标识所参考的标准。目前，我国通过质检合格批准的保健食品标识为"蓝帽"，尚无适用于食药物质膏方的相应类别。其他食药物质产品，如中药凉茶，可注明为饮料；一般八珍糕、阿胶糕可注明为糕点；龟苓膏可注明为果冻，具有一定成熟的可参考经验，而食药物质膏方与上述产品形态特点皆不相同，也没有分类先例，面临着市场混乱的问题。

4. 政策法规有待梳理，医保资金较为紧张

目前，对食药物质的膏方概念定义已基本达成共识，但国家相关部门先后出台的四批食药物质名单具体种类还存在较多冲突问题。第一，已列入名单的食药物质与《中华人民共和国野生动物保护法》冲突。乌梢蛇虽然目前尚未列入国家重点保护动物名录，但它被列入《有重要生态、科学、社会价值的陆生野生动物名录》，属于"三有"保护野生动物，乌梢蛇同时入选《既是食品又是药品的物品名单》。蕲蛇属于国家二级保护动物，也有类似情况。这表明政策法规之间还未充分协调。第二，已列入名单的食药物质与《中国药典》冲突。具体体现为各时期列入的食药物质名单并不能符合当前《中国药典》对其基原、毒性相关描述。例如，刀豆含有植物凝集素毒性，作为食药物质需完全煮熟；苦杏仁、枇杷叶可水解产生致命氢氰酸，作为食药物质需炮制减毒，限制用量；决明子具有肝肾毒性，作为食药物质需限制用量及服用时间。食药物质在《中国药典》的描述显然不符合安全性方面的要求。第三，已列入名单的食药物质与监管法律之间的冲突。具体内容在上文中已作分析，不再赘述。第四，已列入名单的食药物质与自身冲突。国家公布的第一批食药物质目录未确定基原种类，导致部分药物存在混乱。例如，丁香可分为公丁香、母丁香两种，茯苓可分为茯苓块、茯苓皮两种，紫苏可分为紫苏叶、紫苏子两种，枣可分为大枣、黑枣、酸枣三种。基原的混乱导致其在执行相关规定时也陷入同样的混乱。

在医保资金方面，国家总体扶持中医药行业发展，在医保报销目录中纳入支持中药饮片、针刺、艾灸、推拿等特色技术。但是对于膏方的支持力度仍不足，各地规定不一。北京、上海等多地医保政策暂不支持中医膏方及其加工费的报销，山东省支持膏方部分医保目录内饮片的报销。地方医保财政资金总体上仍处于紧张平衡的状态，没有更多的额度用于支持膏方进入医保目录，给患者造成了一定的经济压力。

（二）对策与建议

1. 加强临床科研转化，开发制定专病专膏

国家应鼓励支持中医药事业实现创造性转化和创新性发展。近年来，国家科学技术部、国家中医药管理局、国家自然科学基金委员会及各级各类卫生科技部门和群团组织已经开展了相应的科研攻关项目，围绕中医药现代化进行实践探索。未来，应进一步投入相应的科研经费，依托国家医学中心（中医）、国家中医医学中心、国家中西医结合医学中心、国家中医药传承创新中心等平台组织，深入推进中医药临床科研转化，研发具有自主知识产权的中药新药及具有中医特色的高附加值产品、设备，在居民防病治病中发挥更大作用，为健康中国建设提供中医智慧、中医方案。

行业人员应强化中医药守正创新意识，以临床为抓手，以科技为核心驱动力，吸纳当今世界先进技术，促进中医药行业现代化转型，发展新质生产力。作为产业链上游供给端的医疗机构、生产企业及医务人员、食品工程师、科学家们，一方面，需要充分肯定经典膏方所蕴含的科学价值，研究把握其在健康保健中的重要作用；另一方面，也需要充分挖掘当今社会中新出现的食药物质价值和应用潜力，努力打开膏方配伍的新格局、新理念，欢迎更多食药物质进

入膏方的视野，充分运用五湖四海、天南海北乃至国内国外的一切优质资源。切实加强与国外植物医学研究机构、天然膳食保健企业的交流联系，借鉴其有益的研发经验和销售管理模式，推动食药物质膏方成为中国保健食品的新品牌。医务人员还应增强历史自觉，顺应时代发展，根据临床实际研制符合当今疾病谱特点的专病专膏，实现膏方跨越式发展，更好地服务人民群众。

2. 扩大名优品种声誉，多方共建膏方文化

食药物质膏方的推广是中医药文化软实力的体现，全社会应努力构建政府引导、医疗机构为主体、主流媒体攻关、企业广泛参与的宣传格局。政府方面，商务部、文化和旅游部应充分重视食药物质膏方的中华老字号品牌属性及加工工艺在非物质文化遗产中的重要地位，在政府层面予以政策倾斜和扶持，培育扩大名优品种声誉，积极引导发展其背后的人文经济价值。国家卫生健康委员会、国家中医药管理局应及时发布与食药物质膏方相关的权威信息并加强宣传，有序引导群众预期，持续提升群众中医药健康素养。国家知识产权局应对食药物质膏方审批流程进行优化，有力保护配方的合法权益。

医疗机构方面，各级各类医疗机构应主动探索开设膏方门诊，常态化为患者提供专业的处方、加工服务。医疗机构可以牵头设立全民膏方文化节，持续有效地向群众普及膏方知识。社会主流媒体在制作精美的访谈节目和纪录片方面具有技术优势，可以围绕膏方的历史传承、加工工艺、使用注意事项等方面进行深度解读和展示宣传。新媒体在传播扩散方面具有渠道优势，可以面向青年及中年群体积极介绍食药物质膏方的现代内涵和使用场景，以生动活泼的方式培育社会潮流新风尚，进一步扩大膏方的受众群体。企业不仅需要完善膏方产品的技术迭代，也要积极投入线上宣传销售，利用视频广告、文章广告、节目赞助、线上直播等形式进行产品形象展示，多方共建膏方文化。

3. 建立完善监管体制，引导市场统一规范

良好的产业发展离不开法律法规的有序监管，在关乎健康安全的食药物质膏方领域更应该突出立法的科学性、先进性、安全性。2021年，国家卫生健康委员会对食药物质的食用历史、加工及食用方法、安全性评估、质量指标等技术指标作出详细的规范要求，要求进一步完善食药物质目录准入条件，为安全服用奠定基础。同时，江苏省已出台首个中医膏方标准——《中医膏方临床应用与制备工艺规范》，就处方配伍、适应人群、用法用量、使用忌口、产品质量安全和制备工艺等进行规范，为中医膏方临床应用与加工制备做出有益尝试。下一步，国家市场监督管理总局、国家卫生健康委员会应就相关监管政策法规体系开展进一步梳理，响应全面依法治国的要求，在监管主体、监管客体、监管方式等方面落实细化责任，建立市场统一标准，有效保障消费者的消费权益和健康权益。特别是借鉴浓缩咖啡液、功能保健饮料等国内外产品的成熟经验，对食药物质膏方在市场上的包装标识分类予以确认，争取形成具有我国原创性的标识分类项目。

4. 系统解读政策法规，争取财政资金扶持

目前，我国的食药物质相关文件仍存在跨度时间漫长、管理体系散乱、前后自相矛盾的问题，亟需国家卫生健康委员会对相关文件作出系统梳理和解读。一方面，需组织专家学者对食药物质名单中不确定的地方进行修订考证。另一方面，可以考虑废止之前所发的政策文件，改为发布统一整合后较为明确的新文件。政策解读和新文件共同构成新时代食药物质膏方发展应用的基石，以避免可能的政策冲突，便于相关产业方后续参考研制新产品。医保方面，国家财政部门应加强调研，充分考虑人民群众的诊疗需求，积极扩大医保对食药物质膏方的覆盖范围。可以采用分步推进的办法，首先设立少数具有定点医保资格的三级医疗机构膏方门诊，探索覆盖食药物质膏方中部分常见饮片的报销机制。等条件成熟时，视各地医保测算情况，进一步增加定点机构数量和扩大饮片范围，最终减轻患病群体在食药物质膏方上的经济负担。从长远健康效益考虑，如果将医保资金投入早期的膏方治未病中，则会比投入疾病发作时更为节约，社会整体收益会明显增加，这种方案值得进一步考虑。

四、总结与展望

食药物质膏方历史悠久，已逐渐成为人民群众喜闻乐见、易于接受的保健产品。在当今阶段，食药物质膏方虽然还是医疗机构的一种制剂形式，但是在发展和应用中还蕴藏着巨大的经济价值、人文价值、健康价值。食药物质膏方所蕴含的药食同源、三因制宜的思想仍然处于同类产品前列，值得产业化、规模化推广。目前制约食药物质膏方的主要原因在于：食药物质应用有限，膏方原始创新不足；消费人群范围有限，宣传途径单一低效；科学监管力度不足，市场混乱缺乏标准；政策法规有待梳理，医保资金较为紧张。这些在市场经济改革过程中出现的历史问题并不影响其成为一种理想的保健产品。国家和行业有关人员应完善相关法律法规和监管体系，投入更多财政资金，鼓励加强守正创新，以科技为核心驱动力，推动新质生产力在食药物质膏方上的创造性转化和创新性发展，形成具有我国特色的保健产品。全社会应持续提升中医药健康素养，培育社会消费新潮流，共建良好的膏方文化氛围。加强治未病理念，增强人民体质，积极对接人口老龄化和健康中国战略，助力建设社会主义现代化强国。

参考文献

[1] 曹佩，高萌萌，陈敏，等 . 食药物质安全性评估方法进展与展望 [J]. 中国中药杂志，2024，49（17）：4562-4566.

[2] 江苏省中医药发展研究中心，江苏省中医药学会，江苏省中西医结合学会 . 中医膏方临床应用与制备工艺规范 [J]. 江苏中医药，2024，56（11）：1-7.

[3] 朱海燕，赵永红，吴沁雯，等 . 龚廷贤防治老年病药食同源类方药用药规律研究：基于数据挖掘技术 [J]. 亚太传统医药，2023，19（3）：157-162.

[4] 国家卫生健康委员会食品安全标准与监测评估司 . 关于对党参等 9 种物质开展按照传统既是食品又是中药材的物质管理试点工作的通知 [EB/OL].（2020-01-06）[2024-12-15]. http：//www.nhc.gov.cn/sps/s7885/202001/1ec2cca04146450d9b14acc2499d854f.shtml.

[5] 国家卫生健康委员会食品安全标准与监测评估司 . 解读《关于当归等 6 种新增按照传统既是食品又是中药材的物质的公告》（2019 年第 8 号）[EB/OL].（2020-01-06）[2024-12-15]. http：//www.nhc.gov.cn/sps/s7886/202001/cb966fb66f134e76a4489457638ca0ba.shtml

[6] 朱童瑶 . 基于中医药古籍的宋元药膳特点研究 [D]. 北京：中国中医科学院，2023.

[7] 郑宜南，张雯 . 近 5 年中医药膳文献概述 [J]. 中医文献杂志，2022，40（6）：88-89.

[8] 吕梦琪，王言之，环飞，等 . 黄芪、茯苓等增强免疫力中药复方筛选研究 [J]. 云南民族大学学报（自然科学版），2021，30（3）：231-234.

[9] 张钰涵，赵杰瑞，何泽 . 中药单体及其活性成分防治骨质疏松研究进展 [J]. 吉

林医药学院学报，2024，45（4）：296–300.

[10] 孙欣缘，郑雅萍，孙康萌，等.我国食药物质名单梳理、修订与展望 [J].中国中药杂志，2025，50（2）：346–355.

[11] 杲东，钱海燕，赵琦.对我院冬季膏方组方分析及中药饮片合理应用探究 [J].哈尔滨医药，2024，44（5）：116–120.

[12] 高围澂，蔡轶明.上海市食药物质的应用现状与建议 [J].上海预防医学，2023，35（9）：935–940.

HB.06 中医膏方的循证证据
总结与现状报告

鲁春丽① 荆雅楠② 韦雪寒③ 留典淳④ 王润泽⑤

摘　要： 本研究旨在对中医膏方的随机对照临床试验（RCT）进行全面的概述和分析，以提供临床研究、政策制定、指南修订、产业发展的循证依据。研究数据来源于中国知网（CNKI）、万方数据知识平台、维普中文科技期刊服务平台（VIP）、中国生物医学文献服务系统（SinoMed）、中华医学期刊全文数据库（Yiigle）、PubMed、Embase、Cochrane Library、Web of Science 等九个国内外医学文献数据库的中医膏方相关研究，检索时间范围为各数据库建库至 2024 年 9 月 28 日。对中医膏方的随机对照临床试验文献发表情况和膏方基本信息、样本量、干预与对照措施、治疗周期、结局指标及方法学质量等方面进行了统计分析与循证评价。经过严格的循证医学方法学流程，共纳入中医膏方随机对照临床试验研究 25 篇，覆盖中医膏方种类多样，其中定制膏方占主导地位。在干预与对照设置方面，"单纯中医膏方治疗对比单纯西医治疗"（44%）的模式最为常见，其次为"中医膏方联合西医治疗对比单纯西医治疗"（36%），共涉及 20 篇随机对照临床试验。同时，研究主要结局指标涉及临床疗效、临床生化指标和疾病相关评分。分析结果显示，已发表的中医膏方随机对照临床试验在设计和执行方面存在若干不足，多数研究缺乏盲法设计；关键研究环节伦理审批的报告也不够充分。因此，未来应提高临床试验的设计、执

---

① 鲁春丽，中西医结合循证医学博士，广东药科大学中医药研究院助理研究员，研究方向：循证中医药临床研究方法与评价，糖脂代谢病防治研究。

② 荆雅楠，广东药科大学中医药研究院研究生，研究方向：循证中医药临床研究方法与评价。

③ 韦雪寒，广东药科大学中医药研究院研究生，研究方向：循证中医药临床研究方法与评价。

④ 留典淳，北京中医药大学研究生，研究方向：循证中医药临床研究方法与评价。

⑤ 王润泽，广东药科大学中医药研究院研究生，研究方向：循证中医药临床研究方法与评价。

行和报告水平，开展更多高质量、大样本、多中心的随机对照试验；在试验设计阶段引入方法学专家的专业技术指导，并在研究执行过程中注重过程质量控制，不断优化和完善该领域临床研究的质量；相关部门需完善中医膏方产业的政策制度，推进中医膏方的标准化和规范化进程。

关键词：中医膏方；膏剂；膏滋；随机对照试验；循证评价

壹　市场研发篇

中医膏方，作为中医药的重要组成部分，具有体积小、含药量高、口味润滑、服用方便、特色明显、疗效肯定等优点[1]。随着中医药的发展，中医膏方在疾病治疗中扮演着越来越重要的角色，已经开展了多项中医膏方相关随机对照临床试验（Randomized Controlled Trial，RCT）。然而，目前尚缺乏对中医膏方的循证评价，以确定中医膏方的循证证据发展现状，以及对未来临床研究、政策制定、指南修订、产业发展的启示。因此，本文对中医膏方的随机对照临床试验的基本情况和方法学质量进行了全面的总结和分析，旨在为该领域的发展提供循证证据总结和合理建议。

一、研究背景概述

中医膏方（condensed decoction/oral thick paste），又称膏剂[2]、膏滋[3]，是一类按照方剂学组方原则将优质中药饮片煎煮、浓缩，经炼蜜或糖收膏等特殊工艺加工制成的半流体或半固体膏剂，其历史悠久，适用于体质偏差、慢性病、术后恢复者及亚健康人群[1]。中医膏方现代产业化发展迅速，产品呈现多样化趋势，已构建线上及线下多方销售渠道：在线上，消费者可通过多个平台购买中医膏方产品，平台提供了便利的购买服务；在线下，人们可通过预约医院膏方门诊就医看诊，开出合适的膏方，也可在各个药店购买适合大众的人参鹿膏、枇杷梨膏、酸枣仁膏等膏方产品。因其独特的功效和适用范围，膏方在市场上有着较好的销量和口碑。

近年来，全国各地举办了多场中医膏方培训交流会及膏方节活动，如在上海举办了"中华中医药学会膏方分会 2024 年学术年会暨第十六届全国中医膏方交流大会"，在北京中医药大学举办了中医药膏方理论及临床应用培训班等。这些活动推动了膏方制备工艺的现代化发展，促进了中医药文化的传承与发展，为健康中国建设注入新动力。通过检索国内外相关文献发现，中医膏方涵盖多种临床研究类型，包括基础研究、病例报告、随机对照试验、非随机对照试验、传统综述和系统综述，其中以传统综述占比较大，另有部分科普文章。同时，相关随机对照临床试验表明，中医膏方在防治疾病和调理亚健康状态方面具有有效性，受到广泛关注，但在设计和执行方面存在不足。因此，本报告系统分析了中医膏方的临床研究进展与现状，并探讨其产业化发展，以促进中医膏方产业的现代化发展和应用。

二、研究目的

通过系统、全面的检索和筛选及严格的循证医学评价，梳理既往发表的中英文中医膏方相关临床研究，对研究的基本特征进行定量和定性分析，从而明确当前中医膏方的临床研究现状与进展，为今后膏方产业的发展提供参考。

三、研究方法

（一）检索策略

以"膏方""膏剂""膏滋""ointment""unguentum"等中医膏方相关中英文名作为检索词，英文数据库检索时额外增加"Chinese herbal medicine"作为关键词，系统且全面检索以下 9 个中英文数据库：中国知网（CNKI）、万方数据知识平台、维普中文科技期刊服务平台（VIP）、中国生物医学文献服务系统（SinoMed）、中华医学期刊全文数据库（Yiigle）、PubMed、Embase、Cochrane Library、Web of Science 期刊数据库。检索时间从各个数据库建库至2024 年 9 月 28 日。

（二）纳排标准

1. 纳入标准

（1）研究类型：评价中医膏方有效性的随机对照临床试验。

（2）纳入期刊：核心期刊。

（3）研究对象：内服或外用中医膏方的疾病患者或亚健康人群，年龄、职业、性别等不作限定。

（4）干预措施：使用中医膏方作为干预措施，包括单独或联合其他疗法使用。

（5）对照措施：不做限定，可以包括空白对照、安慰剂对照、阳性药物对照、常规疗法或者其他中医疗法对照。

（6）结局指标：主要为中医膏方的有效性和安全性指标。

2.排除标准

（1）排除重复发表或分阶段发表的文献，若文献重复发表或分阶段发表，仅纳入数据最完整的一篇，提取完整信息；

（2）无法获取全文及摘要的文献；

（3）不能提供试验数据的试验方案。

（三）文献筛选

使用 NoteExpress（版本号：v4.1.0.10030，北京爱琴海乐之技术有限公司）对题录进行管理和筛选，将不同数据库的题录汇总，剔除重复题录。两名研究者根据题目和摘要独立判断是否纳入，下载、阅读全文后进行二次筛选，有分歧时协商解决，无法决定的情况则由第三名研究者裁定，获得符合纳入条件的研究。

（四）资料提取与核对

根据研究目的预先设计资料提取表，采用 WPS（版本：11.1.0.12165-release）中的表格模块，所有提取表均包括：①文献的基本信息，包括发表年份、作者、作者单位、纳入患者时间等；②研究对象特征，包括研究对象、干预措施、对照措施和结局指标（PICO）；③膏方相关基本信息，包括药物名称、功能主治、膏方来源、膏方制作所用辅料、膏方上市类型、药味组成等；④膏方分类，包括按添加成分分类、按加工方式分类。

由两名研究者对全部纳入文献进行背对背独立资料提取，两轮资料提取完成后，由第三名研究者进行信息核对工作，在出现两轮信息不一致的情况时，则由团队成员协商解决。

（五）资料分析

本研究对所有纳入研究进行定性描述分析，包括文献的基本信息（作者、作者单位、研究发表年份、发表期刊、研究样本量、资金资助等）和临床特征（纳入膏方的药物组成、膏方分类、上市类型、疾病分布、干预措施、对照设置、结局指标及安全性评价等）。

四、研究结果

（一）检索结果

本研究共检索到题录 13124 条（中国知网 1992 条，万方数据知识平台 3203 条，维普中文科技期刊服务平台 674 条，SinoMed 895 条，中华医学期刊全文数据库 57 条，PubMed 985 条，Embase 1110 条，Cochrane Library 735 条，Web of Science 3473 条），使用 NoteExpress 软件机器查重，通过阅读题目、摘要及经过全文阅读后，最终筛选纳入 25 项随机对照临床试验（图 1）。

（二）纳入文献基本特征

中医膏方随机对照临床试验最早发表于 2011 年 [4]（图 2），标志着中医膏方产业开启科学化研究进程。此后八年间可能因研究资源有限、政策支持不足及学术界对中医膏方关注度较低，仅有少量研究发表，且年度发文量波动明显。随着中医药在全球范围内的关注度提升，2019 年至 2022 年，中医膏方产业随机对照临床试验数量开始呈现上升趋势，发文量逐年攀升，并于 2022 年达到峰值，推动了中医膏方产业的发展。2022 年至 2024 年 9 月（本研究检索时间），可能受研究周期影响，相关随机对照临床试验发表量呈现下降趋势。

本报告纳入的 25 项随机对照临床试验研究均被北大核心、WJCI 等中医类核心期刊收录，其中《辽宁中医杂志》发文量最多（5 篇，占 20.00%），表明中医膏方研究具有较高的学术价值。同时中医膏方随机对照临床试验研究得到了较为充足的资金支持，21 项研究（84.00%）获得资金资助，有利于中医膏方产业的深入学术研究和临床应用质量提升。但仅有 6 篇（24.00%）研究报告通过伦理审查，比例相对较低，因此，未来需要加强对中医膏方研究的伦

```
┌─────────────────────────────────────┐
│          通过数据库确认的研究           │
└─────────────────────────────────────┘

确认  ┌──────────────────────────────┐
      │ 确认记录：                      │
      │ 中国知网（n=1992）              │
      │ 万方数据库（n=3203）            │          ┌─────────────────────┐
      │ 维普数据库（n=674）             │─────────→│ 筛选前删除的记录：     │
      │ 中华医学（n=57）                │          │ 删除重复记录（n=2733）│
      │ Sinomed（n=895）               │          └─────────────────────┘
      │ Pubmed（n=985）                │
      │ Embase（n=1110）               │
      │ Cochrane（n=735）              │
      │ Web of Science（n=3473）       │
      │ 合计n=13124                     │
      └──────────────────────────────┘

筛选  ┌──────────────────────────────┐          ┌─────────────────────────┐
      │ 摘要筛选记录（n=10391）         │─────────→│ 排除记录：                │
      └──────────────────────────────┘          │ 非膏方随机对照试验（n=9163）│
                                                 │ 重复记录（n=39）          │
                                                 │ 合计n=9202               │
                                                 └─────────────────────────┘

      ┌──────────────────────────────┐
      │ 全文下载记录：                  │          ┌─────────────────────┐
      │ 随机对照试验（n=834）           │─────────→│ 无法获取全文（n=145）│
      │ 待定（n=355）                   │          └─────────────────────┘
      │ 合计n=1189                      │
      └──────────────────────────────┘

      ┌──────────────────────────────┐          ┌──────────────────────────┐
      │ 全文筛选记录：                  │─────────→│ 排除记录：                 │
      │ 随机对照试验（n=768）           │          │ 非膏方随机对照试验（n=1010）│
      │ 待定（n=276）                   │          │ 重复记录（n=9）            │
      │ 合计n=1044                      │          │ 合计n=1019                │
      └──────────────────────────────┘          └──────────────────────────┘

纳入  ┌──────────────────────────────┐
      │ 确定纳入研究（n=25）            │
      └──────────────────────────────┘
```

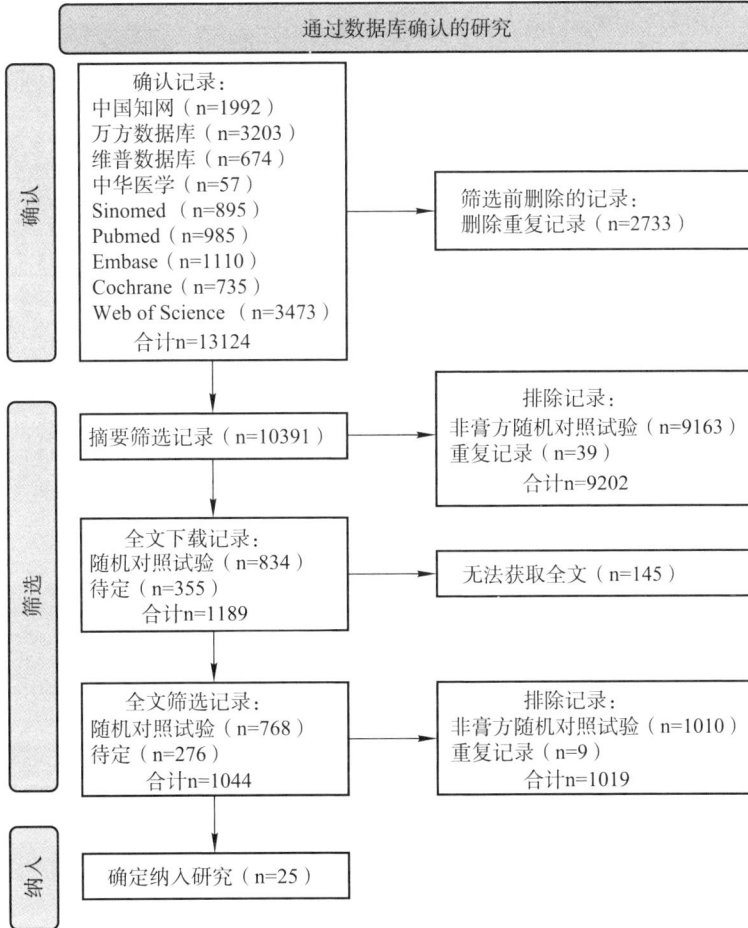

图1 中医膏方随机对照临床试验文献检索和筛选流程图

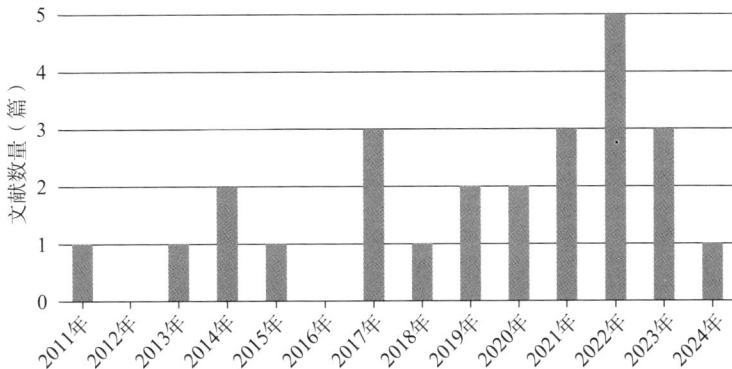

图2 中医膏方随机对照临床试验不同年份发文量统计图

85

理审查，确保研究的合规性与受试者的安全（表1、图3）。

表1 中医膏方随机对照临床试验基本信息

基本信息	报告情况	研究例数（%）
发表年份	2020年以前	11（40.00%）
	2020年至今	14（56.00%）
研究样本量	<90例	13（52.00%）
	90~140例	8（32.00%）
	>140例	4（16.00%）
基金资助情况	是	21（84.00%）
	否/未报告	4（16.00%）
伦理审查情况	是	6（24.00%）
	否/未报告	19（76.00%）

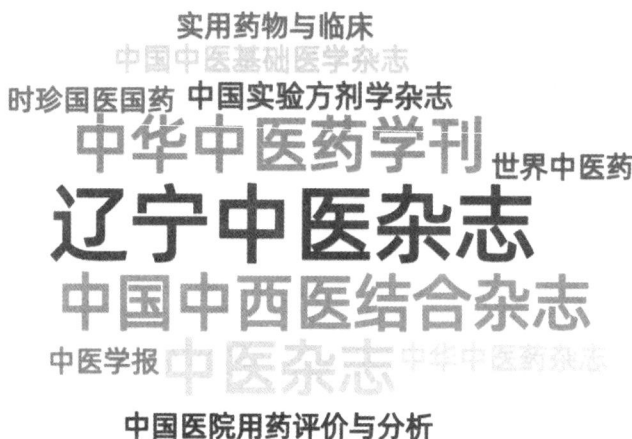

实用药物与临床
中国中医基础医学杂志
时珍国医国药 中国实验方剂学杂志
中华中医药学刊 世界中医药
辽宁中医杂志
中国中西医结合杂志
中医学报 中医杂志 中华中医药杂志
中国医院用药评价与分析

图3 中医膏方随机对照临床试验发文期刊词云图

将纳入研究涉及的作者所在地区划分为南方地区和北方地区（以秦岭—淮河线为界），其中南方地区纳入研究20项，占研究总数的80%，北方地区纳入研究5项，可能与南北气候差异、文化背景、疾病谱分布及医疗资源不均衡等因素有关。此外，将纳入研究涉及的作者所属单位划分为医疗机构、科研单位及高等教育机构三大类别，其中医疗机构所贡献的研究成果最为显著，共计发表23项，占总体研究数量的92.00%，在膏方治疗研究中占有重要地位，这

可能与医疗机构接触患者数量多、拥有丰富的临床实践经验和医疗资源有关
（表2、图4）。

表 2　中医膏方随机对照临床试验作者分布

作者分布	报告情况	报告数量（项）
作者所在地区分布	南方地区	20（80.00%）
	北方地区	5（20.00%）
作者所属单位分布	医疗机构	23（92.00）
	科研单位	0（0.00%）
	高等教育	2（8.00%）

※北京 ╱广东 ╱╱广西 ▨河北 ▧河南 ‖江苏

▦辽宁 ♣上海 ▬四川 ▥天津 ✕浙江 ■重庆

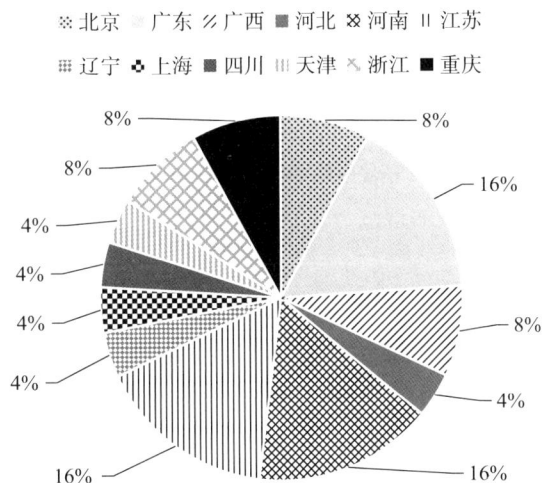

图 4　中医膏方随机对照临床试验作者所在地区分布图

（三）纳入研究临床特征

纳入的25项随机对照临床试验涉及多种疾病，如小儿支气管哮喘缓解期
（变通黄芪膏）[4]、重度持续性哮喘（"益阳补肾"中药糊剂）[5]、卵巢功能早
衰（补肾调经膏方）[6]、强直性脊柱炎（脊得舒膏方加减）[7]、骨质疏松性椎
体骨折（中药骨瘘膏方）[8]等，涵盖了内科、外科、妇科、儿科等多个学科领
域，显示了其在多种慢性疾病治疗中的作用。中医膏方遵循君臣佐使组方原
则，药物组成丰富多样，同时反映中医治疗的整体观念和辨证施治原则，通过
合理配伍调和阴阳，以达到治疗和保健的目的。并且中医膏方结合因人制宜理

论，实际应用时还会根据患者的具体症状和体质进行调整，体现了其个体化特点。例如，在补肾调经膏方[6]的应用中会根据患者不同症状进行药物的加减：畏寒肢冷者，加巴戟天 15g、肉桂 5g；潮热出汗者，加浮小麦 15g、五味子 5g、白术 10g；夜尿频数者，加补骨脂 10g、五味子 5g；心烦、多梦者，加酸枣仁 12g、合欢皮 15g、柏子仁 10g；月经量少者，加鸡血藤 15g、阿胶 10g等。因此，在临床应用中，医生会依据患者出现的不同症状，对膏方中的药物及药量进行灵活调整，以更精准地针对患者的具体情况进行治疗。但在所纳入的随机对照临床试验研究中，仅有 6 项（24.00%）研究在使用膏方时会根据临床证候动态调整药物与剂量，大部分研究采用了固定或标准化的膏方治疗方案，表明目前的随机对照临床试验研究对于中医膏方的个体化调整重视程度仍不足，并且在研究中对于这一部分的报告不够详细（表 3）。

表 3　纳入 25 项随机对照临床试验的中医膏方名称及组成

研究 ID	疾病	中医膏方名称	辅料
Han JY 2011[4]	小儿支气管哮喘缓解期	变通黄芪膏	蜂蜜
Tang BQ 2013[5]	重度持续性哮喘	"益阳补肾"中药糊剂	冰糖、麦芽糖
Xu BH 2017[6]	卵巢功能早衰	补肾调经膏方	\
Zhao JL 2020[7]	强直性脊柱炎	脊得舒膏方加减	\
Wen XZ 2015[8]	骨质疏松性椎体骨折 PKP 术后疼痛	中药骨痿膏方	\
Yu Y 2017[9]	非急性期小儿反复呼吸道感染	扶正健儿膏方	阿胶、黄酒、冰糖、蜂蜜
Zhao XY 2019[10]	卵巢功能早衰	补肾调经膏方	\
Dai GF 2017[11]	冠心病经皮冠状动脉介入治疗术后	益气活血中药膏方	\
Zhao XY 2014[12]	绝经后女性骨质疏松症	益气健脾中药膏方	蜂蜜
Zhuang J 2014[13]	支气管哮喘	益肾固本膏方	阿胶、鹿角胶、冰糖
Qiu LJ 2023[14]	长时间疲劳	运气膏方	阿胶、龟甲胶、鹿角胶、老冰糖及蜂蜜
Liu BX 2021[15]	骨质疏松性椎体压缩骨折（OVCF）经皮椎体成形术（PVP）后	中药膏方	鹿角胶、龟甲胶、阿胶

续表

研究 ID	疾病	中医膏方名称	辅料
Zhou LR 2019[16]	非小细胞肺癌	保肺膏	蜂房
Zheng YZ 2018[17]	股骨头坏死	中医三胶膏方	\
Pu MZ 2024[18]	慢性阻塞性肺疾病稳定期	皱肺定喘膏	阿胶、龟甲胶、冰糖或元贞糖（糖尿病患者）
Yu S 2021[19]	慢性阻塞性肺疾病稳定期	皱肺定喘膏	阿胶、龟甲胶、冰糖或元贞糖（糖尿病患者）
Luo YM 2022[20]	围绝经期失眠症	滋肾宁心膏	\
Wang Q 2021[21]	早发性卵巢功能减退	滋肾培膜膏	\
Zheng WX 2023[22]	围绝经期失眠症	更年静安膏	冰糖、蜂蜜、黄酒
Gong Q 2022[23]	亚临床期卵巢功能不全	益经助孕膏	阿胶、鹿角胶
Lin SC 2022[24]	不育症	生精 1 号膏方	蜂蜜、鹿角胶
Huang DX 2020[25]	慢性疲劳综合征	健脾养胃膏方	\
Luo CY 2022[26]	HIV 感染	龙砂膏滋方	\
Li RX 2023[27]	慢性阻塞性肺疾病稳定期	薯蓣金膏	麦芽糖、黄酒
Xue K 2022[28]	失眠	养心达瓦依米西克蜜膏	\

纳入的 25 项研究涉及的中医膏方共 216 味中药，各味中药总频次共计 510 次，其中茯苓和炙甘草出现频次最高（13 次，2.55%），其次为白术和熟地黄（12 次，2.35%），124 味中药仅出现 1 次（57.41%），41 味中药出现 2 次（18.98%），15 味中药出现 3 次（6.94%），表明中医膏方治疗结合因人制宜和辨证施治的中医特点，其中药使用呈现普遍性和特异性，同时单味药物的出现频次占比最高，根据患者的具体症状和体质选择不同的药物，显示了中医膏方中药物使用的多样性（表 4、表 5）。膏方采用的辅料呈现多样化的特点，使用了蜂蜜、阿胶等多种辅料。最常使用的辅料是蜂蜜，其在多类膏方中被使用，如变通黄芪膏[4]、益气健脾中药膏方[9]等；其次是阿胶、鹿角胶、冰糖，如益肾固本膏方[12]；还有些膏方使用了麦芽糖、黄酒、蜂房，如"益阳补肾"中药糊剂[5]、运气膏方[14]等（表 3）。纳入研究的 14 种中医膏方提及了所采用的辅料，但仍有部分膏方未明确辅料情况，因此在未来研究和临床应用中，

应进一步明确辅料的种类和用量，以实现膏方的标准化和规范化。

表 4　纳入 25 项随机对照临床试验中医膏方的药物组成成分前 10 味中药

组成药物	出现频次	占比
茯苓	13	2.55%
炙甘草	13	2.55%
白术	12	2.35%
熟地黄	12	2.35%
阿胶	10	1.96%
当归	10	1.96%
党参	10	1.96%
山药	10	1.96%
白芍	9	1.76%
黄芪	9	1.76%

表 5　纳入 25 项随机对照临床试验的中医膏方中药频次占比统计表

中药出现频次	药味数量	占比
1 次	124	57.41%
2 次	41	18.98%
3 次	15	6.94%
4 次	6	2.78%
5 次	4	1.85%
6 次	8	3.70%
7 次	5	2.31%
8 次	3	1.39%
9 次	2	0.93%
10 次	4	1.85%
12 次	2	0.93%
13 次	2	0.93%

膏方主要分为清膏、素膏及荤膏三大类[1]，纳入的 25 项随机对照临床试验中荤膏占比达到 10 项（40.00%）。膏方加工分类方式中，定制膏方占主导

地位，有 15 项（60.00%），膏方上市类型以院内制剂居多（17 项，68.00%）。值得注意的是，大多数膏方未报告其具体制作方法（20 项，80.00%）且来源以院内制剂为主（13 项，52.00%）。因此，膏方制作以加入动物类药物或动物类胶质辅料为多，在实际应用场景下要结合中医因人制宜的特色辨证施治以定制膏方，多家医院已建立成熟的中医膏方制作环境，提供院内制剂辅助临床治疗。

纳入的研究中，研究人数达 2316 人，其中大部分研究的样本量在 60～100 人之间（19 项，70.00%），所涉及研究中有 19 项（76.00%）报告了疾病中医辨证，考虑了中医理论中的辨证施治原则；13 项研究（52.00%）明确阐述了膏方的主治功能，有明确的治疗目标和适应证。研究涵盖疾病种类繁多，包括小儿支气管哮喘[4]、非小细胞肺癌[16]、失眠[28]、HIV 感染[26]、慢性疲劳综合征[25]等，其中慢性阻塞性肺疾病[18-19,27]（3 项，12%）、支气管哮喘[4-5,13]（3 项，12.00%）等肺系疾病为研究重点，占有重要地位，显示出膏方较好的疗效和研究潜力。

在干预措施方面，有 11 项（44.00%）以中医膏方单独治疗为试验组，西医单独治疗为对照组进行研究；有 9 项（36.00%）以中医膏方联合西医治疗为试验组，西医单独治疗为对照组；有 2 项（8.00%）以中医膏方单独治疗为试验组，其他中医单独治疗为对照组进行研究。以上干预措施表明，目前有相当一部分研究在探索中医膏方单独使用的效果，膏方联合西医治疗的干预展现了中西医结合治疗的发展趋势，同时研究比较了中医不同治疗方法的效果。在纳入的所有研究中，共 24 项（96.00%）报告了膏方的使用疗程，其中疗程最长为 1 年[13,15]，最短为 1 个月[4,7,14,25-26]，显示了研究对中医膏方治疗周期的关注，并且不同研究由于治疗疾病的不同，对治疗周期的选择存在较大差异。大部分研究（16 项，64.00%）未报告随访时间，仅有 9 项（36.00%）研究报告了随访时间，随访时间以 6～12 个月居多，反映出当前研究缺乏对治疗效果长期影响的评估，少部分研究虽然报告了随访，但随访时间局限在 1 年之内，对治疗效果的长期跟踪有限（表 6）。

壹 市场研发篇

表 6　纳入 25 项随机对照临床试验的中医膏方信息表

临床特征	报告情况	数量（%）
膏方成分分类	素膏	7（28.00%）
	清膏	8（32.00%）
	荤膏	10（40.00%）
膏方加工分类	成品膏方	10（40.00%）
	定制膏方	15（60.00%）
膏方上市类型	院内制剂	17（68.00%）
	药厂制剂	1（4.00%）
	其他	7（28.00%）
膏方制作方法	是	5（20.00%）
	未报告	20（80.00%）
膏方来源	名医名方	5（20.00%）
	院内制剂	13（52.00%）
	自拟经验方	2（8.00%）
	医籍名方	2（8.00%）
	未报告	3（12.00%）
疾病中医辨证	是	19（76.00%）
	否 / 未报告	6（24.00%）
功能主治	是	13（52.00%）
	未报告	12（48.00%）
干预措施	中医膏方 vs 西医治疗	11（44.00%）
	中医膏方 + 西医治疗 vs 西医治疗	9（36.00%）
	中医膏方 vs 其他中医治疗	2（8.00%）
	中医膏方 vs 中医膏方 + 其他中医治疗 vs 西医治疗	1（4.00%）
	中医膏方 vs 其他中医治疗 vs 西医治疗	2（8.00%）
随访时间	是	9（36.00%）
	未报告	16（64.00%）
安全性评价	是	14（56.00%）
	未报告	11（44.00%）

在 25 项随机对照临床试验当中，有 12 项研究（48.00%）将临床疗效比较作为主要结局指标，8 项研究（32.00%）将临床试验生化指标对比（包括血清 IgE、IgG 血清 IL-2，IFN-γ，IL-4 等）作为主要结局指标；此外，14 项研究（14/25，56.00%）采用疾病相关评分量表作为评价的主要结局指标（髋关节 Harris 评分、髋关节 ROM、VAS 评分等）。除此之外，多项研究还将疾病复发率、发作频率、中医证候评分、临床症状评分、生存质量各维度评分等作为主要结局评价指标。在研究当中，仅有 4 项研究（16.00%）纳入了次要结局指标，21 项研究（84.00%）未报告次要结局指标。12 项研究（48.00%）在研究结局指标中报告了安全性评价的相关内容，有 5 项（20.00%）报告了研究过程中的不良反应（表 7）。因此，在中医膏方的结局指标方面，临床疗效评价占有重要位置，是评估中医膏方治疗效果的一个重要方面。同时，针对不同疾病的特点，选择与疾病活动和治疗效果相关的临床试验生化指标和量表等客观指标作为结局指标也至关重要，有助于客观评价治疗效果。此外，中医膏方临床研究对次要结局指标的关注不足，安全性评价显示了对疾病治疗安全性的重视，但存在对疾病治疗的潜在风险和副作用等不良反应评价的忽视。

在纳入的 25 项研究中，各项研究均报告了具体产生随机分配序列的方法，其中有 18 项（72.00%）使用了随机数字表法，2 项（8.00%）使用了计算机随机分组法，另有 2 项（8.00%）使用了区组随机化分组，以上随机分组方式均确保了研究对象分配的随机性。但在盲法的报告方面，仅 2 项（8.00%）研究[14,28]提及了双盲设计，其他研究均未提及，这反映了当前中医膏方研究在试验设计方面的缺漏，研究结果的偏倚风险较高（表 7）。

五、讨论

本研究结果显示，中医膏方 RCT 的研究数量呈现波动性上升，其研究及应用存在地域的局限性，研究主要集中在南方地区（80%）且多由医疗机构发表（92%），这可能与南方地区（如广东、江苏等地）是中医药的重要发源地之一、中医药文化历史悠久、具有丰富的临床经验和理论知识有关，并且南方地区拥有丰富的中药材资源，为膏方的研究提供了充足的材料和实验基础。未来需依据地域分布和研究单位的差异，合理配置研究资源，多单位共同参与膏方研究，跨学科合作，提高研究的质量和创新性，更全面地评估膏方的临床应

壹 市场研发篇

表 7 纳入 25 项中医膏方 RCTs 的研究基本特征表

研究 ID	随机方法	盲法	例数（T/C）	平均年龄（T/C）	两组干预措施（T vs C）	疗程	主要结局	次要结局	安全指标
Han JY 2011[4]	随机数字表法	\	43/41	(5.95±2.13)/(6.12±2.36)	变通黄芪膏 vs 雾化布地奈德悬液+雾化沙丁胺醇	1月	③	②	\
Tang BQ 2013[5]	计算机随机分组法	\	74/69	(41±12)/(43±12)	基础药物治疗+温阳补肾中药膏 vs 基础药物治疗	60天	④⑦⑤		
Xu BH 2017[6]	随机数字表法	\	35/35	(38.03±0.83)/(37.53±0.96)	补肾调经膏方 vs（1.激素替代治疗 2.空白对照）	84天	①⑥	②	⑭
Zhao JL 2020[7]	随机数字表法	\	24/24	(30.42±8.92)/(31.33±8.24)	常规治疗+口服中药得舒膏方 vs 常规治疗+低分子肝素钙注射液+塞来昔布	1月	①⑤⑥⑦⑧		⑮
Wen XZ 2015[8]	随机数字表法	\	30/30	(74.9±5.5)/(77.4±5.0)	利噻膦酸钠+碳酸钙+骨化三醇胶丸+中药膝痿膏方 vs 利噻膦酸钠+碳酸钙+骨化三醇胶丸	6月	⑦	①②⑨	⑮
Yu Y 2017[9]	随机数字表法	\	80/80	(6.7±2.9)/(6.8±3.3)	扶正健儿膏方 vs 匹多莫德口服溶液+葡萄糖酸锌口服溶液+补充维生素 C 和 A	24周	①②③④⑤		\
Zhao XY 2019[10]	随机数字表法	\	39/39	(23.55±5.55)/(23.64±5.44)	补肾调经膏方 vs 戊酸雌二醇片+黄体酮胶囊	3月	①⑥②		\
Dai GF 2017[11]	随机数字表法	\	70/70	(63.50±9.82)/(65.07±8.99)	益气活血中药膏方+拜阿司匹林+氯吡格雷+阿托伐他汀 vs 拜阿司匹林+氯吡格雷+阿托伐他/他汀	6月	①		⑭

续表

研究 ID	随机方法	盲法	例数（T/C）	平均年龄（T/C）	两组干预措施（T vs C）	疗程	主要结局	次要结局	安全指标
Zhao XY 2014[12]	随机数字表法	\	50/50	（63.6±2.13）/（61.2±2.02）	益气健脾中药膏方＋碳酸钙＋活性维生素 D vs 碳酸钙＋活性维生素 D	1 年	⑫	\	\
Zhuang J 2014[13]	随机数字表法	\	42/40	\	益肾固本膏方 vs 布地奈德吸入剂	2 月	④⑦	\	\
Qiu LJ 2023[14]	完全随机化分组	双盲	57/59	（40.8±13.2）/（37.6±14.1）	运气颗粒膏方 vs 运气饮片膏方	1 月	⑤⑦	\	⑭
Liu BX 2021[15]	随机数字表法	\	45/A45;B45	（55–57）/（55–57）	中药膏方与改良八段锦八式锻炼＋碳酸钙 D₃ 咀嚼片 vs 碳酸钙 D₃ 咀嚼片＋阿仑膦酸钠片及腰背肌锻炼	1 年	②③⑤	\	\
Zhou LR 2019[16]	随机平行对照方法	\	40/40	（61.3）/（59.7）	保肺膏联合紫杉醇＋卡铂方案 vs 紫杉醇＋卡铂方案	\	①⑤⑦⑧	\	\
Zheng YZ 2018[17]	随机表法	\	47/47	（38.94±5.61）/（39.45±6.13）	术后常规抗感染 3～5 天＋中医三胶膏方 vs 术后常规抗感染 3～5 天	2 月	①②⑦⑫	\	\
Pu MZ 2024[18]	随机数字表法	\	34/32	（68.24±7.54）/（69.22±8.98）	噻托溴铵吸入剂＋敛肺定喘膏 vs 噻托溴铵吸入剂	60 天	④⑦	\	\
Yu S 2021[19]	随机数字表法	\	34/31	（66.97±7.59）/（68.58±9.27）	噻托溴铵吸入剂＋敛肺定喘膏 vs 噻托溴铵吸入剂	10 周	②	③⑦	⑭

壹　市场研发篇

95

壹 市场研发篇

续表

研究ID	随机方法	盲法	例数（T/C）	平均年龄（T/C）	两组干预措施（T vs C）	疗程	主要结局	次要结局	安全指标
Luo YM 2022[20]	随机数字表法	\	40/40	（45.32±3.27）/（46.65±4.18）	滋肾宁心膏 vs 坤泰胶囊	15天	①⑤⑦	\	②
Wang Q 2021[21]	计算机随机分组法	\	43/43	（33.81±5.33）/（33.95±4.91）	滋肾培膜膏 vs 戊酸雌二醇+地屈孕酮	62天	②⑤⑦	\	②④
Zheng WX 2023[22]	随机数字表法	\	30/30	（11.6±3.9）/（48.68±3.59）	更年静安膏联合怡眠枕治疗 vs 艾司唑仑片 vs 更年静安膏	4周	①⑤⑦⑪	\	⑮
Gong Q 2022[23]	随机数字表法	\	35/30	（试验I组31.71±6.15；试验II组33.33±5.20）/（32.87±5.10）	益经助孕膏加冬虫夏草繁育品粉2g/d vs 益经助孕膏加冬虫夏草繁育品粉0.4g/d vs 益经助孕膏	3月	②⑪⑫	\	⑮
Lin SC 2022[24]	区组随机化法	\	105/105	（32.46±4.48）/（32.49±4.50）	生精1号膏方 vs 口服左卡尼汀口服液+口服维生素E软胶囊+口服维生素C+服叶酸片+炎症者给予消炎药+精索静脉曲张者口服迈之灵片	3月	①②	\	⑮
Huang DX 2020[25]	随机数字表法	\	45/43	（36.2±7.5）/（39.5±10.9）	健脾养胃膏方 vs 补中益气汤加减	1月	⑦	\	\
Luo CY 2022[26]	随机数字表法	\	30/30	（39.27±4.27）/（39.24±4.23）	抗病毒联合参灵扶正胶囊方+龙砂膏滋方 vs 抗病毒联合参灵扶正胶囊方	1月	③④⑤⑧⑪	\	⑭

续表

研究ID	随机方法	盲法	例数（T/C）	平均年龄（T/C）	两组干预措施（T vs C）	疗程	主要结局	次要结局	安全指标
Li RX 2023[27]	随机数字表法	\	48/48	（61.25±8.61）/（62.24±8.75）	布地奈德福莫特罗吸入粉雾剂 + 薯蓣金膏 vs 布地奈德福莫特罗吸入粉雾剂	6月	①④⑦	\	⑮
Xue K 2022[28]	区组随机法	双盲	48/32	（47.72±8.96）/（43.13±13.54）	养心达瓦依米西克蜜膏 + 血府逐瘀胶囊模拟剂 vs 血府逐瘀胶囊 + 养心达瓦依米西克蜜膏模拟剂	8周	①⑦	\	②⑮

注：①临床疗效比较 ②实验室生化指标对比 ③疾病复发率 ④疾病发作频率 ⑤中医证候积分 ⑥临床症状评分 ⑦疾病相关评分量表 ⑧生存质量各维度评分 ⑨中医证候疗效比较 ⑩疾病转归情况比较 ⑪客观疗效 ⑫临床影像学对比 ⑬满意度 ⑭不良反应 ⑮治疗前后相关功能比较
T: treatment group（试验组）；C: control group（对照组）

壹 市场研发篇

用效果，促进中医膏方产业的深入发展。

部分研究未报告资金资助情况，而资金资助对研究及产业发展十分重要，建议政府和相关机构增加对中医膏方研究的资金支持，推动该产业的发展。同时大部分研究未报告伦理审查情况，忽视了伦理审查的重要性，这可能与研究者对规范临床试验报告的认知不足、报告伦理审查情况的习惯尚未完全形成、部分传统中医从业者对现代科研规范的了解有限等方面有关，因此，未来需要加强伦理审查方面的培训和指导，提高研究者对伦理审查重要性的认识，确保所有研究均符合伦理要求，规范研究的实施与报告。

大部分研究（16项，64.00%）未报告随访时间，未能提供膏方治疗长期效果观察的数据，对随访时间的重视程度不足，不利于全面评估膏方的疗效和安全性。未来研究在设计时需要考虑的关键因素包括开展随访、增加随访时间、重视并规范随访时间的设定与报告，以更好地评估中医膏方治疗效果的持久性和潜在的长期影响。

中医膏方治疗涉及的疾病范围广泛，治疗方式多样化，在不同疾病领域具有应用潜力。但大多数膏方为院内制剂，部分为成品膏方和定制膏方，这可能影响膏方的标准化和质量控制。近一半的研究报告了安全性评价，但仅部分研究报告了不良反应，限制了对中医膏方安全性的全面评估，无法确保患者的安全。多数研究在设计、执行和报告方面不足，存在缺乏盲法（仅8%提及双盲）、随机化方法虽多采用随机数字表法（72%）但仍有部分不明确、样本量较小（多数在60～100人）、未考虑次要结局指标等问题。缺乏盲法可能导致主观偏见影响结果，小样本量可能无法准确反映总体情况，缺少次要结局指标无法全面评估治疗效果，这些因素会影响结果的可靠性、透明性和完整性。因此，未来应改进研究设计，增加盲法应用，明确随机化方法，扩大样本量和完善结局指标以减少偏倚，提高研究的内部有效性，增强研究的科学性。

值得注意的是，在盲法的设计上，由于中医膏方的特殊性质（如颜色、气味、口感等），难以设计出与真实膏方相似的安慰剂，无法实施真正的双盲，而出于对伦理的考虑，在一些研究和严重疾病的治疗中使用安慰剂，可能会对患者的病情产生不利影响。所以研究者可能会选择不实施双盲设计，以确保患者的安全。

综上所述，在中医膏方的临床研究发展上，研究者未来应开展更多高质量、大样本、多中心的随机对照试验，在试验方案的制定和实施过程中关注管理规范，重视个体化治疗，加强对研究伦理的重视，提高伦理审查报告率，规范膏方制作方法的报告，确保研究的可重复性和膏方质量，注重安全性评价和不良反应报告，全面地评估中医膏方的疗效和安全性，通过以上方面的完善，为该产业提供更充分的临床证据，推动其在临床的合理应用和相关产业的发展。同时在中医膏方的宏观调控方面，相关部门未来应完善中医膏方产业的政策制定，加大资金投入，平衡研究资源与地域分布差异，加快国家标准与行业标准的制定进程，编制覆盖优势病种的预防、治疗、康复全链条的中医膏方临床实践指南，推进中医膏方的标准化和规范化进程。

参考文献

[1] 黄亚博，霍介格，罗兴洪 . 江苏中医膏方临床应用专家共识（2021）[J]. 江苏中医药，2022，54（1）：1-13.

[2] 周端，陈昕琳 . 中医膏方学 [M]. 北京：中国中医药出版社，2019.

[3] 李冀，连建伟 . 方剂学 [M].10 版 . 北京：中国中医药出版社，2016，124-125.

[4] 韩江余，崔健萍 . 变通黄芪膏联合西药抗小儿支气管哮喘复发作用研究 [J]. 中国中西医结合杂志，2011，31（10）：1346-1348.

[5] TANG B，SHI K，LI X，et al.Effect of "Yang-warming and kidney essence-replenishing" herbal paste on cold-related asthma exacerbation[J].Journal of Traditional Chinese Medicine，2013，33（4）：468-472.

[6] 徐碧红，李茂清，朱勤芬，等 . 补肾调经膏方对肾虚型卵巢早衰患者内分泌和免疫调节的作用 [J]. 中国中西医结合杂志，2017，37（7）：795-799.

[7] 赵建磊，孙永强，阎亮 . 脊得舒膏方加减对强直性脊柱炎髋关节强直肝肾不足证患者全髋关节置换术后康复的影响 [J]. 中医杂志，2020，61（12）：1069-1074.

[8] 温鑫柱，任兰群，王楠 . 骨痿膏方应用于骨质疏松性椎体骨折 PKP 术后的临床研究 [J]. 中国中医基础医学杂志，2015，21（10）：1280-1282.

[9] 余瑜，李科玉 . 扶正健儿膏方治疗非急性期小儿反复呼吸道感染 [J]. 中国实验方剂学杂志，2017，23（12）：188-193.

[10] 赵小迎，谢一红，郑胡忠，等 . 补肾调经膏方治疗肾虚型卵巢早衰的疗效及

对性激素及免疫功能的影响 [J]. 中华中医药学刊, 2019, 37（1）: 192-196.

[11] 代国方, 杜廷海. 益气活血中药膏方对冠脉支架植入术后气虚血瘀证患者支架内再狭窄的影响 [J]. 中医学报, 2017, 32（9）: 1733-1736.

[12] 赵雪圆, 王平. 益气健脾中药膏方改善脾胃虚弱型骨质疏松症患者平衡能力临床观察 [J]. 辽宁中医杂志, 2014, 41（6）: 1212-1213.

[13] 壮健. 益肾固本膏方治疗肾虚型支气管哮喘临床缓解期 42 例疗效观察 [J]. 中国中医基础医学杂志, 2014, 20（9）: 1304-1305.

[14] 邱林杰, 杲春阳, 任燕, 等. 运气膏方治疗长时间疲劳的多中心随机对照双盲临床研究 [J]. 中华中医药杂志, 2023, 38（7）: 3495-3499.

[15] 刘保新, 蔡迎峰, 陈兵, 等. 中药膏方、八段锦联合钙剂预防骨质疏松性椎体压缩骨折 PVP 术后再骨折的研究 [J]. 中国中西医结合杂志, 2021, 41（4）: 448-455.

[16] 周禄荣, 李康, 武晓彬, 等. 中药膏方在中晚期非小细胞肺癌维持治疗中的临床疗效研究 [J]. 实用药物与临床, 2019, 22（4）: 409-412.

[17] 郑永智, 田永志, 李孟飞, 等. 中医三胶膏方治疗股骨头坏死临床观察及对血清炎症因子、红细胞沉降率和骨代谢指标影响 [J]. 中华中医药学刊, 2018, 36（11）: 2747-2749.

[18] 浦明之, 鞠娅, 何焕荣, 等. 皱肺定喘膏对慢性阻塞性肺疾病急性加重及相关炎症介质的临床观察 [J]. 世界中医药, 2024, 19（7）: 1011-1014.

[19] 余松, 浦明之, 徐俊华, 等. 皱肺定喘膏联合西医常规治疗对慢性阻塞性肺疾病稳定期肺肾两虚证患者肺功能及运动耐力的影响 [J]. 中医杂志, 2021, 62（22）: 1979-1983.

[20] 罗玉梅, 万鹏. 滋肾宁心膏治疗心肾不交型围绝经期失眠的疗效观察 [J]. 中国医院用药评价与分析, 2022, 22（7）: 858-861.

[21] 王茜, 谢萍. 滋肾培膜膏治疗早发性卵巢功能减退（肝肾阴虚型）临床疗效评价研究 [J]. 辽宁中医杂志, 2021, 48（4）: 118-121.

[22] 郑万祥, 邵炜军, 吴颂, 等. 自拟更年静安膏联合中药怡眠枕治疗围绝经期妇女失眠症临床研究 [J]. 辽宁中医杂志, 2023, 50（7）: 132-135.

[23] 龚歆, 蔡依珊, 沈甦, 等. 冬虫夏草入膏方治疗亚临床期 POI 的增效研究 [J]. 时珍国医国药, 2022, 33（8）: 1928-1930.

[24] 林深常, 张波, 卢晓慧, 等. 生精 1 号膏方治疗男性少弱精引起不育症肾阳

虚证的临床研究 [J]. 辽宁中医杂志，2022，49（3）：123-126.

[25] 黄丹旋，黎焕杰，陈珏璇，等 . 健脾养胃膏方治疗气虚质慢性疲劳综合征临床观察 [J]. 中华中医药杂志，2020，35（12）：6440-6443.

[26] 罗春艳，蒋著椿，刘振威 . 龙砂膏滋方对无症状 HIV 感染者疗效及生活质量影响研究 [J]. 中华中医药学刊，2022，40（9）：208-212.

[27] 李瑞祥，陈斯宁，冯洁，等 . 薯蓣金膏对慢阻肺稳定期肺脾气虚证患者的疗效观察 [J]. 辽宁中医杂志，2023，50（4）：79-83.

[28] 薛珂，袁书章，安兰花，等 . 养心达瓦依米西克蜜膏治疗气滞血瘀证失眠的临床观察 [J]. 中国实验方剂学杂志，2022，28（4）：124-129.

壹　市场研发篇

HB.07 传统膏方文献与现代应用分析研究

解博文 ①　李国祥 ②

摘　要： 本文系统探讨了膏方的传统中医文献与现代应用的发展与创新，通过多学科交叉分析揭示其在现代医学体系中的应用潜力及未来方向。膏方作为一种古老的中医剂型，主要被用于滋补强身、慢性疾病调理及增强体质。通过对 1156 部古代中医典籍的分析发现，膏方的记载集中于唐宋至清代，在北宋时期达到高峰，膏方被广泛用于治疗外科溃疡、感染性疾病和慢性病，具有清热解毒、补益气血的独特作用。随着社会和医学的进步，膏方从传统的冬令进补制剂逐步演变为多场景下的个性化中药制剂。现代膏方研究结合数据挖掘、文献计量学等方法，聚焦于临床疗效验证、科学化标准制定和现代技术引入。研究选取了中国知网（CNKI）、PubMed 等数据库，分析了膏方在慢性阻塞性肺疾病、支气管哮喘、妇科及儿童慢性病中的广泛应用价值。CiteSpace 文献计量学分析表明，膏方研究热点逐渐从传统经验传承向临床应用和技术融合过渡，近年来更聚焦于个性化治疗、疗效机制分析和大数据挖掘。研究证实了膏方在健康调理、慢性病管理及免疫功能提升中的重要作用。本文建议未来研究应加强膏方与现代医学的融合，利用智能化手段推进膏方在复杂疾病治疗中的应用，拓展其在精准医疗和个性化健康管理中的潜力，为膏方现代化和全球健康产业发展提供科学依据与创新方向。

关键词： 膏方文献；现代应用；分析研究；意见建议

---

① 解博文，中医学硕士，中国中医科学院中国医史文献研究所助理研究员，研究方向：中医文献学。

② 李国祥，中医学博士后，国家中医药管理局监测统计中心助理研究员，研究方向：中医药大数据。

随着社会发展和物质生活水平的提高，人们对健康产品的需求逐渐增强。在此背景下，既能保障改善民生，又能拉动内需增长的健康产业成为 21 世纪引导全球经济发展和社会进步的重要产业。现代膏方在中医药事业中的地位日益提升，成为中医治疗的重要手段之一。膏方突破了中药汤剂和中成药的局限性，结合了二者治疗的灵活性[1]，具有配伍全面、组方灵活、标本兼顾的优势[2]，因疗效好、口感独特、携带方便等优点在治未病领域深受医生与患者的认可[3]。随着社会发展和医学进步，膏方逐步从传统的季节性保健药物和滋补药物，演变为集预防、治疗、康复功能为一体的中药制剂，市场发展前景极其广阔[4]。近年来，随着人们对健康管理和疾病预防的重视，膏方的应用逐渐从传统的季节性调补走向个性化的日常调理，并在现代医学的框架下拓展了新的应用场景。本文将通过对传统膏方的文献及现代应用的分析，探讨其在临床治疗、科学研究、现代健康管理、慢性病调理、个性化治疗中的发展方向与应用前景，结合文献统计、数据分析等多学科交叉研究方法，分析传统膏方在现代医学体系中的潜力，为其规范化应用与创新发展提供理论依据和实践参考。

一、资料与方法

（一）调查对象

本研究的调查对象包括两部分：传统膏方文献与现代膏方研究。在传统膏方文献方面，选取中国历代具有代表性的中医古籍作为分析主体，涵盖膏方在内科、外科、妇科、儿科等多领域的应用记录，重点关注其数量及适应证范围。

对于现代膏方应用，选择国内具有高影响力的知识库，重点关注膏方治疗的现代疾病及创新应用情况。通过对传统文献和现代实践的双重调查，全面揭示膏方的应用特点、适应性变化及存在的主要问题，为优化膏方的现代化发展提供科学依据。

（二）调查内容与方法

1. 研究资料

本研究以传统膏方相关文献与现代应用数据为基础资料来源，具体内容包括以下方面。

古代文献：本研究采用《中华医典》为古籍文献研究的主要对象。《中华医典》是对中医古籍进行全面系统整理而制成的大型电子丛书，收录了中国历代医学古籍 1156 部，汇集了历代主要中医著作，包括医经、诊法、本草、方书、针灸、推拿、伤寒金匮、温病、综合医书、临证各科、养生食疗、外治、医论医案十二个大类，涉及中医学的所有学科，内容全面且丰富。因此本研究以《中华医典》中的传统医籍为主体，检索与膏方主治、应用、数量等相关的内容。

现代数据库：使用中国知网（CNKI）、万方数据库、PubMed 等，筛选关于膏方的所有研究及应用文献，聚焦膏方的现代应用、疗效评价及实验研究等主要研究方向。

2. 数据收集方法

（1）数据来源与检索策略　经题录分析发现，膏方的研究主要集中在医案和经验、冬季养生、临床效果观察、基于数据的规律分析等方面，因此检索中国知识资源总库基于预设的检索式，SU='膏方'，检索知网全部相关文献，其后检索其他相关专题（医案和经验、冬季养生、临床效果观察、基于数据的规律分析）检索式为（SU='膏方'*'经验'or SU='膏方'*'医案'or SU='膏方'*'验案'or SU='膏方'*'病案'or SU='膏方'*'治案'or SU='膏方'*'诊案'；SU='膏方'*'冬'；SU='膏方'*'观察'，SU='膏方'*'数据'or SU='膏方'*'规律'or SU='膏方'*'基于'），时间跨度不限，检索时限为建库至今。

（2）文献筛选标准

纳入标准：符合"中医膏方"主题，并公开发表的期刊文献。

排除标准：①重复发表文献；②作者、年份、期刊等题录内容缺失的文献。

数据挖掘：采用计算机结合人工提取和筛选，通过文本挖掘和语义分析对文献内容进行结构化处理，识别并提取医案和经验、冬季养生、临床效果观察、规律分析等信息。

3. 数据分析方法

定量分析：通过统计学方法分析膏方在历代文献中的分布及相关治疗疾病。

本研究采用 CiteSpace6.2 R7 软件对中医古籍数字化研究文献进行可视化分析，以了解该领域研究现状及发展趋势。

（三）数据处理

1. 数据预处理

采用人工与计算机结合的方法对文献数据进行筛选，剔除重复、无效及题录信息不全的文献，确保数据质量。在关键词筛选中，统一同义词表达，如将"膏方""膏剂"统一为"膏方"，将"古医籍"统一为"中医古籍"，将"中医""中医药"统一为"中医药"。

2. 文本挖掘

利用自然语言处理技术对文献内容进行语义分析和结构化提取，归纳膏方的书籍分类、膏方出处、适应证，为后续研究提供精确数据支持。

3. 分类与统计

根据文献信息，将膏方按照适应证、治疗疾病等维度进行分类整理，形成结构化数据库。结合时间维度，统计膏方在不同历史时期的数量分布及主要研究热点。

4. 数据可视化与分析

使用 CiteSpace 等文献计量学工具，构建关键词共现网络、时区图和聚类视图，直观展现研究热点和趋势。针对文献数据量大、时间跨度大的特点，结合时间序列分析，揭示膏方研究主题的演化轨迹。

二、数据分析

（一）传统膏方文献统计分析

1. 书籍及所含膏方数目统计分析

上述书目中的膏方记载数目统计情况如下（表1）。经统计，1156 部医籍中，共有 73 部记载膏方 1303 条。其中，记载数量大于或等于 50 的书目共有 6 部，包括《圣济总录》433 条、《太平圣惠方》354 条、《幼幼新书》110 条、《外台秘要》87 条、《鬼遗方》61 条、《刘涓子鬼遗方》61 条，合计 1106 条，占总数的 84.9%。记载数量为 10～49 的书目共有 4 部，包括《普济方》46 条、《婴儿论》18 条、《千金翼方》16 条、《集验方》11 条，合计 91 条，占总数的 7.0%。记载数量小于 10 的书目共有 46 部，合计 106 条，占总数的 8.0%。

表 1　书籍及所含膏方数目统计

归类	书名	膏方个数	占比
本草类	滇南本草	1	0%
	本草纲目	1	0%
方书类	肘后备急方	4	0%
	小品方	5	0%
	太平圣惠方	354	27%
	圣济总录	433	33%
	世医得效方	3	0%
	普济方	46	4%
	证治准绳·类方	3	0%
	种福堂公选良方	1	0%
	不知医必要	2	0%
	丁甘仁先生家传珍方	1	0%
	金氏门诊方案	1	0%
	救生集	1	0%
	医方歌括	1	0%
	验方新编	2	0%
	济世神验良方	1	0%
	集验方	11	1%
	绛囊撮要	2	0%
	外治寿世方	1	0%
	文堂集验方	1	0%
	吴氏医方汇编	1	0%
	临证一得方	1	0%
	益世经验良方	1	0%
	经验选秘	1	0%
	良朋汇集经验神方	2	0%
	箓竹堂集验方	1	0%
临证各科类	医学从众录	1	0%
	证治准绳·伤寒	1	0%
	沈氏女科辑要	2	0%

续表

归类	书名	膏方个数	占比
	宁坤秘笈	2	0%
	妇人规	1	0%
	毓麟验方	1	0%
	婴儿论	18	1%
	幼幼新书	110	8%
	幼科证治准绳	1	0%
	活幼口议	1	0%
	证治准绳·幼科	1	0%
	外科集验方	1	0%
	外科心法要诀	1	0%
	疡医大全	2	0%
	外科十三方考	1	0%
	外科证治秘要	1	0%
	外科备要	1	0%
	证治准绳·疡医	2	0%
	彤园医书（外科）	1	0%
	洞天奥旨	2	0%
	外科学话义	1	0%
	鬼遗方	61	5%
	刘涓子鬼遗方	61	5%
	疡科心得集	1	0%
	秘传眼科龙木论	3	0%
	眼科心法要诀	5	0%
	焦氏喉科枕秘	1	0%
伤寒金匮类	伤寒证治准绳	1	0%
	订正仲景全书金匮要略注	1	0%
	金匮要略浅注	1	0%
温病类	增订叶评伤暑全书	1	0%
	温病条辨	2	0%
	重订温热经解	2	0%
	仿寓意草	2	0%

壹　市场研发篇

归类	书名	膏方个数	占比
针灸推拿类	宋本备急灸法	1	0%
综合医书类	备急千金要方	9	1%
	辨证录	1	0%
	赤水玄珠	1	0%
	村居救急方	1	0%
	古今医统大全	1	0%
	家用良方	1	0%
	简明医彀	2	0%
	景岳全书	2	0%
	类证治裁	5	0%
	千金翼方	16	1%
	外台秘要	87	7%

2. 历代古籍记载膏方数量分布

统计结果表明，膏方主要集中在南齐、唐代、北宋、南宋、明朝和清朝六个历史时期，几乎占现存古籍记载膏方总数的99.9%，统计占比可以反映膏方在不同朝代的分布、传承和发展情况（图1）。首先，南齐膏方记载的比例为10%，是汉朝以来膏方发展的第一次兴盛，展现了南齐时期对膏方的深入探索和实践。南齐虽然是一个短暂的朝代，但在中医药学的发展史上具有承前启后的作用。唐代的膏方文献占比为9%，虽在比例上稍有下降，但是唐朝是中国医学发展的重要阶段，唐代的《千金要方》和《千金翼方》等医学典籍中都有关于膏方的详细记载，这些膏方多用于补益身体、调理气血、治疗慢性病和调养虚损之症，显示了唐代对膏方的高度重视。从文化背景来看，唐代经济文化繁荣，医学发展迅速，特别是在贵族阶层和宫廷中，膏方被广泛用于养生保健和延年益寿，这为膏方的理论体系和实际应用奠定了坚实的基础。

北宋时期膏方文献占比达到了最高峰，占比高达66%。北宋作为中国古代医学发展的重要时期，其膏方记载数量远超其他朝代。北宋政府重视医药学的发展，大量医学典籍的编纂和出版使膏方的记载得到了前所未有的普及。著名的医学著作如《太平圣惠方》《圣济总录》等详细记载了膏方的制作方法、适用范围和配伍原则，这些内容的系统整理极大地推动了膏方在治疗和养生中的广泛应用。同时，北宋时期经济繁荣、科技进步，如活字印刷术的普及，使得大量医学知识得以广泛传播，这也进一步促进了膏方的普及和规范化。南宋时期膏方文献占比为9%，与唐代膏方文献占比相同。虽然南宋的膏方记载数量没有超过北宋，但这一时期继承了北宋医学发展的传统，并在膏方的应用领域有所创新。南宋时期，医家更加注重膏方的个体化应用，根据不同体质和病症设计出针对性更强的膏方。这一特点为现代膏方的个性化治疗提供了宝贵的理论基础。此外，南宋时期的地方性医学著作也对膏方的应用作出了补充，为后世医学发展留下了丰富的文献资料。

明朝时期膏方记载的比例为4%，这一时期的膏方记载数量显著减少，可能与明代医学重心转移有关。清朝时期膏方文献占比同样为2%，这一比例的延续表明清代对膏方的应用和研究基本上延续了明代的传统。清代医学著作中记载的膏方多用于调理虚弱体质、改善慢性病症状，但总体上膏方的地位相较于前几个朝代有所下降。这说明明清时期对膏方的重视程度逐渐下降。这一历史演变过程不仅体现了膏方在中医药学中的发展状态，也为现代膏方的研究和应用提供了宝贵的历史经验和理论参考。

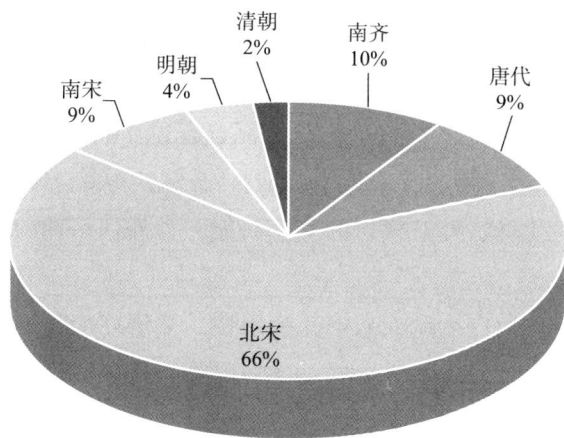

图1　历代古籍记载膏方数量分布图

3. 古代膏方所治疾病分析

根据1303个膏方治疗27种疾病的统计数据（表2、图2），膏方在临床中的应用具有一定的规律性和集中性。膏方主要用于治疗外科类疾病，其中疮

（410例，占25%）和发背（385例，占23%）占据了绝大多数份额，表明膏方在治疗皮肤溃疡、创面愈合及感染性疾病方面具有显著的疗效。这类疾病往往伴随局部病灶的化脓、炎症及组织损伤，膏方调补气血、清热解毒、祛腐生肌的综合作用，可以促进病灶愈合、改善微循环并增强机体的整体抗病能力。因此，这两个病种的高占比充分体现了膏方在传统中医外科领域的重要价值。除疮和发背外，毒（159例，占10%）、疽（147例，占9%）、痈（139例，占8%）等疾病也占较高比例，这些病种与化脓性病变密切相关，进一步说明了膏方在此类病症治疗中的独特优势。

其他疾病，包括瘘（47例，占3%）、伤折（39例，占2%）、瘰疬（38例，占2%）的占比也表明膏方对于慢性化脓性疾病及创伤后调理具有一定疗效，尤其是在补益正气、改善局部和全身状态方面表现突出。值得注意的是，膏方在其他慢性病及亚健康状态相关的病种中也有所应用。比如脱发（33例，占2%）、白秃（16例，占1%）、瘙痒（14例，占1%）等与生活质量密切相关的病症，显示了膏方在美容保健领域的潜力。对于这些病症，膏方通过滋养肝肾、调和气血的作用，不仅能改善局部症状，还能全面提升患者的体质。类似地，疥（37例，占2%）和疹（24例，占1%）等皮肤病在统计中的分布也反映了膏方在调节免疫功能、缓解慢性炎症和改善皮肤代谢中的作用。在某些神经系统疾病中，如头风（23例，占1%）、头痛（23例，占1%）、癫病（11例，占1%）及慢惊（8例，占不足1%），膏方虽然应用比例较低，但其以平衡阴阳、疏通经络为主要特点的治疗思路，提供了对这些病症的调理依据。此外，对于损伤（21例，占1%）和跌打（5例，不足1%）等外伤类疾病，膏方结合了活血化瘀、补益气血的双重功能，为外伤后期的康复提供了良好支持。

从整体来看，膏方治疗疾病中，感染性、溃疡性疾病的占比非常高，显示了其治疗特性更倾向于外科领域。这一现象与其在清热解毒、活血生肌等方面的独特效果有关。然而，表中的数据也反映出古代膏方在其他疾病治疗方面的潜在局限性。在内科、妇科、儿科等领域，如咳嗽（6例，小于1%）、中风（5例，小于1%）和水肿（2例，小于1%）等疾病中，古代膏方的应用比例相对较低。

表 2 历代膏方治疗疾病数目统计

病名	涉及膏方数目	占比
疮	410	25%
发背	385	23%
毒	159	10%
疽	147	9%
痈	139	8%
瘘	47	3%
伤折	39	2%
瘰疬	38	2%
疥	37	2%
脱发	33	2%
疹	24	1%
痔疮	23	1%
头风	23	1%
头痛	23	1%
损伤	21	1%
厥痹	20	1%
白秃	16	1%
瘙痒	14	1%
癫痫	11	1%
瘾风	8	0%
慢惊	8	0%
咳嗽	6	0%
中风	5	0%
跌打	5	0%
虫咬	5	0%
风头	3	0%
水肿	2	0%
总和	1651	

壹

市场研发篇

111

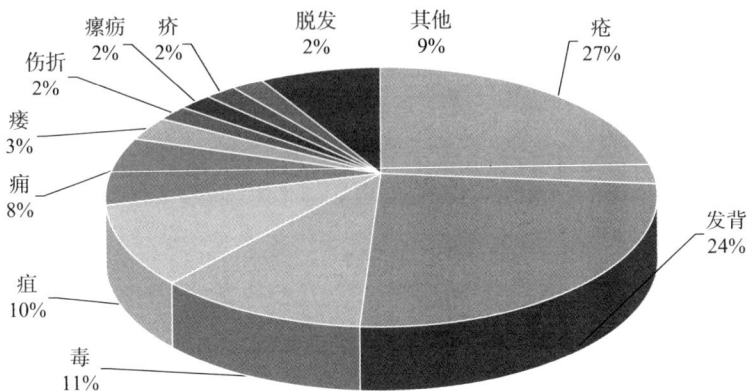

图 2　历代膏方治疗疾病数目占比图

（二）现代膏方文献计量学分析

面对海量文献资源和快速积累的研究成果，科学梳理膏方领域的研究现状、热点及趋势，成为中医药研究的重要任务。CiteSpace 作为一种可视化文献分析工具，能够基于科学计量学方法，对文献数据进行知识图谱构建，揭示领域内部的研究热点、核心作者、机构合作及知识演进路径，为研究者提供全景式的领域分析视角。通过 CiteSpace 分析，可以从文献共被引、关键词聚类和突现分析等多个维度，全面揭示膏方研究的发展态势及未来方向。

1. 发文时间分布

通过对所有研究进行汇总，最终纳入文献 3425 篇，时间分布为 1995—2024 年，其中 1995 年之前，发表文章极少，1995—2024 年中医膏方研究领域发文时间分布见图 3。这张图片反映了以"膏方"为主题的年度发文量趋势，涵盖从 1995 年到 2024 年的时间跨度，通过纵轴的发文量（单位：篇）与横轴的年份来展示该主题在学术研究中的发展变化。从图中可以清晰地观察到，这一主题的关注度经历了从初期零星研究到后期爆发式增长，再逐步回落的过程，具有显著的周期性和阶段性特征。

在 1995 年至 2002 年期间，年度发文量维持在每年不超过 10 篇，增长缓慢，显示"膏方"主题在学术界处于初步发展阶段，关注度较低。从 2003 年开始，发文量逐年递增，从 14 篇逐步增加到 2007 年的 45 篇，这标志着"膏方"研究逐步被学术界认可并获得了一定的发展势头。2008 年至 2010 年是该主题研究的快速增长期。2008 年的年度发文量猛增至 168 篇，显示出研究热潮的迅速形成；随后在 2009 年略微回落至 160 篇，但仍维持在高位。2010 年则达到年度发文量的历史最高点——256 篇，这是"膏方"研究的一个巅峰。从 2011 年至 2014 年，这一主题的年度发文量虽有波动，但总体维持在较高水平，分别为 243 篇（2011）、243 篇（2012）、229 篇（2013）和 220 篇（2014）。这表明"膏方"主题在这段时间内仍然受到持续的关注，研究热度虽然略有回落，但学术界已形成了较为稳定的研究队伍和领域基础。然而，2015 年之后，年度发文量开始逐步下降，从 206 篇下降到 2022 年的 76 篇，呈现出明显的下行趋势。这可能反映出该主题研究逐渐进入平台期，热点逐渐消退，或者学术界的关注点转移到了其他更具前景的领域，也可能与研究资金分配、技术瓶颈及学术热点更替等因素相关。

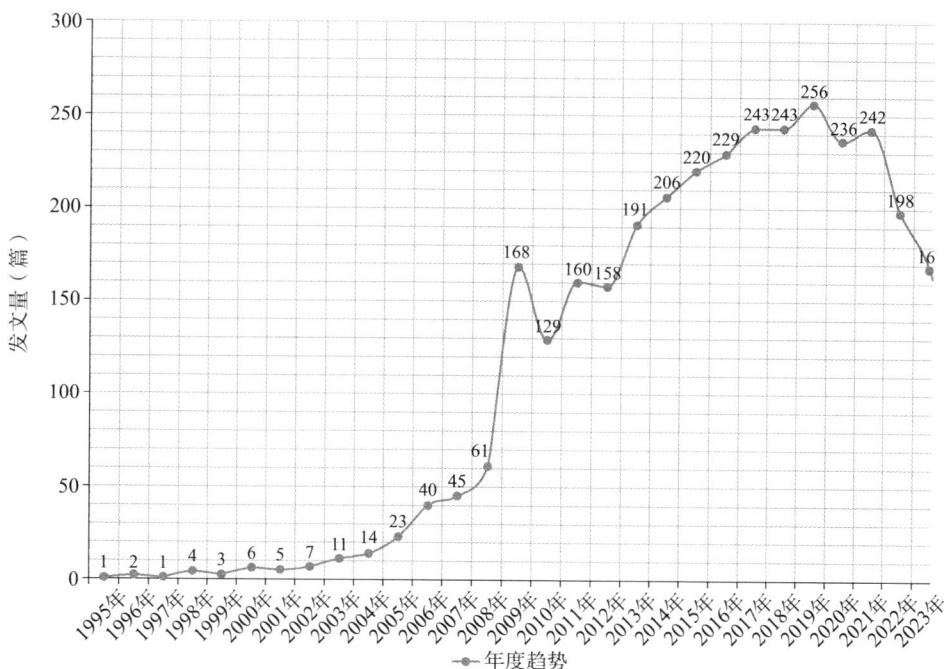

图 3　中医膏方研究领域发文时间分布图

2. 关键词共现分析

CiteSpace 关键词共现网络图（图 4）展现了膏方领域的研究重点、核心主题及它们之间的相关性。图中的节点代表关键词，节点大小反映关键词的重要性（即出现频率），颜色从蓝到红表示关键词的时间属性，红色表示近年来

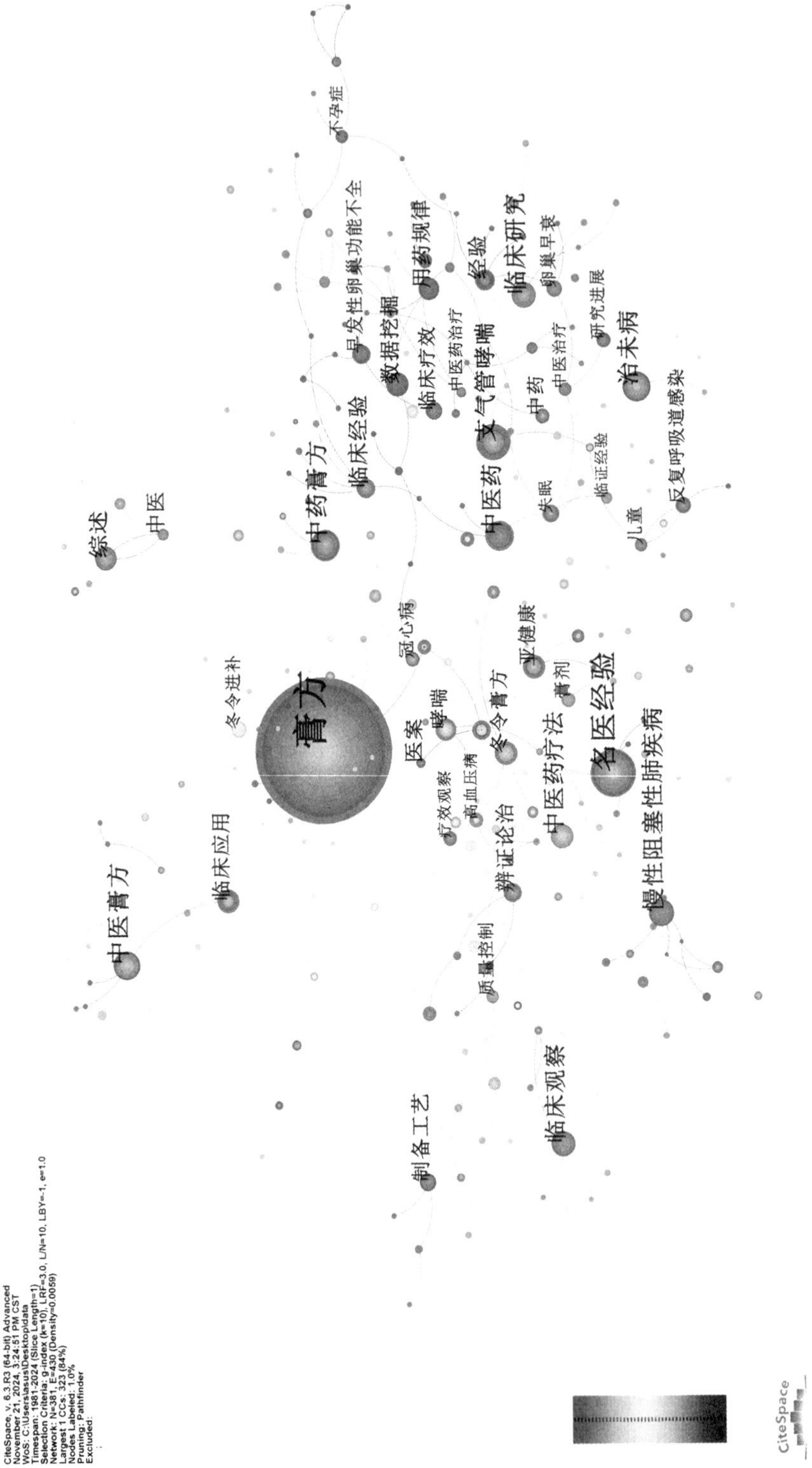

图 4 中医膏方研究文献关键词共现图

注：节点越大表示机构发文量越多，连线越粗表示合作关系越强

的研究热点。连线表示关键词之间的共现关系，连线越多、越密集，说明这些关键词在文献中经常同时出现，同时也反映了研究的主题关联性。

从图中可以看出，"膏方"是核心节点，与多个主题领域紧密相关，包括"中医膏方""用药规律""支气管哮喘""慢性阻塞性肺疾病"等。特别是"膏方"与"中医治疗""冬令膏方""质量控制""制备工艺"等节点的高强度关联，说明膏方研究不仅聚焦于其疗效评估，还深入到制备工艺和质量标准化等关键领域。此外，"临床观察"和"数据挖掘"也形成了明显的子网络，表明近年来研究越来越多地采用数据驱动的分析方法，以验证膏方的临床疗效和安全性。从时间维度上看，红色节点如"中医药疗法""治未病"等是近年来研究的热点，表明膏方的现代应用场景扩展到了健康管理和预防医学。同时，"支气管哮喘""慢性阻塞性肺疾病"等疾病相关节点的出现，说明膏方的研究在慢性病治疗和康复领域具有明显的临床价值。相较于传统研究，图中关键词如"数据挖掘""中医传承辅助平台"代表了研究方法的创新，表明研究者逐渐引入现代技术手段，以提高膏方研究的科学性和实用性。

3. 聚类时区分析

从膏方临床观察的时区图（图5），可以看出，研究领域随着时间的推进呈现出逐步扩展和深化的趋势。图中每个节点代表一个研究主题，节点的大小反映了该主题在文献中的关注程度，颜色由冷到暖表示了不同时间段内主题的研究活跃度。图中的弧线连接表示主题之间的引用关系，展现了知识流动的路径和研究领域的关联性。

早期研究集中在20世纪80年代，核心主题为"膏方"和"秦伯未"，说明该阶段的研究主要围绕传统膏方理论的建立和秦伯未等专家的学术贡献展开。随着时间的推进，节点逐渐增多且分布更为广泛，表明膏方研究从单一的理论探索逐渐向多领域、多维度扩展。自2000年以来，研究热点开始转向"名医经验""临床观察"和"慢性阻塞性肺疾病"等主题，反映了膏方在临床应用领域的重要性。研究更注重膏方在慢性病治疗中的疗效，同时通过临床验证其实际效果。图中出现了较多新的节点和弧线连接，说明学术界对于膏方应用的关注度显著提高，不同研究方向之间的联系也更加紧密。2010年以后，新的研究热点如"用药规律""儿童咳嗽"和"多囊卵巢综合征"等逐渐涌现，显示了膏方研究在特定人群及疾病领域的应用探索。这些热点与现代医学的结合更加紧密，尤其在实现特定疾病的个性化治疗方面具有重要意

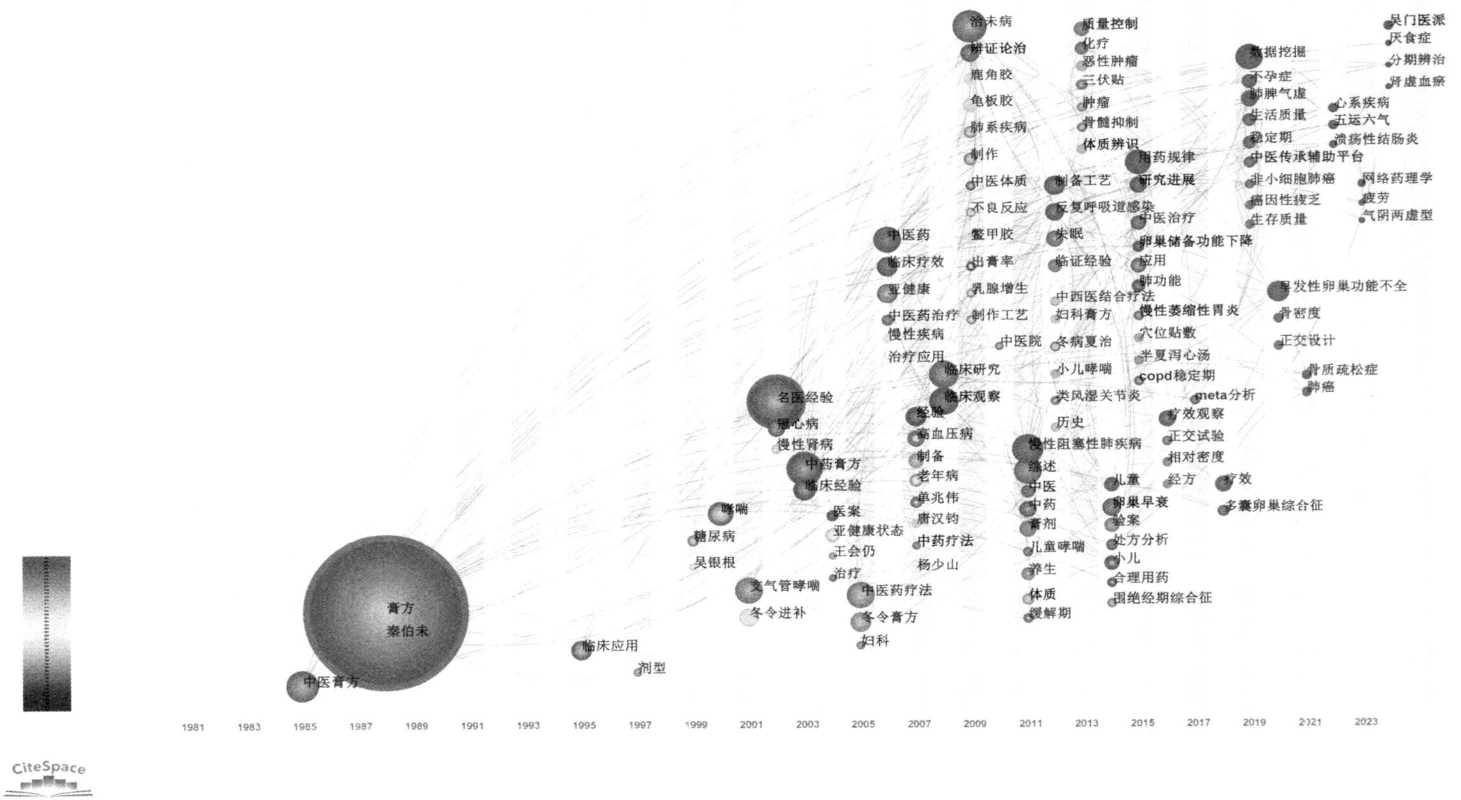

图 5　中医膏方研究文献关键词时区图

注：节点表示关键词，节点越大表示关键词出现频次越多，节点所处年份表示该关键词首次出现的时间，节点间的连线表示不同关键词出现在同一篇文章中

义。此外,"Meta 分析""统计分析"等主题的出现表明,研究方法也在向科学化、数据化转型。

4. 时间线视图分析

从 CiteSpace 的专业角度来看,图 6 清晰地展现了膏方临床观察领域的发展历程及其研究热点的演化。横坐标为发文年份,纵坐标为聚类编号,节点为热点关键词,节点间连线表示热点词在时间上的演进趋势。聚类中文献的时间跨度越长,则持续性越长[5]。时间线的横轴表示时间跨度,从 1989 年开始到 2024 年,纵轴显示了不同的主题聚类及其关键词分布。整个图中,聚类"膏方"占据了核心地位,其大节点反映了高频引用的研究主题,并通过大量的弧线连接其他主题,表明了膏方研究的多学科交叉特点与强大的中心性作用。从时间维度看,膏方研究最早与"严苍山""中医膏方"等关键词紧密关联,体现了其传统中医理论根基。

随着时间推移,新的研究主题逐渐涌现,如"1 名医经验""2 冬令膏方"和"3 用药规律",分别反映了膏方在名医实践、季节性应用及药物选择方面的重要探索。这些主题大多在 2000 年至 2015 年间逐步兴起,并形成了较为成熟的研究体系。此外,聚类"4 临床观察"和"6 中医"显示了膏方在现代临床试验与中医理论结合中的关键角色,尤其是在近十年中,这些研究显著增加,说明研究者更加关注膏方在科学验证中的价值。近年来,聚类"5 中药膏方""7 慢性阻塞性肺疾病"和"9 多囊卵巢综合征"的出现,体现了膏方研究在疾病治疗中的具体应用场景扩展,尤其是在慢性病和妇科领域。此外,主题"8 中医膏方"体现了传统中医膏方在理论传承与现代化应用中的紧密结合。

5. 凸现视图分析

关键词凸现是指在较短时间内关键词使用频次显著增加,通过凸现检测可识别和预测当前研究热点及趋势[6]。关键词凸现图的红色条代表关键词的高强度引用凸现期,能够直观反映出某一主题在特定时间段内的研究热度或学术关注度,从 CiteSpace 专业角度膏方临床观察的关键词凸现图(图 7),可以看出不同时期研究的热点和趋势变化。图 7 中关键词按强度排序,其中"冬令进补"(2001—2010 年,强度 10.21)和"数据挖掘"(2020—2024 年,强度 14.66)是高强度热点,表明冬令进补的传统中医理论在 21 世纪早期受到广泛关注,而近年来数据挖掘技术的引入为膏方研究注入了现代化、科技化的元素。

壹 市场研发篇

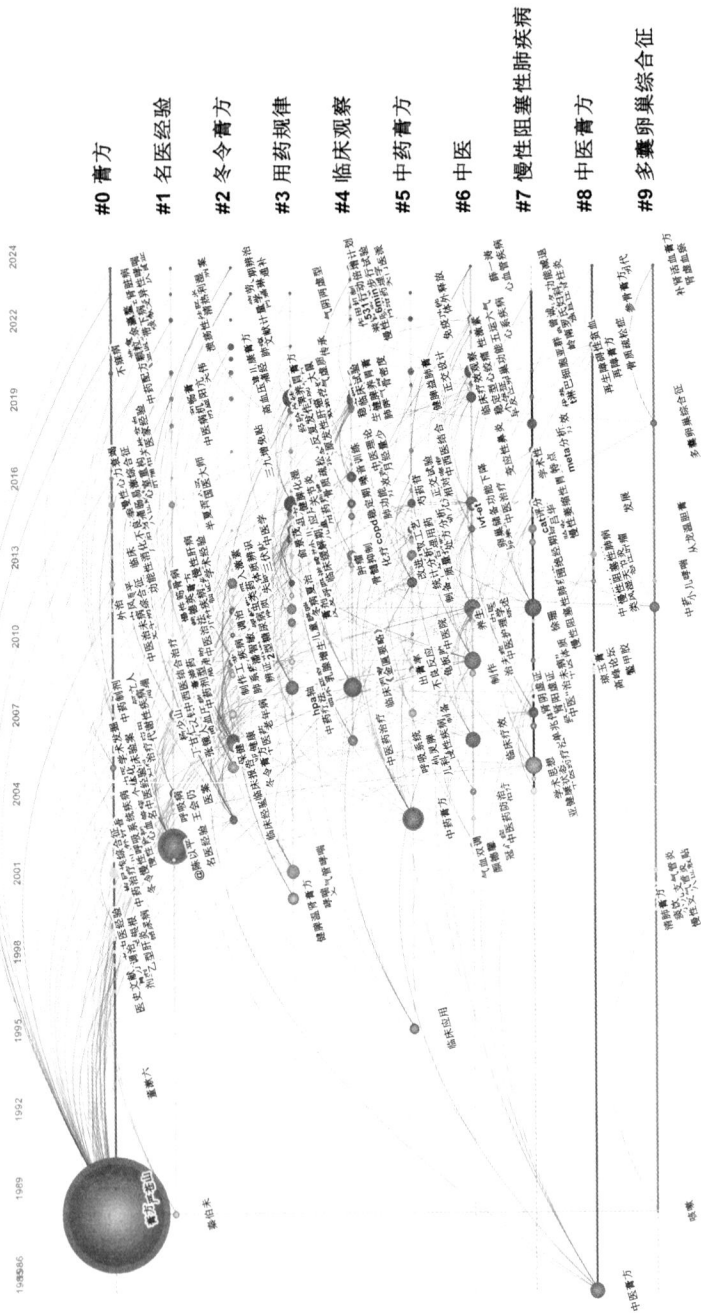

图 6　中医膏方研究的关键词时间线视图

#0 膏方
#1 名医经验
#2 冬令膏方
#3 用药规律
#4 临床观察
#5 中药膏方
#6 中医
#7 慢性阻塞性肺疾病
#8 中医膏方
#9 多囊卵巢综合征

CiteSpace

Top 25 Keywords with the Strongest Citation Bursts

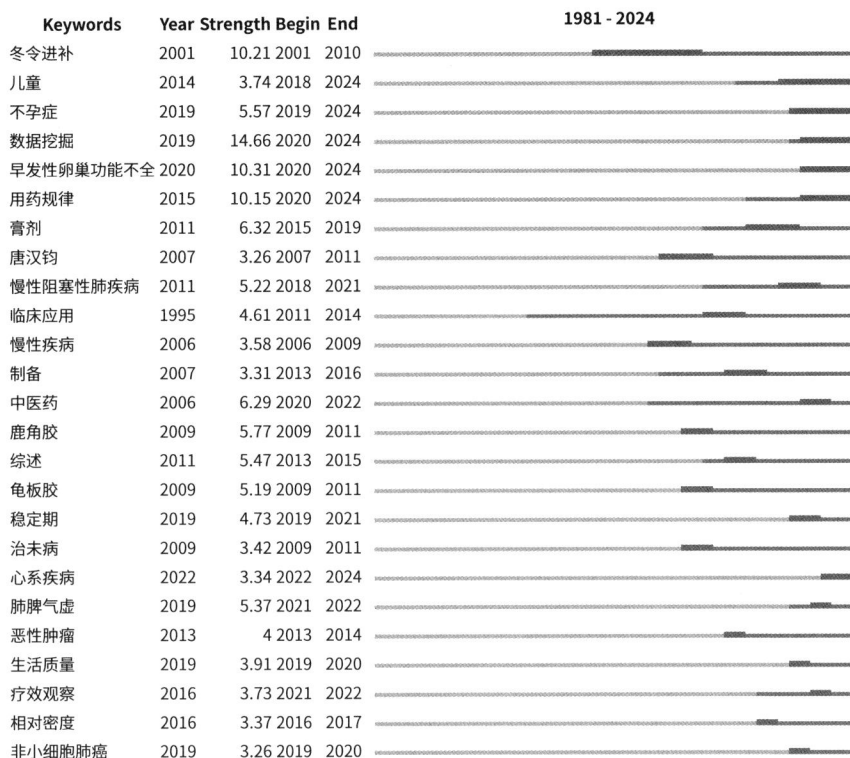

Keywords	Year	Strength	Begin	End	1981 - 2024
冬令进补	2001	10.21	2001	2010	
儿童	2014	3.74	2018	2024	
不孕症	2019	5.57	2019	2024	
数据挖掘	2019	14.66	2020	2024	
早发性卵巢功能不全	2020	10.31	2020	2024	
用药规律	2015	10.15	2020	2024	
膏剂	2011	6.32	2015	2019	
唐汉钧	2007	3.26	2007	2011	
慢性阻塞性肺疾病	2011	5.22	2018	2021	
临床应用	1995	4.61	2011	2014	
慢性疾病	2006	3.58	2006	2009	
制备	2007	3.31	2013	2016	
中医药	2006	6.29	2020	2022	
鹿角胶	2009	5.77	2009	2011	
综述	2011	5.47	2013	2015	
龟板胶	2009	5.19	2009	2011	
稳定期	2019	4.73	2019	2021	
治未病	2009	3.42	2009	2011	
心系疾病	2022	3.34	2022	2024	
肺脾气虚	2019	5.37	2021	2022	
恶性肿瘤	2013	4	2013	2014	
生活质量	2019	3.91	2019	2020	
疗效观察	2016	3.73	2021	2022	
相对密度	2016	3.37	2016	2017	
非小细胞肺癌	2019	3.26	2019	2020	

图 7 中医膏方研究关键词凸现图

凸现周期的分布表明，膏方研究的重点从传统医学理论逐步转向现代临床应用和技术融合。如 2000 年代初期的研究聚焦于"鹿角胶"（2009—2015年）、"龟甲胶"（2009—2015 年）等传统药材，而 2010 年代后期逐渐转向"慢性阻塞性肺疾病"（2011—2018 年）、"生活质量"（2013—2019 年）等疾病领域，膏方在慢性病管理中的应用逐步成为研究重点。

关键词"用药规律"（2015—2020 年）和"稳定期"（2019—2021 年）体现出对膏方处方和剂量优化的持续关注。与此同时，"儿童"（2018—2024 年）和"不孕症"（2019—2024 年）的出现，表明膏方研究开始系统关注生殖健康等特定领域需求，如儿童和育龄妇女，进一步拓展了应用场景。

图中还显示了近年来技术驱动型关键词的崛起，如"数据挖掘"和"统计分析"（未列出，但常见于同类研究），这些关键词反映了研究方法从传统经验积累向数据化、智能化的转型。特别是"数据挖掘"（2020—2024 年）在强度

壹 市场研发篇

119

和持续时间上都表现突出，说明研究者们逐步通过大数据技术探索膏方在不同疾病中的疗效及规律。

此外，"恶性肿瘤"（2013—2019 年）和"心系统疾病"（2022—2024 年）等关键词表明膏方研究逐步扩展到复杂疾病领域。这些研究热点的变化揭示出膏方作为中医重要组成部分，在不同历史时期通过聚焦新的应用方向和技术手段，不断推动该领域学术研究的创新与发展。未来的研究可以继续结合现代科技手段，如人工智能和多模态数据分析，深化膏方在临床治疗中的应用及其作用机制探索。

6. 研究作者合作分析

从 CiteSpace 角度分析这张膏方临床观察的作者共现网络图（图 8），可以看出膏方研究领域内核心作者及其合作关系的分布情况。图中节点代表作者，节点大小反映作者的发文量，节点颜色及边的颜色对应不同时间段的研究活跃期。红色节点与边表明该作者或合作在最近几年内处于活跃状态，而绿色和蓝色则表示较早期的活跃状态。

从图中可以看出，胡献国、杨志敏、张晓天、徐福平、林丽珠等是膏方研究的核心作者，他们的节点较大且连接较为集中，表明他们在该领域内发表了大量研究论文，并与其他作者保持密切合作。以胡献国为中心的网络连接尤为紧密，显示其团队在膏方领域内的合作网络较为稳固，可能在推动该领域研究发展中起到了重要作用。

图中的合作模式也显示出一些研究团队的聚集现象。如张丽及相关作者形成了一个明显的次核心合作群体，暗示他们可能在某些子领域内有着深入的合作研究。此外，杨志敏和徐福平的团队合作关系较为多样化，与多个研究团队有交叉合作，这表明他们的研究主题可能涉及膏方领域的多个方向。

同时，部分节点之间的连接较为稀疏，说明尽管有一些作者在膏方研究中发表了文章，但其合作程度较低，可能是独立研究者或仅与少数作者合作。这也表明膏方研究领域内合作网络存在进一步整合的可能性。

7. 关键词聚类视图

从 CiteSpace 角度分析这张膏方临床观察的聚类图（图 9），可以看出研究领域中不同主题的分布和关键内容。图中共有 10 个聚类，每个聚类都通过不同的颜色和编号进行标识，代表不同的研究主题或方向。中心性高的"0 膏方"显示了膏方在整个领域研究中的核心地位，它与多个聚类主题均有密切联

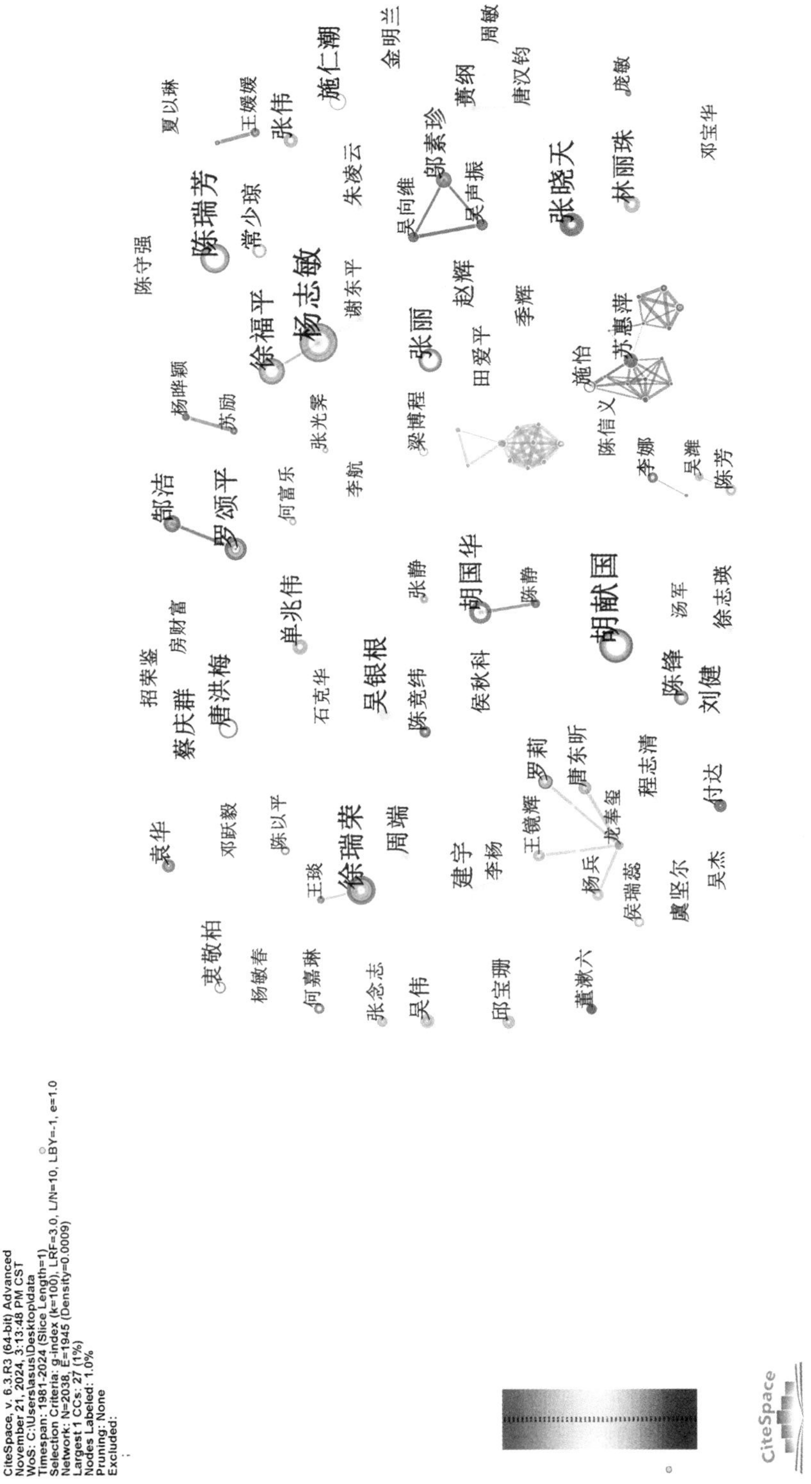
CiteSpace, v. 6.3.R3 (64-bit) Advanced
November 21, 2024, 3:13:48 PM CST
WoS: C:\Users\asus\Desktop\data
Timespan: 1981-2024 (Slice Length=1)
Selection Criteria: g-index (k=100), LRF=3.0, L/N=10, LBY=-1, e=1.0
Network: N=2038, E=1945 (Density=0.0009)
Largest 1 CCs: 27 (1%)
Nodes Labeled: 1.0%
Pruning: None
Excluded:
CiteSpace
夏以琳
王媛媛
张伟
施仁潮
金明兰
周敏
陈瑞芳
常少琼
朱凌云
邬素珍
黄纲
唐汉钧
庞敏
邓宝华
陈守强
杨志敏
徐福平
谢东平
吴向维
吴声振
赵辉
张晓天
林丽珠
杨降颖
苏励
张光雾
张丽
田爱平
季辉
施怡
苏惠萍
郜洁
罗颂平
何富乐
李航
梁博程
陈信义
李娜
吴雅
陈芳
招荣鉴
房财富
蔡庆群
唐洪梅
单兆伟
石克华
吴银根
陈竞纬
张静
胡国华
陈静
侯秋科
胡献国
汤军
徐志瑛
陈锋
刘健
袁华
邓跃毅
陈以平
王玻
徐瑞荣
周端
建宇
李杨
王镜辉
罗莉
唐东昕
尤奉玺
程志清
付达
杨兵
侯瑞蕊
虞坚尔
吴杰
卖敬柏
杨敏春
何嘉琳
张念志
吴伟
邱宝珊
董漱六

图 8 中医膏方研究的作者合作图

壹 市场研发篇

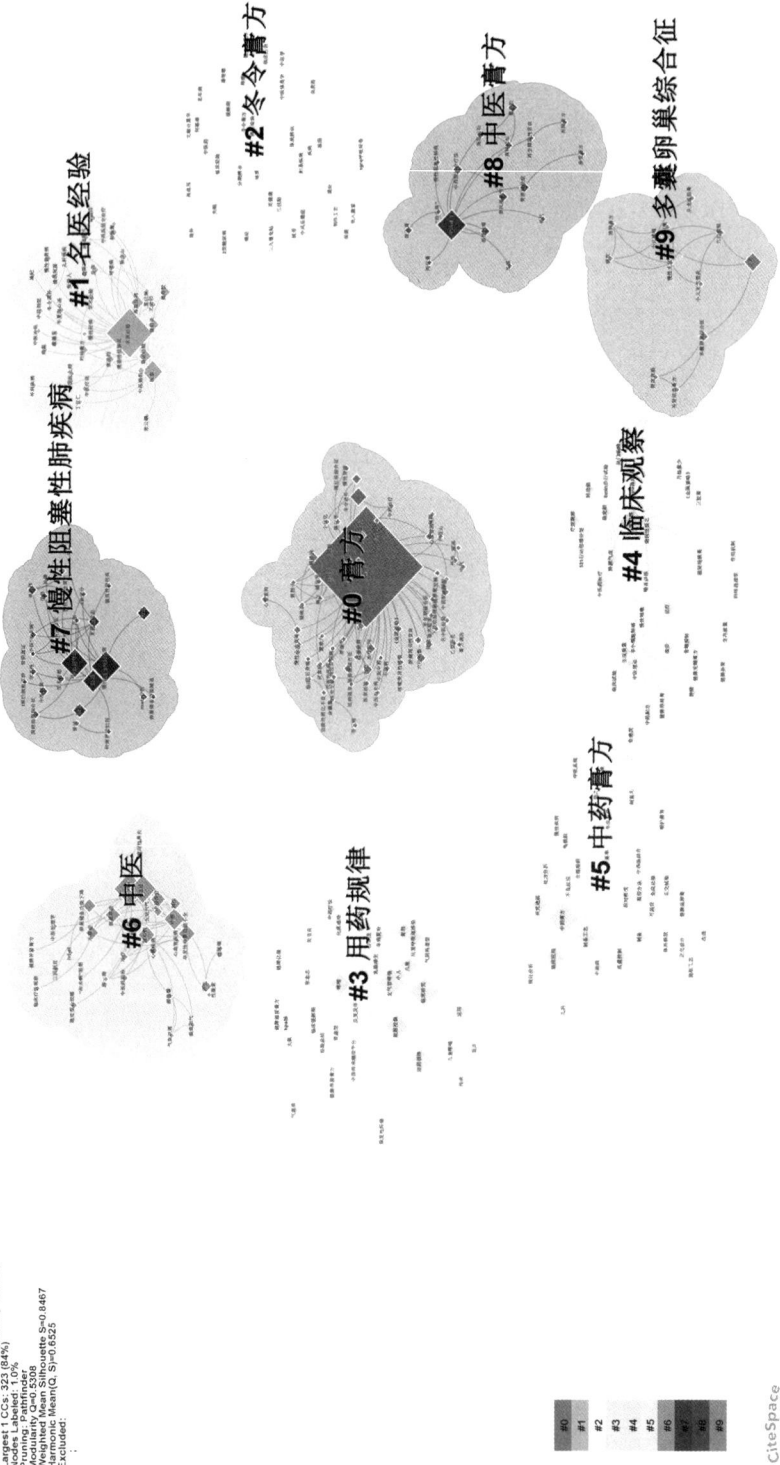

图 9　中医膏方研究关键词聚类视图

#1 名医经验

#2 冬令膏方

#8 中医膏方

#9 多囊卵巢综合征

#7 慢性阻塞性肺疾病

#0 膏方

#4 临床观察

#6 中医

#3 用药规律

#5 中药膏方

CiteSpace, v. 6.3.R3 (64-bit) Advanced
November 21, 2024, 4:07:03 PM CST
WoS: C:\Users\sass\Desktop\data
Timespan: 1981-2024 (Slice Length=1)
Selection Criteria: g-index (k=10), LRF=3.0, L/N=10, LBY=1, e=1.0
Network: N=381, E=787 (Density=0.0109)
Largest 1 CCs: 323 (84%)
Nodes Labeled: 1.0%
Pruning: Pathfinder
Modularity Q=0.5308
Weighted Mean Silhouette S=0.8467
Harmonic Mean(Q, S)=0.6525
Excluded:

#0
#1
#2
#4
#5
#6
#8
#9

CiteSpace

系，表明膏方研究涵盖了广泛的内容并起到核心驱动作用。"1 名医经验"和"2 冬令膏方"分别突出了研究对膏方实践经验和季节性应用的关注，尤其是冬令进补，这与传统中医理论紧密相关。"3 用药规律"展示了膏方对药物选择和组方的规则性研究，这是实现膏方疗效和科学应用的重要基础。"4 临床观察"则突出了膏方在临床试验和疗效验证中的重要性，其相关研究主要通过科学的方法评估膏方的作用机制和适用性。"5 中药膏方"和"6 中医"分别聚焦于膏方的药材选用与中医理论框架，强调了传统中医与现代膏方实践的结合。"7 慢性阻塞性肺疾病"作为疾病治疗中的典型案例，显示了膏方在慢性病管理中的潜力，而"9 多囊卵巢综合征"聚类则体现了膏方在妇科疾病中的应用探索。此外，"8 中医膏方"进一步综合了中医理论与膏方应用之间的交叉研究。

（三）现代膏方发展重点领域分析

为了推动膏方的创新与发展，必须对一些关键领域进行深入分析，特别是在膏方的精准化治疗和现代化转型方面。通过统计膏方研究文献的题录发现，名医经验的传承与创新、数据分析的应用和冬令养生是目前膏方研究的重点领域。

名医经验可以为现代膏方的发展提供宝贵的实践参考，并为未来的创新与个性化治疗提供理论基础。数据分析技术可以深入挖掘膏方配方的潜在规律，分析膏方对不同患者群体的治疗反应及效果，从而为膏方的科学性、标准化及个性化应用提供有力支持。冬令养生是中医养生学的重要组成部分，因此需要对上述三个方面的文献，再次采用 CiteSpace 进行分析。

1. 关键词共现分析

从图10（从左向右依次为：经验传承、疗效观察、数据分析、冬令养生，下同）中可以看出，"膏方"是网络中的核心节点，节点体积最大，颜色集中在橙红色区域，其在领域中的研究频率极高并且仍然是近年来的研究热点。围绕"膏方"形成了多个显著的子主题，表现出膏方研究的多样性与应用广度。

在经验传承分析中，形成了一系列分支主题，包括"名医经验""临床经验""医药疗法"等。从图中可以观察到，"膏方"与"名医经验"之间的连线及紧密相关性体现了名医经验在膏方研究中的关键地位，反映了研究者对传统中医膏方传承与创新的持续关注。

图 10　中医膏方 经验传承—疗效观察—数据分析—冬令养生 研究文献关键词共现图

  图中较新的节点颜色集中在"女性体虚""儿童哮喘"等特定人群的应用研究领域，这表明近年来研究热点逐渐从传统的慢性病治疗拓展至针对特定人群的定制化应用。同时，从连接强度来看，这些新兴研究领域与核心节点之间的关联较弱，可能反映了其尚处于起步阶段，未来有望成为研究的重点突破方向。从网络结构的分布来看，整体分布呈现多中心结构，说明膏方研究不仅集中于单一的核心主题，还逐步扩展出多个相互关联的子领域。如"临床经验"作为另一个次级中心，与"案例""治疗方法"等关键词形成了较为密集的连接群。这一特点体现了膏方研究在慢性病治疗、体质调理和免疫力提升等方向的多样化探索，同时反映了膏方在临床实践中的广泛应用。关键词之间的密集连线还揭示了领域内研究间的学术联系强度，"膏方"周围形成了多个聚类，反映了研究重点在多个方向上的集中性和扩散性。这些聚类体现了膏方研究的多层次系统性，从基础理论解析到临床应用，再到特定人群定制化疗法，膏方研究构成了一个较为完整的研究体系。新兴节点的分布和位置，暗示未来研究可能向"女性健康""儿童疾病管理"等新领域延伸。

  在疗效观察分析中，"临床研究"相关的关键词形成重要子网络，其中"化疗""儿童哮喘"与"女虚证"等节点显示了膏方在不同患者群体中的临床疗效和多样化应用场景。另外，"中医膏方"与"慢性阻塞性肺疾病""支气管哮喘"等关键词的共现显示膏方在慢性病治疗中具有重要作用，这也体现了其在缓解慢性病症、提高患者生活质量方面的潜力。关键词"疗效观察"与"中药疗法"相关联，表明大量研究集中在评估膏方的疗效及其临床实际应用效果上。此外，图中的"稳定期""体功能"等关键词表明膏方在调节患者体质、改善体能方面具有重要价值，特别是在慢性病的康复期或稳定期。另一个重要节点"临床疗效"与"疗效观察"形成紧密连接，表明以疗效为导向的研究范式已成为当前的重点。

  在数据分析领域，"数据挖掘"这一节点较大且连线密集，表明膏方研究逐渐融入现代数据分析技术，研究范式从定性分析向定量研究转变，"关联规则分析"和"统计分析"等关键词进一步说明了这一趋势，显示研究者正通过数据挖掘手段探索膏方的潜在规律和应用价值。另一个重要的关键词是"用药规律"，其与"医案平台""中药膏方"等关键词的紧密连接表明膏方研究正逐步关注其临床应用的科学化和标准化。图中"治未病"与"亚健康"的连接较强，表明膏方在健康管理和疾病预防中的应用受到广泛关注，同时其与"功能性便秘""儿童哮喘"等具体病症的连接，反映了膏方的多样化应用。值得注意的是，"中医传承辅助平台"这一关键词的出现及其与"名医经验""计算机分析"的连接显示出信息化和智能化在中医药研究中的重要作用，其为膏方的知识传承和现代化发展提供了技术支持。从时间维度看，关键词的颜色逐渐向暖色过渡，表明近年来的研究更加集中在数据分析、标准化研究和智能化平台建设上，显示研究领域正朝着科学化和现代化方向快速发展。

从冬令养生分析图中可以看出，"膏方"是研究的核心关键词，具有最大的节点和最密集的连线，显示其在该领域中的重要地位和广泛的研究覆盖范围。围绕"膏方"形成了多个主题分支，如"冬令进补""治未病""慢性阻塞性肺疾病""支气管哮喘"等，表明膏方被广泛应用于体质调理、慢性病防治和健康管理领域。"冬令进补"这一分支紧密连接"阳虚体质""免疫功能"等关键词，表明膏方在增强免疫力和调理体质方面具有重要作用，尤其适用于亚健康人群和冬季调补。"治未病"分支与"疾病预防""中药膏方"相关联，表明膏方强调预防为主的健康理念，在中医"治未病"理论中具有独特价值。此外，"慢性阻塞性肺疾病"和"支气管哮喘"分支显示了膏方在呼吸系统疾病治疗中的潜力，其关键词如"炎症调节""肺功能改善"说明了相关研究集中于膏方的临床疗效和作用机制验证。从节点的时间颜色变化看，近年来"冬病夏治""临床应用"等关键词逐渐升温，反映出膏方研究从传统的经验总结向精准医疗和现代科学验证的方向发展。特别是"冬病夏治"与"体质辨识"紧密相连，表明膏方逐渐融合现代医学方法，在个性化治疗方面具有显著发展潜力。此外，"名医经验""中医膏方"等传统中医相关的关键词与"标准化研究""疗效评估"等关键词的连接，表明膏方研究正从传统的经验医学向现代化和标准化转型，并正结合数据挖掘、循证医学等新技术对膏方的作用进行科学解释。

可以发现，经验传承、数据分析及冬令养生等方向，均涉及膏方研究的核心领域，如慢性病治疗、调节体质和提高免疫力，表明研究正向新兴应用领域扩展（如儿童哮喘和女性体虚），展现了研究热点的集中与多元化发展趋势。学界一致认为，未来研究应聚焦于个性化治疗、疗效量化分析及与现代医学技术的结合，进一步提升膏方的科学性和临床价值。同时，研究均提到数据分析和智能化技术是推动研究的重要工具，强调膏方在治疗复杂疾病中的潜力。

2. 关键词时区分析

关键词时区分析图清晰展示了膏方研究领域的演化轨迹、热点变迁及研究主题的时间分布趋势。图中节点代表关键词，节点大小与关键词的共现频次相关，节点之间的密集连线表明关键词之间的学术关联较强，节点颜色与高光区域则反映了关键词在不同时期的研究热度与突现性。

在经验传承分析中，时间轴从 1983 年延伸至 2023 年，整体来看，图 11 中"膏方"作为核心关键词，从 1980 年开始持续占据研究的中心位置，并推动了多个子领域的发展，展现了其在中医药研究中的重要地位。从时间分布上观察，20 世纪 80 年代至 90 年代的膏方研究以传统的理论探讨和经验总结为主，如关键词"药膏方"和"名医经验"在这一时期频繁出现，反映出研究主要集中在中医理论传承和实践方法的梳理与总结，特别是对膏方的历史应用和经典方剂的研究。

进入 20 世纪 90 年代后，膏方研究逐步转向临床应用与现代化方向。图中可以看到"临床经验""治疗方法"等关键词开始出现并占据显著地位，这表明膏方研究的范围从传统的经验传承逐渐拓展到更广泛的临床实践中。2000 年后，膏方研究开始进入多样化与现代化结合的阶段。"证候论治""治养结合""亚健康"等关键词逐渐出现并成为新的研究热点，说明研究者将膏方的应用从治疗慢性病扩展到调理亚健康状态、保护女性健康和治疗儿童疾病等更为具体和个性化的方向。同时，"生化之源""免疫功能"等关键词的出现表明膏方的作用机制逐渐受到关注，这与分子生物学和现代医学技术的结合密切相关，反映了膏方研究现代化的趋势。此外，"妇科""孕产"等关键词的增加也体现了膏方在特定人群中的精准应用研究日益增多，这为个性化治疗的探索提供了重要方向。从 2005 年至今，膏方研究在传统理论与现代技术的结合方面取得了显著进展，尤其是关键词"个性化治疗"和"精准医疗"的出现，说明膏方治疗的研究逐渐转向以患者为中心的治疗方式，这也符合现代医学的发展方向。从关键词的时序变化来看，膏方研究的演化经历了从传统经验到现代临床应用，再到多学科融合的三个主要阶段。第一阶段（1983—1995 年）以传统经验研究为主，研究主题集中在中医理论的挖掘和经验总结；第二阶段（1995—2010 年）以临床实践为重点，研究关注膏方在慢性病治疗中的效果和机制；第三阶段（2010 年至今）则逐步向多样化和现代化方向发展，包括个性化治疗、疗效评估和数据驱动的标准化探索。

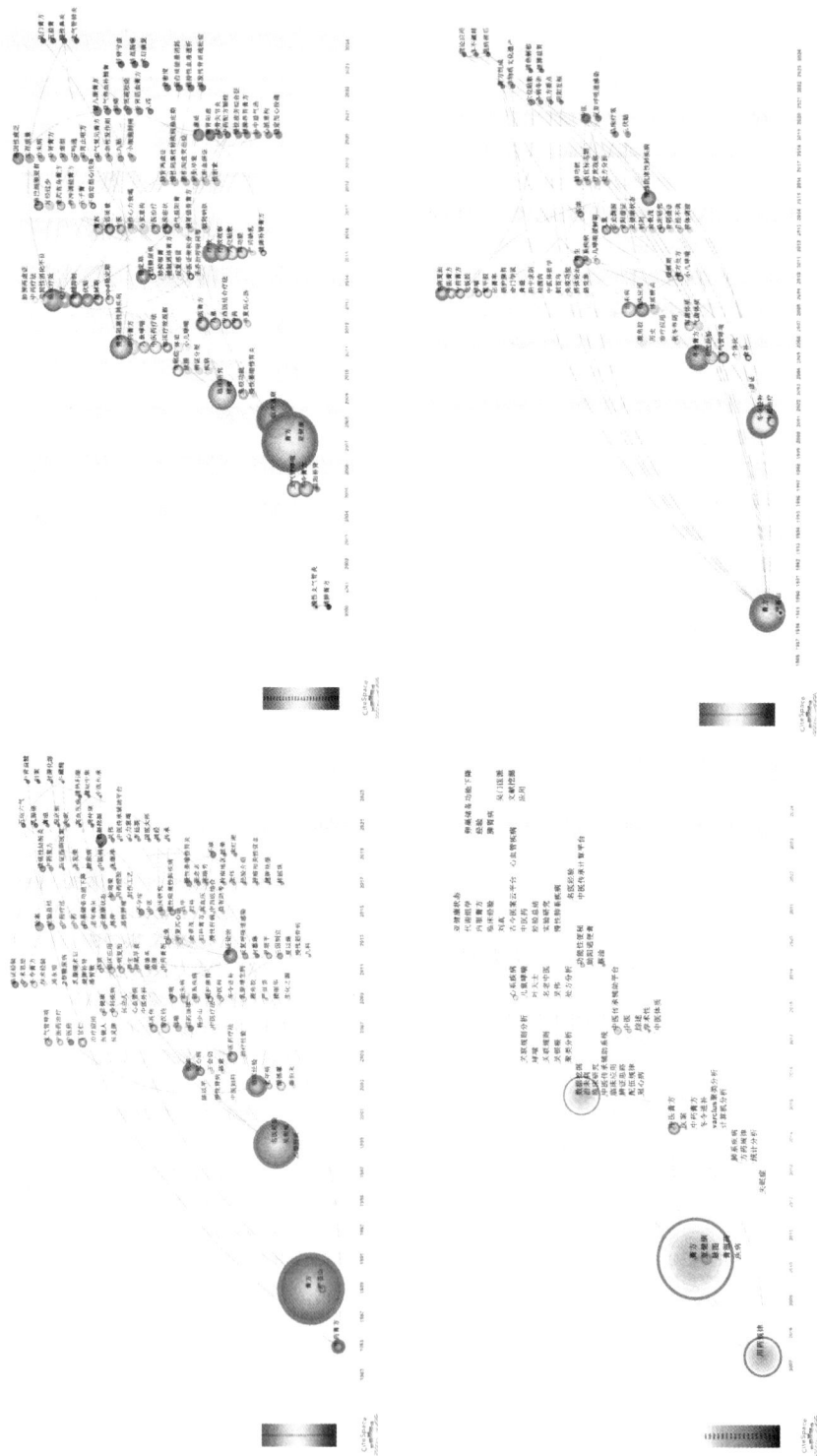

图 11 中医膏方 经验传承—疗效观察—数据分析—冬令养生 研究文献关键词时区分析

在疗效观察时区分析中,"膏方"是图中的核心节点,其研究从 2005 年开始逐渐发展壮大,成为整个网络的中心。围绕"膏方"的相关节点如"健康管理""体质调理"显示其主要研究方向集中在提升患者整体健康水平、改善体质以及慢性病管理方面。随着时间的推移,膏方研究逐渐向具体应用方向扩展,2008 年以后出现的"慢性阻塞性肺疾病""支气管哮喘"等疾病节点表明膏方研究已深入到慢性病和呼吸系统疾病的治疗领域。尤其在 2015 年以后,膏方的应用研究开始聚焦于特定人群和复杂疾病的治疗,如"肿瘤康复、术后调理"等节点的出现反映了其在精准医疗和辅助治疗中的潜力。此外,研究方向呈现出多样性和交叉性的发展特点,"中医理论"和"现代医学技术"的融合成为近几年研究的重点,表明膏方在传统经验与现代科技结合中的重要作用。

在数据分析领域,2007 年前后,"用药规律"是早期的研究热点,关键词与"方药规范""医案"等密切相关,反映了该阶段研究主要集中于膏方的传统应用与规范化管理。2009 年后,"亚健康""脉图""疾病"等关键词开始大量出现,显示研究的重点逐渐转向膏方在健康管理和疾病预防中的应用。2015 年之后,现代技术的引入成为研究的显著特点,关键词如"数据挖掘""中医传承辅助平台""统计分析"等的集中出现,表明大数据技术和智能平台开始被应用于膏方领域。特别是"治未病"与"功能性便秘"等关键词表明研究逐渐深入至对特定病症的预防和管理中,同时研究也拓展了细化的应用场景。2020 年以后,"名医经验""关联规则分析"及"心血管疾病"等关键词的出现则说明研究领域更加关注知识系统化和多病种疗效验证。

冬令养生分析图表明,进入 21 世纪,冬令养生开始扩展到具体的应用领域,如"冬令进补"和"治未病"等关键词在 2000 年后开始显现并逐渐成为研究的主流方向,这表明膏方在传统中医药养生和预防医学中的应用得到了广泛关注。2005 年以后,"个体化治疗、调体质"反映了膏方研究逐步向精准医疗方向发展。2010 年以后,"慢性阻塞性肺疾病"和"支气管哮喘"等呼吸系统疾病相关关键词的出现,表明膏方研究已逐步进入现代疾病治疗领域,其作用机制和疗效得到了进一步探索。从时间轴的后期可以看到,"反复呼吸道感染"和"伏贴"等关键词在 2018 年后成为新的研究热点,反映了膏方在季节性疾病预防和儿童健康管理中的应用潜力。

3. 时间线视图分析

如图 12 所示,在经验传承分析中,从早期的关键词分布来看,膏方的经验传承起初更多体现在传统中医学的经典理论与组方原则方面。这一阶段的关键词如"温补""滋养""四时调养"等，反映了膏方在古代主要具有调养身体、补虚扶正的作用。这些关键词的节点较为集中且联系较少，表明当时的研究多基于文献梳理和历史经验总结，尚未与现代医学体系产生深度交融。21世纪，膏方研究逐渐从传统经验向现代应用方向扩展。"亚健康""个性化治疗""疾病预防"等关键词的出现和快速增长，说明膏方的经验传承在现代社会健康需求的驱动下，开始融入临床实践并展现出多样化的功能"传承"。膏方的经验传承在时间轴的后期逐渐成为关注的焦点。这一趋势反映了研究者开始重新审视膏方作为文化遗产的重要价值。此外，关键词"循证医学"的出现和发展标志着膏方经验传承的又一重要进展，这表明膏方的传统经验正在接受现代医学研究方法的系统验证。

在疗效观察时区分析中，膏方研究逐渐向更精细化的方向发展。在2010年以后，"临床疗效"聚类成为研究重点，其节点如"慢性病管理""健康调理"显示研究集中在膏方的个性化治疗和健康管理效果上。"临床观察"和"临床研究"聚类的节点分布在2010年至2020年之间较为密集，反映了研究者通过大量试验和数据分析验证膏方疗效的重要趋势。2015年之后，现代技术逐渐被引入研究中，如在"支气管哮喘"聚类中，关键词"肺功能改善""炎症调节"表明膏方在呼吸系统疾病治疗中的应用逐步成为热点。"慢性阻塞性肺疾病""慢性支气管炎"聚类的时间线显示了膏方在慢性疾病和老年病管理中的应用，其关键词如"生活质量改善"和"免疫调节"强调了膏方在疾病康复中的优势。此外，"化疗"聚类的时间线从2010年延续至今，其关键词"免疫增强""疲劳缓解"表明膏方在肿瘤治疗中具有辅助治疗的重要作用。值得注意的是，"中医膏方"聚类贯穿时间线的中后期，显示了膏方在现代中医体系中的地位，尤其是在"中药疗效评估"和"标准化研究"领域，相关研究持续探索并取得进展。

在数据分析方面，"数据挖掘"是近年来的研究热点，时间线显示了其从2010年开始的快速发展，反映了大数据技术在膏方研究中的深度应用，相关关键词如"统计分析""关联规则"则说明了数据挖掘在揭示膏方疗效规律和优化临床应用中的重要作用。"用药规律"聚类的时间线显示出研究对膏方科学化和规范化使用的关注，其与"医案平台""中药膏方"等关键词的紧密关联表明研究者正在通过系统平台化管理和标准化操作推动用药规则的统一。

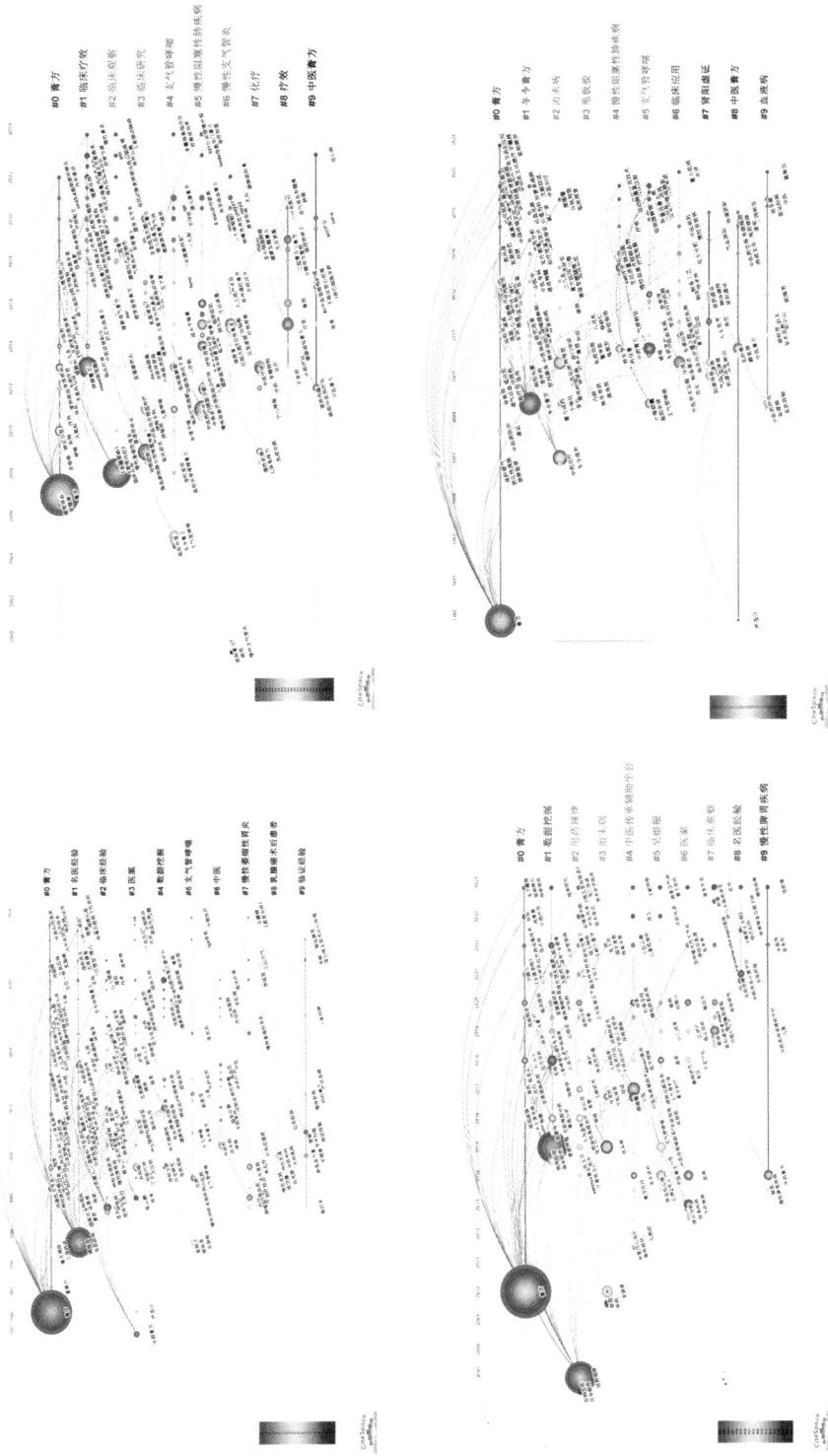

图 12　中医膏方　经验传承—疗效观察—数据分析—冬令养生　研究文献关键词时间线分析

"治未病"聚类时间线的延展表明其在预防医学和健康管理中的应用持续受到关注，尤其是在个性化健康调理和疾病防控方面。"中医传承辅助平台"的出现及时间线延展反映出信息化和智能化技术在中医药研究中的应用，相关技术在膏方知识传承与经验积累方面提供了有力支持。此外，"医案"和"临床观察"的聚类时间线表明研究从临床病例分析到科学疗效评估的逐步过渡，体现了研究者对膏方应用实践科学性的重视。"名医经验"和"慢性脾胃疾病"的时间线分别突出了传统经验在现代膏方研究中的价值及对膏方在特定疾病治疗中的深入探索。

冬令养生方面，随着时间的推移，"冬令膏方"聚类成为一个重要分支，时间线表明其研究热度在 2000 年后快速上升，关键词如"免疫功能""冬季进补"表明膏方在增强免疫力和季节性健康调理中的应用受到了越来越多的关注。"治未病"聚类的时间线集中在 2005 年至 2020 年，反映了膏方在预防医学和疾病防控中的独特作用，其关键词如"体质辨识""预防调养"与中医"治未病"理念高度契合。"龟甲胶"聚类显示膏方中动物药的研究在 2010 年以后逐步受到关注，其中龟甲胶在滋阴补肾方面的应用价值尤为显著。呼吸系统疾病如"慢性阻塞性肺疾病"和"支气管哮喘"的聚类时间线显示膏方研究在这些领域的应用逐渐深入，关键词如"肺功能改善""炎症调节"表明其研究内容集中于改善病理和生理状况，提高患者生活质量。"临床应用"聚类时间线的扩展表明膏方研究的应用场景逐渐丰富，包括慢性病管理、个性化治疗和疗效评估等现代临床需求。"肾阳虚证"聚类和"中医膏方"聚类分别体现了膏方在特定证型治疗及中医体系传承中的重要性，其时间线显示研究内容逐渐细化，并结合现代科技手段展开科学分析。此外，"血液病"聚类的时间线显示膏方在复杂疾病治疗中的探索，这为膏方研究的多样化方向提供了新的视角。

4. 凸现视图分析

从中医膏方经验传承、疗效观察、数据分析、冬令养生关键词凸现分析（图 13）可以清晰地看到，不同时间段内膏方研究的热点及其突现强度和持续时间。这种可视化方法有效地揭示了膏方研究领域内的重要趋势和研究主题的时间分布。

经验传承关键词凸现图显示，早期的关键词突现主要集中在"滋补""养生""中医药"等传统膏方相关主题上，这一阶段膏方的研究更多集中于传统理论的继承与整理，特别是通过古籍文献的梳理，挖掘膏方作为滋补养生手段的基础作用。这些关键词突现时间主要集中在 20 世纪 90 年代到 2000 年左右，反映了膏方研究在这一阶段的重点是从历史传承的角度出发，对其基础理论、组方原则和应用领域进行总结。此时，膏方研究的现代化尚未起步，其研究内容主要集中在传统经验的归纳与基础理论的复兴。从 2000 年起，关键词"亚健康"开始成为重要的突现点，这标志着膏方研究逐渐从传统的滋补养生向现代健康管理延伸。"个性化治疗"在 2010 年前后出现，并持续多年，其突现标志着膏方研究向精准医疗方向的转变，研究重点包括膏方在慢性病管理中的应用，如糖尿病、肾病综合征等，显示了膏方在个性化医疗中的独特优势。关键词"免疫调节""抗衰老""肠胃调理"等的突现反映了膏方在现代医学研究中新的功能开发方向。

从临床疗效图中可以发现，"慢性支气管炎"在 2000 年至 2015 年具有较长时间的高强度突现，这表明在相关研究中，膏方在慢性呼吸系统疾病中的疗效得到了广泛关注及深入研究。类似地，"支气管哮喘"从 2005 年开始突现，突现强度较高并持续至 2010 年，说明呼吸系统疾病是膏方研究的一个重要方向。2010 年后，"失眠症"和"健康管理"等关键词开始显著突现，表明研究开始向改善睡眠质量和个体健康管理领域扩展，这与膏方的体质调理作用和整体健康理念高度契合。进入 2020 年，"膏方"作为核心关键词突显并持续至 2024 年，同时关键词如"中医药方法"和"亚健康"也在这一时期出现显著突现，反映了膏方在中医药理论传承及亚健康人群调理中的重要地位。一些与现代医学技术结合的关键词如"德胜格麦方"和"TNF-α"在 2019 年至 2022 年间突现，说明膏方研究正在逐步向分子机制和现代科学验证方向发展。值得注意的是，"中医治疗"和"中药治疗方案"等传统关键词在 2015 年至 2021 年期间仍然保持高强度突现，表明膏方研究在传承传统中医药经验的同时，也在不断拓展其临床应用场景和疗效评估方式。

在数据分析领域，"中医传承辅助系统"在 2015 年至 2020 年期间显著突现，表明该阶段研究开始聚焦于利用现代技术对中医传承进行数字化和系统化管理，为膏方的现代化研究提供了技术支持。此外，"冠心病"在 2015 年至 2019 年期间的高突现强度表明研究将膏方应用于具体疾病的治疗和管理上，而"亚健康"在 2010 年到 2019 年期间的突现则反映了膏方在健康管理和疾病预防领域受到广泛关注。"统计分析"和"聚类分析"等关键词显示，从 2013

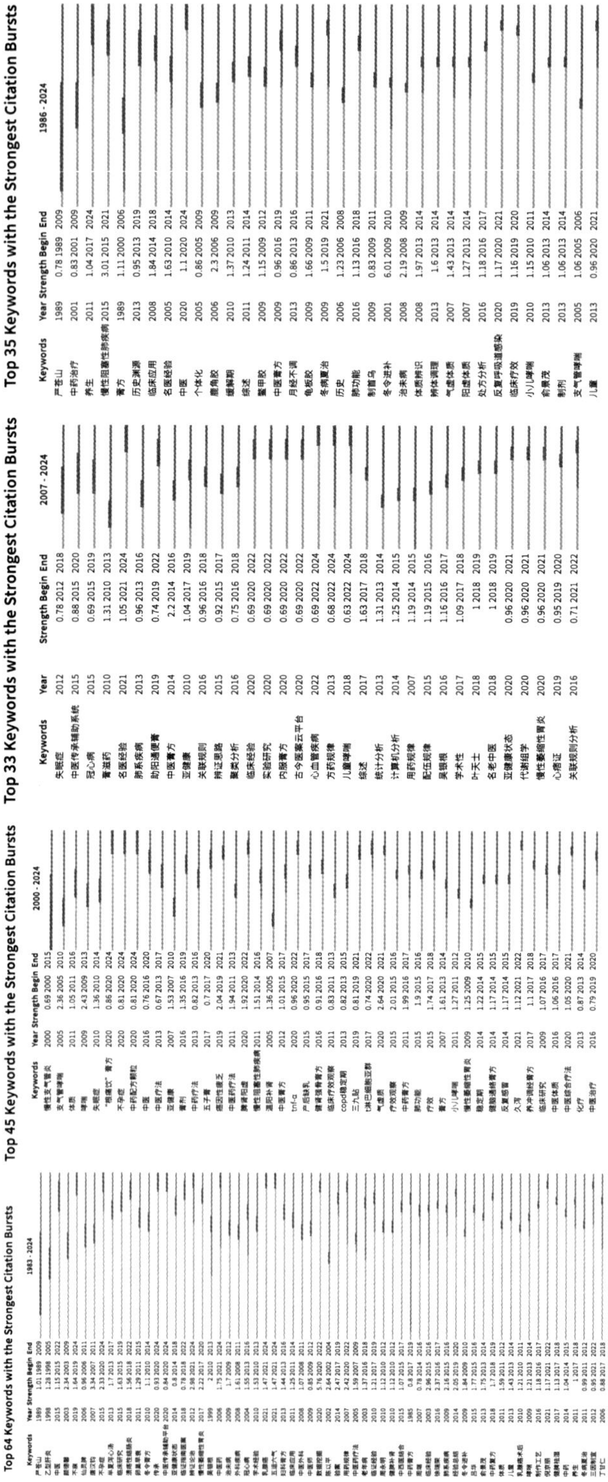

壹　市场研发篇

图 13　中医膏方　经验传承—疗效观察—数据分析—冬令养生　研究文献关键词凸现分析

年起数据挖掘技术逐渐成为研究的热点，并与"用药规律"及"关联规则分析"有着密切关联，这表明研究者开始通过定量方法探讨膏方疗效规律及优化应用策略。同时，关键词如"临床经验""功能性便秘"及"慢性萎缩性胃炎"等表明膏方研究逐渐深入到具体病症的临床观察和疗效验证中，进一步说明了膏方的多样化应用及其临床研究的重要性。从时间维度上看，2020 年及以后的关键词，如"内服膏方""代谢组学""心血管疾病"等，显示研究热点逐步向机制研究和精准医学领域拓展，结合"中医传承云平台"的高频突现，说明现代信息技术和生物技术为膏方研究提供了新的契机。

养生方面，2005 年之后"冬令进补"开始显现较高的突现强度，这与膏方在季节性养生和体质调理中的应用研究相契合。接下来，"治未病"在 2010 年后成为突出的膏方研究热点，尤其是膏方在中医"治未病"理论中的具体实践。与此同时，"临床疗效"和"个性化治疗"等关键词的突现展现了膏方研究的现代化趋势，其研究重点逐渐向科学化的疗效评价和精准医疗方向转变。在 2015 年之后，与现代医学结合的关键词如"慢性阻塞性肺疾病""支气管哮喘"及"炎症调节"逐渐显现，表明膏方的临床应用领域已扩展至慢性病和呼吸系统疾病的治疗及管理。此外，近年来"免疫功能""伏贴"等关键词的突现显示研究进一步聚焦于膏方在免疫调节及治疗季节性疾病中的应用潜力。

5. 研究作者合作分析

如图 14 所示，在经验传承中，网络呈现出多个核心合作群体，其中以"徐俊华"为核心的合作群体规模最大，节点密集且连线丰富，表明其在膏方研究中具有较强的学术影响力并与其他研究者建立了广泛而密切的合作关系。此外，"吴银根"所在的团体也是研究网络中的重要部分，其合作网络集中且连接紧密，显示了其在膏方研究中的持续性和贡献。从时间维度看，早期研究者如"吴银根"的节点颜色偏蓝，表明其学术贡献主要集中在研究初期，而"徐俊华"等节点则偏红，显示其研究活动在近些年逐渐增加并活跃。其他中等规模的合作群体如"林丽珠"和"田爱平"所在的团队，其节点大小适中，说明其在特定的研究主题中具有一定的影响力，且合作关系较为稳定。网络中的部分孤立节点，如"石克华"和"侯瑞蕾"，表明这些研究者可能专注于某些独立课题，合作范围较小或其研究集中于特定领域。

临床疗效的研究者，"张晓天""吴银根"和"张晖"是关键的核心作者，节点较大且位于网络结构的中心，显示出他们在膏方领域的研究贡献显著。

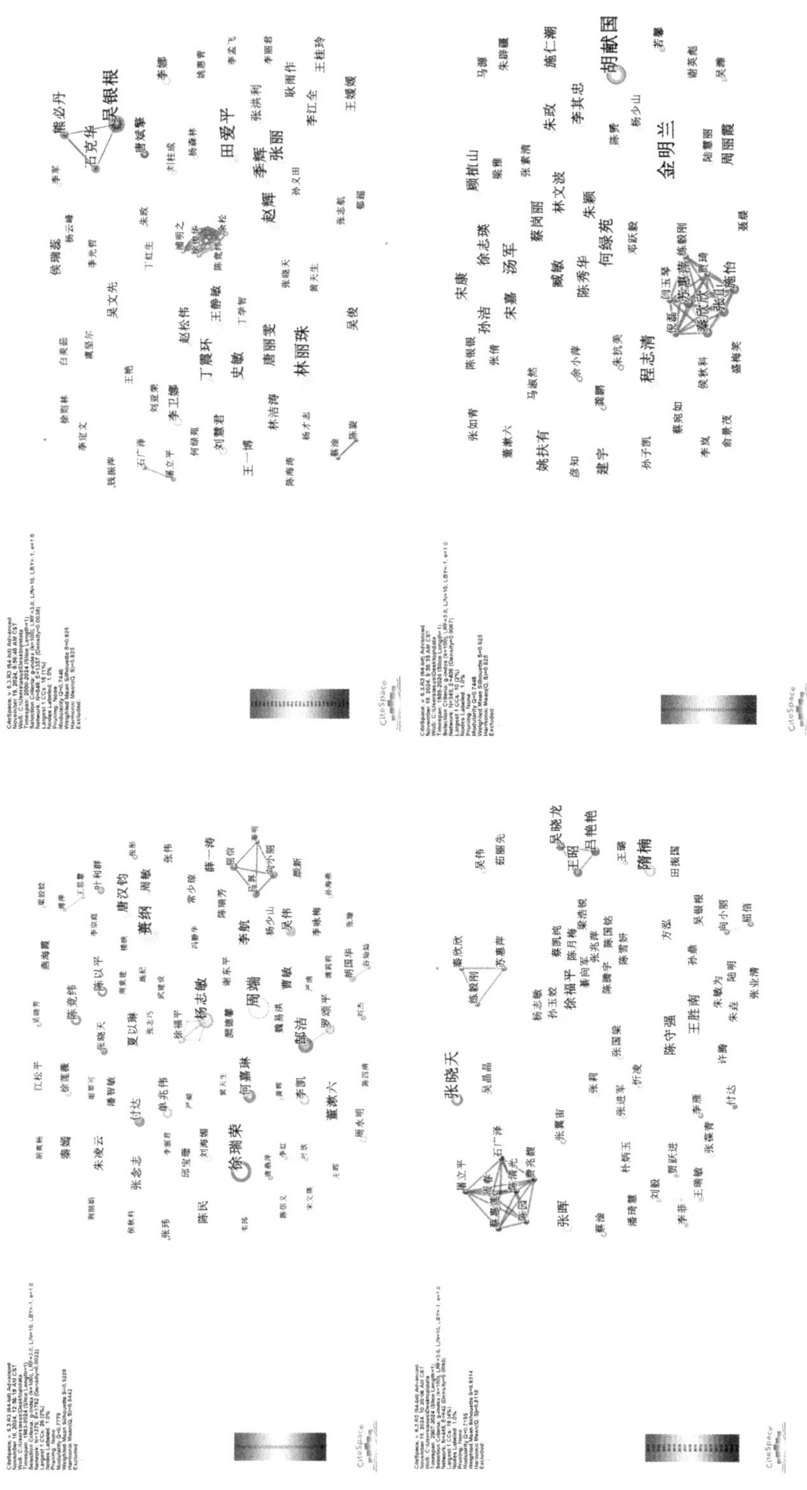

壹 市场研发篇

图14 中医膏方 经验传承—疗效观察—数据分析 作者合作分析

"张晓天"主要与"费兆麒""陈清光"等人构成紧密的学术群体,这表明他所在的团队在膏方研究中具有较强的协作性和系统性。"吴银根"的节点同样大且连线密集,他的研究重点可能集中在特定方向,如膏方在慢性疾病管理中的应用,其合作对象包括"向小丽"和"吕艳艳"等。"陈守强""王胜南"等人组成的,其研究团队可能专注于中医膏方的规范化使用和数据挖掘。图中也可以看到一些孤立的小规模学术群体,这可能反映了某些研究团队在特定细分领域中的独立研究。此外,图中的蓝色节点如"张晖"等的研究在较早的时间段中对该领域作出了基础性贡献。

对于数据分析,"胡献国"是研究网络中最核心的作者,其节点最大且位于网络中心,并且与其他研究者建立了广泛的合作关系。以"金明兰"为核心的合作群体同样显示了高度的研究活跃性,其与"林文波""陈秀华"等研究者的紧密合作反映了团队的协同效应和共同研究方向。另一个合作群体是以"秦欣欣"和"张山"为核心的团队,其节点颜色偏暖,表明该团队在领域内的研究活动集中在最近几年,合作网络的密集性显示了团队内合作的紧密程度,这也可能反映出该领域新兴研究方向的快速发展。在图的左侧区域,以"程志清"为核心的团队主要与"倪磊""闵玉琴"等作者形成了合作关系,团队内合作强度较高,但与网络其他部分的联系较弱,可能集中于某些特定研究方向。此外,部分孤立节点如"建宇"和"若馨"反映了这些作者在特定领域内的独立研究,合作范围相对较小。整体来看,网络中的主要合作群体呈现出一定的独立性,各群体内的合作关系紧密,但群体间的连接有限,表明研究领域存在一定的分散性,但也存在诸如"胡献国"和"金明兰"等桥梁型节点,这些节点在连接不同合作群体、推动知识交流和跨领域研究中发挥了重要作用。

6.关键词聚类视图

如图 15 所示,经验传承关键词聚类中,"滋补""调理""预防"等关键词表明膏方在亚健康干预和慢性病治疗中的作用受到高度关注。"名医经验"主要反映了膏方研究中的经验传承部分。关键词如"辨证施治""组方经验"显示出研究者关注如何通过系统总结名医经验,将其转化为可供临床推广的指导性原则。"临床疗效"是膏方研究的重要应用方向,"疗效评价""随机对照试验"表明研究者正逐渐通过现代医学研究方法对膏方的临床疗效进行科学验证。"数据挖掘"反映了现代信息技术在膏方研究中的应用,关键词如"文本挖掘""知识图谱"表明研究者通过大数据技术对膏方的传统经验和现代应用进行系统化分析。这种方法不仅提高了膏方研究的效率，还为其标准化和现代化提供了技术支持。"关节炎调理"表明膏方在特定疾病领域开展了深入研究，尤其是与老年人常见疾病相关的研究。关键词如"抗炎""调理""康复"显示膏方作为非药物干预手段的重要作用，研究重点在于其在炎症调节和康复治疗中的效果。

"慢性胃炎相关性肠炎"表明膏方在胃肠道疾病治疗中得到应用，这类疾病往往与饮食习惯和生活方式密切相关，研究表明膏方的滋补调理作用在这类疾病的预防和治疗中具有较高价值。关键词如"肠道调节""益生菌"显示膏方研究逐步向微生态领域拓展。

临床观察聚类内部关键词如"补虚""调理"和"临床应用"反映了膏方在改善患者体质和提高生活质量方面的重要作用。"临床疗效"聚类显示了大量研究集中在膏方的疗效评估及其在慢性病和虚证人群中的应用，"健康管理"和"个体化治疗"显示了膏方在精准医疗中的潜力。"临床观察"与"临床研究"聚类密切相关，体现了研究者通过临床试验和数据分析验证膏方疗效的重要性。"支气管哮喘"和"慢性阻塞性肺疾病"聚类集中在膏方对呼吸系统疾病的治疗作用，这显示了膏方在呼吸系统疾病治疗中的独特优势。"慢性支气管炎"和"化疗"聚类则进一步拓展了膏方的应用场景，涉及慢性病管理和化疗患者的康复，关键词如"免疫功能"和"营养支持"表明研究方向逐渐向患者全方位的健康管理转变。"疗效"和"中医膏方"聚类集中在膏方的临床验证和中医药理论体系内的传承与创新，反映了现代研究对传统中医药知识科学化和标准化的需求。

数据分析领域聚类，"数据挖掘"表明研究领域逐渐引入现代数据分析技术，以支持膏方在大数据背景下的应用与推广。关键词"统计分析""关联规则"显示了数据挖掘方法在分析膏方作用机制和优化应用中的重要作用。"用药规律""医案平台"表明研究者关注膏方的科学用药规则和平台化管理。"治未病"聚类强调了膏方在预防医学和健康管理中的独特价值，"体质辨识""健康调理"反映了其在个体化健康管理中的作用。"中医传承辅助平台"聚类表明信息技术正在推动中医药研究现代化，特别是在中医知识传承与经验管理中，"名医经验""中医传承"凸显了这一趋势。"吴银根"聚类反映了特定学者及其团队对膏方研究的重要贡献，尤其是在传统与现代研究方法结合方面具

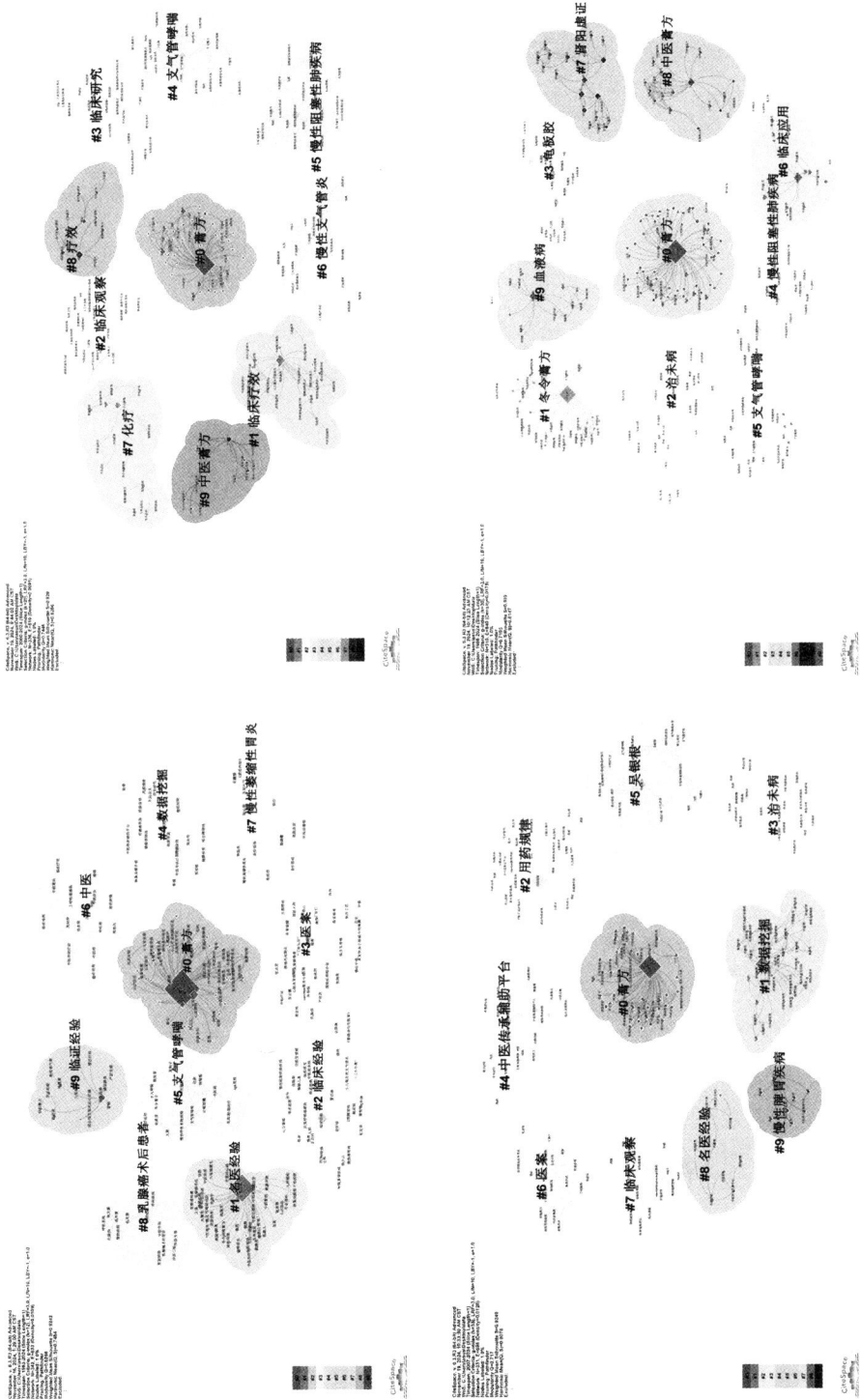

图 15 中医膏方 经验传承—疗效观察—数据分析—冬令养生 关键词聚类分析

有代表性。

冬令养生关键词如"调理""补虚"和"体质"表明膏方研究集中于整体健康管理和中医药理论的临床应用。"冬令膏方"聚类强调了膏方在冬季养生中的应用，"免疫功能""阳虚体质"说明了其在增强免疫力和改善虚寒体质中的独特优势。"治未病"和"预防"密切相关，显示了膏方在疾病预防与健康维护中的重要作用。如"龟甲胶"聚类突出膏方中动物药的使用价值。"慢性阻塞性肺疾病"和"支气管哮喘"聚类集中于呼吸系统疾病的治疗，显示了膏方在缓解慢性炎症和改善肺功能方面的应用潜力。"临床应用"聚类反映了膏方在具体临床场景中的应用，关键词如"个性化治疗"和"疗效评估"表明研究方向逐渐聚焦于膏方的精准医疗和标准化。"血液病"聚类则显示了膏方在特定疾病中的探索。

三、问题与建议

（一）存在的主要问题

1. 现代临床应用存在局限性

膏方作为中医药传统的一部分，在古代医学中应用广泛，具有显著的疾病治疗和调养作用。古代膏方的应用领域涵盖内科、外科、妇科、儿科等多个医学分支，涉及多种疾病和症状的治疗。在内科疾病中，膏方常被用于治疗虚劳、痨瘵、内伤、寒湿等慢性病症；在外科领域，膏方常被用作外伤愈合和疮疡疗养的辅助手段；在妇科中，膏方被广泛用于调经、安胎和产后康复；在儿科领域，膏方被用于增强体质、治疗疳积等疾病。这种广泛的适用性体现了膏方在古代医疗体系中的重要地位。

然而，随着时代的发展和医疗体系的变迁，现代膏方的应用范围逐渐局限。现代膏方更多地被定位为一种调养和进补的手段，其主要功能体现在亚健康状态的改善、慢性病的辅助治疗及季节性进补等方面。具体而言，膏方常被用于调节免疫功能、改善疲劳状态、增强体质和延缓衰老，但其在具体疾病治疗中的使用显著减少。与古代相比，现代膏方的使用更强调预防保健和个体化调理，而非直接介入疾病的治疗。这种变化主要受到医疗分工细化、患者需求转变及膏方制作与推广方式变化的影响。

2. 传统经验传承不足

对膏方传统经验的传承不足，呈现出系统性挖掘不充分、传承方式局限等多方面的问题。首先，在文献整理与解读方面，许多经典医籍中的膏方方剂记录分散在不同古籍中，内容多以古文记载，语言晦涩且缺乏统一的标准化解读工具。这种现状使得现代研究者在继承传统膏方知识时往往止步于表层的方剂整理和简单的抄录，而未能深入探讨这些膏方方剂背后的理论体系和临床价值。这不仅造成了对传统医学理论的片面化解读，也使许多本应具有深远意义的学术内容难以发挥其实际作用。此外，传统膏方的应用经验也在现代化过程中出现了不同程度的遗失，许多涉及"天人合一"及"四季调养"等核心理念的经验，因其与现代医学注重分子机制和实验科学的研究范式不完全契合，而未得到足够的重视，进一步削弱了传统理论的传承深度。尤其是一些经验随着历史的变迁和名医的逝去而逐渐流失，未能形成完整的知识传承链条，使得膏方从业者在现代化探索中缺乏扎实的传统根基。

此外，当前膏方的传承主要依赖于个体医师的言传身教，传承手段较为单一，这种师徒制虽然延续了传统医学教育的一部分特色，但在现代社会快速发展的背景下显得效率低下且覆盖范围有限。与此同时，缺乏有效的数字化或系统化管理方式也成为阻碍膏方经验传承的重要因素，使之无法适应现代社会对知识高效积累与传播的需求。传统膏方经验的传承过程过度依赖个人能力与经验的积累，这不仅限制了经验的广泛传播，还造成了知识传承中的断层现象。在面对现代膏方日益增长的临床应用需求时，传统经验的局限性更加显著，既不能有效满足复杂疾病的现代化治疗需求，也未能为研究者提供足够的数据支持以推动现代科学研究的发展。

3. 创新推动力不足

中医膏方作为传统中医的重要组成部分，具有显著的滋补调养作用，但其现代创新发展面临推动力不足的问题。首先，理论体系更新不足。膏方的理论主要依赖传统中医经典，未能系统结合现代医学、生物学和药理学的研究成果，制约了理论创新。其次，标准化程度低。膏方制作、配伍和疗效评价高度依赖医生经验，缺乏统一标准，导致其难以实现大规模产业化，影响推广与普及。此外，科技研发投入不足也限制了膏方的创新潜力，在制剂工艺优化、剂型改进及与现代技术结合（如人工智能、大数据分析）方面探索不足。

同时，膏方发展缺乏跨学科融合，未能与营养学、分子药理学和临床医学深度结合，难以精准应对现代病症（如代谢综合征、慢性病等）。而且，年轻一代对膏方的接受度不高。膏方的传统制作方式耗时长、见效慢，与现代人追求便捷的需求不符，进一步削弱了创新动力。临床证据不足也是制约膏方发展的重要因素，缺乏大样本、多中心的循证研究，削弱了膏方在国际医疗市场的竞争力。最后，政策支持与产业链整合不足，在科研资金、人才培养和中药材标准化方面的投入有限，这也阻碍了膏方的质量提升和品牌化发展。

（二）对策与建议

为应对现代膏方应用范围局限性的问题，亟需从多方面着手，采取科学化、现代化、多元化的策略，实现传统膏方经验与现代医疗体系的深度融合。

1. 加强对传统膏方适应证的系统化挖掘与整理

通过对中医古籍的系统梳理和大数据分析，全面收集和分类膏方在内科、外科、妇科、儿科等领域的应用案例，结合现代疾病谱和患者需求，对传统膏方适应证进行科学归纳和重新定义，为膏方的现代化应用提供理论依据。特别是在古代膏方擅长的皮肤病、外伤愈合等领域，应通过数据挖掘和文献分析揭示其潜在价值，并基于现代医学语言对其作用机制进行系统性阐释，以促使其适应证从传统的经验型应用向满足现代医学需求转化。

2. 以现代科技手段赋能膏方的标准化和智能化发展

传统膏方制作过程复杂，个性化特征显著，这种优势在现代医疗体系中往往被解读为不够规范和缺乏标准。因此，建立膏方的现代化标准体系至关重要。可以通过多学科交叉合作，利用药理学、分子生物学、基因组学等现代科学手段研究膏方的药效物质基础和作用机制，明确不同配伍在治疗特定疾病中的作用原理和适应证范围。同时，应结合先进的检测技术，对膏方原材料的品质、有效成分含量、毒性等进行科学检测，建立从药材选取、配伍比例到制作工艺的全流程质量控制体系，确保膏方的安全性和疗效一致性。此外，利用人工智能技术对膏方配伍进行智能优化，开发针对不同疾病和体质特点的个性化膏方推荐系统，降低传统膏方制作过程的复杂性，提高其推广和应用效率。

3. 加强膏方在现代医疗中的循证研究和临床试验验证

现代医学对任何疗法的接受都建立在科学验证的基础上，膏方也不例外。为此，应推动大规模、多中心、随机对照试验的开展，通过循证医学方法验证膏方在慢性病、亚健康状态及特定疾病治疗中的有效性和安全性。同时，通过引入现代检测手段，如影像学、生化指标、基因表达分析等，进一步探索膏方在疾病治疗中的作用路径和疗效特点，为其在现代医疗体系中的定位提供科学依据。在此基础上，应通过权威期刊和国际学术会议传播研究结果，提升膏方在国际医学界的认可度和影响力。

4. 深化膏方在疾病预防和个性化调养中的应用研究

现代膏方的应用更多聚焦于慢性病调理和亚健康状态改善，但在个性化治疗和疾病预防方面仍有广阔的潜力可挖掘。未来可以通过结合体质辨识技术和现代健康监测手段，开发针对不同个体的膏方调养方案，将"治未病"的理念融入疾病预防和健康促进中。同时，应推动膏方在慢病管理中的综合应用研究，例如结合西医治疗方案，研究膏方在糖尿病、高血压等慢病综合管理中的协同作用，并开发适用于不同人群的多功能膏方产品，最大限度地发挥膏方在健康管理中的优势。

5. 建立膏方科研与产业协同发展机制

当前，膏方研究多集中在基础理论和小规模应用上，产业化程度较低，制约了其发展速度。为此，应鼓励科研机构与企业合作，共同推进膏方相关产品的研发和市场推广。通过建立科研成果转化平台，将科研成果快速转化为符合市场需求的膏方产品，实现从理论到实践的高效转化，并借助现代物流体系和电商平台扩大其覆盖面，提升其在现代社会的使用率和接受度。同时，应对膏方产业链进行全方位规划，推动膏方产业与中药种植、加工、销售等环节协同发展，构建完整的膏方产业生态体系，为中医药的现代化发展提供强有力的支撑。

四、总结与展望

膏方作为中医药的经典代表，不仅承载了传统医学的智慧，更在现代医疗体系中展现出重要的潜在价值。其独特的辨证施治和整体调理特点，使其在慢性病管理、疾病康复及亚健康状态调理中具有显著优势。首先，我们需要重新审视膏方的价值，深入挖掘其在慢性病管理、疾病康复及亚健康调理中的作用，扩大其应用领域，为膏方的现代化应用奠定理论基础。其次，结合现代疾病谱拓展适应证，在肿瘤康复、代谢性疾病和自身免疫疾病等领域探索膏方潜力，推动诊疗精准化，提供个性化方案。同时，应通过现代技术赋能膏方的发展，如利用大数据和人工智能挖掘配伍规律，结合现代制药技术优化工艺，提高膏方质量和使用便利性，并借助精准医疗技术提供科学辨证依据。推动中西医结合模式，通过膏方与现代医疗手段协同作用，在手术康复、放化疗辅助及慢病管理中实现最佳疗效，逐步将膏方纳入综合医院体系。此外，也应重视膏方的标准化与个性化，既要制定药材质量、制作规范和临床指南，确保安全和稳定，又要利用信息化技术实现个性化设计和批量生产。通过上述策略，膏方必将在现代医疗中焕发新生机，为全球健康提供独特支持。

参考文献

[1] 赵亚，张勉之，范军，等.中药膏方临床应用研究进展 [J].中国城乡企业卫生，2024，39（6）：40-42.

[2] 庄晓鸣，黄帅立.从膏方调体谈中医治未病思想在 2 型糖尿病中的应用 [J].江苏中医药，2017，49（6）：65-67.

[3] 王孝林，马永华，魏艾玲，等.重"土"治未病思想在膏方中的运用 [J].中国民族民间医药，2023，32（4）：4-6，10.

[4] 丁科，应波俊，郑敏霞.传统膏方在中医院临床应用规律及经济发展前景 [J].中国医药科学，2024，14（20）：178-181.

[5] 郭芳琪.前瞻性科学前沿的界定与识别指标的文献计量研究 [D].大连：大连理工大学，2018.

[6] 陈艺幻，张迪，夏玉文，等.基于 CiteSpace 和 VOSviewer 的中医药治疗颈动脉粥样硬化现状、热点和趋势可视化分析 [J].世界科学技术 – 中医药现代化，2025，27（22）：498-507.

贰

应用实践篇

HB.08 中医膏方治疗心血管疾病发展现状及未来展望

陈步星 ① 李秀珍 ② 韩文博 ③ 谢洋峰 ④

摘　要： 中医理论指导下的膏方产品在心血管疾病治疗及养生保健方面具有重要的社会价值和经济价值，然而通过市场调研发现，目前中国膏方产业面临市场开发不足的挑战，未来尚需通过拓展市场路径、规范制备工艺、精准人群定位、传递品牌价值等策略推动膏方产业的发展。

关键词： 中医膏方；心血管疾病；发展现状；市场前景

随着银龄人群数量不断增长，以心血管疾病为代表的慢性病已成为威胁中国居民健康的"头号公敌"。据统计，2021年中国慢性病导致的死亡占总死亡的89.3%[1]，不仅对中国公共卫生医疗服务系统形成巨大压力，也给居民健康和财产带来沉重负担。

中医膏方是中医传统的丸、散、膏、丹、酒、露、汤、锭八种剂型之一，是中药饮片经多次煎煮，去渣取汁，蒸发浓缩后加入阿胶等动物胶质或黄酒、炼蜜等制成的半流体制剂[2]。膏方具有"简、便、效、廉"的优势，在高血

① 陈步星，医学博士，北京中医药大学第三附属医院主任医师，研究方向：中西医结合防治心血管疾病。

② 李秀珍，医学本科，北京中医药大学第三附属医院主任医师，研究方向：中西医结合防治心血管疾病。

③ 韩文博，医学博士，北京中医药大学第三附属医院副主任医师，研究方向：中西医结合防治心血管疾病。

④ 谢洋峰，北京中医药大学第三附属医院在读博士研究生，研究方向：中西医结合防治心血管疾病。

压、冠心病等心血管疾病的防治方面具有较好的临床疗效[3]。

尽管膏方防治心血管疾病具有确切的医疗价值及广阔的市场，但产品同质化严重、市场开发不足等因素使膏方产业发展受到诸多限制。本研究通过问卷调查形式，对 307 名心血管疾病患者对膏方的了解程度及市场需求进行定性定量分析，以期为膏方产业发展策略提供参考。

一、中医膏方治疗心血管疾病现状市场调查

（一）参与问卷调查心血管疾病人群基本信息

1. 性别分布

参与本次问卷调查的心血管疾病人群共 307 人，其中男性 117 人，占比38.11%，女性 190 人，占比为 61.89%。女性占比较高，为男性的 1.62 倍，具体见图 1。

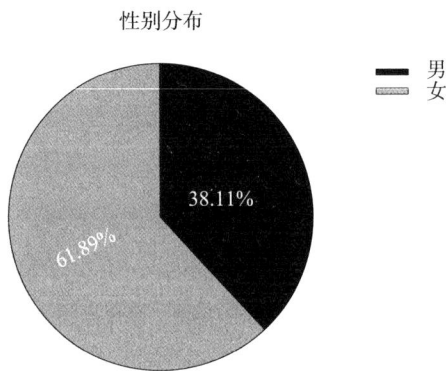

图 1　参与问卷调查的心血管疾病人群性别分布

2. 年龄分布

所有参与调查的心血管疾病人群，最小年龄 22 岁，最大年龄 96 岁，平均年龄 52.36±13.12 岁。将人群年龄按照青年（18～44 岁）、中年（45～59 岁）、银龄（≥60 岁）划分，青年人群 79 人，占比为 25.73%，中年人群 132 人，占比为 43.00%，银龄人群 96 人，占比为 31.27%。从性别分布看，男性心血管疾病人群年龄区间为 22～86 岁，平均年龄 50.77±13.46 岁，女性心血管疾病人群年龄区间为 24～96 岁，平均年龄 53.35±12.84 岁。女性心血管疾病人

群平均年龄高于男性心血管疾病人群，具体见图2。

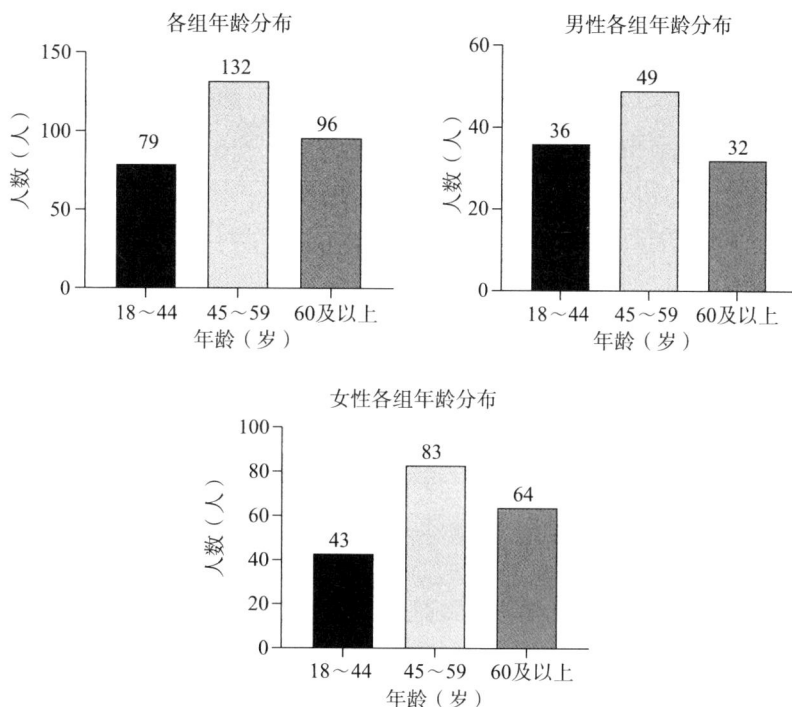

各组年龄分布

男性各组年龄分布

女性各组年龄分布

图2　参与问卷调查的心血管疾病人群年龄分布

3. 地区分布

此次参与问卷调查的心血管疾病人群以北方地区为主，其中北京最多，为204人，占比为66.45%，其次是河南，为51人，占比为16.61%，内蒙古占比为6.51%，河北占比为5.21%，其余分布在甘肃、山东、上海、辽宁、陕西、安徽等地，具体见图3。

4. 疾病分布

本次参与调查的心血管疾病人群所患疾病以临床常见的高血压、高脂血症、糖尿病、冠心病、心房颤动、室性早搏、心功能不全为主。其中高血压和高脂血症人群占比最高，分别为45.28%、42.35%，其余依次为冠心病（17.92%）、糖尿病（17.26%）、室性早搏（15.64%）、心房颤动（12.38%）、心功能不全（6.19%），具体见图4。

贰　应用实践篇

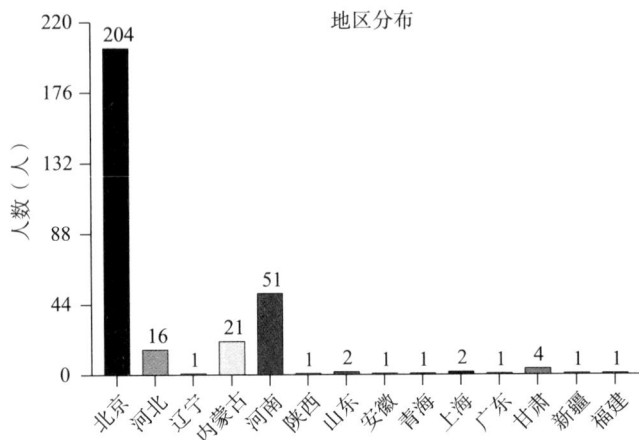

图 3 参与问卷调查的心血管疾病人群地区分布

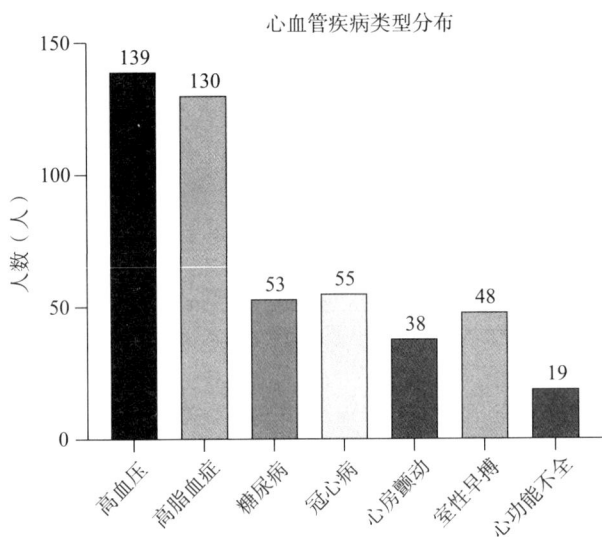

图 4 参与问卷调查人群的心血管疾病类型分布

（二）参与问卷调查的心血管疾病人群对中医膏方了解程度

1. 中医膏方整体了解程度

为了解心血管疾病人群对中医膏方的整体了解程度，问卷调查通过赋值法以 0～10 分评价人们对膏方的认识，其中 0 分代表完全不了解，10 分代表非常了解。结果显示，完全不了解的人群有 103 人，占比为 33.55%，1～5 分人群占比为 32.57%，仅有 13.36% 的人认为完全了解中医膏方。具体见图 5。

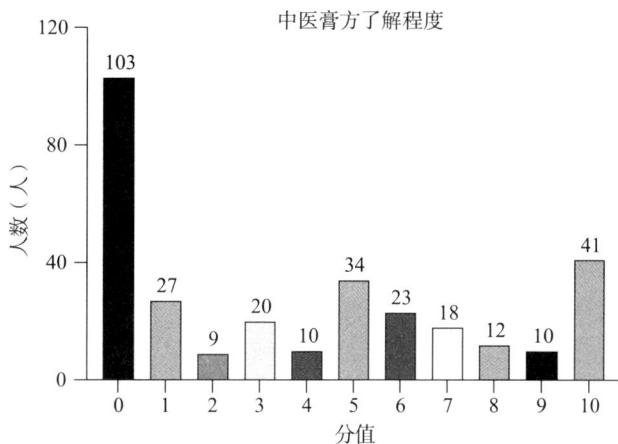

图 5　参与问卷调查心血管疾病人群对中医膏方了解程度

2. 中医膏方制作流程及工艺了解程度

中医膏方的制作流程及工艺较为复杂，制作人员需要接受专业规范化培训。膏方制作一般分为浸泡、煎煮、浓缩、收膏和贮存 5 个流程。浸泡时间要求为 12~24 小时，以保证能够充分煎煮有效成分，在收膏时以"滴水成珠"状态为最佳，即膏汁滴入清水中凝结成珠而不散[4]。调查结果显示，74.59%的人对膏方制作流程及工艺不太了解（0~5 分），其中 37.79% 的人完全不了解（0 分）。具体见图 6。

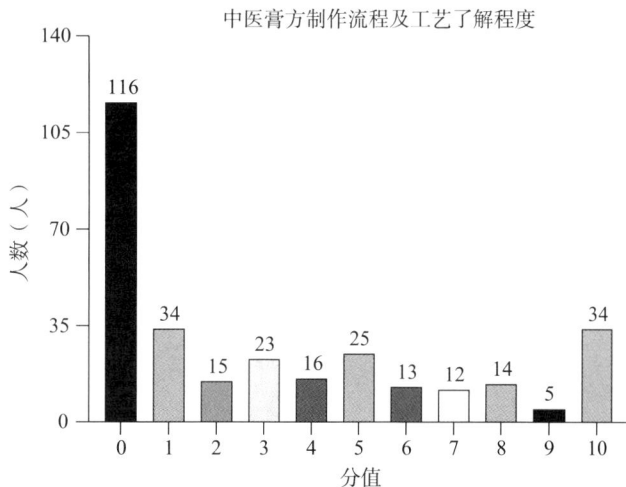

图 6　参与问卷调查的心血管疾病人群对中医膏方制作流程及工艺的了解程度

贰　应用实践篇

151

3. 中医膏方服用方法了解程度

中医膏方因个人体质、包装差异等因素影响，服用方法不尽相同。以预防为主的膏方适宜在冬季和夏季服用，如冬季以滋补为主，夏季以清补为主；以治疗为主的膏方应在疾病治疗期间服用；心血管疾病等慢性病人群则可常年服用。肠胃功能好的患者可餐前服用，肠胃功能欠佳者餐后服用。罐装膏方、袋装膏方及块状膏方等一般以冲服为主，也可含化服用[5]。在对膏方服用方法的调查中，有 206 人评分赋值小于或等于 5 分，即 67.10% 的心血管病人群对膏方服用方法并不十分了解。具体见图 7。

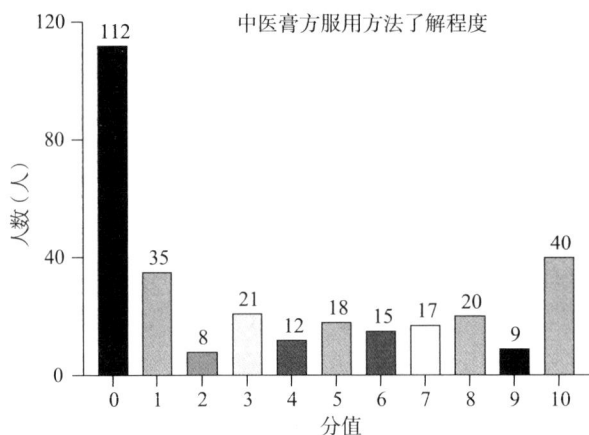

图 7　参与问卷调查的心血管疾病人群对中医膏方服用方法了解程度

4. 中医膏方产品使用情况

调查结果显示，使用过中医膏方产品的心血管疾病人群为 100 人，占比为 32.57%，其余 67.43% 的心血管病人群均未使用过中医膏方产品，具体见图 8。

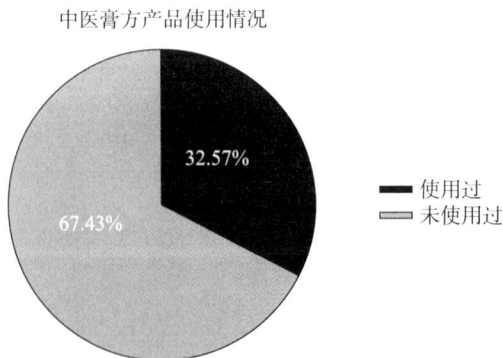

图 8　参与问卷调查的心血管疾病人群膏方使用情况

5. 中医膏方价值定位

针对心血管疾病人群对中医膏方的价值定位认识，调查结果显示，74 人认为中医膏方起到主要治疗作用，占比为 24.10%，139 人认为中医膏方作为辅助治疗方法发挥作用，占比为 45.28%，30.62% 人群认为中医膏方仅有养生保健作用。具体见图 9。

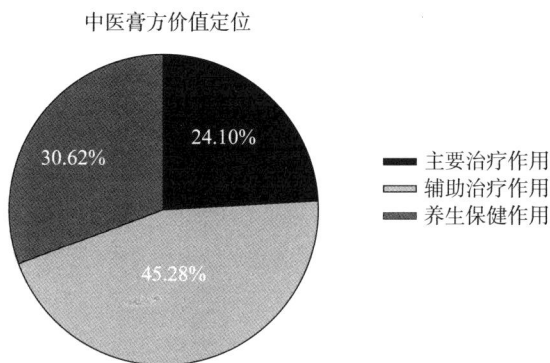

图 9　参与问卷调查的心血管疾病人群对中医膏方价值定位认识

6. 中医膏方服用周期意愿

中药膏方治疗心血管疾病等慢性病需要间断或长期服用，调查结果显示，能够接受小于 1 个月服用时间的为 105 人，占比为 34.2%，能够接受 1～3 个月服用时间的占比最高，为 36.81%，可接受 3～6 个月服用时间的为 51 人，占比为 16.61%，仅 12.38% 的人群愿意接受超过半年的服用时间。具体见图 10。

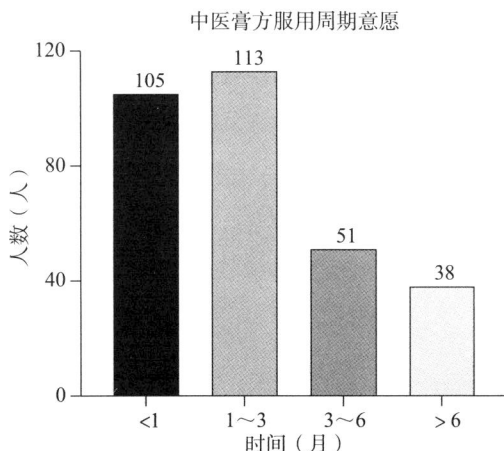

图 10　参与问卷调查的心血管疾病人群中医膏方服用周期意愿

7. 中医膏方禁忌证和副作用了解情况

对于膏方禁忌证和副作用，调查结果显示，59.93% 的人群表示不了解膏方的禁忌证和副作用，19.87% 的人群认为膏方不存在禁忌证和副作用，仅有 20.20% 的人群认识到膏方存在禁忌证和副作用。具体见图 11。

中医膏方禁忌证和副作用了解情况

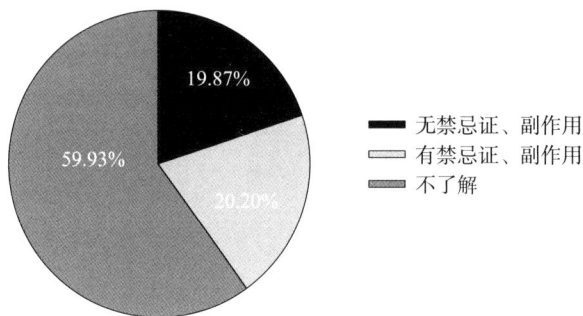

图 11　参与问卷调查心血管疾病人群对膏方禁忌证和副作用了解情况

（三）心血管疾病人群膏方品牌认可度调查

通过对心血管疾病人群购买中医膏方的平台及品牌选择进行调查，评价心血管疾病人群对中医膏方的品牌认可度。

1. 购买平台选择

对心血管疾病人群膏方购买平台进行调查，选择最多的为医院购买，共 250 人，占比达 81.43%，其次为药店及诊所购买，共 92 人，占比为 29.97%，其余选择依次为电商平台（淘宝、京东、拼多多等）购买（9.77%）、直播间购买（7.49%）、朋友圈购买（4.89%）。具体见图 12。

2. 购买品牌选择

中医膏方的品牌多样，主要包括医院品牌、厂家品牌、互联网医疗品牌三种，其中一些膏方厂家因质量、疗效及价格优势被广大消费者认可而形成知名膏方品牌，如北京同仁堂和胡庆余堂等。此外，还有一些互联网医疗平台品牌，如小鹿医馆、甘草医生等。对心血管疾病人群膏方品牌选择的调查结果显示，179 人倾向于选择医院品牌膏方，占比达 58.31%；117 人倾向于选择知名膏方厂家，占比为 38.11%；选择互联网医疗品牌的占比最少，为 3.58%。具体见图 13。

中医膏方购买平台选择

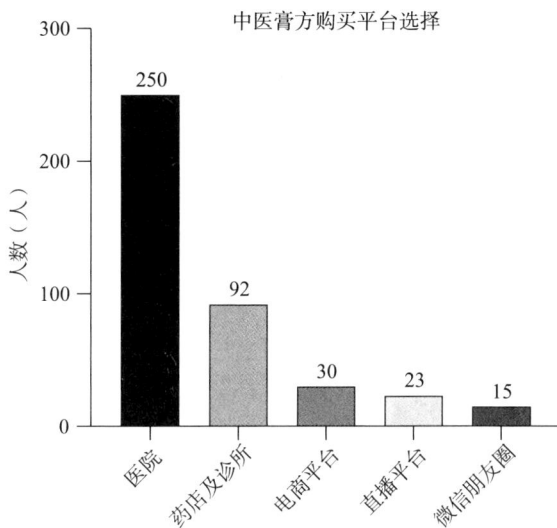

图 12　参与问卷调查的心血管疾病人群中医膏方购买平台选择

中医膏方品牌选择

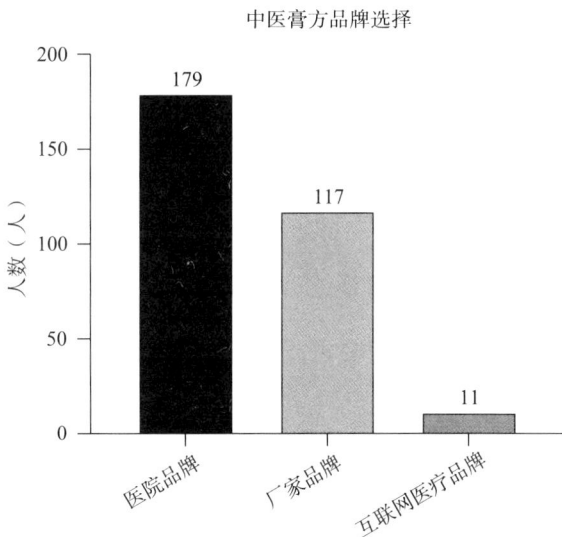

图 13　参与问卷调查的心血管疾病人群膏方品牌选择

贰
应用实践篇

（四）影响中医膏方购买的因素

1. 购买影响因素调查

疗效、安全性、价格等因素会影响消费者对中医膏方的购买选择。调查结果显示，252 人认为影响心血管疾病人群购买膏方的首要因素为疗效，占比为

82.08%；其次是膏方的安全性，占比为 54.72%；116 人认为价格也是影响购买选择的重要因素，占比为 37.79%；购买时考虑品牌和服用方法的占比分别为 25.73%、22.15%。具体见图 14。

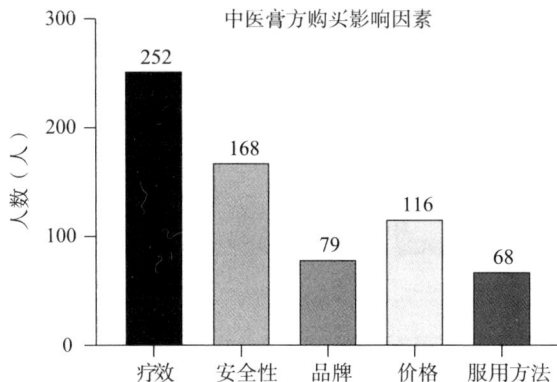

图 14　心血管疾病人群膏方购买的影响因素

2. 购买价格接受程度

价格是影响膏方购买的重要因素。对心血管病人群治疗一个月可接受的膏方价格进行调查，选择价格范围在 100～500 元的最多，为 207 人，占比为 67.23%；选择价格范围在 500～1000 元的为 72 人，占比为 23.45%；有 5.21% 的人选择 1000～2000 元的价格；另有 2.61% 的人选择超过 4000 元的价格；仅有 4 人选择 2000～4000 元的价格，占比为 1.3%。具体见图 15。

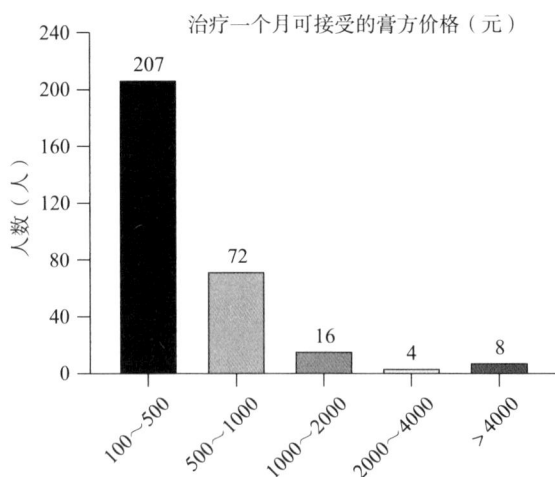

图 15　心血管疾病人群每月膏方可接受价格调查

3. 膏方调配方法调查

对心血管疾病人群的膏方调配方法倾向进行调查，68.40% 的人群倾向于购买个体化治疗的"一人一方"，31.60% 的人群倾向于购买成药膏方。具体见图 16。

中医膏方调配方法倾向

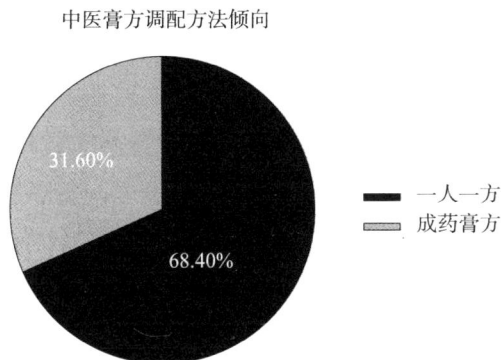

图 16　参与问卷调查的心血管疾病人群膏方调配方法倾向

（五）中医膏方创新产品态度

随着现代工艺技术的发展，中医膏方也不再局限于传统剂型，呈现出各种创新产品，如膏方棒棒糖、膏方茶饮等。对心血管疾病人群进行膏方创新产品调查，结果显示，接受度较高的仍是传统膏方剂型，达到 266 人，占比为 86.64%，其次是膏方茶饮和膏方棒棒糖，占比分别为 31.60% 和 14.33%，选择膏方冰激凌、膏方果冻、膏方咖啡的人群较少，均低于 10%。具体见图 17。

中医膏方创新产品选择

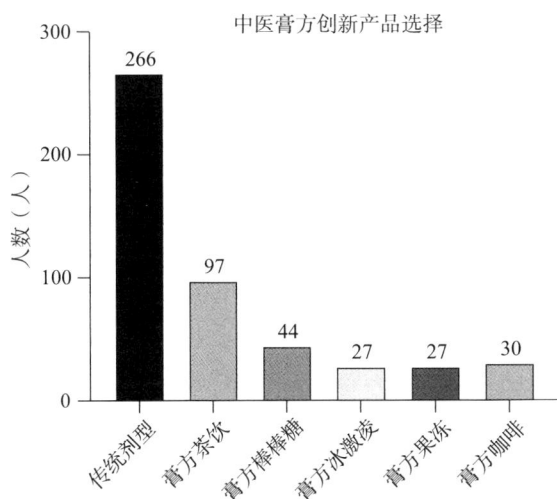

图 17　参与问卷调查的心血管疾病人群对中医膏方创新产品选择

贰　应用实践篇

157

（六）中医膏方营销方式接受程度

1. 中医膏方信息获取途径倾向

互联网技术的发展催生了多样化的信息传播平台，极大地便利了人们获取信息。然而，如何获取准确、可靠及专业的信息成为心血管疾病人群面临的困境。对中医膏方信息获取途径倾向进行调查，结果显示：261 人选择医院及医生推荐，占比为 85.02%，60 人选择周围朋友推荐，占比为 19.54%，选择电视广告的有 46 人（14.98%），选择百度、微博、今日头条等推送广告的有 43 人（14.01%），另有 27 人选择购物平台（京东、淘宝等），17 人选择微信朋友圈，占比分别为 8.79%、5.54%。具体见图 18。

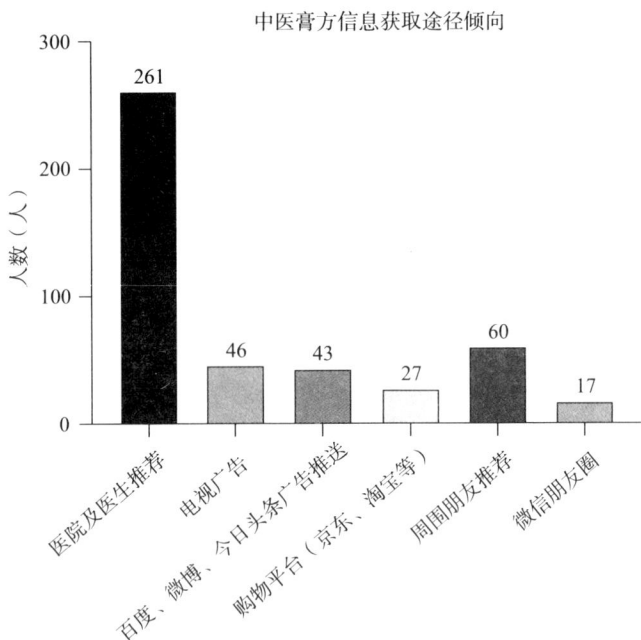

图 18　参与问卷调查的心血管疾病人群膏方信息获取途径倾向

2. 中医膏方未来改进方向

对于中医膏方未来改进的方向，246 人选择质量把控，占比达到 80.13%，185 人选择疗效评价，占比为 60.26%，选择服用便利性的比例为 45.28%，共 139 人，选择宣传推广的比例为 27.04%，共 83 人。具体见图 19。

中医膏方未来改进方向

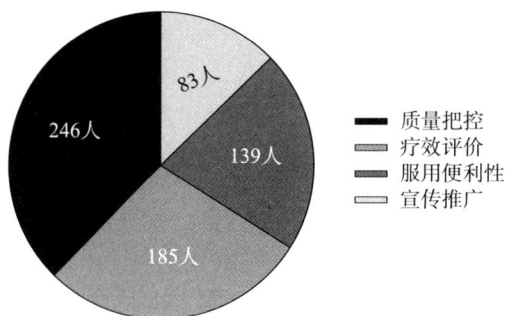

图 19　中医膏方未来改进方向调查

二、中医膏方治疗心血管疾病的现状及挑战

本研究通过问卷调查形式，对心血管疾病人群的膏方了解程度及市场需求进行定性、定量分析，提示中医膏方产业面临区域发展不平衡及生产方、承销方、消费者开发不足等挑战。

（一）区域发展不平衡

本研究调查对象以北方地区心血管疾病人群为主，参与调研的 307 人中北方地区占 304 人。从调查结果来看，对膏方完全不了解的人群占 33.55%，67.43% 的人群既往未使用过中医膏方，75.90% 的人群认为中医膏方具有辅助治疗作用或养生保健作用，可见北方地区心血管疾病人群对于中医膏方的认识和价值定位存在偏差，提示中医膏方区域发展不平衡，北方市场仍有巨大的拓展空间。

相对于中国北方地区，膏方在南方地区的应用更为广泛，这与历史传承、人文地理等因素有关[6]。从历史传承因素看，以江浙沪为代表的江南地区可以说是膏方文化的发源地，如明代浙江医家张介宾在《景岳全书》中创立了"两仪膏"，江苏金坛人王肯堂在《证治准绳》中创立了"通声膏"，新安医家孙一奎在《赤水玄珠》中创立了"补真膏"，以及清代江苏医家张璐创立了"二冬膏""集灵膏"，浙江海宁人王士雄在《随息居饮食谱》中创立了"玉灵膏"，上海名医沈鲁珍在《沈氏医案》中也记载了多个膏方医案。历代医家留下了丰富的膏方医案和文化，使膏方在当地拥有广泛受众。从人文地理因素看，南方

159

地区多属于亚热带季风气候，四季分明而冬天阴冷，膏方的补阳、补气、补血等作用正好可以缓解冬季阴冷潮湿气候所造成的不适。北方冬季更为寒冷，相对于膏方的温补，烈酒及高热量饮食更受欢迎。另外北方人也不喜滋腻，这影响了膏方在北方的传播[6]。

（二）市场生产方开发不足

调查结果显示，81.43%的心血管疾病人群倾向选择的膏方购买平台为医院，首选购买医院品牌的人群占比达58.31%，说明医院是大众认可度最高的膏方产品生产方。然而，受各地区医院发展不平衡等因素影响，尤其在北方地区，具有膏方门诊的医院数量仍较为有限，再加上设备、人工等运营成本因素，进一步限制了医院对膏方产品的开发。长期以来，以医院生产为主的膏方产品的供给显然不能满足市场需求，因此一批民营企业抓住契机迅速拓展膏方市场，如北京同仁堂和杭州胡庆余堂等中华老字号品牌近年来得到广大膏方消费者的认可。同时，目前市场上的膏方组方以时方为主，缺少"四物膏"等经典成方膏方产品[2]，一定程度上制约了厂商品牌产品的开发。另一方面，伴随着膏方产业升温，不少药房、诊所及互联网购物平台等加入膏方产业大军，然而膏方制作和使用过程缺乏严格标准及质量监管，导致膏方加工质量良莠不齐，进一步限制了膏方产业发展。在技术及产量方面，传统膏方工艺复杂，质量高但产量较低，与日益扩大的膏方市场需求难以匹配。

（三）市场承销方开发不足

调查结果显示，不论是购买平台还是品牌选择，医院都处于首要地位。作为膏方市场的主要组成部分，医院既是生产方又是承销方。然而，在膏方产品承销方面，医院、民营企业、互联网销售平台均面临不同挑战。尽管在膏方信息获取途径方面，85.02%的人群选择专业度更高的医院及医生推荐，但医院、医生营销意识较差，其接触的人群具有疾病限制，且难以在更广泛的人群中推广膏方。民营企业及互联网销售平台虽然面对的市场消费者范围更为宽泛，但在膏方产品质量、品牌认可度等方面参差不齐，有待进一步规范及系统整合。

（四）市场消费者开发不足

调查结果显示，多数消费者对于膏方的了解程度仍较低，74.59%的人群对膏方制作流程及工艺不太了解，36.48% 的人群对膏方服用方法完全不了解，59.93% 的人群不了解膏方的禁忌证和副作用，研究数据提示中医膏方在北方心血管疾病人群中知晓率偏低。在互联网广告推送方面，愿意接受百度、今日头条等互联网平台推送膏方广告的不足 15%，提示膏方互联网营销策略仍需进一步调整。价格方面，心血管病人群治疗一个月可接受的膏方价格多在 100～500 元区间，预期消费成本与目前市场平均价格仍存在一定差距。总体来看，消费者市场有待进一步开发。

三、中医膏方产业发展策略探讨

基于目前中医膏方的南北方市场差异及生产方、承销方、消费者开发不足等挑战，未来膏方产业发展可从拓展市场路径、规范制备工艺、精准人群定位、传递品牌价值四个方面进行突破。

（一）拓展市场路径

中医膏方市场拓展可分为国内和国际两个市场。国内市场方面，目前已经由长三角地区逐步向华中及北方地区发展，形成"膏方北进"态势，并在全国范围内迅速推广。国际市场方面，中医药在"一带一路"国家战略支持下走向世界，为中医膏方海外推广、产业塑造、消费市场开发创造机遇。膏方产业链相关机构和企业应把握市场契机，充分了解目标市场的文化背景、法律法规、消费习惯和健康意识，创建具有地域特色的品牌产品，并利用社交媒体和网络平台进行推广，同时与当地药品零售商、中医药诊所建立合作，拓展销售渠道，积极参加国际健康会展，彰显膏方文化和品牌，增强市场影响力，推动中医膏方海外市场高质量发展。

（二）规范制备工艺

国家中医药管理局及多个中医药行业协会一直致力于规范膏方产品的制备工艺，如国家中医药管理局医政司编制了《中医养生保健技术操作规范·膏方》，上海中药行业协会制定了《上海市中药行业定制膏方加工管理规范》等，这些文件均对膏方制作工艺进行了相关规定。为进一步规范中医膏方的临床应用与制备，由江苏省卫生健康委提出并组织实施、江苏省中医药发展研究中

贰 应用实践篇

心牵头起草的江苏省地方标准《中医膏方临床应用与制备工艺规范》（DB32/T 4870—2024）于 2024 年 11 月 18 日正式实施。该标准为膏方领域提供了具有权威性、系统性、可行性的参考依据，将有力促进中医膏方临床应用和制备工艺科学化、规范化，推动膏方产业有序发展。

（三）精准人群定位

膏方产品应精准把握不同人群需求，如适用人群可分为女性、亚健康人群、老年慢性病人群三大类。对女性以养血调经、美容养颜、减重塑形等为核心价值进行膏方配制，对亚健康人群以增强体质、调整睡眠、改善脱发等为核心价值配制膏方产品，对老年慢性病人群在中医辨证基础上使用扶正固本、健脾补肾的膏方。在细分领域方面，可根据不同季节、体质、年龄、职业等进行产品精准定位，形成特色成方产品或在专业人员指导下进行个性化定制，如春季养生膏方、痰湿体质膏方、小儿消积止咳膏方、程序员明目膏方等。针对年轻消费者，需结合现代技术创新膏方剂型，如膏方茶饮、膏方冰激凌、膏方巧克力等，以迎合新时代消费习惯，拓展应用场景，突出产品特色。

（四）传递品牌价值

面对激烈竞争的市场环境，产品的品牌价值尤为重要。要塑造具有影响力的膏方品牌，除了保证产品质量过硬之外，还可通过学术引领、文化传播、媒体推广、康养旅游等路径传递核心价值。2019 年中华中医药学会膏方分会正式成立，为膏方行业发展提供了全国范围内的专业平台，医院及企业可依托学会培养专业人才，积极进行膏方科普，以学术引领助力品牌战略，形成"学术＋品牌"发展新路径。中医膏方有着深厚的文化内涵，近年来膏方节日益盛行，促进了膏方文化的传播，如江浙沪地区在"膏方热"带动下，企业推出的膏方文创产品也受到年轻人的青睐。得益于膏方浓厚的文化背景，大型古装剧也常常植入宫廷膏方等元素，未来还可以在短视频、二次元文化等领域持续发力，打造周边产品，塑造膏方文化及品牌影响力。膏方的价值传递离不开媒体的推广助力，在当今的数字化时代，除了传统的官媒，自媒体已成为商业推广的重要阵地。医院及企业可依托自媒体，通过原生广告、合作推广、粉丝经济、电商导流、广告联盟等多种模式进行品牌推广，拓展膏方市场。国务院《"健康中国 2030"规划纲要》指出，应积极促进健康与养老、旅游、互联网、

健身休闲、食品等产业融合，催生健康新产业、新业态、新模式。医疗旅游是
"文旅＋康养"模式的重要组成部分，可结合知名医疗机构，建立专业的医疗
旅游服务中心，以康养为目标，开发中医膏方医疗主题的旅游线路，满足膏方
消费者的多元化需求。

四、总结与展望

中医膏方是治疗疾病的有效方法，近些年取得了迅猛发展，同时也面临区
域发展不平衡、市场开发不足等挑战，未来可通过拓展市场路径、规范制备工
艺、精准人群定位、传递品牌价值等策略推动膏方产业高质量发展。需要注意
的是，本研究的调查对象以北方心血管疾病人群为主，结论存在一定局限性，
未来仍需进一步拓展地域及研究对象范围，深入探讨中医膏方发展策略。

参考文献

[1] 中国疾病预防控制中心慢性非传染性疾病预防控制中心等.中国死因监测数据
集 –2021[M].北京：中国科学技术出版社，2022：22–26.

[2] 周志伟，贾杨，郑晓虹，等.大健康产业背景下养生膏方产品开发策略研究
[J].中医药管理杂志，2020，38（14）：9–17.

[3] 张蕾，张娟，姜永浩.膏方治疗心系疾病的研究进展 [J].山东中医杂志，2022，
41（9）：1027–1031.

[4] 梁晓.膏滋药的制备、储存及服用注意事项 [J].临床医学研究与实践，2018，3
（28）：115–116.

[5] 汤甜甜.浅谈中药膏方的制备、服用方法及贮存 [J].中国乡村医药，2023，30
（13）：33–34.

[6] 龚鹏，朱抗美，余小萍，等.海派膏方兴盛成因与思考 [J].中医药导报，2016，
22（20）：5–8.

贰 应用实践篇

HB.09 食药物质在膏方防治糖尿病中的应用现状与发展建议

张玉苹① 孙 瑞② 赵云松③ 蔡泽楷④

摘 要：糖尿病的发病率逐年上升，防治糖尿病的需求也随之增长，并且人们对于中医中药的接受度越来越高，越来越多的人开始使用中医中药对糖尿病进行预防和控制，降糖类膏方作为一种传统的中医调养方案，滋补力强，服用方便，口味宜人，在糖尿病的防治中愈加受到关注和认可。食药物质类产品临床运用广泛，作用温和，不良反应少，应用食药物质膏方防治糖尿病具备政策支持与社会需求的双重时代机遇，具有广阔的开发潜力与发展前景，值得政府、企业、高校等多方协同研发推广。

关键词：中医膏方；食药物质；糖尿病；市场现状

《"健康中国 2030"规划纲要》指出：健康是促进人的全面发展的必然要求，是经济社会发展的基础条件。自新时代以来，中国居民健康水平稳步提升，人民群众也越来越追求中医养生以满足对健康的需求。食药物质在糖尿病的治疗方面起到了积极作用，其不仅能够有效降血糖，还能预防、改善糖尿病

① 张玉苹，医学博士，北京中医药大学副教授，副主任医师。主要研究方向：中医养生治未病的传统与现代研究、中医药生活方式的建立与推广。

② 孙瑞，北京中医药大学中医学院研究生，主要研究方向：中医养生治未病的传统与现代研究、中医药生活方式的建立与推广。

③ 赵云松，北京中医药大学中医学院研究生，主要研究方向：中医养生治未病的传统与现代研究、中医药生活方式的建立与推广。

④ 蔡泽楷，北京中医药大学中医学院研究生，主要研究方向：中医养生治未病的传统与现代研究、中医药生活方式的建立与推广。

贰 应用实践篇

并发症，且不良反应小，作用温和。中医膏方作为中医八种剂型之一，具有滋补力强、服用方便、口味上佳的特点。本报告以食药物质膏方防治糖尿病为切入点，研究其目前的产业环境、产业结构、市场现状与应用前景，旨在进一步推动食药物质膏方防治糖尿病的普及推广，提高人民健康素养。

一、产业环境分析

（一）相关政策分析

糖尿病作为一种发病率极高的慢性病，是 21 世纪人类面临的重要挑战。我国慢性病人群总基数在不断扩大[1]，国际糖尿病联盟（IDF）最新研究显示：全球范围内，有 5.37 亿成年人（20～79 岁）患有糖尿病，我国糖尿病患者数量以 1.41 亿人位列全球之最[2]。防治糖尿病已成为我国刻不容缓的时代任务。

党中央、国务院对国民慢性病防控工作给予高度重视，相继颁布了《"健康中国 2030"规划纲要》《关于加强中医药健康服务科技创新的指导意见》等一系列重要文件。顺应时代发展需求，我国丰富的"食药同源"资源宝库亟待充分挖掘利用。食药物质膏方一方面将传统中医理论与现代营养学紧密融合，汲取二者精华；另一方面，把传统食疗配方和现代食品工艺有机结合，发挥各自优势。在此基础上，致力于生产出一类特殊的营养健康食品。这类食品以普通食品的形态作为载体，却具备有效预防和降低慢性病风险的卓越功效，同时还能对人体亚健康状态进行科学调节，助力国民健康水平的提升[3-5]。

在中国，膏方防治慢性疾病具有悠久的历史，蕴含着宝贵的中医思想与养生智慧，在调养慢性病方面具有广泛的应用。并且膏方是一种优良的普通食品形态，具有食用方便的特点，有利于走向市场，更是药食同源物质的上佳载体。在大健康产业环境下，开发糖尿病保健膏方产业，具有巨大的经济效益与社会价值，食药物质膏方产品在糖尿病保健食品行业中具有广阔前景。

（二）医学研究现状分析

1. 基础研究现状分析

自古以来，中医中药典籍中就有大量中草药与中药配方治疗消渴证的记载，食药物质在防治糖尿病及其并发症方面发挥着重要的作用。近年来，对于食药物质降糖的研究日益广泛，研究成果持续增加。研究表明，食药同源及相关字段的文献发文数量整体呈现上升趋势[5]。食药物质防治糖尿病已逐步成为医学界的研究热点。

现代研究表明，具有降糖作用的食药物质中的活性成分主要包括皂苷类、黄酮类、萜类、生物碱和多糖类，目前食药物质降糖基础研究的热点集中在皂苷类、黄酮类与多糖类[6-7]。其中降糖机制已具备相对完善的理论研究，且降糖效用得到了实验研究证实的有①皂苷类如薯蓣皂苷、玉竹总皂苷、人参皂苷、黄芪甲苷Ⅳ等；②黄酮类如沙棘黄酮类化合物、甘草异戊烯基黄酮、罗汉果总黄酮等；③多糖类如海带多糖、麦冬多糖、茯苓多糖等；④萜类如广藿香种子中的萜类化合物等；⑤生物碱如从桑叶中提取分离的I-DNJ生物碱等。

随着基础研究工作逐步深入推进，食药物质在降血糖领域所展现出的抗氧化性能、血糖调控功效，以及在糖脂代谢调节方面的作用，正日益吸引学界与业界的广泛关注。糖尿病发病机制复杂，涉及多种因素相互作用，后续对食药物质降血糖作用的深入研究，仍有着广阔的探索空间，其潜在研究价值与应用潜力亟待挖掘。

2. 临床研究现状分析

从古至今，食疗在中国具有高度地位。如同药物般，食物亦拥有"四气五味"属性。一方面，食物能够供给人体维持正常生理功能所需的各类营养成分；另一方面，在特定情形下，食物还可展现出和药物相近的调养功效。《素问·五常政大论》曰："无毒治病十去其九，谷肉果菜食养尽之，无使过之伤其正也。"可被称为最早的食疗原则。食药物质配方与现代化学药品相比，具有独特优势。食药物质降糖配方中含有多种活性成分，在降血糖的同时，有助于辅助自身生理调节，以有效预防或者延缓糖尿病并发症[7]。食药物质具有以下几方面的特性。其一，在中医药典籍记载范畴内，食药物质有着长期的传统食用历史，且未见任何毒性相关记载。其二，当人们以常规方式食用时，经观察并未发现食药物质对人体健康产生急性、亚急性、慢性损害，或引发其他潜在健康风险。其三，食药物质具有一定程度的营养作用，能为人体补充必要的营养成分。由此可见，食药物质有四种主要特征和功能：安全、营养、保健和治疗作用[8]。现代临床医学实验证实，食药物质兼具药效和营养功能，坚持服用能够有效预防慢性疾病并降低患病风险[9]。

随着大众健康意识的不断提高，膏方在疾病防治领域，尤其是慢性病的调理方面，呈现出显著的流行趋势。糖尿病在中医理论中被归于"消渴"范畴，作为一种慢性代谢性病症，糖尿病需要长期持续的治疗，在糖尿病的综合治疗手段中，饮食干预有着至关重要的地位，特别是针对老年糖尿病患者群体，中医在膳食治疗方案上已有相关研究探索。[10] 药食同源谷物粉作为糖尿病特殊医学用途配方食品，在临床治疗中得到应用[11]。

膏方在糖尿病等慢性病的治疗中具有独特优势。膏方在糖尿病的治疗中，既保留了中药膏方扶正纠偏的作用，又不使患者血糖水平波动过大[12]。膏方凭借自身优势沿用至今，是中医学的宝贵遗产，体现了"防患于未然"的思想，并取得良好的临床疗效。因此，在糖尿病等慢性虚损类疾病的防治中，食药物质膏方具有广阔的应用前景。

（三）食药物质膏方在治疗糖尿病中的优势

1. 食药物质作为原材料，天然无害，适合长期服用

糖尿病属于慢性虚损性疾病，往往需要长期服药以调理体质。食药物质膏方对于糖尿病并发症如糖尿病肾病、糖尿病周围神经病变等，无肝肾损害等副作用，不良反应少。所谓"食借药之力，药助食之功"，食药物质具有食补的优势，相比于现代化学药品，食药物质具有多种活性成分，具备调养作用，且明显无毒副作用，适合长期服用。

2. 膏方剂型：无须煎煮，服用方便，口感更佳

膏方剂型在慢性疾病的调养、治疗上具有独特的优势。食药物质膏方具有药性平和、平补调养的优势。膏方剂型药物浓度高、药性和缓稳定、不良反应少，便于贮藏与长期服用。膏方以动物胶质或木糖醇类收膏，口味清甜，且无升糖弊端，克服了传统中药煎剂口感欠佳的缺点，并且方便携带，无须煎煮，开水冲服即可，患者依从性高[13]。

3. 中医理论优势：辨证调理、专方定制

食药物质膏方以中医药理论为指导，对不同体质、证型的糖尿病患者给予辨证论治，选择合适的食药物质配方。在中医理论指导下，膏方调养围绕治未病的核心理念，在辨证的基础上因时、因人、因地制宜，治病防病相结合。针对不同糖尿病患者的证型特点、体质强弱、阴阳盛衰情况，对各类食药物质的寒热、温凉属性、功能等进行合理搭配，按照君臣佐使等原则配伍制作膏方，

贰 应用实践篇

并可以针对患者的特殊体质或并发症进行专方定制^[13-14]。

二、产业结构及优劣势分析

（一）产业结构分析

大健康产业是一个综合性领域，涉及国民经济及诸多部门，是具有巨大潜力的朝阳产业。以中医药养生理论为指导的保健产品，有望成为中国大健康产业及健康中国战略的重要组成部分。

在大健康产业时代，中医养生膏方与食药物质产品作为具有中医优势特色的中药保健品，蕴含着巨大的经济价值和社会价值，但尚未得到充分开发。随着亚健康和老龄化问题逐渐成为社会常态，人民群众对健康的渴望愈发强烈，健康养生类市场需求也持续增加。银发经济、慢性病管理等领域正逐渐受到高度重视，人们对食药物质膏方的需求也在不断增长。目前，防治糖尿病的膏方主要还是在医院和诊所中开具，市场上的此类膏方产品数量相对较少，然而，医院和诊所等资源相对有限，这为市场产品的发展提供了重要契机^[15]。

食药物质膏方在防治糖尿病等慢性病方面，具有显著的疗效和高度的临床实用价值，且具有较大的市场产品开发潜力。食药物质膏方产品采用现代科学技术进行研发，包括保健食品、功能食品和普通食品等多种形态。目前，市场上已存在一些膏方产品，食药物质膏方产品种类以补益类为主。整体来看，目前市场对养生膏方产品的开发相对有限，中医理论特点不够突出，产品种类较少且同质化严重^[15-17]。食药物质保健品开发方向比较单一，开发利用率较低。2002年原卫生部确定食药物质87种，且后续又添加其他物品，相关学者统计，灵芝、西洋参、人参、葛根、酸枣仁、当归、茯苓、黄芪、阿胶、铁皮石斛、沙棘和黄精，此12种的注册保健产品占总量的76.67%^[5]，可见食药物质产品种类不够丰富，有待进一步开发。

总之，食药物质膏方市场处于起步阶段，目前产业结构尚不健全，导致规模较小，发展相对较慢，是挑战与机遇并存的发展阶段，具有较大的增长空间和发展潜力。

（二）降糖类膏方研发的优势

1. 具备政策支持与社会需求的双重时代机遇

目前，"健康中国"战略为中医药行业发展提供政策支持，中医药健康养生文化相关产业迎来了前所未有的发展机遇。随着人民对健康生活的追求不断提高，医学模式正向"防病保健"转型，人们普遍形成了通过锻炼和健康饮食来预防和治疗疾病的新观念，健康生活意识发生了显著转变，越来越多的人开始重视健康养生，关注如何防治亚健康与慢性病。食药物质膏方作为中药养生保健的特色产品，面临着国家政策支持和社会需求的双重机遇。

2. 具有中医药独特的理论与技术优势

中医药文化博大精深，是打开中华文明宝库的钥匙。中医药在防治亚健康与慢性病中具有独特优势，中医养生治未病理念，以及天人相应、辨证论治、四气五味、君臣佐使配伍等养生用药思想，有着巨大的挖掘潜力。另外，古籍中的经典名方等药物配方、膏方制作、食药加工炮制技术等，都是先辈留下的宝贵遗产。这些养生理论及经典技术，经过千百年劳动人民的反复实践验证，疗效确切且安全性高[18]。我们应当重视对中医药理念与技术的运用，在食药物质膏方市场领域进行创造性转化与创新性发展。

3. 具有广阔开发潜力与发展前景

随着人们对亚健康问题认知的提升、对糖尿病等慢性病的防治意识的增强，食药物质膏方产品在防治糖尿病等慢性病领域开始展现出独特优势，此类产品具有广阔的市场增长空间和发展潜力。目前此类市场正处于蓝海地带，以食药养生保健理念为指导的膏方产品、保健品产业，也将在我国大健康产业中占有一席之地。

（三）降糖类膏方研发的不足

1. 研究基础薄弱，产学研合作断层

目前，食药物质降糖产品的研究大多仍局限于动物实验层面，临床试验的开展较为稀缺。各类食药物质降糖活性成分的具体作用机制、食药物质与中医证型对应关系的研究尚不完善。企业在基础研究领域的投入相对缺乏，使得产品技术水平不高，同质化严重，产品生命周期短暂。产学研合作交流存在断层，企业、高校、市场等各方合作交流不足，在科技成果转化方面难以落实，阻碍了产业技术的创新发展[19]。

2. 工艺转化不力，产品开发局限

食药物质膏方产品的工艺转化不力，限制了先进加工技术（如提取、纯化、精制等）在产品上的应用，阻碍了产品附加值的提升；制作工艺缺乏统一规范，使得产品质量参差不齐。在产品开发层面，目前市场上食药物质膏方的中医理论特色不够鲜明，对经典成方的开发利用较为匮乏；产品种类相对单一，同质化问题严重，难以满足市场多元化的需求[19-20]。

3. 行业法律法规不完善，市场乱象丛生

目前食药物质膏方产品的制作、生产法规体系不健全，制约了产业的发展。膏方产品缺乏临床试验和明确的服用方法、有效期等行业规范，且由于食药物质膏方具有食品的特性，市场上各类企业、机构、手工作坊纷纷生产同质化产品，使得产品质量参差不齐、食品安全检测不达标等，造成了市场乱象，影响了消费者的权益与安全。并且，夸大宣传、宣传保健品疗效、虚假宣传等违规宣传的现象时有发生。市场规章制度不健全、生产不规范、监管力度不足，这些都制约了食药物质膏方产业的发展[21-22]。

三、降糖类膏方在糖尿病防治中的市场分析

（一）市场需求前景广阔

中国糖尿病患者众多，糖尿病的防治市场容量大，降糖类膏方的市场需求大。随着人们生活水平和健康意识的普遍提高，人们对中医中药的接受度越来越高。越来越多的人开始关注糖尿病的预防和控制，降糖类膏方作为一种绿色且安全的中医治疗方案，在糖尿病的防治中愈加受到关注和认可。全球糖尿病患病人数持续增加，中国糖尿病患者人数位居全球第一，中国糖尿病患病率高，患者基数大，且呈不断增长的态势，庞大的糖尿病患者数量使中国降糖类药物的市场规模不断扩大，绿色安全的降糖类膏方的市场需求也随之扩大[23-24]。

（二）行业现状

降糖类膏方产品具有疗效显著、操作简便、绿色安全、可个性化定制等优

点，能更好地满足糖尿病患者的需求。但值得注意的是，市场现有的降糖类膏方并不能很好地满足患者需求，相关产业的发展有待加强。

1. 产品特点

降糖类膏方具有低糖且疗效综合的特点，适用于不同阶段的糖尿病患者，并且在制备过程中注重安全性与科学性。

（1）兼顾降糖功能和整体调理功能　为了满足糖尿病患者的需求，许多降糖类膏方采用无糖或低糖设计，配制膏方时既不加糖类也不加甜味剂等添加剂，也避免使用甘草、大枣、龙眼肉等含糖较高的食药物质，以保证膏方的降糖效果。降糖类膏方对于糖尿病患者的调理是综合性的，其组方原则符合中医学的整体观。降糖类膏方不仅具有降糖作用，而且注重调理身体的整体功能，通过补气养血、调和阴阳等来改善糖尿病患者体质[25]。

（2）个性化定制兼顾多阶段调理　降糖类膏方的组方原则符合中医的辨证论治原则，组方用药强调辨证论治，可根据糖尿病患者病情发展的不同阶段予以个性化调理，强调一人一方、一证一方、辨证施治，这使得降糖类膏方在糖尿病防治中更具有灵活性和针对性。

（3）制备工艺安全且科学　膏方历史悠久，其制备工艺随着科技的发展不断完善。传统膏方与现代科技不断结合，形成了完善的制作流程、严格的质量控制标准、先进的技术手段、科学的制备工艺，确保了降糖类膏方的安全性与有效性[26]。

2. 产品类型

目前市场上的降糖类膏方主要分为定制膏与成品膏两大类。

（1）定制膏　此类膏方主要是根据医疗机构开具的中药处方制作而成，该处方是中医医院或中医诊所的医生根据患者具体情况开具的具有针对性治疗作用的膏药处方。定制膏方产品个性化程度高、针对性强、疗效显著，但制作难度大，难以普及，且具体疗效与医生的临床水平关系密切，临床疗效差异较大。

（2）成品膏　此类产品是由企业或医院等机构选取一些组成简单而疗效确切的膏方，按一定的制备工艺批量生产加工而成的膏剂。该类产品大多组成简单、功效单一，适用范围较广，但功效轻微，起效缓慢，常以中成药或保健品的形式销售。

3. 目标群体

降糖类膏方的目标群体包括糖尿病患者及其家属、高血糖高危人群、糖尿病并发症患者、糖尿病伴随症状患者等。糖尿病患者及其家属对改善血糖水平有较高的需求，降糖类膏方可帮助糖尿病患者以及高血糖高危人群改善血糖水平。降糖类膏方具有整体调治和个性化定制的特点，既可以帮助糖尿病并发症患者改善血糖水平，也可同时改善患者的各种并发症。对糖尿病伴随症状患者而言，降糖类膏方可帮助改善其身体状态，缓解各种不适症状。

4. 营销方式

降糖类膏方的营销方式有多种，包括但不限于传统渠道营销、电商平台营销和社交媒体营销等，根据产品类型与目标群体的不同可有多种选择。

（1）传统渠道 传统渠道营销包括医院、诊所、药店等，这类营销渠道主要营销定制膏方，可根据消费者的具体需要和反馈灵活调整膏方组成，目标群体以糖尿病患者及糖尿病并发症患者为主。

（2）线上渠道 线上电商平台营销与社交媒体营销的目标群体较为广泛。线上电商平台营销以营销疗效确切且适用范围较广的食药物质降糖类膏方为主；社交媒体营销通过发布产品介绍、使用说明、健康知识等内容进行产品营销，除了营销产品外，还能起到健康宣传的作用。

5. 行业发展存在的问题及建议

（1）品牌意识不强 市场上存在不少知名的中药企业和品牌，这些企业通过研发和生产各种膏方来占据市场份额，比如胡庆余堂、同仁堂、方回春堂等。受中医热、养生热的影响，目前膏方市场上存在许多养生类膏方，众多中医药老字号企业及各种小规模膏方作坊均致力于开发各种补益类养生膏方，例如补脾益肾类、补气养血类、安神益智类等，较少研究降糖类膏方，以至于目前市面上无强势的降糖类膏方品牌[15]。综合来看，现阶段降糖类膏方在市场产品开发层面存在着明显的局限性。其一，该类膏方在产品特性上，未能充分展现出中医理论的独特优势；其二，从产品丰富度考量，降糖类膏方的品类相对单一。从产品研发的专业视角深入分析，降糖类膏方市场仍处于待挖掘的状态，蕴含着巨大的市场拓展空间与强劲的发展潜能。这不仅意味着该领域有着可观的增长前景，更表明在未来的医药健康市场中，降糖类膏方是极具潜力的细分板块，值得各方投入更多资源进行深度开发与探索。

（2）经典膏方配方开发不足 降糖类膏方在临床运用广泛，许多临床工作者探索并总结了许多行之有效的治疗糖尿病及其并发症的膏方，如糖肾平膏方可有效改善糖尿病肾病患者的肾功能，益气通络清热膏方可治疗2型糖尿病动脉粥样硬化等[13]，但由于缺少大规模的临床试验及相关实验研究数据的支持，许多行之有效的降糖类膏方未能普及。鉴于此，可结合临床开展研究，针对糖尿病患者不同阶段的表现，研制有针对性的降糖类膏方，根据临床反馈挑选出疗效显著的膏方，并据此开展大规模的临床试验及相关实验研究，以科研数据为支撑，打造具有代表性的降糖类膏方产品。

（3）消费者认知度不足　随着国家政策的支持和人们健康意识的提高，各种疾病患者对中医药的接受程度越来越高，中医膏方在糖尿病的治疗中也受到越来越多的关注。但由于缺乏相关的专业理论知识，大多数糖尿病患者对降糖类膏方的理解较为粗浅，对于不同膏方的功效和适用范围认知不足，这造成了众多糖尿病患者及其家属对降糖类膏方的盲目选择，找诊所、药店开方或自己找降糖类膏方的现象比比皆是。然而，开方单位和开方人员资质混乱，消费者在购买和使用降糖类膏方时缺乏专业的指导，使得降糖类膏方的疗效大打折扣，造成了中药资源的极大浪费，也损害了该行业的声誉。针对这样的乱象，相关管理部门及单位应加强健康教育和宣传，制定相应的管理政策，对相关从业单位及人员的资质进行规范管理，统一行业准入门槛。

（4）膏方质量水平参差不齐　虽然中医膏方的制作已有科学且安全的制备工艺和严格的质量控制标准，但中医膏方制作工艺比较繁复，制作时间较长，质量不易控制，难免会有厂商为了节约成本而偷工减料。目前对于膏方加工的监管尚有欠缺，市场上存在的降糖类膏方产品一部分出自知名中药老字号企业，其质量可以保证，但部分膏方制作单位或私人手工作坊的制作工艺不规范，产品良莠不齐，其用药、制作工艺和成品质量则难以保证[27]。建议加强对中药膏方生产、制作和使用过程的质量监管。

（5）专业人才缺乏　任何一个产业的发展都离不开相关专业人才的培养，降糖类膏方产业的人才建设是推动该产业健康持续发展的关键所在。当前，降糖类膏方产业的从业人员专业素质参差不齐，阻碍了产业的发展。近年来，随着降糖类膏方市场的不断扩大，相关人才的培养也得到了高度重视。相关的人员培训标准有《膏方人员培训基本要求》《中医膏方临床应用与制备工艺规范》等，一些企业、高校和医疗机构也在积极合作，力争做好战略人才储备，例如山东东阿阿胶股份有限公司曾与中国中药协会、中华中医药学会、103家治未病中医院等单位合作，开展了为期三年的"中医膏方人才培养计划"[21]。然而，尽管经过诸多努力，降糖类膏方产业的人才储备仍难以满足降糖类膏方产业需求的发展，为进一步加强相关专业人才的培养，须进一步完善人才培养机制，同时须加强企业与高等院校、医疗机构的合作，共同建设降糖类膏方产品研发与制作的实训基地，加强职业教育和技能培训，全面提升从业人员的专业素养，从而推动降糖类膏方产业的健康发展。

（三）未来趋势

预计降糖类膏方市场将持续增长，降糖类膏方产品将更加多样化和个性化，以满足不同目标群体的需求。同时，行业内的整合和优胜劣汰将进一步加剧，品牌和质量将成为企业竞争的关键。总体而言，降糖类膏方在中国具有巨大的发展潜力和市场需求。然而，由于市场竞争激烈且缺乏强势品牌，企业应注重技术创新和品牌建设，以抓住市场机遇并规避潜在风险。未来几年，随着糖尿病患者数量的增加和消费者健康意识的提升，降糖类膏方市场有望迎来更广阔的发展空间。

四、应用前景与发展建议

（一）食药物质膏方治疗糖尿病的应用前景

1. 市场需求增长

随着全球糖尿病发病率的逐年上升，糖尿病患者的数量不断增加，防治糖尿病的需求也随之增长。国际糖尿病联盟（IDF）在 2021 年 12 月公布的《全球糖尿病地图（第 10 版）》中统计，2021 年，20～79 岁的成年人中有 5.37亿（10.5%）糖尿病患者，即每 10 个人中就有 1 个糖尿病患者，糖尿病患者总人数预计到 2030 年将增至 6.43 亿（11.3%），到 2045 年将增至 7.83 亿（12.2%）[28]。近年来，大众生活品质持续提升，健康观念愈发深入人心。在此背景下，患者群体对治疗方案的期望不断提高，他们不再满足于常规治疗模式，转而积极探寻兼具个性化特质与确切安全有效性的新型治疗手段。在这样的趋势下，中医凭借其独特的理论体系、丰富的治疗方法及温和的调理特性，逐渐在众多治疗选择中崭露头角，赢得了广大民众的认可与青睐，成为医疗健康领域备受瞩目的焦点。中医膏方作为中医八种剂型中的一种，有着安全、有效、好入口且滋补作用佳的特点，其市场具有巨大的潜力。

2. 疗效显著且个性化

食药物质膏方在治疗糖尿病方面展现出独特的优势。在中医理论架构内，膏方作为一种特殊成药，集高级营养调养、疾病防治等多重功效于一体。在临床实践过程中，医师依据辨证论治这一核心原则，全面剖析每位患者独特的体质特征及具体病情状况，精心拟定极具针对性的治疗方案。随后，基于该方案精准筛选适配药物，经严谨工艺制成膏方，用以开展对患者的精准治疗。制成的膏方相比于一般汤药而言更易服用与保存。多项临床研究已证实，中医膏方在降低血糖、改善胰岛素抵抗、调节血脂等方面具有显著疗效，且安全性高，副作用小，还能够改善患者整体功能，增强免疫力。

3. 国家政策支持与推动

近年来，国家出台了一系列政策，加强糖尿病等慢性病的防治工作。这些政策为中医膏方的发展提供了良好的政策环境。2024 年 7 月发布的《健康中国行动——糖尿病防治行动实施方案（2024—2030 年）》就明确提出要加强中西医结合，发挥中医药独特作用[28]，强调了要提升中医药防治糖尿病能力及强化糖尿病中医药预防及早期干预。

（二）食药物质膏方防治糖尿病的市场发展建议

1. 加强基础研究

深入研究中医膏方的药效物质基础、作用机制等基础问题，为临床应用提供科学依据。同时，加强与其他学科的交叉融合，推动中医膏方的创新发展。

2. 完善临床研究

大力推进大样本、多中心、随机对照的临床试验。借助这类试验全面验证中医膏方治疗糖尿病的疗效与安全性。同时，建立规范的疗效评价体系和质量控制标准，确保临床研究的科学性和可靠性。

3. 规范临床应用

制定中医膏方在糖尿病治疗中的临床应用指南和标准操作规程（SOP），规范其制备、质量控制和临床应用等环节。加强对临床医生的培训和指导，提高其使用中医膏方的能力和水平。

4. 加强创新研发

鼓励企业和科研机构加强合作，开展中医膏方在糖尿病治疗中的创新研发工作。利用现代科技手段筛选和发现新的中药成分和靶点，为中医膏方的研发

贰　应用实践篇

提供新的思路和方法。

5. 推广个性化治疗

充分利用中医膏方个性化治疗的优势，根据患者的具体情况制订个性化的治疗方案。通过提高患者的参与度和满意度，进一步推动中医膏方的临床应用。开发 App 以记录患者的每日血糖情况，根据患者当下情况定制服用量和服用时间。

6. 关注患者反馈

建立患者反馈机制，及时了解患者在使用中医膏方过程中的体验和效果，着重观察患者的血糖变化情况。根据患者的反馈意见不断改进和优化治疗方案，提高治疗效果和患者的满意度。

7. 推动产业化发展

推动食药物质膏方的产业化发展，建立完善的产业链和供应链体系。通过优化生产工艺、提高产品质量、降低生产成本等措施，提高中医膏方的市场竞争力。

综上所述，食药物质膏方治疗糖尿病的应用前景广阔，但仍需加强基础研究、完善临床研究、规范临床应用、加强创新研发、推广个性化治疗、关注患者反馈、推动产业化发展。

五、总结

食药物质的临床疗效确切，作用温和，且不良反应少。膏方在糖尿病等慢性病的治疗中具有独特优势，且膏方剂型无须煎煮，服用方便，口感上佳。因此，在糖尿病等慢性虚损类疾病的防治和推广上，食药物质膏方具有广阔的应用前景，产品开发空间巨大。但仍需加强基础研究和临床研究，规范临床应用，促进产学研合作，提高工艺转化，加强创新研发，并且需要政府有关部门完善相关行业法律法规，营造更好的市场环境。

参考文献

[1] 国家卫生健康委疾病预防控制局 . 中国居民营养与慢性病状况报告（2020）

[M]. 北京：人民卫生出版社，2022：73-74.

[2] IDF Diabetes Atlas 2022 Reports [EB/OL].[2023-03-01].https：//diabetesatlas.org/.

[3] 中共中央　国务院印发《"健康中国 2030"规划纲要》国务院公报〔2016〕
32 号.

[4] 国家中医药管理局科技部关于印发《关于加强中医药健康服务科技创新的指导
意见》国中医药科技发〔2018〕10 号.

[5] 余强，郑冰，聂少平，等."食药同源"食品产业现状与发展趋势浅析 [J]. 中
国食品学报，2023，23（9）：1-11.

[6] 郝莉雨. 辅助降血糖药食同源类药材古今应用情况调查及活性初探 [D]. 北京：
北京中医药大学，2021.

[7] 杨艳，韦炎龙，方峰. 药食同源中药的生物活性成分降血糖作用的研究进展
[J]. 中医临床研究，2020，12（36）：57-59.

[8] 贾慧杰. 我国药食同源的发展与应用概况分析 [J]. 现代食品，2022，28（4）：
33-35.

[9] 蒋清. 中医食疗应用于糖尿病治疗的临床疗效研究 [J]. 糖尿病新世界，2017，
20（11）：37-38.

[10] 徐聆. 老年糖尿病患者中医膳食方案构建研究 [D]. 长沙：湖南中医药大学，
2022.

[11] 王玉香，路英丽，吴美巧，等. 药食同源谷物粉治疗糖尿病性周围神经病变
的效果 [J]. 中国老年学杂志，2018，38（5）：1072-1073.

[12] 慕容蕴妍，莫泳榆，陈丽丽，等. 膏方在糖尿病肾病的临床运用概述 [J]. 中国
中医药现代远程教育，2024，22（19）：81-84.

[13] 赵亚，张勉之，范军，等. 中药膏方临床应用研究进展 [J]. 中国城乡企业卫
生，2024，39（6）：40-42.

[14] 王文娟，邓鑫，蒲蔚荣，等. 以文献指导青海地区医者开具糖尿病患者膏方
的辨证思路 [J]. 青海医药杂志，2021，51（11）：61-64.

[15] 周志伟，贾杨，郑晓虹，等. 大健康产业背景下养生膏方产品开发策略研究
[J]. 中医药管理杂志，2020，38（14）：9-17.

[16] 王玲. 关于促进药食同源产业发展的几点思考 [J]. 中国新药杂志，2017，26
（15）：1755-1757.

[17] 李红，王旭太，战捷. 弘扬中医药文化　论食药物质在传承与开放中的创新

发展 [J]. 中国卫生监督杂志，2020，27（4）：311-314.

[18] 杨明，胡彦君，王雅琪，等. 基于中医药理论与优势的中药保健产品设计思路 [J]. 中草药，2017，48（3）：419-423.

[19] 程建明，薛峰，张云羽，等. 药食同源产品研发现状、技术关键与对策 [J]. 南京中医药大学学报，2023，39（9）：814-826.

[20] 姜泽稳. 药食同源视角下保健食品研发探究 [J]. 食品安全导刊，2022（13）：138-140.

[21] 向佳. 中医膏方产业亟待规范 [N]. 中国中医药报，2010-11-12（7）.

[22] 邵振，祝龙，田侃. 药食同源食品监管的法律依据探讨 [J]. 中国卫生法制，2013，21（2）：26.

[23] 杨文英. 中国糖尿病的流行特点及变化趋势 [J]. 中国科学：生命科学，2018，48（8）：812-819.

[24] 孟继娴，刘蕾，甄紫伊，等. 2 型糖尿病患者糖尿病肾病发生风险预测模型的研究进展 [J]. 沈阳医学院学报，2023，25（5）：525-528，534.

[25] 徐蓉娟. 脾肾同治，阴阳互根：糖尿病肾病膏方治验 [C]// 中国中西医结合学会内分泌专业委员会. 首届国际中西医结合内分泌代谢病学术大会暨糖尿病论坛论文集. 北京：中国中西医结合学会，2008：275-276.

[26] 黄雨威，张义生，徐惠芳，等. 膏方制备工艺与质量标准研究 [J]. 中国药房，2017，28（22）：3157-3160.

[27] 朱整明. 中药膏方市场存在的问题与对策建议 [J]. 中医药导报，2015，21（14）：52，55.

[28] 国家卫生健康委员会. 关于印发健康中国行动——糖尿病防治行动实施方案（2024—2030 年）的通知 [EB/OL].（2024-07-15）[2024-07-29]. http://www.nhc.gov.cn/cms-search/xxgk/getManuscriptXxgk.htm?id=d62d21920a18431fa9d6cf7e84316bfb.

HB.10 肿瘤中医膏方应用现状分析与应用前景

王丽新[①]　顾　瞻[②]　衡永青[③]　苏明亮[④]　沙巴吐拉·艾斯卡[⑤]

摘　要：肿瘤已成为我国致死率最高的疾病之一，其发病率和死亡率仍呈持续上升趋势。在此背景下，作为最具中医特色的治疗方式，膏方在恶性肿瘤防治全过程中发挥着重要作用，贯穿"未病先防"的预防阶段、"既病防变"的治疗阶段及"病后康复"的调养阶段，其减毒增效的疗效确切。本报告主要讲述膏方在肿瘤领域的应用现状，包括膏方治疗肿瘤的特色优势，膏方在胸部肿瘤、消化道肿瘤和其他类型肿瘤治疗中的应用，分析膏方在肿瘤领域应用存在的主要问题，并对膏方防治肿瘤的应用前景进行展望。

关键词：膏方；肿瘤；中医药

近年来，随着社会经济的高速发展，环境、饮食、生活方式等不断发生变化，恶性肿瘤的发病率持续增高，已成为我国病死率最高的疾病之一，且其发病率和死亡率还在逐步上升。恶性肿瘤不仅严重威胁人民群众的生命安全，更

---

① 王丽新，女，医学博士，同济大学附属上海市肺科医院中西医结合科主任医师，研究方向：中西医结合防治肿瘤。

② 顾瞻，男，医学博士，同济大学附属上海市肺科医院中西医结合科主治医师，研究方向：中西医结合防治肿瘤。

③ 衡永青，女，医学博士，同济大学附属上海市肺科医院中西医结合科主治医师，研究方向：中西医结合防治肿瘤。

④ 苏明亮，男，同济大学附属上海市肺科医院中西医结合科研究生，研究方向：中西医结合防治肿瘤。

⑤ 沙巴吐拉·艾斯卡，男，同济大学附属上海市肺科医院中西医结合科研究生，研究方向：中西医结合防治肿瘤。

179

给社会经济带来沉重的负担。虽然当前手术、化疗、放疗、靶向治疗、免疫治疗、介入治疗等多种西医治疗手段大幅延长了恶性肿瘤患者的生存期，有效改善了患者的预后，但仍然存在复发转移、骨髓抑制、药物毒副作用较大及患者不能耐受等诸多问题。作为我国的传统医学，中医药在恶性肿瘤防治领域的应用逐渐受到重视，近年来的各项临床研究和基础研究均证实中医药在预防肿瘤的发生、控制肿瘤的复发和转移、改善骨髓抑制、减轻胃肠道毒副作用、增强免疫力及改善症状等诸多方面具有确切疗效，值得在临床广泛应用。膏方是中医药的一种特殊剂型，是最能集中体现中医特色治疗的方式之一。膏方以辨证为基础，组方严谨，具有营养、滋补、预防、治疗的综合作用，融治病与养生为一体，其在恶性肿瘤的未病先防、既病防变、病后康复等全程均可应用，减毒增效疗效确切。本文主要介绍膏方在恶性肿瘤领域的应用现状、存在的问题及应用前景。

一、膏方在肿瘤领域的应用现状

（一）膏方治疗肿瘤的特色优势

中医认为，肿瘤的病因病机在于本虚标实、正虚邪实，具体表现为正气虚弱，外邪乘之，导致脏腑气血阴阳失调，出现气滞血瘀、痰湿结聚、热毒内蕴等病理变化，化生癌毒，日久形成积块。肿瘤的治疗在于扶正祛邪。扶正即培补正气，调节机体的阴阳、气血和脏腑经络的生理功能，以充分发挥机体内在的抗病能力，抑制肿瘤的生长，缓解病情甚至治愈肿瘤；祛邪即通过行气活血、化瘀散结、祛痰化湿、解毒消癥等治法抗癌散结，消除肿瘤。

膏方个体性强，组方灵活，补中寓治，治中寓补，补治结合，能够发挥稳定持久的疗效。针对恶性肿瘤，膏方具有的独特优势包括剂型优势明显、组方特色鲜明、疗效全面，能够贯穿中医药抗肿瘤的治疗全程。膏方在肿瘤未病先防中"培元"，在肿瘤既病防变中"保元"，在肿瘤病后康复中"复元"，具有调、补、防、治四大功效[1]。中医临床和相关科学研究均证实，膏方能够应用于肿瘤的术后、化疗、放疗、靶向治疗、免疫治疗、介入治疗等方面，并且可以应用于各类型的肿瘤。如今，膏方已被广泛应用于恶性肿瘤的临床治疗实践中，近20年来，在中国知网、维普、中国生物医学文献数据库等平台已收录相关学术文献 200 余篇，且研究地域分布广泛、涉及肿瘤类型分布全面、膏方治疗贯穿全程。

（二）膏方治疗肿瘤的具体应用

1. 膏方在胸部肿瘤治疗中的应用

我们检索中国知网，发现膏方应用于肺癌的相关文献共有 20 余条，发表时间范围为 2008—2024 年，文献来源地域主要是在上海、浙江、广东、山东、甘肃、陕西、新疆等地，研究类型包括基础研究、临床试验、用药规律、医案报道、名医经验等。膏方治疗肺癌的优势主要集中在抑制肺癌复发转移、提高患者生存质量、延长生存期、提高机体免疫力、降低血清血管内皮生长因子（VEGF）水平及改善症状等方面。

上海中医药大学附属龙华医院的一项研究表明，肺岩宁膏方能够明显提高 Lewis 肺癌荷瘤小鼠的免疫功能，对 Lewis 肺癌转移有一定的抑制作用[2]。广州中医药大学第一附属医院针对协定膏方健脾生髓膏方开展临床研究，发现健脾生髓膏方能够在一定程度上延缓化疗后外周血相关指标（白细胞、中性粒细胞、血红蛋白、血小板）的下降速度和幅度，降低化疗后骨髓抑制的发生率，且能够改善化疗引起的癌因性疲乏，提高患者的生存质量[3]。广州中医药大学开展的益气养血补髓膏治疗肺癌虚证患者癌因性疲乏的疗效观察显示，治疗后的膏方组患者在气虚评分、血虚评分及中医证候总评分，行为、情绪、感觉、认知等各维度评分及总分，血红蛋白及红细胞水平等方面的表现均优于对照组，提示益气养血补髓膏对肺癌虚证患者的癌因性疲乏有一定的疗效，且安全性良好[4]。甘肃中医药大学的临床研究显示，归芪益元膏联合吉非替尼及放疗治疗晚期肺腺癌气阴两虚证的临床疗效显著，可明显改善患者的预后，延长患者生存期，值得临床进一步推广应用[5]。凌昌全运用膏方治疗肺癌术后的患者，认为其辨证属肺阴不足，处膏方以益胃汤加减，发挥滋阴润肺、止咳化痰、益气固表的功效[6]。奚肇庆善于以膏方调治肺癌，临证注重三焦辨证，认为肺癌初期以肺系症状明显者，膏方遣方用药应轻灵流动、宣通透邪，常选用防风、桑叶、桔梗、辛夷等，而少用滋腻大补、大苦大寒等药；肺癌中晚期或者放化疗术后，脾胃受损症状明显，选药则多平和，如党参、茯苓、薏苡仁、山药、石斛等；若病久及肾，下焦症状明显，用药可适当峻猛，常用人参、牛膝、黄精、熟地黄、补骨脂、蜈蚣等，亦可适当加用重镇之性矿物类药[7]。张伟则认为肺癌患者手术、放疗、化疗之后，常表现为气血不足，脾胃之气耗伤，化源不足，在配制膏方时，常在辨证论治的基础上加用蛤蚧扶正，兼用蜈蚣、守宫等消积解毒之品，使正气渐旺，气血渐生，不但能改善患者生活质量及预防放疗、化疗的副作用，还有很好的抗癌作用，在预防肿瘤转移等方面具有良好的疗效[8]。

膏方应用于食管癌的相关文献共查找出 1 条，发表于 2022 年。河南中医药大学对 64 例 IV 期脾肾两虚型食管鳞癌化疗患者开展临床疗效观察，发现化疗联合丹鹿膏组在改善患者吞咽梗阻、泛吐黏条、倦怠乏力、腰膝酸软等症状方面的疗效优于化疗组，能够显著改善患者的体力及生活质量，并能增强免疫功能（如 CD^{3+} 细胞比率、CD^{4+} 细胞比率、Th/Ts 优于化疗组），还可减轻化疗所致的骨髓抑制、恶心呕吐等毒副作用，且不增加肝肾功能损害[9]。

2. 膏方在消化道肿瘤治疗中的应用

膏方应用于肝癌的相关文献共查找出 20 余条，发表时间范围为 2003—2021 年，文献来源的地域分布主要是浙江、广东、广西、福建、湖南、河北等地，研究类型包括基础研究、临床试验、用药规律、医案报道、名医经验等。膏方治疗肝癌的优势主要集中在增强免疫力、减毒增效、改善症状、延长生存期等方面。福建医科大学孟超肝胆医院运用自主研发的扶正消积膏治疗肝癌，发现其能够在原发性肝癌的不同治疗阶段中发挥良好的辅助作用，可与其他治疗手段协同运用于肝癌的各个病理阶段，可达到减毒增效的治疗目的[10]。有学者探索膏方治疗原发性肝癌的用药规律，发现除膏方所需的辅料外，共涉及药物 100 余味，其中补虚药使用率最高，其次是活血化瘀药、清热解毒药、利水渗湿药，再次是化痰药、解表药、消食药、化湿药[11]。有研究人员建立人肝癌细胞移植裸鼠模型，发现琼玉膏可以减缓肿瘤的生长，并抑制 HBxAg 的表达，后者可能是琼玉膏防治原发性肝癌的主要机制之一[12]。广西中医药大学开展的临床研究发现，养阴解毒化瘀膏联合射波刀治疗原发性肝癌在提高患者生活质量及降低射波刀治疗后不良反应发生率等方面优势显著，且安全可靠，疗效可观，具有临床推广价值[13]。还有研究通过观察膏方调理肝癌射波刀治疗术后患者的临床疗效，发现膏方疗效确切，可明显改善患者的生活质量，减少射波刀治疗后的不良反应，并提高患者的 1 年生存率[14]。

膏方应用于胃癌的相关文献共查找出 10 余条，发表时间范围为 1995—2022 年，文献来源的地域分布主要是江苏、浙江、上海、湖北、广东、江西、湖南、山东等地，研究类型包括基础研究、临床试验、用药规律、医案报道、名医经验等。膏方治疗胃癌的优势主要集中在增强免疫力、减毒增效、改善中医证候、改善贫血、提高生活质量、延长生存期等方面。一项临床试验发现，健脾养胃膏联合甲地孕酮能改善脾肾亏虚型中晚期胃癌伴恶病质患者的营养状况，提高胃蛋白酶原、T淋巴细胞水平，降低血清炎性指标，从而提高患者生活质量[15]。湖南中医药大学的临床研究发现，益气复元膏联合 mFOLFOX6 方案化疗治疗晚期胃癌脾气虚证患者，可改善其中医临床证候，提高生活质量，并减少骨髓抑制和恶心呕吐的发生[16]。单兆伟擅长用膏方调治胃癌术后患者，其治疗胃癌的膏方以补益心脾和补肾为两大治疗法则，阴阳并补、气血双补思路贯穿全方，滋补之中不忘促脾胃运化以增强药物疗效，膏方可改善胃癌术后症状，增强体质[17]。

膏方应用于肠癌的相关文献共查找出 10 余条，发表时间范围为 2010—2023 年，文献来源的地域分布主要是北京、福建、湖南、广东、广西、四川等地，研究类型包括基础研究、临床试验、用药规律、医案报道、名医经验等。膏方治疗肠癌的优势主要集中在增强免疫、减毒增效、改善术后症状、改善贫血、改善证候、减少癌因性疲乏、提高生存质量等方面。安徽中医药大学开展的临床试验发现，补血养荣膏方可有效改善胃肠道肿瘤合并轻中度贫血患者的贫血指标，提高生存质量，改善气血亏虚的中医症状和体征，且安全性良好[18]。广州中医药大学的研究发现，健脾生髓膏治疗结直肠癌癌因性疲乏有明确的临床疗效，其潜在作用机制与减缓氧化应激反应和线粒体损伤、阻止骨骼肌细胞凋亡等方面相关，而 AMPK-Sirtl 通路和 HIF-1 通路可能是健脾生髓膏发挥药效的主要途径[19]。福建中医药大学附属人民医院的制剂扶正抗癌膏联合化疗治疗大肠癌，能降低大肠癌化疗后骨髓抑制发生率，改善疲乏，增强肠癌患者免疫力[20]。

膏方应用于胰腺癌的相关文献共查找出 1 条，发表于 2019 年，研究人员观察琼玉膏对胰腺癌小鼠吉西他滨化疗的增效减毒作用，并探讨其可能机制，通过皮下接种建立胰腺癌小鼠移植瘤模型，发现琼玉膏可能通过调节 T 细胞亚群平衡对胰腺癌起到一定的治疗作用，并对吉西他滨化疗产生一定的增效减毒作用[21]。

3. 膏方在其他类型肿瘤治疗中的应用

膏方应用于乳腺癌的相关文献共查找出 10 余条，发表时间范围为 2008—

2024 年，文献来源的地域分布主要是上海、山东、浙江、新疆、福建、湖南、河北等地，研究类型包括基础研究、临床试验、医案报道、名医经验等。膏方治疗乳腺癌的优势主要集中在增强免疫力、调节内分泌、改善症状、延长生存期等方面。傅汝林强调分阶段辨治乳腺癌，在围手术阶段、术后辅助治疗阶段、维持治疗阶段都需先辨明病因、病位、病性、病势，再灵活运用中药制作有效个体化膏方调治[22]。陈红风运用膏方以扶正培本法治疗乳腺癌术后患者，认为膏方可以改善患者体质、减轻其他治疗及药物毒副作用引起的不良反应，提高生存质量及生存率[23]。一项临床研究通过观察归脾汤加味膏方治疗三阴性乳腺癌的疗效，发现服用膏方患者生活质量明显提高，膏方降低了乳腺癌术后 3 年复发转移率，延长了无病生存期，提高了患者总生存率[24]。

膏方应用于甲状腺癌的相关文献共查找出 5 条，发表时间范围为 2011—2020 年，文献来源的地域分布主要是浙江、湖北、辽宁、甘肃等地，研究类型包括基础研究、临床试验、医案报道、名医经验等。膏方治疗甲状腺癌的优势主要集中在增强免疫力、改善症状、调节内分泌、抗炎抗癌等方面。唐汉钧认为膏方可以调治桥本氏甲状腺炎、结节性甲状腺肿、甲状腺癌术后等各类甲状腺疾病，增强免疫力，预防复发，提高西药疗效，降低不良反应[25]。还有学者也认为运用膏方治疗分化型甲状腺癌术后能有效改善不适症状，降低复发率，减少西药带来的不良反应[26]。

膏方在其他各类肿瘤的治疗中亦有应用。2013 年山东淄博一医院采用膏方治疗急性白血病，认为急性白血病患者化疗期间配合服用膏方可以增强化疗效果，减轻化疗毒副作用，而在化疗后服用膏方可以扶正祛邪，延缓并预防病情复发[27]。李祥云用膏方治疗围绝经期子宫肌瘤，认为膏方可以扶正消瘤，并能缓解更年期症状，有效避免手术切除，同时可以控制肌瘤生长[28]。

二、膏方在肿瘤领域应用存在的主要问题

虽然近年来膏方在肿瘤领域的应用越来越广泛，已推广至全国各个地区、各级医院，且覆盖各类型肿瘤的治疗全程，但在实际应用中仍然存在一些问题，须正视并总结相关问题。

（一）缺乏相关指南规范和专家共识

目前，全国范围内尚无膏方应用于肿瘤或某一类型肿瘤的相关指南或规范，亦无相关专家共识。膏方在肿瘤领域的应用缺乏像中药汤剂或针灸推拿等标准可供参考，仍然以各地中医的经验用药为主，且在病因病机、辨证分型、体质判定、诊疗思路等方面无相关规范和共识，相关学会团体也并未给出统一的指导意见，造成当前膏方在肿瘤领域的应用稍显混乱，缺乏统一共识。

（二）科研投入不足，循证医学证据不充分

近年来中医药领域的科研经费投入得到较大增长，相关课题基金的申请和中标数量也大幅增加，培养的中医药专业研究生数量和质量均有明显提升，但具体分析下来，膏方相关的研究仍然较少，而膏方防治肿瘤的研究更少，无论是研究数量还是研究水平均远不能与中药单体、中药汤剂、针灸及中医基础理论的研究相比，科研投入不足、循证医学证据不充分是制约膏方在肿瘤领域进一步推广应用的重要因素。

（三）医患认识仍受限且价格相对较高

无论是西医医生还是中医医生，对膏方在肿瘤领域的应用仍存在认识不足的问题。部分临床医生仍然认为膏方只具有温补、调理、养生保健的作用，甚至认为膏方并没有治疗肿瘤的作用，服用意义不大。此外，相对于普通的中药汤剂，膏方价格较高。尤其是治疗肿瘤的膏方，因药材种类多且多含名贵药材而价格更为昂贵，且多数不在医保报销范围内，因此限制了其在肿瘤领域的广泛应用。

（四）膏方制作质量有待提高

药师制作环节是保证膏方质量、疗效和口感的关键环节。当前各地区医疗机构在膏方制备中存在突出问题：工程标准缺失，浸泡煎煮时间及次数未标准化，特殊煎法药物的处理不规范，工艺流程不统一，膏方出膏率及生产效率低下，膏方口感、老嫩程度不均，膏方受污染霉变概率大，凉膏环境不达标等，这些都是限制膏方在肿瘤领域应用的重要因素。

貳　应用实践篇

185

三、膏方在肿瘤领域的应用前景

尽管当前膏方在肿瘤领域的应用存在诸多问题，但膏方在肿瘤治疗方面有较好的疗效，服用方便，已在全国各地得到大力推广，随着膏方制作逐步规范，服用膏方的肿瘤患者越来越多，膏方在肿瘤临床的应用和研究将产生更大的影响。基于此，可对膏方在肿瘤治疗领域的临床应用开展以下系统研究。

（一）加强理论研究和临床研究，形成指南规范

膏方也有君臣佐使的配伍原则，中医肿瘤专业的从业者应加强对膏方方义的研究。膏方药味较多，可将其作为方剂进行君臣佐使的加减分析，这有利于促进临床的总结研究和方剂的培训传承，能帮助揭示膏方的药效机制、配伍原则、适应证与禁忌证等关键信息，并可进一步进行理论层面的创新。同时，须大力开展膏方的临床研究，进行多中心、大样本的临床试验，客观评价膏方应用于肿瘤的临床疗效及地域、体质差异对膏方使用的影响，进而优化配伍的准确性和用药的合理性，减少不良反应，提高使用膏方的性价比，以期形成膏方治疗各类型肿瘤的高级别循证医学证据，最终形成标准化、可推广的膏方治疗各类型肿瘤的临床应用指南和共识，最大程度地发挥膏方对肿瘤的临床疗效，使更多的肿瘤患者获益。

（二）改进膏方制作质量环节，形成统一标准

膏方的制作环节及工艺复杂，应把好质量关，严格规范工艺流程和质量控制，不可偷工减料、违规操作、弄虚作假，并控制好成本与价格。应由行业协会和监管部门制定统一标准，加强对肿瘤科处方医生的培训，并规定医生经考核合格后方能获得开具膏方的资质，保证膏方配伍科学、用药适量。选择最佳浸泡、煎煮时间及次数，规范特殊煎法药物处理；采取另煎、浓缩、兑入等创新工艺，解决膏方口感中的沙粒感问题；传授收膏经验，掌握好膏方的老嫩；选择合适的包装容器，定制专用凉膏柜，减少膏方受污染霉变可能；向肿瘤患者细心交代膏方的贮藏和服用方法，降低膏方发生霉变的概率。

（三）加强肿瘤领域医患对膏方的认识，进一步推广应用

加强肿瘤领域医患对膏方的认识，一方面要通过学会及行业协会发挥学术带头引领作用，举办相关的学习班及学术会议，培训从业人员，提升其专业素质和开具膏方的业务水平；另一方面要通过传媒、科普、义诊等多种形式，加强广大肿瘤领域的医患对膏方防治肿瘤的认识，扩大膏方影响力，以提高临床疗效和患者的满意度，弘扬膏方文化，提升人民健康素养。

参考文献

[1] 仲茂凤，郑大鹏，林丽，等.基于"治未病"理论浅析膏方对癌症的防治作用[J].世界科学技术 – 中医药现代化，2024，26（8）：2101–2105.

[2] 周卫东，吴继，王菊勇，等.肺岩宁膏方对 Lewis 肺癌荷瘤鼠抗瘤作用及对免疫器官的影响 [J].医学综述，2011，17（11）：1746–1748.

[3] 肖志伟，杨才志，何灿封，等.健脾生髓膏方治疗肺癌患者化疗相关性疲乏的疗效观察 [J].中医肿瘤学杂志，2019，1（4）：24–29.

[4] 崔海波，罗智杰，周伶，等.益气养血补髓膏治疗肺癌虚证患者癌因性疲乏的疗效观察 [J].广州中医药大学学报，2021，38（10）：2097–2104.

[5] 杜双桂，李金田，梁建庆，等.归芪益元膏联合吉非替尼及放疗治疗晚期肺腺癌气阴两虚证 60 例临床观察 [J].甘肃中医药大学学报，2021，38（3）：51–55.

[6] 汪猛，秦凯健，戴功建，等.凌昌全运用膏方治疗肿瘤验案 5 则 [J].江苏中医药，2016，48（8）：45–47.

[7] 盛夏，单双双.奚肇庆教授膏方调治肺癌的临床经验 [J].中国现代医生，2018，56（22）：115–118.

[8] 田梅，张伟.张伟运用膏方治疗肺系病经验介绍 [J].新中医，2017，49（12）：195–196.

[9] 袁帆.丹鹿膏联合 TP 方案治疗Ⅳ期脾肾两虚型食管鳞癌的临床观察 [D].郑州：河南中医药大学，2022.

[10] 李振挺，陈玮，李芹，等.扶正消积膏治疗原发性肝癌经验 [J].中西医结合肝

病杂志，2021，31（8）：683–684.

[11] 邵峰，曾普华，郜文辉，等.防治原发性肝癌膏方用药规律研究 [J]. 亚太传统医药，2018，14（9）：64–66.

[12] 陈孝银，魏春山，童光东，等.琼玉膏抑制肝癌细胞 HBxAg 表达及对原发性肝癌的防治作用 [J]. 细胞与分子免疫学杂志，2007（1）：56–59.

[13] 周芳.养阴解毒化瘀膏联合射波刀治疗中晚期肝癌的临床疗效研究 [D]. 南宁：广西中医药大学，2016.

[14] 曾玉丹.中医膏方调理原发性肝癌射波刀治疗术后临床观察及护理体会 [J]. 河北中医，2016，38（2）：278–280.

[15] 孙艳，涂建龙，李子木，等.健脾养胃膏联合甲地孕酮治疗中晚期胃癌伴恶病质患者的临床疗效观察 [J]. 中国中医药科技，2022，29（3）：412–414.

[16] 龙云珺.益气复元膏联合化疗治疗晚期胃癌脾气虚证的临床观察 [D]. 长沙：湖南中医药大学，2021.

[17] 武建设，林晃，谢东宇.单兆伟膏方调治胃癌术后经验 [J]. 山东中医杂志，2011，30（9）：659–660.

[18] 娄悦.补血养荣膏治疗胃肠道肿瘤相关性轻中度贫血的临床观察 [D]. 合肥：安徽中医药大学，2020.

[19] 肖敏.健脾生髓膏治疗结直肠癌癌因性疲乏作用的研究 [D]. 广州：广州中医药大学，2023.

[20] 任丽萍，卢丽莎，华杭菊，等.扶正抗癌膏联合化疗治疗大肠癌 54 例 [J]. 福建中医药，2018，49（6）：28–30.

[21] 刘丽，刘大晟，李震东，等.琼玉膏对胰腺癌小鼠化疗增效减毒作用研究 [J]. 中国病理生理杂志，2019，35（12）：2181–2186.

[22] 刘杰，冷远秀，陈杰，等.全国名老中医傅汝林运用膏方治疗不同阶段乳腺癌的临证经验 [J]. 中国中西医结合外科杂志，2023，29（6）：840–843.

[23] 谭旻劼，孟畑，陈红风.陈红风运用膏方以扶正培本法治疗乳腺癌术后的经验 [J]. 上海中医药杂志，2024，58（7）：40–42.

[24] 凌文津.归脾汤加味膏方治疗三阴乳腺癌临床观察 [J]. 辽宁中医药大学学报，2014，16（5）：171–173.

[25] 黄纲，周敏.唐汉钧教授膏方调治甲状腺疾病经验撷菁 [J]. 四川中医，2011，29（7）：20–22.

[26] 沈盛晖.中医膏方在分化型甲状腺癌术后心悸中的应用 [J].浙江中医药大学学报，2019，43（7）：645-648，656.

[27] 黄衍强，王永瑞，黄飞.黄衍强膏方治疗血液病 [J].实用中医内科杂志，2013，27（10）：7-8.

[28] 贾丽娜.李祥云教授膏方治疗围绝经期子宫肌瘤 [J].中国中医药现代远程教育，2019，17（11）：33-35.

贰

应用实践篇

HB.11 中医膏方在肾脏病中的
应用情况及前景分析

王悦芬①　赵　灿②　王欣怡③　王泽厚④

摘　要： 中医膏方是一种传统中药复方剂型，具有健脾补肾、益气养血、扶正固本、调和阴阳的功效，其口感佳、用法便捷，尤其适宜慢性疾病的调补。现代医家灵活运用内服膏方辨证治疗慢性肾脏病、糖尿病肾病、狼疮性肾炎等多种肾脏病，均收获良效，体现了内服膏方治未病、因人制宜、因时制宜、调和五脏的独特优势和良好的应用前景。但受中医膏方的制剂组成、群众认知等多种因素影响，其在肾脏病的临床应用中也存在局限性，如膏方的禁忌证、普及不足、生产销售欠规范化等问题，中医膏方在肾脏病中的应用仍需进一步推广，以期为患者提供更多的治疗选择。

关键词： 中医膏方；肾脏病；应用前景

　　膏方亦称"煎膏""膏剂""膏滋"，根据用法分为外用膏方和内服膏方，秦伯未、蒲辅周、丁甘仁等诸多名家均擅用膏方，治验甚多，颇具影响[1]。膏方属于汤、丸、散、膏、丹五大常用内服剂型之一，其制作过程步骤复杂而手法精细，需将中药材煎煮浓缩后加入辅料（如蜂蜜、糖、阿胶、龟甲胶等）进行收膏[2]，其遣方灵活，具有补肾益气养血之功效，又便于携带与服用，诸多医家将内服膏方用于治疗肾脏病，疗效喜人。

---

　① 王悦芬，首都医科大学附属北京中医医院，研究方向：中医药治疗肾脏病。
　② 赵灿，北京华信医院，研究方向：内分泌与代谢病学。
　③ 王欣怡，北京中医药大学临床医学院，研究方向：中医药治疗肾脏病。
　④ 王泽厚，北京中医药大学临床医学院，研究方向：中医药治疗肾脏病。

一、中医膏方在肾脏病中的应用情况

中医膏方在糖尿病肾病、肾病综合征、狼疮性肾炎、IgA 肾病、尿路疾病等多种肾脏病及相关疾病中均有广泛应用，可减轻患者长期服用中药的痛苦，改善临床症状和疗效指标，调节脏腑气血阴阳平衡，延缓肾脏病进展[3]。

（一）慢性肾脏病

马济佩强调中医膏方的处方应遵循辨证施治原则，按君臣佐使用药，须明察并纠正气血阴阳之偏盛，达到"阴平阳秘，精神乃治"的治疗目的[4]。慢性肾脏病之蛋白尿，以补肾健脾、固摄精微为治疗大法；慢性肾脏病之肾性高血压，治宜健脾益气、升阳化湿，平阴阳，调升降；慢性肾脏病之贫血，应脾肾同治，活血化浊，兼养血生血。邓跃毅认为，慢性肾脏病的主要病机是脏腑亏损、气血阴阳不足，病性以气血阴阳亏虚为主[5]。调治脾肾两脏对治疗慢性肾脏病尤为关键，中医膏方治疗当以补为主，健脾益肾。健脾可选生晒参、黄芪等益气，配以茯苓、苍术等燥湿之品助运；益肾可选左归丸加减滋补肾阴，肉苁蓉、菟丝子等温阳化气之品补肾阳，阴阳双补可选用血肉有情之品。国医大师张镜人认为，膏方调治肾病应从脾胃入手，常通补相兼、动静结合，且只可缓缓图功，用药需考虑脾胃接受限度[6]。史伟运用中医膏方亦重视调治脾肾，同时考虑情绪对证治的影响，三因制宜调理慢性肾脏病[7]。此外，临床试验也对中医膏方治疗慢性肾脏病的效果予以验证，余昇昇[8]对 110 例慢性肾脏病非透析患者的研究显示，维肾膏能明显改善患者肾功能，预防心血管并发症，提高患者生活质量。

（二）糖尿病肾病

王晓蕴认为，膏方治疗糖尿病肾病要围绕补肾健脾、固本培元、补气调血、平衡阴阳，同时考虑糖尿病肾病并发症的影响，治疗主症的同时兼顾次症，攻补兼施、调理气血阴阳，使得五脏六腑功能恢复正常[9]。徐蓉娟认为，膏方治疗糖尿病肾病当四诊合参，详辨体质；扶正祛邪、标本兼顾；脾肾同治，阴阳互根；顾护脾胃，动静结合为准则，补脾肾之虚尤为重点，以调摄气血、填精补髓，调节人体气血阴阳之偏颇是拟定膏方的要诀，同时避免使用含糖的药材和食材[10]。许陵冬认为糖尿病肾病以脾肾亏虚为本，湿热瘀阻为标，病性为本虚标实，膏方治疗糖尿病肾病强调扶正祛邪、健脾开胃、因时制宜等原则，其味甘、滋腻，易壅滞气机，更适合湿热、瘀血等邪气不盛的早、中期患者服用[11]。李震宇从血瘀贯穿糖尿病肾病病程始终的特点出发，提出在治疗糖尿病肾病的膏方中选取益气活血类药物，以保护肾功能[12]。胡春平等人使用滋膵益肾膏方治疗糖尿病肾病Ⅳ期的研究显示，滋膵益肾膏脾肾同补，活血通络，阴阳相济，顾护脾胃，能够改善临床症状并降低患者蛋白尿，对糖尿病肾病Ⅳ期疗效肯定[13]。段明亮等人的临床疗效观察研究显示，护肾降糖膏可降低非透析糖尿病肾病患者的血糖水平并改善其肾功能[14]。

（三）肾病综合征

王晓光认为，肾病综合征的病机为本虚外感、脾肾失调、水液输布和精微转化异常，治疗以扶正祛邪为原则，具体治法包括补肾健脾、调和阴阳；活血化瘀贯穿全程；三因制宜、辨证论治，发挥中医膏方保护肾功能、缓解激素及免疫抑制剂不良反应的优势[15]。黄婉怡发现肾复康膏方可以减少难治性肾病综合征患儿的感染次数，减少激素的多次大量使用，预防肾病复发[16]。雷宁民等人通过疗效观察发现，肾综1号膏方辅助治疗激素依赖性肾病综合征时，能够有效降低患者24小时尿蛋白定量，升高患者血白蛋白水平[17]。

（四）其他肾脏病

白东海认为，狼疮性肾炎病机复杂，多属本虚标实，兼夹热毒、瘀血，治疗方面当兼顾气血阴阳、热瘀痰湿。中药膏方药味众多，适用于病机复杂的病症，如狼疮性肾炎等，且中药膏方口味宜人，狼疮性肾炎患者可长期服用，坚持治疗[18]。吴银根认为IgA肾病实为本虚标实，治疗当以清热养阴、补肾填精为大法，龟甲、鳖甲等"血肉有情"的动物药是补精要药，富含卵磷脂、氨基酸、维生素和各种微量元素，同时注意清热凉血而不活血，健脾益气以调中焦[19]。尿路疾病亦属于中医肾脏病范畴，陈以平运用中医膏方治疗尿路感染，以补肾气为第一要义，兼以健脾利湿，考虑虚热犹存，故以龟甲胶为主收膏，可配少量鹿角胶，阳中求阴、阴中求阳，清虚热、补肾气兼顾[20]。张海等人以四金石灵膏配合间苯三酚治疗输尿管结石伴肾绞痛，亦获良效[21]。此外，中医膏方还被广泛用于肾性贫血[22]、高血压性肾损害[23]、营养不良[24]等多种肾脏相关疾病。

二、膏方在肾脏病中的应用前景

中医膏方的立方依据是针对疾病特点，结合患者体质，辨证论治，按照君臣佐使原则配伍用药[25]，辨体、辨病、辨证三位一体，体现中医整体观和治未病、因人制宜、因时制宜等治疗思想，其在治疗病程长、病势迁延、病性虚实夹杂的肾脏病方面具有良好的发展前景。

（一）长期治疗

中医膏方具有独特优势，其由药材煎煮浓缩而成，体积小而药物浓度高，加入蜂蜜、糖、胶等辅料收膏，使得药性稳定、不易变质，同时保证了口味适宜，味甘且气香，较传统汤剂易于接受、不良反应小，且无须患者自行煎煮，节约时间，便于贮藏与长期服用，减少患者的服药痛苦和长期服药的不便，提高患者依从性[26]。从功效上看，膏方具有"救偏却病"的作用，既能纠正疾病导致的稳态失衡，又能调节自身体质的偏颇，补中寓治、治中寓补、补治结合，综合调理脏腑气血，平衡阴阳，尤其适合慢性、顽固性疾病（如慢性肾脏病）患者、体弱者、病瘥康复者[1]。对于肾脏病合并其他系统疾病，如冠状动脉粥样硬化性心脏病、高血压、慢性心功能不全、中风后遗症等心脑血管疾病，慢性支气管炎、支气管哮喘、肺心病、慢性阻塞性肺疾病等呼吸系统疾病，慢性胃炎、慢性结肠炎、胃及十二指肠溃疡、便秘等消化系统疾病，糖尿病、高脂血症、高尿酸血症、甲状腺疾病等内分泌及代谢病，类风湿关节炎、干燥综合征、系统性红斑狼疮等风湿免疫病[27]，中医膏方的药性与剂型都利于上述疾病患者长期服药。

（二）预防治疗

《素问·四气调神大论》云："是故圣人不治已病治未病，不治已乱治未乱，此之谓也。"治未病是中医理论体系中养生保健的重要思想，也是防止慢性肾脏疾病复发或加重的关键[28]，其内涵包括增强不同年龄段未病人群体质、辨体调节亚健康人群身体状态、防止已病人群疾病进一步传变等。慢性肾病患者肾气不足、卫表空虚，常伴有不同程度的免疫力低下，抗病能力减

貳 应用实践篇

193

弱，易受外邪侵扰。临床常见慢性肾脏病患者合并反复尿路感染、感冒等症状，亦可通过膏方来提升正气、防治时邪，调节阴阳平衡，保持体内环境稳定，恢复机体的免疫功能，提高自身抗病能力，以取得良好疗效[29]。其他脏腑的疾病亦与肾密切相关，如肺病之哮喘、脾病之腹泻、肝病之眩晕、心病之心悸，正确使用膏方调补肾病亦可预防肾脏病传变导致的其他脏腑病变[30]。

（三）个体化治疗

现代医学的个体化治疗强调根据患者的遗传背景、生活方式和环境因素来定制治疗方案，以取得最佳治疗效果，这种治疗方式与中医的"因人制宜"原则不谋而合。因人制宜强调根据患者的体质、病情和环境因素个性化定制治疗方案[31]，肾脏病患者在因病致虚、因虚致病的相互作用下，往往具有复杂的证型体质特征，临床治疗需要综合考虑患者的整体状况和疾病进展。中医膏方治疗充分展现了因人制宜的个体化诊疗优势[1]，注重整体调理，可寓攻于补、攻补兼施，针对性强[32]，定制膏方可根据患者的具体体质、病情、年龄、性别、心理、社会和环境等多方面因素，个性化地调整治疗方案，其灵活的用药特点使专人专方的个体化治疗成为可能[27]，对于需要控制糖分摄入的肾脏病合并糖尿病患者，或需要控制蛋白摄入的慢性肾脏病患者，可通过调整辅料的种类满足不同的治疗需求[33]。

（四）时令治疗

膏方四季均可服用，且尤其适宜作为肾脏病患者的冬令补品[34]。基于藏象学说和五行学说的中医理论体系认知，肾主水，司封藏，应于冬，冬令补肾有利于蛰藏肾精、升发元阳、充养精气血津液[32]，冬令时节以中医膏方调治肾脏病，符合"天人相应"的养生理念和"因时制宜"的治疗思想[35]。从保存条件看，冬季气温低，抑制微生物滋生，膏方不易变质，可以长期贮存，便于患者服药。从药物组成看，膏方多由补益类药物组成，易滋腻碍胃，长期使用可能造成消化道反应，冬季人体外周血管收缩，消化道循环血量增加，增强消化能力，有利于对膏方中有效成分的吸收与利用[36]。

三、膏方在肾脏病中应用的局限性

中医膏方在肾脏病领域的应用具有良好的发展前景和开发潜力，但膏方自身的特性、医疗普及和群众认知欠缺、市场欠规范等客观问题，使临床推广中医膏方治疗肾脏病存在一定的局限性。

（一）不适应证

并非所有肾脏病都适宜使用膏方调治，王绵之曾提出膏方"适用于病情比较稳定，需要一定时间服药，而处方也基本固定者"[37]，相对而言不适用于病情波动、需要及时调整治疗方案者，包括急性病或慢性病急性发作者，如急性肾炎、急性肾盂肾炎或慢性肾炎的急性发作期、肾功能衰竭或尿毒症病情多变阶段[38]。慢性肾脏病患者肾功能异常，易发生电解质紊乱（如高钾血症等），中医膏方通常为复方制剂，涉及多种中药成分，其中全草类、叶类的中药含钾量较高[39]，经过膏方制作的煎煮、浓缩等过程，进一步升高了成品中的钾离子浓度，肾脏病合并高钾血症是部分中医膏方临床应用的禁忌证。膏方滋腻，肾衰竭尿毒症期伴有恶心、腹胀、便溏等症状的脾胃功能失健者不宜服用膏方[30]。

（二）普及欠缺

中医膏方的普及存在地域差异，部分地区认可度较低是限制中医膏方在肾脏病领域应用发展的重要因素。由于历史源流、地域差异等多种因素，膏方在中国的应用主要集中在华东及南方地区[40]，上海、江浙及广东等地广泛使用中医膏方，膏方传承与创新之势如火如荼。然而，中医膏方在北方地区尚未形成广泛流行态势，北方地区医患对膏方的接受度低于华东及南方地区[41]。中医膏方的服药注意事项在群众中的普及也有所欠缺，部分群众服药时未按要求忌口，或出于治疗目的未经医师指导自行购买成品膏方，导致食药冲突、膏方药效减弱、药不对症等问题，难以发挥"救偏却病"的功效，降低了群众的满意度和认可度，影响了膏方的进一步推广[42]。

（三）欠规范化

中医膏方的生产和质量控制缺乏统一的生产标准和质量控制标准，监管单位不一，且相关部门对开具膏方人员的资格、熬制膏方的机构、收费标准等尚无统一的相关政策法规[43]，存在膏方质量良莠不齐、膏方问题责任落实制度欠详等问题，影响了肾脏病患者的中医膏方治疗体验。此外，成品膏方的应用有利有弊，不少医院或药堂会提前制作成品膏方，虽然节省了人工时间成本，便于群众购买，但因为其膏方未经过严格的辨证论治，没有达到三因制宜的要求，患者服用膏方的效果可能不尽如人意，甚至出现不良反应，导致其依从性降低[44]，限制了中医膏方在肾脏病领域的发展。

四、总结与展望

中医膏方体现了中医学的整体观念和辨证论治思想，融合了治未病、因人制宜、因时制宜、天人相应的治疗保健思想精粹，具有长期治疗、预防治疗、个体化治疗、时令治疗的优势，在多种肾脏病领域具备广阔的应用前景。随着对中医药作用机制的深入研究，以及临床试验的规范化和科学化，中医膏方有望在慢性肾脏病的治疗中发挥更大的作用。守正创新，充分汲取名老中医膏方经验，并结合现代科学技术，进一步揭示中医膏方的治疗作用机制，推动中医药在肾脏病治疗中的创新发展，并在制度层面规范膏方市场及其开具、生产等操作流程，深度促进中医膏方在肾脏病领域的应用，也有利于中医药学的继承与创新。

参考文献

[1] 胡冬裴.试论中医膏方之源流[J].上海中医药大学学报，2003，17（4）：9-10.

[2] 王国军.浅谈中药膏方制备工艺与质量评价[J].浙江中医药大学学报，2019，43（3）：266-269.

[3] 王泽厚，张宗金，王悦芬.膏方在肾脏病中的应用和研究进展[J].河北中医，2021，43（10）：1753-1756.

[4] 刘彩香．马济佩运用膏方调治慢性肾脏病的经验 [J]．江苏中医药，2011，43（8）：15–16.

[5] 邓跃毅，王元．中医膏方在慢性肾脏病中的应用 [J]．中国中西医结合肾病杂志，2016，17（8）：730–731.

[6] 秦嫣．张镜人运用膏方调治肾病经验 [J]．中医杂志，2012，53（17）：1452–1453.

[7] 郑水燕，谢丽萍，庞汉添，等．史伟运用膏方治疗慢性肾脏病经验 [J]．江西中医药，2015（5）：14–15.

[8] 余昇昇．维肾膏对慢性肾脏病非透析患者生存质量影响的研究 [D]．武汉：湖北中医药大学，2014.

[9] 张兵儒，高天妹，张璐瑶，等．膏方治疗糖尿病肾病经验浅谈 [J]．糖尿病天地，2020，17（9）：25–26.

[10] 徐蓉娟．脾肾同治，阴阳互根：糖尿病肾病膏方治验 [C]// 中国中西医结合学会内分泌专业委员会．首届国际中西医结合内分泌代谢病学术大会暨糖尿病论坛论文集．北京：中国中西医结合学会，2008：275–276.

[11] 马杰睿，许陵冬．许陵冬主任运用膏方治疗糖尿病肾脏疾病经验 [J]．中外医学研究，2021，19（32）：55–58.

[12] 李震宇．益气养阴活血理论在糖尿病肾病膏方中的应用 [C]// 中华中医药学会．中华中医药学会糖尿病分会全国中医药糖尿病大会（第十九次）资料汇编．北京：中华中医药学会，2018：75.

[13] 胡春平．滋膵益肾膏治疗糖尿病肾病（Ⅳ期）80 例 [C]// 中华中医药学会．中华中医药学会糖尿病分会 2019 首届全国中青年中医糖尿病论坛论文集．北京：中华中医药学会，2019：233.

[14] 段明亮，张国胜．护肾降糖膏治疗非透析糖尿病肾病的临床疗效 [J]．临床研究，2020，28（3）：109–111.

[15] 陈嘉文，王晓光．王晓光运用膏方治疗难治性肾病综合征经验 [J]．中国民族民间医药，2018，27（17）：79–82.

[16] 黄婉怡．儿童难治性肾病综合征复发因素分析及肾复康膏方的临床疗效评价 [D]．沈阳：辽宁中医药大学，2022.

[17] 雷宁民，范志强，武振亨，等．肾综 1 号膏方佐治激素依赖性肾病综合征疗效观察 [J]．国医论坛，2023，38（2）：43–45.

[18] 白东海，孔令新，方静，等 . 中药膏方治疗狼疮性肾炎一例 [J]. 环球中医药，2018，11（9）：1411-1413.

[19] 胡爽杨 . 吴银根教授膏方治疗 IgA 肾病经验 [J]. 中国中医药科技，2014（2）：124-125.

[20] 马志芳，陈以平 . 陈以平运用膏方治疗尿路感染复发的经验 [J]. 江苏中医药，2014，46（3）：26-27.

[21] 张海，肖勇辉，王晓民，等 . 四金石灵膏配合间苯三酚治疗输尿管结石伴肾绞痛的疗效观察 [J]. 广州医药，2020，51（6）：53-56，70.

[22] 宋义清，胡龙，冯艳 . 生血排毒膏联合高通量透析治疗 CKD-5 期肾性贫血 35 例 [J]. 世界最新医学信息文摘，2019，19（42）：132，134.

[23] 程馨缘 . 桑芪首乌膏方治疗高血压早期肾损害的临床研究 [D]. 昆明：云南中医学院，2017.

[24] 姚木铭，杨达龙，李秋玲，等 . 健脾利湿益肾活血膏方治疗维持性血液透析患者营养不良临床观察 [J]. 光明中医，2020，35（17）：2749-2751.

[25] 慕容蕴妍，莫泳榆，陈丽丽，等 . 膏方在糖尿病肾病的临床运用概述 [J]. 中国中医药现代远程教育，2024，22（19）：81-84.

[26] 孔宪遂 . 中医膏方的治疗优势 [C]// 中华中医药学会 . 第四次全国民间传统诊疗技术与验方整理研究学术会论文集 . 北京：中华中医药学会，2011：1.

[27] 黄亚博，霍介格，罗兴洪 . 江苏中医膏方临床应用专家共识（2021）[J]. 江苏中医药，2022，54（1）：1-13.

[28] 王庆其 . 中医膏方与治未病 [J]. 中成药，2009，31（1）：166-167.

[29] 邓跃毅 . 中医治疗在肾病康复中的作用 [C]// 中国中西医结合学会肾脏疾病专业委员会 . 中国中西医结合学会肾脏疾病专业委员会 2015 年学术年会资料汇编 . 北京：中国中西医结合学会，2015：6.

[30] 龚丽娟 . 正确使用膏方调补肾病 [J]. 江苏中医药，2006（11）：8.

[31] 盛凤，蒋健，郑鑫，等 . 中医辨证论治及个体化治疗的临床研究方法 [J]. 中华中医药杂志，2011，26（1）：115-118.

[32] 马源，朱辟疆 . 中医膏方在慢性肾脏病的治疗优势 [J]. 四川中医，2018，36（1）：52-54.

[33] 邓宝华 . 运用膏方治疗慢性肾病的体会 [J]. 世界中医药，2009，4（6）：321-325.

[34] 邹燕琴 . 从补肾为主配制膏方治疗慢性肾病的经验 [C]// 中华中医药学会肾病分会 . 中华中医药学会第二十一届全国中医肾病学术会议论文汇编（上）. 北京：中华中医药学会，2008：2.

[35] 蔡宛如 . 中医冬令进补膏方的临床应用 [C]// 浙江省中西医结合学会呼吸病专业委员会，浙江省中医院，宁波市中医院 . 浙江省中西医结合呼吸病诊治进展暨第五次学术年会论文汇编 . 杭州：浙江省中西医结合学会，2006：5.

[36] 赵光恒，张芳，陈玉凤 . 中医膏方临床应用概述 [J]. 江苏中医药，2009，41（12）：84-86.

[37] 蔡淦 . 中医膏方临床的应用 [J]. 中成药，2009，31（1）：167-169.

[38] 莫美，廖星，张霄潇，等 . 中华中医药学会中成药临床应用专家共识报告规范 [J]. 中国中药杂志，2019，44（12）：2644-2651.

[39] 杜倩 . 可能引起药源性高血钾的中药 [C]// 中华中医药学会，世界中医药学会联合会中药专业委员会，北京药师协会 . 中华中医药学会 2014 年医院药学分会学术年会世界中联中药专业委员会 2014 年国际学术会议暨北京药师协会慢病防治药学专业委员会成立大会论文汇编 . 北京：中华中医药学会，2014：3.

[40] 陈裴裴，周昕，李毅民 . 膏方临床应用综述 [J]. 中国中医药信息杂志，2013，20（3）：108-110.

[41] 隋术强 . 浅谈中医膏方的发展与应用 [J]. 中国中医药现代远程教育，2013，11（18）：132-133.

[42] 吕嘉卫 . 膏方的特性及服用禁忌 [N]. 中国医药报，2011-12-08（6）.

[43] 周昕，翁超明，韩丽，等 . 全国膏方应用情况初步分析 [J]. 中国中医药信息杂志，2011，18（7）：101-103.

[44] 张晓红，黎伟标，王晓光 . 王晓光教授运用膏方治疗老年慢性肾脏病的经验总结 [J]. 中医临床研究，2018，10（2）：65-66，69.

贰　应用实践篇

HB.12 慢性呼吸道疾病中医膏方市场现状与前景展望

徐卫方 ①　彭云浩 ②

摘　要：随着人口老龄化加剧与环境污染问题的凸显，慢性呼吸道疾病已成为世界范围内的重大公共卫生问题。本研究针对慢性呼吸道疾病中医膏方的市场现状进行深入分析，并展望其未来发展前景。调查数据显示，慢性阻塞性肺疾病（COPD）、支气管哮喘等呼吸系统疾病发病率持续攀升，中医膏方凭借其独特的治疗理念及确切的疗效，在该领域疾病防治中日益受到重视。研究表明，膏方在调和脏腑、通畅气机、增强机体免疫力等方面，对于慢性呼吸道疾病有显著的辅助治疗效果。特别是在抗炎、免疫调节等方面显示出突出的长期疗效，且患者服药依从性较好。通过对膏方在各类慢性呼吸道疾病中应用情况的文献进行汇总分析，我们可以看到中医膏方在不同地区有着不同的使用偏好，在临床应用上亦处于不断探索中。未来，随着慢性病健康管理理念的普及和对中医药治疗接受度的提高，以及先进技术在中医药制剂方面的应用，膏方市场有望进一步扩大。国家层面对中医药的政策扶持、市场监管的规范化、医保政策的优化调整及公众健康意识的提升，均将成为推动膏方市场健康发展的重要因素。

关键词：慢性呼吸道疾病；中医膏方；市场现状；临床应用；未来展望

---

① 徐卫方，医学博士，主任医师，教授，广州中医药大学深圳医院（福田）肺病科／呼吸与危重症医学科（PCCM）主任。研究方向：中西医结合呼吸系统常见病、多发病及危急重症、复杂疑难病的基础与临床研究。

② 彭云浩，广州中医药大学中医内科学在读研究生。研究方向：肺结节中西医结合诊治与管理，哮喘、慢性阻塞性肺疾病中西医结合诊治，中西医结合呼吸肺康复。

一、慢性呼吸道疾病概述

（一）慢性呼吸道疾病现状

慢性呼吸道疾病包括慢性阻塞性肺疾病（COPD）、支气管哮喘、支气管扩张、肺结节、肺癌、睡眠呼吸暂停综合征等，具有病程长、高发病率、高复发率、高死亡率、迁延难愈等特点，严重影响患者的身心健康及生活质量。慢性呼吸道疾病往往在发病初期病征不显著，导致多数患者错失了及时治疗的时机，我国在慢性呼吸道疾病的早期发现方面存在明显的不足[1]。慢性呼吸道疾病随着时间的推移，其病情往往呈进行性加重的态势，且难以逆转，最终可能造成严重后果。因此，我们必须对慢性呼吸道疾病的早期发现、治疗干预及标准化管理给予充分的重视，以遏制病情的进一步恶化，降低患者的死亡风险，提高患者的生活质量。

近年来，呼吸道疾病的发生率逐渐攀升，成为全球医疗卫生事业关注的重点之一。2021年全球疾病负担研究（GBD）结果显示，在全球疾病死亡的主要原因中，新型冠状病毒感染、慢性阻塞性肺疾病、下呼吸道感染、肺癌分别位列第2、第4、第7、第9位，而疾病负担的主要原因中，新型冠状病毒感染及其并发症、慢性阻塞性肺疾病、下呼吸道感染均位列前10[2]。预计到2050年，除新型冠状病毒感染大流行趋势已过，其影响程度逐渐减弱外，慢性阻塞性肺疾病、下呼吸道感染依旧是全球疾病负担的主要原因。

我国慢性呼吸道疾病的防治形势亦不容乐观。2018年度中国肺健康研究（简称CPH）报告指出，在全国20岁及以上的居民中，慢性阻塞性肺疾病的发病率达到了8.6%，患者总数接近1.03亿人[3]。特别是40岁以上的群体，其慢性阻塞性肺疾病发病率攀升至13.7%，相比2007年的8.2%有显著上升。随着年龄的增长，这一疾病的发病率持续上升，并且呈现出逐年递增的趋势[4]。据预测，到2027年，我国慢性阻塞性肺疾病的患者数量将增至1.09亿人，其防治工作亦面临重重困难，这无疑给国民健康带来了巨大挑战[5]。

支气管哮喘方面，2019年发布的《中国肺健康研究》（CPH）数据显示，我国哮喘的发病率大约为4.2%，据此推算，我国的哮喘患者或已超过4.57亿，哮喘发病率呈逐年上升态势[6]。其中，有超过七成的哮喘患者未实现完全控制，急性发病率高达 83%，积极推进哮喘的防治工作刻不容缓。

肺癌方面，《2024 年全国癌症报告》显示，肺癌是我国总体发病率及死亡率最高的恶性肿瘤，我国男性肺癌发病率和死亡率分别为 91.36/10 万、71.55/10 万；我国女性肺癌发病率和死亡率分别为 58.18/10 万、31.47/10 万，均位居所有恶性肿瘤的首位[7]。肺结节是肺癌的最早期表现，据不完全统计，我国肺结节患者人数达 1.2 亿，健康人群中肺结节的检出率高达 39.2%，50 岁以上人群肺结节检出率高达 50%，其中 96% 都是良性的，仅有不到 4% 是恶性的，但对肺结节的规范管理依旧是全国肺癌早期干预的难题。

支气管扩张方面，近年来国际上报道的支气管扩张发病率和患病率有所上升。2013 年，英国支气管扩张发病率及患病率分别增长到 31.1/10 万、525.8/10 万，2012 年西班牙支气管扩张发病率约为 48.1/10 万，美国支气管扩张患病率约为 139/10 万。在我国，目前尚无大规模支气管扩张流行病学调查数据。国外研究结果提示，我国 40 岁以上人群中支气管扩张症的总体患病率为 1.2%[8]，但相较于慢性阻塞性肺疾病及哮喘，我国对支气管扩张的重视程度远不及前二者，其防治形势较为严峻，亟待引起重视。

（二）中医对慢性呼吸道疾病的认识

慢性呼吸道疾病在中医学中属于慢性肺系疾病，可归于"咳嗽""哮证""喘证""肺痿""肺胀""肺络张""痰饮"等病证的范畴，病位在肺，与脾、肾相关，涉及肝、心，病机多归结于"肺脾肾气虚"。肺主表、主气，肺气虚则卫表不固，易感外邪，同时宣肃失司，气机失和。脾为后天之本，生化营气以充肺气，且脾主运化，脾气虚弱，运化失职，痰浊内生，咳喘乃作。肾为气之根，肾气亏虚，肾不纳气，则呼吸浅快无根。故"健脾、益肾、补肺"为中医治疗慢性呼吸道疾病的核心原则[9]。

二、膏方概述

（一）膏方概述

膏方，又名膏剂，是中医方剂丸、散、膏、丹、酒、露、汤、锭的八大剂型之一，有内服和外敷两种用法。内服膏方，又称膏滋、煎膏，是在中医整体观念、辨证论治思想的指导下制成的具有祛病纠偏、滋补强身、抗衰延年等作用的中药方剂，由中药汤剂浓缩演变而成。清代吴师机的《理瀹骈文》云："凡汤丸之有效者，皆可熬膏服用。"与中药汤剂相比，膏方以其体积小、浓度高、药性稳定、口感宜人、服用便捷及可以长期服用的优势而广受民众的喜爱[10]。特别是在近年来，随着居民生活质量的提升和健康意识的增强，人们越来越多地采用中药膏方来调理、改善亚健康状态、治疗慢性疾病等，对中药膏方的重视程度也日益提高。此外，临床应用亦证明，中药膏方在养生保健和对疾病的预防、治疗中发挥着不可或缺的作用。中医治未病理念强调"未病先防""欲病救萌""既病防变""瘥后防复"，鉴于慢性呼吸道疾病的发病特点，更应强调发挥中西医结合的优势。膏方作为一种性质稳定、可长期服用、被人民广泛接受的中药制品，其在慢性呼吸道疾病的治疗和预防上有广泛的应用空间[11]。

（二）膏方在慢性呼吸道疾病上的应用原则

1. 辨体 - 辨证 - 辨病相结合

"辨体 – 辨病 – 辨证"的诊疗模式，是基于疾病、证候、体质三者之间的内在联系，以体质为本、病证为标，将辨体、辨病、辨证三个维度相结合，可以在不同的角度和层次上指导膏方的临床应用。

在辨体层面，《素问·至真要大论》云："谨察阴阳所在而调之，以平为期。"因此，医者在施膏时应依据每位患者体质的不同，仔细辨析患者气血阴阳之盛衰，做到阴阳兼顾、气血并补，以达到"阴平阳秘，气血乃治"的目的。在辨证层面，"辨证论治"是中医学的主要特点之一，通过辨证分析，能对疾病进展到某一阶段的病因、病变部位、疾病性质及病情趋势进行病理性的概括。即便是不同疾病，在某个特定的阶段也可能呈现出类似的证候。在肺系疾病后期，患者往往表现为肺脾气虚、肺肾阴虚、肺阴耗竭等证[12]。通过精确的辨证分析，能够抓住肺系疾病在某个阶段的主要矛盾，找出关键病机，进而有针对性地运用相应的膏方进行治疗，诚如《素问·阴阳应象大论》所云："形不足者，温之以气；精不足者，补之以味。"同时，医者在运用膏方治疗肺系疾病的过程中，还应强调"辨病与辨证"相结合。不同的肺系疾病在某一病理期可能会表现出相同的证候，但它们依旧保留着各自独特的病理特征，这些特征常常是疾病诊断的关键所在。因此在用膏方治疗疾病时，必须首先着眼于

"辨病"，掌握疾病的本质属性及其发展规律，从而确定治疗的"主方"，选用"专药"，同时根据辨证结果和患者的体质状况进行药物的加减，以取得更加显著的治疗效果。

2. 因时 - 因人 - 因地相制宜

《灵枢·顺气一日分为四时》云："春生，夏长，秋收，冬藏，是气之常也，人亦应之。"肺脏属金，主肃降收敛，通于秋气，故应用膏方治疗慢性肺系疾病时，当以在秋冬季节为宜[9]。在外顺应自然的规律变化，顺从自然界收敛潜藏之气，在内顺应肺脏的生理特性，遵肺脏宣发肃降之性，可使摄入的水谷精微更好地被人体所吸收和贮存，以养五脏、益精血、化阳气，达到防治肺病、延年益寿的目的。诚如《素问·四气调神大论》所云："所以圣人春夏养阳，秋冬养阴，以从其根。"

在三因制宜中，因人制宜是最为重要的原则，因时制宜和因地制宜都需要紧密围绕这一原则。《素问·三部九候论》云："必先度其形之肥瘦，以调其气之虚实，实则泻之，虚则补之。"因人制宜需要关注患者的体质、年龄、性别、职业等因素，根据影响因素的不同辨证施膏。针对不同年龄段患者的肺系疾病，使用膏方时应注重个性化用药的策略。儿童处于生长发育初期，其阴阳二气尚未充实，体质未稳固，气血运行未成熟，脏腑功能较为脆弱，易出现虚实变化。因此，在调配膏方时，滋补应适度，避免用药过量，以防破坏其体内阴阳气血的平衡。老年患者气血阴阳俱虚，施用膏方时应避免使用过于峻烈的药物，以防过度损耗其体能，耗伤正气，而犯"虚虚之戒"。在性别上，男子以肾为要，肾气易虚易伤，肾精易亏易失，辨证施膏时可酌加补肾益精之品。女子以肝为先天，肝气易郁易结，肝血易虚易滞，辨证施膏时可酌加疏肝、柔肝、养血之品[13]。

一方水土养一方人，一方水土亦生一方病。《素问·异法方宜论》云："医之治病也，一病而治各不同……地势使然也。"人离不开生活的地域环境，因此，人体的气血平衡、阴阳协调及脏腑的正常运作，同样会受到所处的地理位置、气候条件及个人生活习惯等外部因素的制约。在调配膏方、辨证治疗时，必须充分考虑到不同地区之间的环境特点和生活习俗的区别。比如，北方地区气候严寒干燥，北方居民的皮肤腠理较为紧密，常食用面食和酒肉来抵御寒冷，体格较为强健。然而长期食用肥甘厚腻之品，日久易化生内热，故使用温热之品制膏补益的同时，应酌加少许寒凉之品调和寒热。南方气候湿热，南方居民肌肤较为松弛、身体较为娇弱，湿热之邪内犯人体，易困遏清气，发生津液代谢障碍，从而导致阴虚夹湿热之候。故临床常以滋阴清热或清利湿热为治疗原则。同时，伴随着现代化进程的加快，城市环境作为影响人体健康的独立因素日益凸显，城市生活节奏紧张、工作负担沉重，常使人精神疲劳、气血亏损，因此在用药上常常倾向于使用甘温补益之品[13]。

3. 肺 - 脾 - 肾三脏为本

（1）甘凉轻灵，清润肺金，气机宣肃得利

肺为相傅之官，主气，司呼吸，其性敛降，盖覆诸脏。《医学源流论》云："肺为娇脏，寒热皆所不宜。太寒则邪气凝而不出，太热则火烁金而动血，太润则生痰饮，太燥则耗津液。"同时，肺居高位，其气轻宣上扬，故运用膏方治疗肺系疾病时，不可过投气厚味烈质重及大寒大热之品，以免耗气伤津，使肺之宣肃失司。应当选用轻灵上达之品，以温和调养为主。诚如吴鞠通《温病条辨》所云："治上焦如羽，非轻不举。"与此同时，慢性肺病患者中，肺津亏耗者十之七八，故施膏时须善用滋阴之药以润养肺脏，如麦冬、天冬、枇杷叶、百合、生地黄、沙参、梨、知母、桑白皮等。肺虚者，卫外不固也，如肺虚兼有邪实者，可略投轻宣透表之品，如金银花、连翘、薄荷、竹叶、荆芥等。

（2）健脾燥湿，培土生金，以绝生痰之源

李中梓《证治汇补·痰症》云："脾为生痰之源，肺为贮痰之器……故治痰不知理脾，失其治也。"脾主运化水湿，若脾气虚损，水湿不化，则湿聚成痰，阻遏气机，发为咳嗽、喘息、咳痰之证。同时，脾为后天之本，气血生化之源，脾运化水谷精微，化生气血，以养五脏六腑。若脾胃虚弱，则诸脏皆虚；脾胃强健，则诸脏皆强。同时脾属土，肺属金，在五行生克制化中，脾为肺之母，脾虚则肺易虚，肺气虚则不能布散津液，亦可酿生痰浊。故使用膏方治疗肺系疾病时，需时刻顾护中土脾胃之盛衰，在制膏时可选用人参、茯苓、白术、薏苡仁、山药、黄芪、神曲、炙甘草等药物，以培土生金而除生痰之源。脾胃健运，则痰饮消而气机通，肺气宣畅，则咳嗽、喘息、咳痰等症皆除。

（3）补肾益精，金水相生，呼吸平和有根

《类证治裁》云："肺为气之主，肾为气之根，肺主出气，肾主纳气。"《素问·痿论》云："肺者，脏之长也。"肺主一身之气而司呼吸。《素问·痿论》

云："肾者脏之根也。"肾主一身之精而主纳气。肾有所纳，则呼吸平和有根。与此同时，肺主通调水道，肾主水，水道通利，则湿无所聚，痰无所生。在五行生克制化关系之中，肺属金，肾属水，肾水上荣肺阴，肺则呼吸顺畅。肺与肾在呼吸及水液代谢等方面相互关联，不论是肾损及肺或肺损及肾，皆可导致气急喘喝、呼多吸少、动则喘息的肺肾两虚之证。临证施膏时更应固护肾之气血阴阳，以荣肺之气血阴阳。但病至纳气之本、五脏之根，虽应施以补法，然亦不能过补，而应平调阴阳寒热，当遵"用温补而无化燥之弊，施滋补而无滋腻之嫌"之法，可选用墨旱莲、女贞子、杜仲、龟甲、山萸肉、芡实等平补阴阳，使补肾而无助热之虞，以获金水相生之效。

三、膏方在慢性呼吸道疾病的应用现状

（一）市场现状

1. 膏方在慢性呼吸道疾病治疗中有独特优势

膏方作为中医传统治疗方式之一，具有滋补和调理作用，尤其适用于慢性呼吸道疾病的治疗。慢性支气管炎、肺气肿等慢性呼吸道疾病在秋冬季节容易加重，而膏方中的药材大多具有温润特性，在缓解症状、增强免疫力、促进新陈代谢等方面具有独特优势。

2. 市场需求增长

随着人们对中医药认知的不断提高和健康意识的增强，对中医膏方的需求也在持续增长。特别是在发展中国家，呼吸系统疾病患者数量庞大，对中药及膏方的需求较大。《2020 中国膏方养生白皮书》显示，线下传统膏方定制市场规模已达到 10 亿元。淘宝数据显示，2020 年线上新膏方成品销售额达 4.55 亿元。参照膏方主料阿胶的市场表现（近七年行业规模年均增速达 21%），可见中国膏方市场整体呈持续增长态势。

3. 市场接受度高

近年来，膏方在市场上的接受度逐渐提高。越来越多的人开始认识到膏方的独特优势和疗效，并愿意尝试使用膏方治疗慢性呼吸道疾病。这种趋势在秋冬季节尤为明显，因为膏方温润的特性非常适合缓解寒冷季节的呼吸道症状。尤其是新冠疫情之后，人们对呼吸道疾病的重视程度日渐提高，也助力了肺病

膏方的市场接受度不断提高。

4. 政策支持与规范

中国政府高度重视中医药事业的发展，对中医药事业的支持力度不断加大，并出台了一系列相关政策，为膏方市场的发展提供了良好的政策环境，亦提升了中药在呼吸系统疾病防治中的地位和作用。同时，政府也加强了对膏方市场的监管和规范，确保产品的质量和安全。这些措施有助于提升消费者对膏方的信任和认可度，推动市场的健康发展。

5. 产品多样化和个性化

随着市场的不断发展，膏方的制备工艺和配方也在不断改进和个性化。市场上的膏方产品种类繁多，既有传统的经典方剂膏方，也有根据现代科技改进和创新的新型膏方。这些产品不仅满足了不同消费者的需求，还推动了膏方市场的多样化发展。例如，有些膏方添加了现代科技提取的中药活性成分，提高了药效和安全性；有些膏方则结合了传统中医理论和现代营养学知识，制定了个性化的配方，为患者提供更精准的治疗。医生会根据患者的具体症状、体质差异等信息，制定个性化的膏方处方，以满足不同患者的需求。针对年轻群体，枇杷梨膏、人参鹿膏、酸枣仁膏、茯苓膏、姜枣膏、四物膏、人参黄精膏等时尚新膏方成为市场新宠，尤其以养阴润肺的枇杷梨膏最受年轻群体的欢迎，职场人、个体户、服务人员等已就业群体为消费主力。

6. 国际化步伐加快

随着中医药国际化进程的加速推进，膏方也开始走向国际市场。越来越多的国家和地区开始认可和使用中医药，为膏方市场的国际化提供了广阔的空间。通过与国际标准接轨和合作，膏方可以更好地满足海外市场的需求，推动中医药文化的国际传播。

综上所述，膏方在市场上呈现出接受度提高、产品种类丰富、销售渠道多样化、竞争加剧及国际化步伐加快等特点。未来，随着科技的不断进步和市场的不断发展，膏方有望在慢性呼吸道疾病的治疗领域发挥更大的作用。

（二）临床应用现状

1. 慢性阻塞性肺疾病

慢性阻塞性肺疾病是一种异质性肺部疾病，其特征是气道异常（如支气管炎、细支气管炎）和／或肺泡异常（如肺气肿）引起慢性呼吸道症状（如呼吸

贰　应用实践篇

207

困难、咳嗽、咳痰和／或急性加重），导致持续的、通常是进行性加重的气流
受限[14]。随着病情的发展，晚期患者常会伴随慢性肺源性心脏病、呼吸衰竭
等并发症，这些情况极大地损害了患者的日常生存质量。慢性阻塞性肺疾病
归属于中医学"肺胀""痰饮"等范畴，其发病多因久病肺虚，痰浊潴留，导
致肺不敛降，气还肺间，肺气胀满，并常因复感外邪诱使病情发作或加剧[15]，
病性多属本虚标实，有偏实和偏虚两端。本虚者，多责之于肺、脾、肾虚弱，
脏腑功能失调；标实者，与痰浊、水饮、瘀血内阻相关，故其治法为扶正固本
与祛邪兼顾。临床研究证实，膏方在治疗慢性阻塞性肺疾病稳定期方面可发挥
重要作用，通过辨证加减，既能补肺、健脾、益肾，又兼具祛邪、化痰、逐瘀
之功[16]。

　　林明峰等依据中医治未病理论，以薯蓣丸为主方辨证加减后制成薯蓣丸膏
方，治疗肺脾气虚型慢性阻塞性肺疾病稳定期患者 30 例，与西药＋口服中成
药这一常规治疗方法相比，膏方的介入可明显减轻患者临床症状，改善患者生
活质量及减少患者感冒频次，并能有效改善患者 FEV1/FVC 比值[17]。刘倩等
依据慢性阻塞性肺疾病患者瘀毒致病、久病肺肾气虚的特点，以六君子汤、四
物汤及止嗽散加减制成补肺止咳膏，治疗慢性阻塞性肺疾病稳定期肺脾气虚
证患者 30 例，与常规西药治疗相比，患者指脉氧治疗后可提升至 97%，并延
缓 FEV1/FVC 比值下降程度[18]。杨群等根据慢性阻塞性肺疾病肺肾两虚、痰
瘀伏肺的基本病机，以玉屏风散、左归丸、二陈汤三方加减制成调补肺肾膏
方，治疗慢性阻塞性肺疾病稳定期肺肾两虚证患者 25 例，亦发现与常规治疗
相比，膏方可延缓 FEV1/FVC 比值下降程度[19]。杨立春等认为慢性阻塞性肺
疾病患者多发展为肺肾气虚证及气阴两虚证，选用《石室秘录》安喘至圣方加
减，并结合新疆当地气候环境及患者体质制成安喘至圣膏，配合西药治疗 50
例患者 3 个月，患者 FEV1、FEV1/FVC 明显改善，COPD 评估测试评分明显
降低[20]。蒙定水等通过长期临床实践，多用补中益气汤、玉屏风散佐以活血
化瘀之品制成膏方，治疗慢性阻塞性肺疾病稳定期肺脾肾虚患者，发现膏方可
改善患者体质，减少慢性阻塞性肺疾病急性发作次数[21]。窦增娥等在使用多
索茶碱片的基础上联合应用补肾活血膏方治疗慢性阻塞性肺疾病患者 43 例，
与纯西药治疗组相比较，膏方组患者白细胞介素 –18、α1– 抗胰蛋白酶、转化
生长因子 –β1 水平得到了有效降低，炎症反应减轻[22]。广州中医药大学深圳
医院（福田）肺病科／呼吸与危重症医学科（PCCM）带头人徐卫方教授根据

慢性阻塞性肺疾病患者肺、脾、肾三脏虚损，痰瘀互结之病机，并结合岭南地区亚热带季风气候影响下患者多夹湿热的特点，以三子养亲汤、温胆汤、玉屏风散、补中益气汤、肾气丸为主要配伍加减化裁为肺胀膏治疗慢性阻塞性肺疾病稳定期患者，发现肺胀膏可有效减少患者急性发作次数，改善患者症状及生活质量。

2. 支气管哮喘

支气管哮喘是一种慢性气道炎症性疾病，其特征为气道高反应性、可变的气流受限及反复发作的喘息、气急、胸闷或咳嗽等症状，以夜间或清晨为甚，其呼吸道症状可随时间变化，且严重程度可变[14]。支气管哮喘归属于中医学"哮病"范畴，其发病乃因宿痰内伏于肺，复加外邪、饮食、劳倦等诱因触引，以致痰气交阻，气道挛急，肺失肃降[15]。本病总属邪实正虚，患者肺、脾、肾三脏虚损，津液代谢障碍，化为痰饮内伏于肺，随感受不同外邪发为不同症状，尤以气候变化为主。治疗上当宗丹溪"未发以扶正气为主，既发以攻邪气为急"之法则，在祛痰利气的同时兼顾补肺、健脾、益肾，加以化痰止咳平喘之品，同时兼顾瘀血等其他病理产物的清除，从而起到缓解哮喘症状、减少哮喘发作的作用。于鸿等人根据哮喘稳定期患者兼有正气不足的特点制成平喘固本膏，并结合三伏天的穴位贴敷疗法治疗哮喘，结果显示这种方法能够有效调整患者气道与血液中的相关炎症指标（如嗜酸性粒细胞、IgE、VEGF、IFN-γ、IL-4），显著改善了患者的症状[23]。于哲峰对于肾虚型哮喘患者，在缓解期内使用益肾固本膏配合金匮肾气丸进行治疗，发现患者的 ACT 评分得到了提升[24]。现代药理学研究也证实，该膏方内含有的牡丹皮、泽泻、肉桂等可提高机体的免疫系统功能，并能抗血小板、改善局部循环及调节激素水平，进而明显降低哮喘发生频率。谢五菊[25] 使用温肾消喘膏治疗哮喘患者，发现该膏方可以有效地控制病情发展，降低哮喘发作率，同时观察到患者的 IgE 浓度及 T 淋巴细胞亚群比例有了显著改善，表明机体抵抗力得到了加强。

3. 支气管扩张

支气管扩张症是一种由多种原因引起的慢性气道疾病，以支气管异常性、永久性扩张为特征，常伴有支气管壁结构破坏和慢性化脓性炎症[14]。在临床方面，患者通常会出现慢性、持续性的咳嗽症状，伴有大量痰液或脓痰的排出，多伴随咯血，部分患者可能伴有气促和呼吸衰竭的症状。中医学对支气管扩张的描述散见于"咳嗽""咯血""肺痈"等疾病，近年来随着研究进展提出

"肺络张"之病名，以更准确地描述支气管扩张之证。支气管扩张大多为本虚标实之证，以肺虚为本，痰、热、瘀为标。肺卫失固，外邪乘虚而入，郁久生热，炼津成痰，并灼伤肺之血络，同时痰阻气机，血行不畅，以致痰、热、瘀三者杂合。故在治疗上，应在补益肺脏之基础上，佐以清热、化痰、活血之品[26]。

在临床上，运用膏方治疗支气管扩张正在成为新的热点，临床证据持续积累，膏方在支气管扩张的治疗方面发挥了重要作用。吴银根教授运用膏方治疗支气管扩张时强调应以清肺化痰凉血、益气养阴补肾为治疗原则[27]。王会仍教授认为支气管扩张病机之本虚标实，当以"滞痰瘀热"为标、"肺脾肾虚"为本，在运用膏方治疗支气管扩张时，多以补肺气阴、润肺止咳、清肺化痰、活血化瘀、凉血止血为法[28]。艾健等通过网络药理学研究发现，健脾祛湿化瘀膏在治疗支气管扩张时可能通过调节晚期糖基化终产物及其受体信号通路、肿瘤坏死因子信号通路、白细胞介素 –17 信号通路等，达到抗炎、抗感染、调节免疫的目的[29]。王淑英等自拟膏方治疗支气管扩张缓解期患者，以健脾益肺为法，并加入祛湿化痰、活血通络之品，配合穴位埋线，发现膏方能很好地改善患者的肺功能，而且能够降低支气管扩张患者炎症因子水平，治疗效果与口服小剂量阿奇霉素相当[29]。另有国外研究表明，支气管扩张患者在服用中医膏方后，其症状缓解率可达 70% 以上，呼吸功能指标也有所改善，这表明膏方在一定程度上能够作为该疾病的辅助治疗手段。此外，该治疗方式对于减少抗生素的滥用、避免耐药性的产生也具有积极意义。

目前针对支气管扩张的系统性研究尚不足，但初步的临床观察与患者的治疗反馈都在一定程度上证实了膏方在治疗慢性呼吸道疾病中的应用潜力。

4. 肺结节

肺结节指影像学检查中表现为最大直径≤3cm 的局灶性、类圆形、肺实质密度增高的实性或亚实性阴影，可为孤立性或多发性，不伴肺不张、肺门淋巴结肿大和胸腔积液[30]。肺结节在临床上多无明显症状，大多数肺结节因健康筛查而被发现[30]。肺结节多归属于中医学"肺积"的范畴，在病机上多属正虚邪实。肺虚卫外不固，脾虚运化失司，肾虚阴阳失调，以致痰气交阻、气机不畅，病程迁延则致日久生瘀、痰瘀互结[31]。故治疗上多扶正补虚以调理患者体质，改善内环境以绝结节变生之源，同时兼顾化痰逐瘀。魏成功教授在治疗肺结节患者时，多选用二陈汤、血府逐瘀汤、四君子汤等为主方进行化裁，并根据患者体质酌加补肾、疏肝、清热、解毒之品，以个性化施膏的方式调理

貳 应用实践篇

患者体质，收消散结节之效。相关研究显示，使用膏方治疗肺结节的患者，在服用膏方前后进行影像学比较时，大多数情况下发现结节缩小，甚至完全消失。许多患者反映，在连续服用膏方一定周期后，不仅肺部结节得到改善，伴随症状（如咳嗽、胸闷等）也有所减轻[32]。广州中医药大学深圳医院（福田）肺病科/呼吸与危重症医学科（PCCM）学科带头人徐卫方教授认为，肺结节发生的根本原因在于患者脏腑内环境功能失调，痰、瘀等病理产物积聚于肺而成结节，在治疗上以温胆汤、玉屏风散等为主方化裁，配以清热解毒、活血化瘀之品制成肺积膏，并开展临床应用。患者服用肺积膏后，肺结节消散率达20%，且膏方治疗更适合长期服用，患者依从性好，收效显著。

5. 肺癌

原发性支气管恶性肿瘤，亦称肺癌，起源于呼吸系统上皮细胞，包括支气管、小支气管以及肺泡，此类病症在肺部原发性癌变中发病率最高。按照细胞组织学变化，肺癌可分为小细胞型与非小细胞型两大类。本病的早期临床表现往往不显著，常见症状包括干咳、痰中带血、体重下降等，影像学检查常见肺内出现结节状或肿块状阴影[14]。中医学认为，肺癌的发生与正气虚损和邪毒入侵关系密切，为本虚标实、因虚致实之证。正气内虚、脏腑阴阳失调是罹患本病的主要基础，标实则与毒、痰、瘀相关。本病在治疗上应采取"扶正"与"祛邪"相结合的原则，重在补益肺、脾、肾，调整气血阴阳平衡，同时兼顾化痰、祛瘀、解毒[33]。近年来，中医膏方在肺癌治疗中的辅助作用得到关注，相关研究表明，膏方可通过多种机制发挥扶正祛邪作用，协助标准治疗，在手术、化疗及放疗后的身体恢复，以及预防、处理相关并发症，减轻癌症引起的疼痛等方面得到了广泛的应用。膏方在抗击恶性肿瘤方面，能够全面提高患者的生存质量、延长其生存期，具有独到的优势。周壁明等以益气养阴、解毒活血为法制成肺瘤平膏，配合化疗治疗晚期非小细胞肺癌，发现该疗法在增强免疫功能方面具有突出的效果[34]。李长详团队运用健脾化痰的原则，研制了健脾化痰膏，与化疗结合治疗老年晚期非小细胞肺癌患者，发现该膏剂能减轻化疗的副作用，提高患者对化疗的承受能力，取得了降低毒性、提高疗效的双重效果[35]。冯利等人则在肺癌治疗中注重脾肾同调，根据这一治疗原则研发了肺瘤平2号膏剂，并将其应用于肺癌患者的治疗中，发现该膏剂能明显缓解患者气阴两虚和血瘀的证候表现，治疗后患者卡氏评分显著上升，在体重方面也保持了稳定增长，显著提高了患者的生活质量[36]。

四、分析与讨论

（一）研究趋势

通过中国知网、万方数据库、CBM 等平台检索"慢性肺病""慢性阻塞性肺疾病/慢阻肺/肺胀""哮喘/支气管哮喘/哮病""支气管扩张/肺络张""肺结节/肺积""肺癌"与"膏方"相关文献共计 380 篇，剔除相关性较低的文献 5 篇后，共 375 篇相关研究文献，文献体量并不庞大。从发文趋势来看，2008 年以前，慢性呼吸道疾病与中医膏方的相关研究及文献报道较少，此后，慢性呼吸道疾病与中医膏方的相关研究数量呈逐年上升态势，正在成为新的热点研究趋势（图 1）。值得注意的是，2020—2023 年，全球正处于新型冠状病毒感染大流行的背景之下，此时的研究重点及热点均围绕新冠感染展开，故在 2021—2023 年，慢性呼吸道疾病与中医膏方的发文量较前有所下降。如今，新冠疫情虽已结束，但其后遗症及并发症引发的相关问题正在凸显，2021 年全球疾病负担研究（GBD）的研究结果显示，未来一定时间内，新冠感染的并发症将成为疾病负担的重点[2]，而基于这样的背景，在人们蒙受了新冠疫情对肺健康的影响后，慢性呼吸道疾病的患者人数也将进一步增长，而新冠感染正是这一增长态势背后重要的助推剂[37]。可以预测，慢性呼吸道疾病与中医膏方在未来也将继续成为热点研究方向。

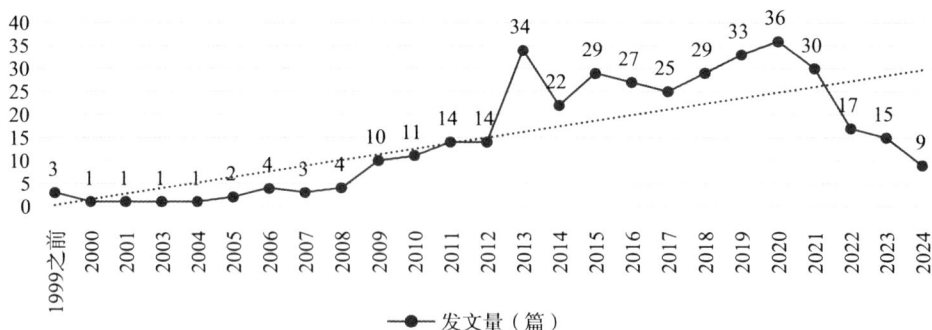

图 1　1999-2024 年基于"慢性呼吸道疾病"与"中医膏方"发文量统计

（二）地区分布

笔者通过文献考察了膏方在不同地区的应用频率、治疗案例数、所用膏方种类等多个维度，以期揭示地区差异对于膏方治疗慢性呼吸道疾病的影响。考察范围为国内 20 个主要城市的医疗机构，覆盖北方、南方、东部、西部地区；统计时段为最近一年，涉及患者数据达到 1500 余例。统计结果表明，北方城市（如北京、哈尔滨）与南方城市（如广州、深圳）在使用膏方的种类和平均治疗周期上存在显著差异，这可能与地区气候特点和传统中医实践有关。例如，北京的治疗案例中的膏方种类较多、平均治疗周期较长，这可能与北方冬季干燥且时间长的气候特征有关。南方气候湿润，膏方的种类相对较少，但有针对性地调理湿热的膏方应用更广。

深入分析"膏方的地区应用对比表"（表 1）中提供的数据，可以发现尽管治疗案例数在各个地区有所不同，但总体上，治愈率与复发率呈现出一定的相关性。例如，拥有较高治愈率的地区往往伴随着较低的复发率。治疗案例中，平均治愈率和患者满意度普遍较高，但也有部分地区如西宁和银川，其复发率相对较高，这可能与当地膏方使用习惯不够成熟或者治疗周期的不规范有关。

该统计分析结果为中医膏方在慢性呼吸道疾病治疗领域的应用提供了实践依据，同时也为各地医疗机构对治疗方案的选择提供了地区化的参考。展望未来，该研究可为相关中医膏方的进一步研发和市场推广提供数据支持。

表 1　膏方的地区应用对比表

地区	治疗案例数	使用膏方种类	平均治疗周期（天）	治愈率（%）	复发率（%）	患者满意度（分）
北京	158	5	90	76	18	8.5
上海	142	4	85	79	15	8.7
广州	121	6	100	72	20	8.1
成都	134	7	95	74	17	8.4
深圳	113	5	82	80	13	8.8
杭州	97	3	80	77	19	8.6
武汉	109	4	88	73	22	8.3

贰　应用实践篇

续表

地区	治疗案例数	使用膏方种类	平均治疗周期（天）	治愈率（%）	复发率（%）	患者满意度（分）
西安	88	5	92	70	25	8.0
长沙	104	4	86	78	16	8.2
南京	115	6	90	75	18	8.5
西宁	73	2	105	65	30	7.7
哈尔滨	81	3	83	71	26	8.1
济南	96	5	87	74	21	8.3
重庆	108	4	95	72	20	8.2
石家庄	78	3	85	68	27	7.9
沈阳	89	4	91	69	24	8.0
太原	82	4	89	67	29	7.8
昆明	99	3	93	73	23	7.9
兰州	71	5	97	66	28	7.5
银川	65	2	81	72	31	7.8

（三）病种分布

在纳入统计的375篇文献中，膏方治疗慢性呼吸道疾病的病种分布，以支气管哮喘及慢性阻塞性肺疾病相关文献报道占比较大，分别达192篇和133篇，占比为51%及35%（图2）。对于支气管扩张，如前所述，国内对其重视程度较支气管哮喘及慢性阻塞性肺疾病偏低，故中医膏方治疗支气管扩张的系统性研究较少。随着未来学界对支气管扩张的认识及重视程度的不断提高，其也将成为新的研究热点。对于肺结节与肺癌，随着健康筛查的不断普及和对疾病机制研究的不断深入，尤其是在中医治未病的理论指导下，膏方在肺结节与肺癌的早期预防方面将发挥更广泛的作用。随着中医药更广泛的使用，对现代医学研究的热点、难点——慢性呼吸道疾病如间质性肺病、睡眠呼吸暂停综合征等，也将会有更多的膏方相关研究及临床应用。

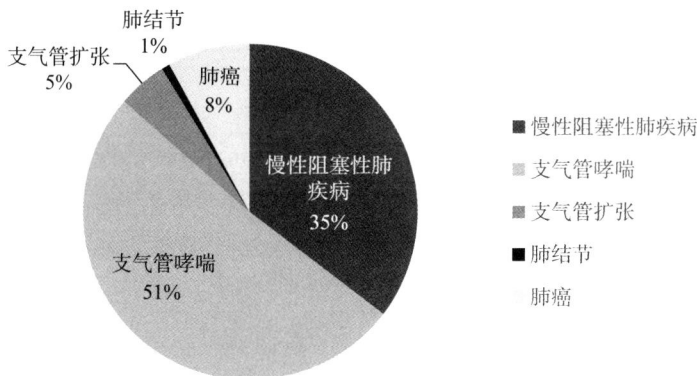

图 2　膏方治疗慢性呼吸道疾病病种分布

（四）用药分析

在研究中，我们根据慢性呼吸道疾病患者的具体病症与体质，从广泛的中医膏方选用范围中筛选出重点推广和应用的药物，并对这些膏方的治疗效果和应用普及程度进行深入分析，包括各膏方在临床应用中的使用频率、主治疾病、典型配伍药材、治疗周期、治愈率等维度。

我们构建了药物配伍普及率表来呈现不同膏方的中药材搭配使用情况（表2），表中列举了若干被普遍认可的膏方配方，并基于它们在慢性呼吸道疾病治疗中的使用频率给予排名。例如，麦冬甘草膏和人参养荣膏分别以 25.56% 和19.34% 的使用频率位居配伍普及率的前两位。这两种膏方由于各自独特的药材组合和较高的治愈率，在临床中获得广泛应用。在治愈率一栏，玉屏风散加减膏以 80.6% 的比例位居首位，表明其治疗效果优异。综合对比显示，在具体用药上，益气、养阴药的使用率占比最高，充分贴合了"肺为娇脏，喜润而恶燥"之生理特点，同时在补益时兼顾肺、脾、肾三脏，三脏和调，肺病乃愈。值得注意的是，每种膏方的不良反应发生率均得到了控制，这表明在规范的使用和正确的指导下，中医膏方是安全可靠的。

与此同时，膏方药物配伍的合理性对治疗效果起到至关重要的作用。通过对膏方主要药材的用量和频率的综合评价，我们挖掘出了潜在有效且安全性较高的膏方配伍策略。这些发现对制定更精准的治疗方案、优化药物配方起到了关键的导向作用。

表2 慢性呼吸道疾病高频使用膏方及其用药分析统计

药物名称	使用频率（%）	主治疾病	典型配伍药材	治疗周期（天）	治愈率（%）	不良反应发生率（%）
麦冬甘草膏	25.56	支气管哮喘	麦冬、甘草、五味子	90	68.3	2.5
人参养荣膏	19.34	慢性阻塞性肺疾病	人参、麦冬、石菖蒲、桔梗	60	73.8	3.1
阿胶琼脂膏	17.89	支气管扩张	阿胶、墨旱莲、百合、玉竹	90	64.5	2.9
益气和中膏	15.70	慢性阻塞性肺疾病	黄芪、党参、太子参、甘草	120	59.7	3.8
制附子壮骨膏	10.12	纤维化肺疾病	制附子、细辛、白术、桑寄生	180	51.2	4.6
川贝母止咳膏	8.45	支气管扩张	川贝母、桔梗、甘草、胖大海	60	77.9	1.7
羚羊清肺膏	7.58	慢性阻塞性肺疾病	羚羊角、百合、桑白皮、款冬花	120	66.4	3.2
玉屏风散加减膏	5.86	支气管哮喘	防风、白术、甘草、金银花	30	80.6	1.2
金牛至宝膏	4.78	支气管哮喘	紫菀、茯苓、百部、川贝母	90	71.3	2.7
芪苈强肺膏	3.67	支气管哮喘	黄芪、葶苈子、杏仁、蜂蜜	60	75.8	1.9
百合固金膏	2.50	支气管哮喘	百合、山药、麦冬、甘草	90	69.1	2.2
沙参玉竹膏	1.98	支气管哮喘	沙参、玉竹、罗汉果、桑叶	60	74.6	2.0

五、前景展望

（一）市场潜力及需求巨大

随着人口老龄化的加剧及环境污染等因素的影响，慢性呼吸道疾病的患病率不断攀升，严重影响患者生活质量，并造成沉重的社会经济负担。传统西医治疗在控制病情方面取得了一定进展，但长期依赖药物治疗易引发各种副作用。近年来，中医膏方因其个性化处方、整体调治的特点而重新受到重视，显示出在治疗慢性呼吸道疾病方面的潜力。中医膏方的市场需求持续攀升，其作为长效低毒副作用的替代疗法展现出较大的市场潜力。根据全球范围内慢性阻塞性肺疾病治疗市场的数据分析，预计未来几年内，膏方在呼吸系统疾病治疗领域的市场份额将会持续攀升。此外，人们对中医膏方辅助治疗慢性呼吸道疾病的认可度也在逐步提高，尤其是在中国及东南亚地区，中医膏方在慢性呼吸道疾病治疗中的运用正在成为一种新的趋势。此外，慢性呼吸道疾病的发病亦有年轻化的趋势，鉴于城市生活节奏快、工作压力大，年轻群体就医、服药时间较少，膏方使用便捷、可长期服用的优势，亦将吸引更多年轻群体选择中医药调理，使他们在慢性呼吸道疾病早期得到有效的治疗、预防与管理，更好地实现"未病先防""既病防变"。

（二）临床应用空间广阔

在临床应用方面，鉴于慢性呼吸道疾病的发病特点，中医膏方在慢性呼吸道疾病的应用上将发挥其独特的优势。目前，膏方在慢性阻塞性肺疾病、支气管哮喘的治疗上应用较广，且疗效显著，已形成一定的基础与规模。相较于前两种疾病，支气管扩张在流行病学研究基础与临床关注度层面存在明显差距，故目前膏方治疗支气管扩张方面的系统性研究尚不足。现有研究已证实，中医膏方在支气管扩张的治疗领域大有可为，未来将会有更广泛的临床应用与研究。随着健康筛查的普及，肺结节与肺癌患者基数持续扩大，在中医治未病理论的指导下，膏方疗法在肺结节和肺癌的早期预防、管理和治疗方面具有显著拓展空间。近年来，在慢性呼吸道疾病方面，除了关注度较高的慢性阻塞性肺疾病、哮喘、支气管扩张、肺结节、肺癌等，间质性肺疾病、睡眠呼吸暂停综合征也逐渐走入大众视野，成为新的研究方向。现亦有少量文献报道显示，膏方在治疗间质性肺疾病方面可发挥一定作用，未来相关研究也将不断扩充。目前，睡眠呼吸暂停综合征的治疗主要集中于西医的持续气道正压治疗，而中医膏方治疗的相关临床数据仍较欠缺，其作用机制及临床应用效果的科学证据尚需进一步积累。

（三）跨界融合成为趋势

随着人们对治疗个性化、整体化要求的提高，膏方在慢性呼吸道疾病中的应用越来越广泛。多学科联合诊疗模式的推广使得患者能够得到更全面的治疗，膏方作为辅助治疗手段，能够提供个体化、定制化的治疗选择，使得患者的治疗体验和效果更佳。此外，通过患者教育与顾问服务的发展，能够让患者了解并接受中医膏方治疗，提高患者对治疗的接受度和满意度。随着医疗模式的改变和科技的进步，中医膏方行业也呈现出跨界融合的趋势。通过加强与医院、科研机构及互联网平台的合作，不断在产品形式和服务模式上创新，膏方在慢性呼吸道疾病治疗中的地位和作用将得到进一步提升。

（四）技术创新推动发展

技术研发动态方面，随着药物科学技术的不断进步，膏方的配伍科学化水平和制备工艺水平也得到了显著提升。完善的制药工艺和现代化的控制手段，使得膏方的疗效更加稳定可靠。例如，对于长期治疗的患者，研究人员通过改进药材的炮制工艺，可提高中药的活性成分提取效率，增强药效，并结合现代药物释放技术，使得膏方在人体内的释放更加均匀、持久，能有效提高患者的用药依从性和生活质量。现代化的智能生产线及精准的药物递送系统不仅提高了生产效率，也确保了膏方的质量。同时，新技术的应用也将加速中药制剂的研发和创新，为膏方市场的发展提供更多机遇。

（五）政策支持助力发展

政策与法规展望方面，国家中医药管理部门在推广和规范中医膏方的使用方面起到了积极作用。随着《中华人民共和国中医药法》的颁布和实施，中医膏方在法律层面得到了明确的定义和规范，这对膏方的研发和市场推广都将产生积极影响。医疗保险政策的逐步完善，使得更多的慢性呼吸道疾病患者能够承受中医膏方的治疗费用，提高了患者的用药意愿和治疗依从性。

（六）挑战与机遇并存

虽然中医膏方市场发展前景广阔，但也面临一些挑战，如中药的疗效和安全性、产品同质化严重等。然而，通过加强技术研发和创新、提高产品质量和安全性等措施，中医膏方企业可以在市场中取得竞争优势，实现可持续发展。

在未来，中医膏方作为慢性呼吸道疾病治疗的辅助手段，不仅市场需求大，而且具备广阔的发展空间。通过深入研究和技术革新，膏方的疗效和便利性将会进一步提高，有望提供更优质的治疗方案，让患者迎来更为健康的生活。同时，随着政策层面的支持和法律法规的明确，中医膏方在慢性呼吸道疾病治疗中的角色将变得更加突出，在为患者造福的同时，也将进一步激发中医膏方产业的潜力和活力。

参考文献

[1] 李为民，罗汶鑫.我国慢性呼吸系统疾病的防治现状 [J]. 西部医学，2020，32（1）：1-4.

[2] AIDA F Z，YEGANEH S N T，ALI S. The burden of chronic respiratory disease and attributable risk factors in North Africa and Middle East：findings from global burden of disease study（GBD）2021[J].Respir Res，2024.

[3] CELLI B R，SINGH D，VOGEL M C. New Perspectives on Chronic Obstructive Pulmonary Disease[J]. International journal of chronic obstructive pulmonary disease，2022.

[4] ANASTASIA M K，REBECCA F，GIOULINTA S A. Prevalence and clinical implications of respiratory viruses in stable chronic obstructive pulmonary disease（COPD）and exacerbations：a systematic review and meta-analysis protocol[J]. BMJ Open，2020.

[5] CELLI B R，SINGH D，VOGEL M C. New Perspectives on Chronic Obstructive Pulmonary Disease[J]. International journal of chronic obstructive pulmonary

disease，2022.

[6] MARIA D C，MARIA G T，VINCENZO R. Chronic respiratory diseases other than asthma in children：the COVID-19 tsunami[J]. Italian Journal of Pediatrics，2021.

[7] HAN B，ZHENG R，ZENG H，et al. Cancer incidence and mortality in China，2022[J]. Journal of the National Cancer Center，2024，4（1）：47-53.

[8] 支气管扩张症专家共识撰写协作组，中华医学会呼吸病学分会感染学组 . 中国成人支气管扩张症诊断与治疗专家共识 [J]. 中华结核和呼吸杂志，2021，44（4）：311-321.

[9] 叶凌洁 . 浅述中医膏方对慢性肺系疾病的调治 [J]. 中国保健营养，2020：296-297.

[10] 钟赣生 . 中药学 [M]. 北京：中国中医药出版社，2016.08.

[11] 朱琳，颜延凤 . 膏方治疗慢性肺系疾病的研究进展 [J]. 临床医学研究与实践，2023，8（4）：187-190.

[12] 曲妮妮，潘禹硕，邓虎，等 . 膏方调治肺系疾病的应用策略 [J]. 世界中西医结合杂志，2020，15（6）：1156-1159.

[13] 闫远杰，张树峰 . 内服中药膏方防治慢性肺系疾病概述 [J]. 承德医学院学报，2012，29（2）：162-164.

[14] 葛均波，王辰，王建安 . 内科学 [M].10 版 . 北京：人民卫生出版社，2024：25-45.

[15] 胡鸿毅，方祝元，吴伟 . 中医内科学 [M].4 版 . 北京：人民卫生出版社，2021：43-73.

[16] 罗顿，练毅刚，牛国平，等 . 基于文献挖掘慢性肺系疾病中医内服膏方的临床应用规律 [J]. 西部中医药，2024，37（9）：105-110.

[17] 林明峰 . 治未病理论下薯蓣丸膏方治疗肺脾气虚型 COPD 稳定期临床疗效研究 [D]. 北京：北京中医药大学，2020.

[18] 刘倩 . "补肺止咳膏" 治疗 COPD 稳定期肺脾气虚证的临床研究 [D]. 扬州：扬州大学，2021.

[19] 杨群，万丽玲，丁兆辉 . 调补肺肾膏调治慢性阻塞性肺疾病稳定期肺肾两虚证的临床研究 [J]. 中医临床研究，2016，8（27）：108-110.

[20] 杨立春，陈晶晶，吴玲 . 安喘至圣膏治疗慢性阻塞性肺疾病稳定期肺肾阴虚

证临床研究 [J]. 中国中医药信息杂志，2018，25（8）：21-24.

[21] 刘锐，何嘉 . 蒙定水论治慢性阻塞性肺疾病稳定期经验撷英 [J]. 西部中医药，
2018，31（4）：59-61.

[22] 窦增娥，姚惠青，吕华，等 . 补肾活血膏方联合多索茶碱片治疗慢性阻塞性
肺疾病稳定期临床观察 [J]. 湖北中医杂志，2019，41（11）：3-6.

[23] 于鸿，计忠宇，陈维，等 . 平喘固本膏联合穴位贴敷对支气管哮喘缓解期患
者血清免疫因子及细胞因子的影响 [J]. 吉林中医药，2021，41（12）：1612-
1615.

[24] 于哲峰，王俊格 . 益肾固本膏方联合金匮肾气丸治疗肾虚型支气管哮喘缓解
期患者的临床观察 [J]. 中国民间疗法，2019，27（18）：49-50.

[25] 谢五菊，王成存，陈山，等 . 温肾消喘膏方对支气管哮喘患者免疫功能的影
响及疗效 [J]. 世界中医药，2020，15（16）：2454-2457.

[26] 刘剑，王玥琦，陈欣，等 . 支气管扩张症中西医结合诊疗专家共识 [J]. 中医杂
志，2022，63（22）：2196-2200.

[27] 邹璐，孙鼎，吴银根，等 . 基于中医传承辅助系统的吴银根膏方治疗支气管
扩张用药规律探讨 [J]. 广州中医药大学学报，2017，34（2）：282-285.

[28] 徐哲昀，童卫泉，王会仍，等 . 王会仍运用"四时膏方"调治慢性肺系疾病
经验 [J]. 江西中医药大学学报，2018，30（2）：23-24，76.

[29] 艾健 . 埋线联合膏方内外兼治支气管扩张缓解期疗效观察 . 河北省秦皇岛市中
医医院，2022-12-01.

[30] 中华医学会呼吸病学分会，中国肺癌防治联盟专家组 . 肺结节诊治中国专家
共识（2024 年版）. 中华结核和呼吸杂志，2024，47（8）：716-729.

[31] 杨兰，张洪，何俊安 . 基于"积之始生，得寒乃生"理论探析肺结节病机及
治疗 [J]. 中医学，2024，13（8）：1933-1938.

[32] 刘淑灵，廖旺旺，魏成功 . 魏成功运用个体化膏方治疗肺结节经验介绍 [J]. 新
中医，2023，55（15）：193-196.

[33] 周岱翰 . 中医肿瘤学 [M]. 广州：广东高等教育出版社，2020：250-261.

[34] 周壁明，朴炳奎，侯炜，等 . 肺瘤平膏改善非小细胞肺癌患者免疫状态及预
后的临床观察 [J]. 中国中医药信息杂志，2008，15（5）：78-79.

[35] 李长详，唐晓勇 . 健脾化痰膏方配合化疗治疗老年晚期非小细胞肺癌的临床
研究 [J]. 中国中医药咨询，2011，23（3）：223-224.

贰

应用实践篇

[36] 王亚杰.肺瘤平膏维持治疗晚期气阴两虚型非小细胞肺癌的回顾性研究 [D]. 北京：中国中医科学院，2015.

[37] Shan-shan Wang，Xian Zeng，Ya-li Wang. Chinese Medicine Meets Conventional Medicine in Targeting COVID-19 Pathophysiology，Complications and Comorbidities[J].Chinese Journal of Integrative Medicine，2022.

贰 应用实践篇

HB.13 中医膏方在不同区域应用差异研究

张　红 ① 　韩俊阁 ② 　张惠贞 ③

摘　要： 膏方作为传统医学的常用剂型之一，在当今社会日益盛行。本文通过查阅文献，研究中医膏方历史沿革及在不同区域的应用差异。膏方自先秦秦汉始，跨越中国各个朝代，至明清时期走向成熟，至今已突破地域限制，由南方向北方延伸。不同地域的自然环境、气候条件、饮食习惯等因素，决定了膏方的地域性特点，从而产生了多个学术流派。本文通过分析宫廷膏方、苏派膏方中的吴门医派、孟河医派、山阳医派、金陵医派及龙砂膏方、岭南膏方等派别，从而得出每一个流派的膏方都有其独特的理论基础和用药特点，其膏方主治病种也各有侧重的结论。膏方在治已病、治未病方面都发挥着不可替代的作用。本文通过对膏方历史和地域应用的挖掘，以期促进对膏方学术内涵和临床应用的深入研究，促进中医药文化的传承和发展。

关键词： 中医膏方；不同区域；应用差异

一、中医膏方的历史沿革

膏方，又称煎膏、膏滋，是中医丸、散、膏、丹、酒、露、汤、锭剂型中的一种。膏方一般分为内服、外用两种，是主要适用于慢性疾病长期管理及体质虚损人群调理的中药制剂。膏方的功效起初以滋养补益、增强体质为主，但随着其不断发展、运用，亦能调和阴阳，达到治疗疾病的目的。膏方历史悠

---

① 张红，硕士，北京中医药大学房山医院，主任医师，研究方向：内分泌系统疾病的中医诊疗。

② 韩俊阁，博士，北京中医药大学房山医院，副主任医师，研究方向：内分泌系统疾病的中医诊疗。

③ 张惠贞，北京中医药大学在读博士，研究方向：内分泌系统疾病的中医诊疗。

久，在中国传统医学中，膏方不仅仅是一种药物剂型，它更承载着中华民族深厚的文化底蕴。膏方以其独到的配伍、精心挑选的药材及精细考究的工艺，逐渐成为人们追求健康生活的选择，是养生保健不可或缺的组成部分。

（一）先秦秦汉时期

在先秦秦汉时期，膏方以外用为主，内服应用较少。外用膏剂最早可见于我国先秦古籍《山海经·山经·西山经》："有兽焉，其状如羊而马尾，名曰臧羊，其脂可以已腊。"即以动物脂肪制成封闭油膜涂于皮肤，治疗皮肤皲裂。《黄帝内经》中也有以动物脂肪作为外用膏剂的论述，如"治之以马膏，膏其急者"，"治之以砭石，欲细而长，疏砭之，涂以豕膏"。内服膏方则可追溯到目前我国已知最早的医书《五十二病方》："以水一斗，煮胶即置其于火上。"《金匮要略》中的大乌头煎、猪膏发煎，是最早以"煎"命名的内服膏方，"乌头大者五枚（熬，去皮，不㕮咀），上以水三升，煮取一升，去滓，内蜜二升，煎令水气尽，取二升，强人服七合，弱人服五合"。《武威汉代医简》中所载膏剂也开始用"膏"命名，书中记载了百病膏药方、妇人膏药方、千金膏药方，并注明了其组方、制法、赋形剂、部位等。

（二）晋南北朝时期

晋代内服膏方的运用范围逐渐扩大，《肘后备急方》中的裴氏五毒神膏、陈元膏、华佗虎骨膏、丹参膏、神明白膏等既可外用又可内服。南北朝时期的《神农本草经集注》曰："宜服膏煎者，亦兼参用，察病之源，以为其制耳……若是可服之膏，膏滓亦堪酒煮稍饮之。可摩之膏，膏滓即宜以薄病上，此盖贫野人欲兼尽其力。"可知"膏"在当时未被明确划分，是内服、外用的统称。

另外，此时期开始载录补益类的方剂，《小品方》中的"地黄煎"为最早的滋补膏方，膏方逐渐开始向滋补调养方向发展。

（三）隋唐时期

唐代的膏方开始广泛以"煎"命名，如孙思邈《备急千金要方》的苏子煎："右五味，捣苏子，以地黄汁、姜汁浇之，以绢绞取汁，更捣，以汁浇，又绞令味尽，去滓，熬杏仁令黄黑，治如脂，又以向汁浇之，绢绞往来六七度，令味尽，去滓，内蜜合和。"《外台秘要》有"古今诸家膏方四首"，如

《广济》神明膏"主诸风顽痹，筋脉不利，疗癣诸疮痒方"，崔氏陈元膏"内外诸风及腹中积聚，可服之"；乌膏"疗一切疮，引脓生肌，兼杀疮中虫方"；《近效方》莲子草膏"疗一切风，耳聋眼暗，生发变白，坚齿延年"；又有"古今诸家煎方六首"，如《广济》阿魏药煎方；鹿角胶煎"疗五劳七伤，四肢沉重，百事不任"，蒜煎方"又主冷气，益气力，温中下气"；地黄煎"主妇人丈夫血气劳，骨热，日渐瘦悴方"；《小品方》单地黄煎"主补虚除热，散乳石、痈疽、疮疖等热方"；《近效方》地黄煎"疗肺气咳嗽，补心肺，令髭发不白方"。

（四）宋金元时期

宋代开始，内服膏方的命名方式为"煎"与"膏"并用，如《圣济总录》酸枣仁煎，《太平圣惠方》杏仁煎、枸杞煎、生地黄煎，《洪氏集验方》琼玉膏。到金朝，膏方逐渐过渡到只用"膏"命名，如《东垣试效方》清空膏"乃风湿热头痛药也"，朱丹溪参术膏主治产后胞损、小便淋沥，《世医得效方》地黄膏治消渴。膏方中的药味也逐渐增加，膏方的运用不局限于治疗疾病，也更加注重补虚养生，如《仁斋直指方》载录的当归膏治五劳七伤、诸虚劳极、脾胃虚弱，《御药院方》太和膏治诸虚不足、气血衰弱。这种变化反映了当时医者对药物配伍的精细考量和对增强药效的追求，同时也体现出当时医学水平的进步和对健康观念的深刻理解。

（五）明清时期

明清时期，膏方逐渐走向成熟阶段。明《证治准绳》泽肤膏，滋阴养血、润肺止嗽。《寿世保元》茯苓膏，补虚。《医便》龟鹿二仙膏，益气补血。张景岳《医宗金鉴》载有"两仪膏"，补益气血。膏方在清朝宫廷中的运用非常广泛，如《御制饮膳调养指南》载琼脂膏、天门冬膏，填精补髓、延年益寿。《慈禧光绪医方选议》中记载了理脾调中化湿膏、菊花延龄膏、明目延龄膏、扶元和中膏、润肺和肝膏等多达30个内服膏方，这些膏方成分较为简单且药量不重，如"菊花延龄膏"仅菊花一味，"明目延龄膏"由桑叶与菊花组成，一般的膏方也只有十几味药，这样制成后总量不多，有利于根据病情变化随时调整治疗方药。《素问·八正神明论》曰："四时者，所以分春秋冬夏之气所在，以时调之也。"《素问·四气调神大论》载："夫四时阴阳者，万物之根本也。所以圣人春夏养阳，秋冬养阴，以从其根，故与万物沉浮于生长之门。逆其根，则伐其本，坏其真矣。"防病治病，亦应四时。从膏方的处方日期来看，有九月的"清热理脾除湿膏"、七月的"扶元益阴膏"、四月的"调中清热化湿膏"，只要于病有利，一年四季皆可使用膏方。《张聿青医案》中所载膏方药材种类繁多，往往多达二三十种，有的甚至高达三十余种，显示出其对传统中医药理论的深刻理解和丰富的临床实践经验。这些膏方在收膏时经常会加入如阿胶、鹿角胶等珍贵药物，以增强疗效。

（六）近现代时期

在民国时期，随着医学的发展和人们生活水平的提高，膏方这种古老的中药剂型被广泛应用于疾病治疗与养生保健。膏方因既能治病，又可补虚调养，还能增强体质、延缓衰老的独特疗效而受到了广大人民群众的欢迎。当时北京同仁堂、上海雷允上、杭州胡庆余堂等各大老字号药房和中药堂都专门制作膏方，包括首乌延寿膏、八仙民寿膏及葆春膏等，这些膏方因其卓越的效果而广受好评。在江浙一带，民间普遍根据个人体质和需求来使用膏方调养身体，出现了"冬令进补"的膏方，如《慎五堂治验录》《验方新编》及《剑慧草堂医案·膏方》等著作中都有相关记载，而最具影响力的当属秦伯未先生的《膏方大全》和《谦斋膏方案》。清代名医叶天士推崇《脾胃论》[1]，所谓"内伤必取法于东垣"。叶天士重视胃的润养，在《临证指南医案》《叶氏医案存真》中均有治疗气血渐衰、精血五液衰夺的膏方。

20 世纪 60 年代，《全国中药成药处方集》详细记载了 58 首经典的中药成药处方。到了 1989 年，国家中医药管理局推出了《全国中成药产品集》，这本集大成之作将中成药处方的数量扩展至 152 首，展现出中医药文化的博大精深和创新活力。随着临床医生对中医膏方理解的不断深入及实际应用的得心应手，膏方逐渐被广泛认知和采纳。这种趋势催生了一大批膏方著作，其中不乏具有影响力的作品，比如《中医膏方经验选》《冬令滋补进膏方》《颜德馨膏方真迹》《中医膏方》等。这些著作不仅促进了中医药文化的传播，也为现代医学实践提供了有益的借鉴，使得传统的膏方焕发出新的生命力。

昔日在长三角地区享有盛誉的膏方文化，如今已突破地域的限制向北延伸，在北方地区日益盛行。随着人们健康观念的提升和对传统中医疗法认识的加深，各省市中医医院的膏方使用量逐年攀升。在这样的背景下，为了更好地满足广大人民群众对中医膏方的需求，进一步完善中医养生保健体系，确保膏方在实际应用中的规范性与科学性，国家中医药管理局特别出版了《中医养生保健技术操作规范·膏方》，对膏方进行规范化管理，旨在将博大精深的中医膏方文化传承下去，让更多人能够享受这种既有疗效又兼具传统特色的养生保健手段。

二、中医膏方流派

膏方作为中医学的重要组成部分，承载着深厚的文化底蕴和医学智慧，充分体现了"未病先防、既病防变、瘥后防复"的治未病思想。膏方因人制宜、组方灵活、服用方便、药物和缓，能够有效治疗慢性疾病，对体弱的病人进行身体调理，还用于中老年人延年益寿，故得到医生与患者的认可而被广泛使用。

膏方主要起源于古代"药食同源"的传统。"人禀天地之气以生，故其气体随地不同"，不同区域，地势复杂多样，水土薄厚有异，气候多变不定，饮食文化丰富多彩。正是这些环境因素的区别，使得生活在不同地区的人们拥有各自独特的体质特征，故不同地区对疾病的治疗原则、用药特点也随之各异。地域特点无疑是中医及其学术流派得以形成和发展的重要土壤，在众多的中医学术流派中，每一个流派都有其独特的治疗方法和用药经验。不同地域的自然环境、气候条件、饮食习惯等因素，都在膏方的制作过程中扮演着不可或缺的角色。

（一）宫廷膏方

膏方作为传统中医药的精华之一，因其药物提取浓度高、服用便捷、便于携带且可以长期连续服用的特点而备受青睐。尤其是在京津地区，这种养生秘方更是风靡一时，人们对它有着极高的评价，曾经有"北膏方，南凉茶"的说法，足见其受欢迎程度之高。

膏方起源于古代宫廷，专为皇家贵族的健康与养生而设。宫廷膏方汇集了众多中医药大师的智慧结晶，做到了"一人一方"。膏方药物浓度较高、药效稳定、便于服用的特点，使其成为宫廷内外人士钟爱的保健品。在清朝初期，膏方主要被应用于疾病发展后期气血衰弱、正气亏损阶段的巩固治疗。到清朝中期，膏方的使用范围更加广泛，多用于治疗气阴两虚、脾胃虚弱等证，此时的膏方以素膏和清膏为主导，药味相对较少，药力较温和。清朝中后期，药味增多，荤膏、蜜膏大量出现。进入清朝后期，特别是经历了社会变革与文化交流之后，膏方的理念和用途都发生了显著变化。这一时期，膏方的使用不再仅仅局限于病后恢复或巩固治疗，而是逐渐演变成一种集治疗、养生保健、延年益寿功能于一体的综合调理方式，这种转变标志着中医膏方治疗理念的重大进步 [2]。

《清太医院配方》及《慈禧光绪医方选议》[3] 等著作是清代宫廷医学的珍贵文献，不仅记录了宫廷中养生之道，更是汇集了延年益寿、脏腑调理、调经种子等方面的方剂，如培元益寿膏，具有温肝肾、壮筋骨、通经络的功效；保元固本膏，具有脾肾双补、肾阴肾阳同治，兼顾先后天之本的功效；健脾阳和膏，具有温运脾阳的作用。《慈禧光绪医方选议》全书共收录方剂 391 首，其中包括 56 首膏方，多以补益脾胃为主 [4]，用药精当，强调"通补兼施"的原则，辨体辨证，因人因时制宜，为后人提供了宝贵的临床参考和启示，体现了中医治未病、防重于治的理念。然而，膏剂的煎制过程异常复杂，工艺难度极大，在战火纷飞的年代，普通百姓难以企及。这也使得原本属于平民的养生方法，逐渐成为贵族阶层的专属享受。因此，膏方作为一度盛行的养生古法，在北方地区渐渐失传。

（二）苏派膏方

自古以来，吴中地区就有着深厚的中医文化根基，在中医界素有"吴中医学甲天下"的美誉，诸多吴中医家在运用膏滋进行疾病调治时，都有着独到而深刻的见解。苏派膏方深受江苏地域深厚的人文历史影响，其背后蕴含着丰富的江苏地方特色和文化底蕴，是众多中医名家的智慧与技艺的结晶。苏派膏方汇聚了吴门医派、孟河医派、山阳医派、金陵医派等久负盛名的中医流派的学术思想，更是将这些流派的独特理论巧妙融合，其膏方组方严谨、效专力宏，在妇科等诸多方面都有广泛应用，已成为膏方学术特色传承与研究的重点方向。

1. 吴门医派

吴门医派形成于元末明初。"吴"即苏州之别称，乃江南历史文化名城。苏州不仅是温病学派的发祥地，更因清代叶天士所著《温热论》的问世，奠定了以苏州为核心的温病学派在全国中医学术流派中的重要地位。由此形成了"吴中多名医，吴医多著述，温病学说启于吴门"的显著特征。此乃吴医之精髓，故有"吴中医药之冠"的美誉[5]。明清时期，尤其是清代，吴门医学在膏方的运用上展现了其独特的理论深度与临床实践智慧，继承了唐宋以来膏方治疗的优良传统，将"辨证论治"的个性化调理理念融入治疗过程，使得吴门医派成为中医领域中独树一帜的流派[6]。吴门医派代表性医家包括金元四大家之一的朱丹溪，以及薛生白、吴又可、叶天士、张璐、薛己、缪希雍等名家，其学术传承涵盖温病、伤寒、外科、杂病等不同领域，并延伸至后世妇科等专科。钱艺是晚清吴门娄东医派代表人物之一，其所撰《慎五堂治验录》以内容详尽透彻、用药轻灵、明辨病机著称。该书系统辑录完整膏方 25 则，深入阐释膏方应用时机、配伍禁忌及适应人群等关键要素，强调审机辨证的"一人一方"原则，明确反对无病滥补膏方。钱氏膏方尤善运用温性参类药物，多基于四君子汤、二陈汤、参苓白术散、归脾汤、大补阴丸及养元汤等经典方剂灵活化裁[7]。相关研究显示[8]，吴门医派膏方所涉中医病种广泛，尤以内科气血津液病症为著，其中虚劳证型居首，次及肺系与脾胃疾病。究其成因，一则源于当地居民嗜甘的饮食传统，长期甘味过食易碍脾胃运化；二则因江浙丘陵低地多湿的气候环境，久居易致脾胃功能失调。基于此，吴门医家临证用药尤重甘、苦、辛三味配伍，药性多取平和温煦之品，旨在实现补中寓通、通中蕴补、通补相济的调治目标，恪守"膏之为用，非补也；平之为贵，以平为期"的组方宗旨。若按科别细分，妇科诸疾及耳鼻喉病等亦属膏方调治之列。

2. 孟河医派

孟河医派乃肇始于明代江苏常州孟河镇的地域性医学流派，素有"名冠吴中"之誉，其中以费、马、巢、丁四大家族最具学术代表性[9]。费伯雄作为该派的开创者，自创了包括膏方在内的诸多食疗方剂，他的医术和哲学思想对后世影响深远，成为孟河医派学术传承与发展的重要基石[10]。丁甘仁之子丁仲英首次将这一医派命名为"孟河医派"，标志着其流派地位的确立。马培之是另一位在孟河医派中具代表性的人物，擅长以"金水同源"指导临床实践，如常取生地黄、玄参、麦冬、石斛、龙齿、牡蛎及石决明等药物以滋阴制阳。他所著的《青囊秘传》中载有 91 首膏方[11]，如咳嗽劳症膏，以独角老鼠叶水煎取汁，冰糖收膏；再如外用摊贴的拔疔膏、红玉膏、白膏专治一切疔疮肿毒等，充分体现了膏方的广泛应用。秦伯未先生是孟河医派最具代表性的医家，

贰 应用实践篇

他明确指出膏方俗称膏滋药，并指出其特点在于"煎熬药汁成脂液……营养五脏六腑之枯燥虚弱者也"[12]。同时，秦伯未先生凭借深厚的学识和丰富的临床经验，以典型医案的方式，系统地总结了膏方在治疗过程中应关注的要点、遵循的原则及积累的宝贵经验，这些知识凝聚成了《膏方大全》[13]一书，成为后世中医师学习和参考的重要文献。

朱良春、陆广莘、裘沛然、颜正华、颜德馨等都是当今孟河医派的代表性人物，在膏方运用方面均有独到的经验。颜德馨[14]教授的膏方具有五大特色，首先，他根据患者的病位和病性，确定处方用药重点，确保用药精准有效；其次，在组方原则上以君、臣、佐、使为纲，各药物之间的关系和谐有序；再次，颜德馨特别强调扶正与祛邪两个方面，力求做到平衡，避免偏胜，即"衡法"；从次，注重个体化施药，配伍"动药"以醒脾开胃、疏通气血；最后，以脾肾二脏为治疗的重点，采用徐图缓治的策略，"固本清源、以平为期"，将膏方临床应用于高血压、高血脂、冠心病、情志病等[15]。国医大师裘沛然对膏方的应用具有培补脾肾、补泻互寓、寒热并投、动静结合、敛散相合的特点[16]。

孟河京派的创始人为名医颜正华，他自幼跟随医学大家杨博良先生学习临床，是孟河医派历史上的第四代传人。颜正华先生于1957年奉调入京，创建了北京中医药大学中药学部，从此开启了他的医学事业新阶段。随着时间的推移，他的影响力不断扩大，逐渐建立起一支孟河医派在京的学术支流。这支学术力量不仅传承了颜正华先生的医学思想，也注入了现代教育理念，为中医药的传承与发展作出了积极的贡献。张冰教授便是这一学术支流中最为杰出的代表之一。张冰教授继承了颜正华先生博大精深的用药思想和诊疗特色，为孟河医派的学术传承树立了典范，并促进了孟河医派的进一步发展。颜正华教授强调，要将调理脾胃作为诊治疾病的核心环节。张冰教授在此基础上提出了"肝决中焦理上下"的理论，同时强调肾气的滋养、脾气的充盈以及肝气的条达对于人体健康至关重要。在治疗过程中，把握正确的时机，进行辨证论治，方能取得理想的治疗效果。张冰教授还特别强调药性的重要性，提倡在遣方用药时运用药对、精简药物，灵活运用协同配对、升降配对、气味配对、反佐配对等多种配伍方法，以发挥最佳的药效[17]。孟河京派在前人思想的基础上加以创新，提倡中庸通变思想，主张谨慎使用毒性药物，力求合理用药，保证疗效，同时建立了中药"识毒-防毒-用毒-解毒"的药物警戒思想体系。

海派膏方以其深厚的学术底蕴和卓越的技艺传承而闻名遐迩，特别强调个性化治疗方案，提倡"一人一方"的治疗理念，认为膏方辨证精准、药性温和、药效绵长，具有调理身体机能、延年益寿的作用。如马贵同教授认为膏方偏滋补厚腻，对于素体脾胃较差的患者，通常会给予"膏前开路方"，以进行膏前调摄，健脾化湿后再予膏方，以防变生他患[18]。颜氏内科膏方是"海派膏方"的杰出代表，以"衡法"为治疗法则，重在调和气血，以增强正气，祛除体内邪气，实现人体内阴阳平衡的理想状态[19]。颜氏内科膏方在调配过程中，对患者体质进行细致分析和考量，充分考虑个体之间的差异，根据不同人的身体状况制定个性化的药物治疗方案。该膏方强调调畅气血与阴阳，旨在建立一个和谐而均衡的生理状态。此外，颜氏内科膏方重视脾胃，"以喜为补"，喜用檀香拌炒谷芽、麦芽以醒脾开胃，或用枳壳、桔梗以升清降浊，或佐苍术缓解补药之黏腻，以助脾运[20]。

3. 山阳医派

山阳医派起始于清朝年间，是根植于江苏淮安市楚州地区的医学流派。这个医派得名于它的发源地——江苏省山阳县（今江苏省淮安市），因此也被称作淮医学派，其地域范围包括现在江苏省的淮安市、连云港市以及周边的部分地区。这一称谓不仅彰显了山阳医派深厚的地域渊源和文化底蕴，也体现了其对本地区传统医学成就的继承和发扬。山阳医派在漫长的发展历程中，经历了数代医家的传承与创新，至今已有超过200年的历史[21]。在清朝时期，山阳医派达到了鼎盛阶段，其杰出代表医家是吴鞠通。吴氏的学术思想不拘泥于《伤寒论》，为中医学的发展带来了新理论，"淮医"也随之声名远播。吴鞠通一生致力于方剂的研究与创制，其"金银花凉茶"经过精心研制创新后得以保留并发扬光大。吴鞠通《温病条辨·卷五·解产难》[22]中的天根月窟膏阴阳平补、通守兼施，主治阴阳两虚之证。除了吴鞠通，山阳医派的代表医家还有韩达哉，他创制的韩氏家传加减生化汤（丸）、避温良方等百余方，同样具有极大的开发潜力和实用价值[23]。

4. 金陵医派

金陵医派因南京旧称"金陵"而得名，其兴起可以追溯到清末至民国时期。当时，江苏地区不仅具有浓厚且活跃的中医学术研究氛围，而且还积淀了丰富的理论知识与实践经验，这些都为金陵医派提供了坚实的理论支撑和实践基础。金陵地区的医家们对膏方的应用推崇备至，将其视为调理身体、补充元气的上乘之选。金陵医派膏方的药性以温、平为主；其次偏寒，多为补虚药，以气虚证最多；再次为阴虚证，常用麦冬、茯苓、生黄芪、百合等药物，且以脾胃系疾病为主。龙家俊[24] 精通研制各种膏剂，他认为膏方的运用需要讲究药物之间的平衡配合，避免偏颇，在追求药效的同时不能忽视脾胃的保养，调补结合。陈霞教授[26] 擅长以膏方调理妇女绝经前后诸症，认为肾阴亏损是该病发生的关键因素，治法为肝肾同调、调和气血，同时顾护脾胃，从而达到阴阳平衡的状态。不同于其他苏派医家，金陵医派膏方调治疾病以内科脾胃病为最多，其次为肺系疾病。

（三）龙砂膏方

龙砂膏方，起源于江阴地区的龙山和砂山一带，以龙砂医学流派为渊源，历史悠久。该医学流派肇始于元代学者陆文圭，至清代逐渐形成特色鲜明的"龙砂医学"。陆氏不仅精研《黄帝内经》运气学说与《伤寒论》经方理论，更在临床实践中创新运用这些经典诊疗各类疾病，尤其对温病证候的病机演变规律与治疗原则作出了系统性阐发[26]。龙砂学派的当代传承人顾植山教授尤为注重五运六气理论的临床转化应用[27]，他强调在辨证论治框架下，参合年度五运六气情况实施膏方调补，形成"治未病"特色诊疗体系，其防治结合的临床实践取得显著疗效。该学派以"膏方养生治未病"为学术标识，医家善循自然节律择时用药，其膏滋方既可用于养生调摄，亦精于内科杂病调治。在具体应用时序上，龙砂医家紧扣"冬至一阳生"的子午流注时序，把握天地阳气升腾、人体精气蛰藏的生理特点，结合肾命学说与冬藏精理论，创新性运用"运气方"配伍体系，通过药物性味归经实现阴阳燮理、体质增强的调治目标。顾植山教授承续的膏方应用体系，不仅恪守"补而不滞、顾护中焦"的脾胃运化原则，更彰显了中医理论指导实践的核心价值。学派代表人物柳宝诒尤精于体质辨证与剂型优选，其《惜余医案·腹痛》脉案辑录[28] 载有气血双亏兼气郁证治验，创制养血滋肝、和胃畅气膏方缓调收功。特别值得关注的是，柳氏所创"致和堂膏滋药制作技艺"[29] 深度融合中医文化精髓，被列入国家第三批非物质文化遗产，这标志着该技艺已升华为中华民族医药文化的重要基因，获得了国家层面的文化身份认证与保护传承。

（四）岭南膏方

岭南地区即五岭以南地区，主要指广东省、广西壮族自治区、海南省三地，其气候以高温多雨为主，热气常耗气伤津。岭南一带雨多云密，湿气缠绵不绝，易伤脾胃。因此，本地患者多见气虚、阴虚证候，常兼夹气滞痰湿等兼证。岭南膏方中理气、补气、祛湿药物占比显著，理气消食药亦不可或缺，清热药在膏方中的应用比例较其他地域膏方更为突出[30]。此外，砂仁、陈皮等岭南道地药材在本土膏方中占据重要地位，常与补虚类药物配伍，以达到补而不滞的目的。

不同区域膏方除调治病种存在差异，主治证型亦各有侧重：吴门医派、孟河医派、山阳医派以阴虚证型为主，金陵医派多治气虚证，龙砂医派侧重血虚证，岭南膏方则常以益气养阴清化为法，立足脾胃，补泻兼施、动静结合[31]。

膏方的应用除体现流派特色外，更受脏腑理论、气血理论、三焦斡旋理论及五运六气学说等中医理论指导，在内伤杂病治疗中彰显独特优势。中医膏方学术流派各具理论基础与临床经验，须深入探索其精髓并将其转化为临床实践工具。膏方在治未病、体质调理及疾病治疗等方面均具有不可替代的价值。通过临床教学与科研深化膏方学术内涵研究，推进规范化与标准化建设，可为中医药文化的传承发展奠定基础。膏方的发展须凝聚中医药界力量，协同推进理论研究、实践应用、教育培训与科学研究，促进中医膏方体系的科学化与完善化。通过多维度协作，中医膏方必将为人类健康作出更大贡献。

三、不同区域膏方制作工艺及作用

在中医传统养生理念中，膏方以其独特的滋补功效备受推崇，其制作技艺虽源远流长，但因工序繁杂且缺乏统一标准，成品质量存在显著差异。根据制作工艺差异，膏方主要分为荤膏、素膏、蜜膏、清膏四类[32]，每类皆具特定工艺特征与药效价值，对应不同适应人群及健康需求。膏方制作需经备料、浸药、过滤、沉淀、压榨、浓缩、收膏、盛装、凉膏、包装等十余道工序，其中浸药环节须精准控制药材浸润时间：南方气候湿润，浸泡过久易致霉变，过短则影响有效成分煎出；部分药材须特殊处理，如动物原料须黄酒浸渍去腥，含苷类药材因酶解作用不宜提前浸泡[33]。辅料选择直接影响功效取向：红糖适

贰　应用实践篇

233

宜血虚及脾胃虚寒者（如清暑益气膏）；鹿角胶侧重补肾益精（如附桂六味鹿角膏）；龟甲胶长于滋阴潜阳（如镇肝息风膏）；阿胶主攻滋阴养血（如芪脉地黄膏）[34-35]。龙砂膏方注重胶类配伍，总量通常不超过250g，温阳方鹿角胶占比略增，滋阴方龟甲胶稍多；饴糖用量偏大时则相应减少冰糖比例，亦可依据个体需求无糖收膏。

随着时间的推移和科学技术的发展，膏方在现代社会的应用越来越广泛，它的功效得到了历史的验证，未来膏方将继续在促进人民健康、提高生活质量方面发挥重要作用。膏方不仅是一种治疗方法，更是一座连接过去与未来的桥梁，是中医药文化传承和创新的生动例证。

参考文献

[1] 葛惠男. 叶天士治胃四法探析 [J]. 中医杂志，2015，56（15）：1344-1345.

[2] 荆丽娟，丁洁韵，黄晓华，等. 从膏方医案中看清代至民国时期膏方发展的特点 [J]. 中医文献杂志，2014，32（1）：28-31.

[3] 陈可冀. 慈禧光绪医方选议 [M]. 中华书局，1981.

[4] 陈一凡，温雅璐，蒋萍，等.《慈禧光绪医方选议》运用膏方调治脾胃病特色探析 [J]. 天津中医药大学学报，2021，40（4）：454-458.

[5] 葛惠男，欧阳八四. 吴门医派概要 [J]. 江苏中医药，2016，48（10）：63-67.

[6] 惠祝华. 吴门医派医家膏方经验 [C]// 中华中医药学会，中国中医科学院.2009中国首届中医膏方高峰论坛暨第四届金陵名医高层论坛资料汇编. 北京：中华中医药学会，2009：40-42.

[7] 王丽君，江雪纯，徐丹，等. 基于数据挖掘分析娄东医学流派膏方用药规律 [J]. 中医临床研究，2024，16（16）：63-68.

[8] 朱小梅，荣长保，陈敏怡，等. 吴门医派杂病流派相城工作站膏方用药规律探讨 [J]. 中国中医药现代远程教育，2023，21（23）：64-66.

[9] SCHEID V，缪卫群，SOAS. 孟河医家新探 [J]. 中华医史杂志，2004（2）：4-10.

[10] 李明. 兼收并举，和而不同——孟河医学特色探析 [J]. 中华中医药学刊，2012，30（4）：820-821.

[11] 费建平. 马培之脾胃病诊治精粹 [J]. 江苏中医药，2011，43（8）：78-80.

貳 应用实践篇

[12] 秦伯未 . 秦伯未膏方集 [M]. 福州：福建科学技术出版社，2007.

[13] 秦伯未 . 膏方大全 [M]. 上海：中医书局，1929.

[14] 陈列红，陈四清 . 孟河医派膏方学术传承与发展述要 [J]. 基层中医药，2023，2（3）：1–5.

[15] 杨志敏，谢东平，颜德馨 . 颜德馨教授"衡法"在膏方中的应用 [C]// 中华中医药学会 . 2009 中国首届中医膏方高峰论坛暨第四届金陵名医高层论坛 . 北京：中华中医药学会，2009：20–25.

[16] 裘世轲，李孝刚 . 国医大师裘沛然运用膏方经验 [J]. 上海中医药杂志，2016，50（1）：1–4.

[17] 郭萍，林志健，闫玉琴，等 . 孟河京派颜系学术传承与创新 [J]. 四川中医，2024，42（6）：4–7.

[18] 李强，龚雨萍，闫建汶，等 . 海派名医马贵同膏方经验拾萃 [J]. 中医学报，2021，36（6）：1227–1230.

[19] 黄文强，刘小利，吴平，等 . 海派中医颜氏内科膏方特点浅析 [J]. 浙江中医杂志，2016，51（4）：296.

[20] 徐步蔡，颜新 . 孟河传承流派颜氏膏方经验介绍 [J]. 贵阳中医学院学报，2017，39（3）：13–15.

[21] 周小敏，陶方泽 . 浅谈山阳医派历史、现状及保护 [J]. 中医药导报，2016，22（20）：15–17.

[22] 吴鞠通 . 温病条辨 [M]. 北京：中国医药科技出版社，2011.

[23] 杨建华 . 山阳医派的形成与发展初探 [J]. 江苏中医药，2010，42（4）：8–10.

[24] 程凌云 . 龙家俊应用膏方经验 [C]// 中华中医药学会，中国中医科学院 . 2009 中国首届中医膏方高峰论坛暨第四届金陵名医高层论坛 . 北京：中华中医药学会，2009:117–119.

[25] 曹圣君，陈霞 . 运用膏方调治绝经前后诸证的思路与方法探析 [J]. 山东中医杂志，2018，37（5）：398–400.

[26] 顾植山，吴厚新 . 龙砂医学说概 [C]// 中华中医药学会 . 中医学术流派菁华——中华中医药学会第四次中医学术流派交流会 . 北京：中华中医药学会，2012：102–107.

[27] 陶国水，顾植山，黄煌，等 . 龙砂医学流派源流与主要学术特色 [J]. 中华中医药杂志，2021，36（1）：158–161.

贰　应用实践篇

[28] 柳宝诒.惜余医案 [M].北京：中国医药科技出版社，2019.

[29] 彭健，陶国水，陆曙，等.龙砂医家柳宝诒六经辨证思维与用药特色初探 [J].中医杂志，2020，61（17）：1562-1564.

[30] 高梦夕，李小兵，冼绍祥，等.岭南地区膏方组方特色探讨——广州中医药大学第一附属医院 2012 年膏方应用情况分析 [J].中医杂志，2014，55（16）：1380-1382.

[31] 原嘉文，袁联华，吴永林，等.岭南膏方遣药组方经验初探——广东省中西医结合医院 2018 年个体膏方用药分析 [J].光明中医，2020，35（9）：1302-1304.

[32] 王国军.浅谈中药膏方制备工艺与质量评价 [J].浙江中医药大学学报，2019，43（3）：266-269.

[33] 黄力君.岭南健脾和胃膏方制作工艺及质量标准 [D].广州：广州中医药大学，2013.

[34] 刘霞，胡兰贵，冯玛莉，等.不同辅料膏方的制备工艺研究 [J].中草药，2013，44（7）：820-824.

[35] 于开彬.试述中药膏方辅料应用及制作要点 [J].实用中医药杂志，2010，26（12）：879.

叁

综合发展篇

HB.14 中医膏方产业品牌
发展现状与营销策略分析

刘　彩① 　王宏艳② 　李　茜③

摘　要： 在国家高度重视中医药产业发展的背景下，中医膏方作为大健康产业的重要组成部分，迎来了广阔的发展空间。本研究运用文献研究、SWOT-PEST分析等方法，选取十个具有代表性的中医膏方品牌为研究对象，对膏方产业市场环境进行多维度分析，探讨其在产品、价格、渠道、促销、人员、有形展示、服务过程等维度的营销策略。结果发现中医膏方产业发展主要存在推广受限、缺乏品牌效应、制作成本高而收益低、制作不规范导致质量缺乏保障、创新动力不足等问题，并提出了政策调整、挖掘中医药文化内涵、开发适合广大人群的养生膏方、规范膏方生产、创新膏方配方等针对性的对策和建议，以期为中医膏方产业的后续发展提供参考与支持。

关键词： 中医膏方；品牌发展；营销策略

一、中医膏方的产生与发展

目前，中医膏方主要应用于养生保健和疾病治疗。在养生保健方面，它通过个性化调配满足不同体质需求，如补气养血、健脾益肾的膏方适用于体弱易疲劳者，补肾益精、滋阴润燥的膏方适合老年人，而调经养血、美容养颜的膏方则适宜女性。在疾病治疗方面，膏方可用于调理慢性支气管炎、哮喘、慢性

① 刘彩，管理学博士，天津中医药大学管理学院教授，研究方向：中医药健康管理。
② 王宏艳，天津中医药大学管理学院研究生，研究方向：医疗机构管理。
③ 李茜，天津中医药大学管理学院研究生，研究方向：医疗机构管理。

叁　综合发展篇

胃炎等[1-2]，通过扶正祛邪、提高免疫力等作用，促进疾病康复，同时在肿瘤的辅助治疗中减轻放化疗的副作用，提高患者生活质量[3]。

二、中医膏方的品牌发展

（一）中医膏方品牌的 SWOT-PEST 分析

1. 优势

（1）政策优势（SP） 法律监管：《中华人民共和国中医药法》规范中医膏方的制作及临床使用，为中医药发展提供了法律依据。《关于加快中医药特色发展的若干政策措施》指出加强地方性法规建设，建设中药监管队伍，提升中药审评和监管现代化水平。

（2）经济优势（SE） 消费升级：2018—2023 年，中药行业规模整体呈上升趋势，2020 年短暂下滑，但整体增长速度处于领先地位。2022 年以来，中医膏方销售额成倍增长，其中通用膏方占比高达 75.9%，定制膏方占比约为 24.1%，此外，国家统计局数据显示，中国居民人均医疗保健支出比例呈逐年上升趋势（图 1），《中医药发展战略规划纲要（2016—2030 年）》将中医药行业纳入国家经济支柱产业，《2020 中国膏方养生白皮书》指出，开发更具有普适性的时尚新膏方，由线下销售转为线上销售，由区域消费辐射到全国消费，消费人群年轻化，推动膏方市场转型升级。

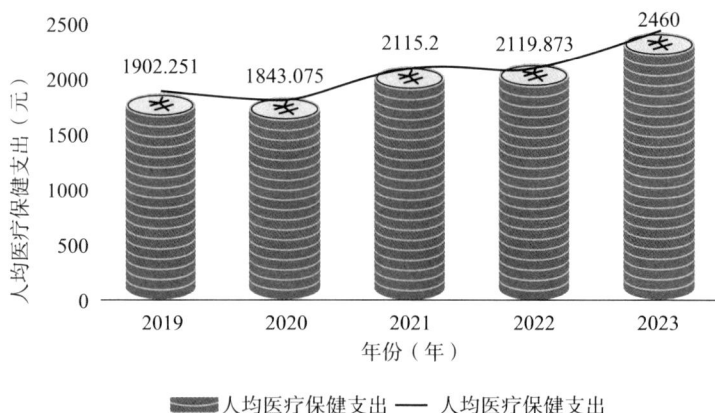

图 1 中国居民人均医疗保健支出

（3）社会优势（SS） 健康意识提升：《2022年中国居民健康素养监测情况》结果显示，城市居民健康素养水平为31.94%，农村居民为23.78%，与2021年相比分别增长1.24%和1.76%。《中国居民营养与慢性病状况报告（2020年）》数据显示，家庭人均每日烹调用盐与2015年相比下降了1.2g，居民吸烟率、饮酒量均呈下降趋势，表明中国居民整体健康水平不断提高，健康意识持续增强。

（4）技术优势（ST） 现代科技进步：企业运用自动化生产设备、先进检测技术等科技手段创新生产工艺，提高生产效率与产品质量；同时加大研发投入，与科研机构合作，推出新配方产品，加强药理研究和临床应用，提升产品科学性和有效性。

2. 劣势

（1）政治劣势（WP） 缺少衡量标准：保健品与国药准字号药品、果蔬和特殊食品相比需求量小，而膏方作为保健品之一，需求量更是少之又少。有关部门对膏方产品的监管不到位，膏方的生化检测衡量指标仍以西方医学体系为主，缺少中医药理论的指导。同时，现有法律虽然提出加强对保健品生产的监管，但在具体实施过程中，市场需求较低的产品的安全性容易被忽视。

（2）经济劣势（WE） 市场竞争力不足：膏方多以中草药制作，成本高而价格贵，如悦本堂路老膏方一瓶约400元，定制膏方常超3000元，价格因素限制了消费者的购买。同时，膏方虽在中医药领域有一定的知名度，但难以融入大众市场，消费者认知差异大，在国内保健品众多的情况下竞争力不足。从国际看，2023年中药类产品出口额为54.61亿美元，同比下降3.32%。中药类保健品出口额为5.43亿美元，虽增幅较大，但高附加值产品较少，膏方国际竞争力有待提高。

（3）社会劣势（WS） 社会信任度低：保健品市场规范程度不够，时常出现以健康咨询、免费发放等方式针对老年人进行诈骗的案件。2018年"权健事件"的发生使大众对保健品的信任程度大幅下降。老年人作为一个特殊群体，对产品信息了解不足，易被利用而实施诈骗，部分保健品甚至危害人体健康。媒体本应发挥带头监督作用，但当下媒体多以营销号为主，对所获取的信息不经审查就直接发布，无形中加深了公众对保健品行业的误解。

（4）技术劣势（WT） 膏方生产缺少规范性：膏方生产加工较为复杂，需经过滤、浓缩、收膏、分装、凉膏等多个步骤[4]。功能评价缺少中医药理论

叁 综合发展篇

指导，大部分保健品企业为降低时间成本，增加效益，其产品以胶囊、片剂等剂型为主，部分企业在膏方生产中会降低膏方的用药比例，导致产品质量下降。

3. 机会

（1）政治机会（OP）　政策支持：《"十四五"中医药发展规划》强调建设中医药服务体系，推广治未病理念和方法，鼓励发展中医药产业，为中医膏方的可持续发展奠定了基础。《"健康中国 2030"规划纲要》强调提高中医药服务能力，实施中医治未病健康工程，为其提供发展平台。《中医药发展战略规划纲要（2016—2030 年）》提出发展中医养生保健服务，支持中医膏方等养生保健品的研发和使用，推广治未病健康生活方式。

（2）经济机会（OE）　产品多样化与美誉度：不同品牌的膏方产品呈现出多样性，功效涵盖安神助眠、润肺止咳等多个方面，如同仁堂酸枣仁草本膏针对失眠人群，方回春堂雪梨膏适用于肺燥阴虚人群，部分品牌可根据消费者体质、年龄、病症调配膏方，增强了膏方的针对性和有效性。同时，同仁堂、胡庆余堂、方回春堂等老字号品牌知名度高、口碑好，消费者信任度高，有利于产品销售与市场拓展。

（3）社会机会（OS）　①人口老龄化：《2023 年度国家老龄事业发展公报》显示，截至 2023 年末，中国 60 周岁及以上老年人口 29697 万人，占总人口的21.1%。65 周岁及以上老年人口 21676 万人，占总人口的 15.4%，65 周岁及以上老年人口抚养比为 22.5%。2013—2023 年中国老年人口占比逐年增大，抚养比升高，老龄化程度越发严峻。②疾病谱改变。中国心理健康指导与教育科普工作研讨会数据显示，亚健康人群占比高达 70%，心脑血管疾病、高血压等慢性非传染性疾病（慢性病）成为死亡危险因素，这些疾病的发生多与生活方式相关。中医膏方作为一种治未病的手段，可预防和干预亚健康。

（4）技术机会（OT）　检测技术提高：针对企业为获利以次充好等问题，对保健品实施的非法添加检测方法取得了阶段性胜利，部分技术已经投入使用，但检测时间成本较高，技术仍需不断创新。

4. 威胁

（1）政策威胁（TP）　行业标准有待完善：各类中草药的种植、加工、运输、储存环节缺少统一规范，厂家生产规模不同，无统一的批准文号。

（2）经济威胁（TE）　市场有待拓展：膏方主要在中国国内销售，国际影响力不足。国外保健品通过跨境电商、出境旅游、海外免税店等多种途径在国内热销，占据大半市场，而膏方保健品分类不够细化，消费者因对其疗效认知不足而信任度不高，导致市场拓展困难。

（3）社会威胁（TS） 质量有待提高：市场上存在假冒伪劣产品，质量缺乏保障，甚至危害消费者健康，降低了消费者对膏方的信任；生产膏方的中药材受自然环境、种植技术、市场需求影响，原材料供应不稳定，导致产品质量波动；消费者需求和偏好变化快，对膏方功效、口感、包装等要求更高，品牌若不创新升级，就可能会被市场淘汰。

（4）技术威胁（TT） 产品有待创新：截至2024年11月，中国膏方专利申请量和公开量整体下滑并呈现出波动变化（图2）。保健品行业监管从严的形势下，膏方研发企业需不断创新以适应社会需求。

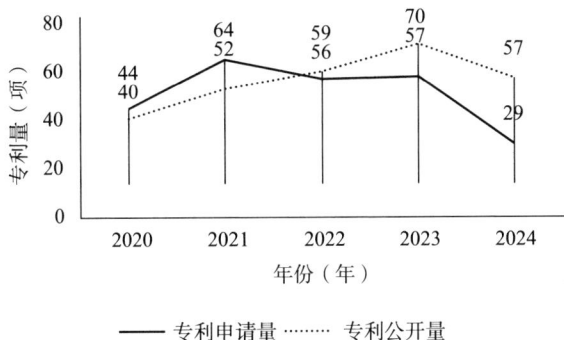

图2 2020—2024年中医膏方专利申请量与专利公开量趋势变化

（二）中医膏方品牌发展现状

目前市场上的膏方品牌众多，呈现出以下显著特征（表1）。

一是功效种类丰富。安神助眠类膏方，如同仁堂酸枣仁草本膏、方回春堂酸枣仁睡前膏等，主要针对睡眠质量差、神经衰弱的人群。润肺止咳类膏方如同仁堂枇杷雪梨膏、胡庆余堂庆余常山胡柚膏等，面向肺燥阴虚、咳嗽人群，能润肺止咳、清热降火。健脾祛湿类膏方如雷允上赤小豆薏米茯苓膏、豫医贡生堂24味赤小豆人参薏苡仁膏等，针对湿气较重、脾胃虚弱的人群，可健脾益胃、祛湿利水。

二是品牌竞争激烈。以润肺止咳领域为例，同仁堂、胡庆余堂、雷允上、方回春堂等品牌都推出了相关产品。同时，部分品牌还针对特定人群推出特色

叁 综合发展篇

膏方，如针对女性的参桂玉灵膏、阿胶蜂蜜膏，针对男性的人参鹿血膏等。

三是市场需求多样。从产品销量来看，不同功效的膏方都有一定的市场需求。其中，润肺止咳类的雪梨膏销量较高，反映出肺燥咳嗽问题较为普遍。安神助眠类、健脾祛湿类和补血益精类的膏方也备受消费者关注，说明人们在睡眠质量、脾胃健康和气血调理等方面有较大需求。

表 1　品牌膏方市场销售现状

厂家	产品名称	主要配料	面向人群	主要功效	产品销量
同仁堂	酸枣仁草本膏	酸枣仁、茯苓、桑椹、桂圆、百合、黄精	失眠、睡眠质量差	安神助眠、养血补肝	8354
	枇杷雪梨膏	雪梨、枇杷叶、桔梗、金银花、罗汉果、甘草	肺燥阴虚体质	润肺止咳、生津润燥	1943
	人参鹿血膏	鹿血、龙眼肉、桑椹、黄精、山楂、人参、肉桂	男性	补血益精、补肾壮阳	1367
	参桂玉灵膏	枸杞子、桂圆、人参、罗汉果	女性	补益气血、健脾安神	281
胡庆余堂	庆余常山胡柚膏	胡柚、麦芽、茯苓、薏苡仁、白扁豆	肺燥阴虚、脾胃功能较弱	润肺止咳、健脾益胃	3315
	玉竹膏	橘红、玉竹、山楂、陈皮、甘草、乌梅	阴虚、肺燥、咳嗽	润肺生津、补中益气	1539
	冰糖蜂蜜雪梨膏	果糖、冰糖、梨汁、蜂蜜	阴虚肺热体质	润肺止咳、清热降火	1469
雷允上	赤小豆薏米茯苓膏	茯苓、五指毛桃、赤小豆、党参、玉米须、薏苡仁	湿气较重、脾胃虚弱	祛湿利水、健脾益胃	3273
	红参石榴阿胶膏	黄芪、茯苓、党参、玫瑰、龙眼肉、大枣、红参	气血不足、阳虚体质	补气养血、温阳补肾	1143
	莱菔子鸡内金山楂膏	山楂、莱菔子、麦芽、鸡内金、山药、橘皮	脾胃虚弱、消化不良	消食化积、健脾开胃	1092
	酸枣仁灵芝膏	酸枣仁、灵芝、阿胶、百合、甘草、大枣	睡眠质量差、神经衰弱	安神助眠、补肝养心	1027
方回春堂	酸枣仁睡前膏	酸枣仁、灵芝、百合、桑椹、茯苓、大枣、砂仁、莲子、玫瑰	睡眠不佳、神经衰弱	安神助眠、滋阴润燥	68279

续表

厂家	产品名称	主要配料	面向人群	主要功效	产品销量
	茯苓薏米轻湿膏	茯苓、淡竹叶、山药、芡实、薏苡仁、白扁豆	湿气重、脾胃虚弱	祛湿利水、健脾益胃	39700
	阿胶四物膏	桑椹、红糖、大枣、桃仁、玫瑰、阿胶、党参	气血不足	补血养血、调经止痛	21490
	雪梨膏	雪梨、冰糖	肺燥阴虚	润肺止咳、生津止渴	202942
龙润堂记	极梨膏	砀山梨、红枣	经常用嗓	润肺止咳、清热降火	1399023
	秋梨膏	砀山酥梨	阴虚肺热、经常用嗓	润肺止咳、清热降火	35953
豫医贡生堂	24味赤小豆人参薏米膏	赤小豆、薏苡仁、橘皮、甘草、红豆、白扁豆、莲子、白芷	湿气较重、脾胃虚弱	祛湿利水、健脾益胃	1711
	茯益膏	薏苡仁、火麻仁、白扁豆、山药、橘皮、茯苓、荷叶、人参	湿气较重、脾胃虚弱	健脾祛湿、补肾固精	15553
	佛手山药中焦膏	佛手、山药、橘皮、甘草、鸡内金、莲子、薏苡仁、芡实	脾胃虚弱、中焦不通、肝气不舒	调理脾胃、疏肝解郁	10131
童涵春堂	涵春再造人参膏	黄精、人参、枸杞子、桑椹、黑枣、牛蒡根、牡蛎	免疫力低下、气血不足者、中老年人群	补养五脏、安神益智	31219
李良济	酸枣仁晚安膏	酸枣仁、桑椹、桂圆、莲子、百合、乌梅、大枣、茯苓	经常熬夜、失眠	安神助眠、养心补肝	6095
	枇杷秋梨膏	枇杷、秋梨、罗汉果、桔梗、玉竹	咳嗽、阴虚体质	润肺止咳、清热化痰	37556
	人参黄精膏	黄精、桑椹、枸杞子、莲子、龙眼肉、山药、人参	气血虚弱、肾虚、失眠多梦	补气养阴、补益肺脾肾	7018
林源珍宝	薏仁茯湿膏	薏苡仁、赤小豆、茯苓、芡实、莲子、鱼腥草、大枣、荷叶	湿气重、脾胃功能不佳	健脾利湿、清热排脓	107516

叁　综合发展篇

续表

厂家	产品名称	主要配料	面向人群	主要功效	产品销量
东阿阿胶	阿胶八珍膏	茯苓、桂圆、甘草、玫瑰、枸杞子、黄精、红枣、人参	气血不足、体质虚弱	补气养血、调经止痛	51618
	山楂六物膏	山楂、鸡内金、麦芽、茯苓、山药、陈皮	消化不良、食积停滞	消食化积、健脾开胃	81425
	阿胶固元膏	核桃仁、黑芝麻、黄明胶、黄酒、阿胶	气血不足、女性	补血滋阴、美容养颜	16764
	阿胶酸枣仁膏	茯苓、山楂、枸杞子、甜杏仁、酸枣仁、阿胶	睡眠质量不佳	改善睡眠、补血养心	6484
	阿胶蜂蜜膏	蜂蜜、红枣、阿胶	气血不足、女性	补血益气、润肠通便	1606

三、中医膏方的品牌营销策略分析

（一）市场环境分析

1.政策环境

近年来，我国出台多层面政策推动膏方蓬勃发展。宏观上，发展健康服务业，凸显中医药个性化优势，推动膏方与健康养老、保险等融合。同时，通过加强组织实施、完善标准和监管等措施，为中医膏方提供具体保障。微观上，多项政策从各维度推动膏方发展。《"健康中国2030"规划纲要》为中医膏方在临床应用拓展空间、创造有利条件并提供技术支持；《中医药发展战略规划纲要（2016—2030年）》则重视中医药理论的传承和人才培养，为膏方的创新提供理论支持；《中华人民共和国中医药法》为中医膏方提供优质药材来源、保证饮片质量和工艺水平、指引发展方向；医保政策将符合规定的膏方中药饮片纳入医保支付范围，推动产业发展。这些政策共同构建了一个全方位支持中医膏方发展的框架，旨在保障膏方在传承中创新、在规范中发展，更好地服务于人民健康（表2）。

表2 中医膏方相关政策

发布时间	发布部门	政策名称	相关内容
2016	中共中央、国务院	《"健康中国2030"规划纲要》	共建共享，全民健康
2019	国家市场监督管理总局	《药品、医疗器械、保健食品、特殊医学用途配方食品广告审查管理暂行办法》	保健食品广告应当显著标明"保健食品不是药物，不能代替药物治疗疾病"
2021	国务院办公厅	《关于加快中医药特色发展的若干政策措施》	旨在推动中医药和西医药相互补充、协调发展，提高中医药发展效益和水平
2021	国家中医药管理局	《推进中医药高质量融入共建"一带一路"发展规划（2021—2025年）》	全面提升中医药参与共建"一带一路"质量与水平，助力构建人类卫生健康共同体
2022	国务院办公厅	《"十四五"国民健康规划》	全面推进健康中国建设，到2035年建成健康中国
2022	国务院办公厅	《"十四五"中医药发展规划》	坚持以人民为中心，坚持遵循发展规律，坚持深化改革创新，坚持统筹协调推进
2023	国务院办公厅	《中医药振兴发展重大工程实施方案》	进一步发挥中医药整体医学优势，着力推动建立融预防保健、疾病治疗和康复于一体的中医药服务体系，提升服务能力
2023	国家中医药管理局	《中医养生保健服务规范（试行）》	中医养生保健服务内容主要包括中医健康咨询指导、健康干预调理、健康教育等
2023	天津市人民政府	《天津市中医药强市行动计划（2023—2025年）》	发挥中医药资源优势，各部门合力切实打造中医医疗高地、传承创新高地、人才高地、产业高地、文化高地
2024	国家中医药管理局	《中医药标准化行动计划（2024—2026年）》	健全中药全产业链标准体系建设，推进中药材种子种苗、种植养殖、仓储、物流、初加工规范以及中药饮片炮制规范的制定
2024	国家药品监督管理局	《中药标准管理专门规定》	旨在加强中药标准管理，建立符合中医药特点的中药标准管理体系，推动中药产业高质量发展

2. 需求环境

（1）亚健康群体不断扩大　2023年，我国超过70%的人处于亚健康状态[5]。其中，18～45岁人群是主要群体，占比达57%，并且男性亚健康比例高于女性，这可能与男性承担更多社会和家庭压力有关。①儿童群体：2022年《中国儿童发展纲要（2021—2030年）》统计监测报告数据显示，0～6岁儿童眼保健和视力检查覆盖率为93.6%，相比2021年提高了0.6个百分点；适龄儿童疫苗接种率超过90%；中小学生《国家学生体质健康标准》优良比例为55.1%，比2021年提高了1.3个百分点。由于儿童免疫力较低，2022年，全球5岁以下儿童死亡率虽有所降低但仍较高。②成年人群体：《现代都市人生活与健康方式研究报告》数据显示，男性超重和肥胖比例分别为41.1%和18.2%，女性分别为27.7%和9.4%。超六成居民睡眠不达标，每周至少熬夜3次的人群占64%，其中"00后"与"95后"近四成天天熬夜，半数"85前"与"95前"人群有频繁熬夜迹象；神经衰弱的患病率为13%，多发生在15～40岁之间，脑力劳动者占神经衰弱患者的86.7%；抑郁症患者超过9500万，成人精神障碍终生患病率为16.57%。

（2）慢性病患者增加　2023年，我国老年人慢性病的患病率超78%且持续上升[6-7]。因此，慢性病防控已成为中国公共卫生领域的一项重要挑战[8]。基于2018年和2020年CHARLS项目调查数据[9-10]（图3），老年人慢性病的发展现状呈现出显著差异。在城乡维度上，农村老年人高血压和关节炎患病率显著高于城镇，这可能与农村居民的健康意识、医疗资源获取能力及生活环境有关。时间趋势上，农村地区的高血压和关节炎患病人数有所下降，反映出农村地区在疾病预防和健康意识提升方面取得了一定成效。然而，城镇地区的高血压和关节炎患病人数略有上升，提示需加强城镇慢性病的防控措施。同时，胃部疾病的患病率在农村地区有所下降，但在城镇地区有所上升，这可能与城乡不同的生活习惯和饮食结构有关。此外，2020—2023年《卫生健康事业发展统计公报》数据显示（图4），65岁及以上老年人接受健康管理的高血压、2型糖尿病患者人数与总数整体呈上升趋势，表明老年人对高血压和2型糖尿病的关注持续加强，健康意识不断提升。

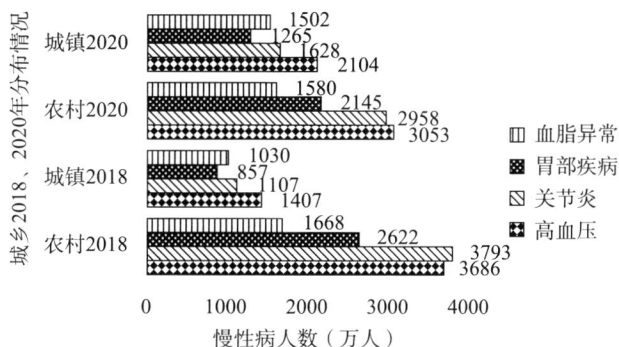

图 3 城乡老年人慢性病发展现状

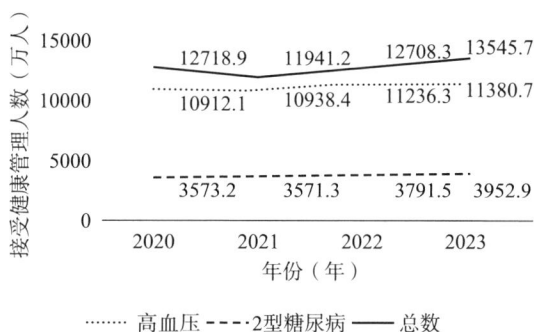

图 4 老年人接受健康管理发展现状

3. 供给环境

（1）亚健康视角下，中医膏方具有"治未病"优势   治未病即在中医的理论基础上，分析病因并防治疾病，促进健康，在机体发生疾病前就通过科学的方式对人体健康进行干预的方法[11]。一是未病先防。膏方开方遵循辨体与辨证结合原则，以偏纠偏。组方注重顾护脾胃，加入健脾和消食药，既扶正气又助运化。且按四时节令和人体特点个性化制作，顺应自然规律以达阴平阳秘。二是既病防变。依据六经辨证规律实施预见性治疗，辅以调养。开方时结合中医辨证与西医辨病，提高临床疗效。三是瘥后防复。疾病恢复期或体质不佳者易旧疾复发，此时膏方以调摄为主、治疗为辅，促进痊愈。瘥后防复阶段，膏方多采用综合处方，防治结合。缓解期服用膏方效果缓和、稳定、持久，可恢复机体功能，扶正固本，增强抗病能力。

（2）中医膏方治疗慢性病的成果   膏方在慢性病治疗中成效显著。老年慢性病从虚劳论治，重点在脾肾，调理脾胃尤为关键。膏方治病与调补结合且偏于调补，含主方、辅方、佐方、使方，分别对应不同症状。膏方虽调补方法多样，但老年人脾胃虚弱，需避免滋腻碍胃之弊，以恢复人体平衡。其用药规范，主张王道治病，和缓醇正，对老年慢性疾病有良好调治功效。膏方用于小儿哮喘缓解期可改善体质，增强免疫功能，降低复发率[12-13]，肺脾肾同治、量体用药，以恢复阴阳平衡为目标。与传统汤剂相比，膏方口感佳、服用方便、药效平和持久、注重整体性，适合慢性病稳定期治疗，且有食疗和保健作用。在恶性肿瘤的治疗中[14]，膏方注重平衡阴阳、调理气血、治病纠偏，平衡补虚与攻毒；调理脾胃，脾肾同补，恢复正气；辨识体质，病证结合，改善肿瘤病理基础；主次兼顾，合理组方，实现减毒增效。

4. 资源环境

（1）中医药原材料布局　中国部分省份的药材种植面积相当可观，2023年云南为1030.48万亩，四川为850万亩，贵州为803.07万亩，这些省份因其得天独厚的自然环境，成为中药材的主要产地，所产中药材药效显著且品质优良。药材种植是中医药产业链的起点，后续连接加工、贸易和药品制造等多个环节，各省在产业链中展现不同优势。政府给予政策优惠、资金支持和科研投入，叠加市场需求的增长态势，尤其是中医药在全球的推广及新冠疫情期间的重要作用，共同推动了药材种植面积的扩大。各省可调整药材种植结构以满足市场需求，同时考虑可持续发展和生态保护，确保药材资源合理的利用和生态平衡。

（2）膏方品牌布局对比分析　中国各省药材种植面积与膏方品牌分布存在一致性，这源于各地区的自然条件、药材资源及政策支持。云南省作为中药材的主要产区，药材资源丰富、条件适宜，被誉为"药材宝库"，吸引了童涵春堂、李良济等知名品牌，其药材如三七、天麻等品质上乘。河南省的药材种植面积广阔，聚集了宜露、御食养等品牌，其中封丘县佩兰种植基地是河南省药材种植基地的杰出代表。由此可见，膏方品牌在选择原材料供应地时优先考虑药材种植面积大、资源丰富的省份，以保证药材供应链稳定。

浙江和北京虽在中药材种植面积上不占优势，但因经济发达、市场需求大、中医药文化积淀深厚，成为同仁堂、胡庆余堂等知名品牌的聚集地。两地科研资源丰富，为中医药行业提供了强大的科技与研发支持，促进了产品创新和质量提升。同仁堂、胡庆余堂等品牌经长期积累，市场认知度和品牌忠诚度高，高效的物流系统保障了原材料供应。最后，中医药文化与旅游业的结合为品牌推广开辟了新途径，品牌成为文化旅游的重要组成部分，吸引了大量游客前来体验。

5. 文化与人才环境

中医药文化源于深厚的历史底蕴和理论积淀，植根于中医药理论、丰富的实践经验和中医人高尚的职业情操，彰显了中国特色与中华文化品格优势，是中华文化"走出去"的重要符号。中医药文化传播和国际交流不断加强，中医药在国际上得到认可和推广。在人才环境方面，中医药教育和培养体系持续优化。北京中医药大学推动教育改革与人才培养；天津中医药大学师资优良且国际合作广泛，培养了大量留学生；各中医药局通过实施岐黄工程、中医全科医生规范化培训等多项计划提升人才素质与服务能力，并通过建设宣传教育基地，提升中医药人才技能水平，为中医药文化传承发展营造良好环境。

（二）品牌营销策略

1. 产品策略

精选原料，融合传统工艺与现代科技，严格把控生产流程，保证膏方质量和疗效。同时，针对不同人群的需求推出多样化产品，注重口味创新。强化品牌形象，结合中医养生与现代健康理念，提升产品价值。优化包装设计，使之既体现文化底蕴又符合现代审美，兼顾实用与便携。

2. 价格策略

采用合理定价策略，综合考量产品成本、市场需求、竞品价格，以制定价格区间。在高端市场采用高定价彰显品质和品牌价值，在大众市场则着力推荐高性价比产品。灵活运用价格调整策略，根据市场变化适时调价，增强市场竞争力。实行价格差异化，按膏方不同功效、规格定价，满足个性化需求，对长期购买者给予价格优惠，提升品牌忠诚度。

3. 渠道策略

销售渠道多元化，除药店、医院等传统渠道外，可与养生会所、美容院等合作，进一步扩大市场。加强线上销售渠道建设，建立官方网站、电商平台旗舰店等，利用社交媒体和直播平台推广销售，提高产品知名度和销量。探索医养融合渠道，与医疗机构、养老机构等合作，将膏方产品纳入健康管理服务体系。

4. 促销策略

定期推出打折、满减、赠品等促销活动吸引消费者购买膏方产品，在节假日、重要纪念日等特殊时期加大促销力度以提高产品销量。推出会员制度，为会员提供积分、折扣、专属优惠等服务，增强消费者忠诚度和购买意愿。

5. 人员策略

定期对员工开展中医药知识、产品知识、销售技巧、客户服务等方面的专业培训，以提升员工业务水平和服务质量。同时，为员工提供良好的职业发展空间和机会，激励他们不断提升自身能力与素质。建立完善的激励机制，对表现优秀的员工给予晋升、奖金、荣誉称号等奖励，促使员工积极工作。

6. 有形展示策略

优化实体店布局和陈列，营造舒适、温馨且具有浓厚中医药文化氛围的购物环境，展示产品优势与特点以吸引消费者关注。加强店面卫生管理和环境维护，确保整洁干净，并提供休息区、饮水机等服务设施，方便消费者购物。

7. 服务过程策略

售前通过电话、网络、微信等渠道解答消费者疑问，帮助其选择适合的产品，同时举办健康讲座、义诊等活动，普及中医药知识和养生保健方法，提高消费者健康意识和自我保健能力。售中提供优质购物体验，包括热情周到的服务和快捷的结算方式，销售人员耐心解答问题并提供专业建议，对有特殊需求的消费者提供上门服务、定制服务以满足其个性化需求。售后建立完善的服务体系，及时处理消费者投诉和建议，认真对待反馈的问题以提高消费者满意度。

四、中医膏方品牌营销存在的问题及原因分析

（一）市场膏方推广应用存在局限性

罗富健等学者经区域调查分析发现，居民对膏方的接受程度与受教育程度呈正相关[15]，表明当下居民对膏方了解有限，不明确其功效、适用人群和正确使用方法，且目前中医预防保健未纳入医保范围，使得接受中医保健品的居民占比较少。同时，部分医务人员对膏方的认识不足，临床推广缺乏主动性。目前相关的政策措施不够完善，对膏方产业的扶持和规范管理力度有待加强。

（二）缺乏品牌效应

膏方作为中医药文化的重要组成部分，其品牌效应与中医药文化的传承

密切相关，但当下企业推广膏方多依赖营销手段，对中医膏方文化的传承不足，没有深入挖掘中医药文化的独特价值和内涵[16]，难以形成强大的品牌效应。大部分企业缺少清晰明确的市场定位，难以在消费者心中形成独特的品牌形象。

（三）膏方制作成本高，收益低

成本高：膏方常以多种药材配伍，部分名贵药材种植周期长、投入高，且要选取道地药材以保障疗效，采购成本增加；膏方制作流程繁杂[17]，浸泡、煎煮、浓缩、收膏等环节耗时耗力，浓缩和收膏环节需要经验丰富、技能娴熟的熬膏师傅把握火候，人工成本高；为保证质量、稳定性和安全性，膏方需要特殊包装和低温储存，储存和包装成本较高。

收益低：膏方受众相对较窄，主要适用于体质虚弱、慢性病患者等特定人群，相比其他保健品和药品，膏方的知名度和认可度有待提高，市场需求较小；膏方价格较高且未纳入医保报销范围，消费者对膏方的消费意愿不足，限制了市场推广和销售。

（四）膏方制作不规范，质量缺乏保证

膏方制作缺乏统一标准和规范流程，医疗机构、企业和个人在药材选择、制作工艺、质量控制方面差异大，导致膏方质量参差不齐，安全性和有效性难以保障；中药材质量受产地、种植方式、采收时间等多种因素影响，部分不良商家为降低成本使用劣质药材或假药材，严重损害膏方质量。此外，部分膏方制作者制作工艺不严谨，未严格遵循传统工艺，存在浸泡时间不足、煎煮火候不当、浓缩程度不够等问题，这不仅影响药效和口感，还可能产生有害物质。

（五）创新动力不足

膏方制作技术存在发展瓶颈，其制作工艺虽在传统基础上融入了冷冻浓缩、超声提取等技术[18]，提升了膏剂纯度与品质，但不同膏方由不同中草药熬制，时间、火候不同，多数膏方制作仍需大量人工。市场分析不足，无法准确把握市场需求和消费者偏好，影响膏方创新动力。膏方的研发创新需要既懂中医药理论又具备现代科学知识的复合型人才，目前此类人才培养不足，极大程度上限制了膏方的创新发展。

五、中医膏方品牌营销发展策略建议

（一）政策调整，宣传推广中医膏方

政策调整方面，政府部门应制定和完善中医膏方的质量标准和规范，加强市场监管，确保膏方质量与安全；为中医膏方产业提供政策支持，如税收优惠、财政补贴等，降低企业成本，从而降低膏方价格；鼓励医疗机构开展膏方服务，将其纳入医保报销范围，提高患者使用意愿。宣传推广方面，利用多种媒体渠道，广泛宣传中医膏方的知识和功效；举办中医膏方文化节、健康讲座等活动，让民众亲身体验膏方的制作过程和疗效；加强对医务人员的培训，提高他们对膏方的认识和推广能力。

（二）挖掘中医药文化内涵，塑造中医膏方品牌形象

膏方品牌应深入研究和挖掘中医药文化的历史、理论、实践等方面的内涵[19]，将其融入品牌建设和营销策略中，以提升品牌的文化价值和吸引力。明确品牌定位，根据产品特性、市场需求和竞争状况，塑造独特的品牌形象。

（三）鼓励研发养生膏方，扩大应用人群

政府和企业增加膏方研发投入，鼓励科研机构和企业开展临床研究和创新研发，支持开展药效学、安全性评价等研究，为膏方推广提供科学依据。结合现代医学和营养学研究成果，开发满足不同人群需求的养生膏方[20]，针对特定疾病或亚健康状态创新膏方配方。加强制作工艺研究，提高制作效率和质量，推广现代化设备和技术，降低人工成本。

（四）规范膏方生产，提高生产质量

建立药材采购和验收制度，确保中药材质量符合标准，加强对产地、种植方式、采收时间等方面的监管，保证药材质量稳定。规范制作工艺，在传承传统工艺的基础上引入现代科技改进工艺，提高生产效率，降低成本，确保质量及安全性，明确各环节的操作要求和质量标准，培训、考核制作者，以提高膏方质量。建立完善的膏方质量检测体系，提高检测技术水平，对不合格的膏方

产品及时处理，防止其流入市场。

（五）鼓励创新膏方配方

鼓励企业和研究机构加大对膏方制作工艺的研发力度，探索新的提取和制备技术，以提高膏方的纯度和品质。深入分析市场需求，了解消费者的健康需求和偏好，依据市场变化调整膏方的配方和应用范围。加强中医药教育和人才培养，重点培养既懂中医药理论又具备现代科学知识的复合型人才，为膏方创新提供有力的人才支持。

参考文献

[1] 侯政昆，陈瑞芳，刘凤斌，等.个性化膏方治疗慢性胃炎的临床研究：498 例回顾性病例系列分析和专家访谈 [J].中草药，2021，52（23）：7280-7292.

[2] 刘华.健脾益肺膏方治疗小儿反复呼吸道感染肺脾两虚、卫表不固证的临床疗效分析 [J].中药新药与临床药理，2021，32（2）：274-276.

[3] 詹萍萍，余玲，林洁涛，等.健脾生髓膏方治疗化疗后癌因性疲乏的临床疗效观察 [J].中国全科医学，2019，22（15）：1855-1859.

[4] 孙传菊.中医膏方的沿革、制备工艺及其临床应用研究 [J].中华中医药杂志，2020，35（6）：3163-3165.

[5] 朱嵘.《亚健康中医临床指南》解读 [J].中国中医药现代远程教育，2009，7（2）：79-80.

[6] 雷党党，杨华，井明霞.基于全球疾病负担视角下慢性非传染性疾病范围界定 [J].中国卫生经济，2014，33（7）：21-23.

[7] 陈怡依，唐正，杜春霖，等.2013—2023 年国内外慢性病管理研究主题的可视化分析 [J].现代预防医学，2024，51（14）：2655-2661，2688.

[8] BEARD J R，BLOOM D E.Towards a comprehensive public health response to population ageing[J].Lancet，2015，385（9968）：658-661.

[9] 潘伟，姜青青，孙婧，等.中国老年人慢性病共病模式探讨——基于 CHARLS 数据库解析 [J].现代预防医学，2024，51（16）：2966-2971.

[10] 徐小兵，李迪，孙扬，等.中国城乡老年人慢性病共病及其影响因素的差异

性研究 [J]. 中国慢性病预防与控制，2023，31（6）：427-432.

[11] 王天芳，孙涛．亚健康与"治未病"的概念、范畴及其相互关系的探讨 [J]. 中国中西医结合杂志，2009，29（10）：929-933.

[12] 程五中，佘继林．膏方在儿童支气管哮喘中的应用 [J]. 中医杂志，2021，62（11）：1006-1007.

[13] 邵臧杰，王盼盼，李红，等．周仲瑛运用膏方治疗哮喘缓解期经验 [J]. 中国中医基础医学杂志，2021，27（7）：1183-1185，1198.

[14] 陶国水，查名宝，孔令晶，等．调治恶性肿瘤膏方的组方要点与组方原则探析 [J]. 中医杂志，2014，55（8）：654-656.

[15] 罗富健，王宋颖，高莉敏．北京社区居民对中医预防保健服务需求的调查与分析 [J]. 北京中医药大学学报，2015，38（4）：284-288.

[16] 徐永红．中医药文化传承战略思考 [J]. 学术界，2022（5）：172-180.

[17] 楼招欢，张光霁，石森林．中药膏方制备工艺传承与发展 [J]. 中华中医药杂志，2019，34（9）：4161-4163.

[18] 范晓良，张纯，陈芳，等．医院膏方制作过程中新技术与新方法应用的可行性探讨 [J]. 中华中医药杂志，2017，32（8）：3577-3580.

[19] 黄汀．以高度的文化自信推动中医药事业高质量发展 [J]. 人民论坛，2024（16）：107-109.

[20] 周志伟，贾杨，郑晓虹，等．大健康产业背景下养生膏方产品开发策略研究 [J]. 中医药管理杂志，2020，38（14）：9-17.

HB.15 中医膏方国际传播现状与对策研究

王　曦① 　马艺丹②

摘　要：中医膏方作为传统中医的重要组成部分，具有独特的理论体系和治疗效果，近年来在国际上逐渐受到关注。本文系统分析了中医膏方国际传播的现状，包括其推广渠道、受众认知及存在的问题。同时，探讨了中医膏方在国际市场的接受度和应用情况。通过对国内外相关文献的研究和案例分析，本文提出了加强中医膏方国际传播的对策，包括加强对科学研究的支持、加强文化交流与宣传、建立国际合作平台等，以促进中医膏方的全球推广和应用。

关键词：中医膏方；国际传播；现状；对策；中医药文化

一、引言

（一）研究背景

1. 中医膏方的历史与文化渊源

中医膏方作为中国传统医学的重要组成部分，承载着深厚的历史与文化。膏方最早可以追溯至中国古代，是始于宫廷和贵族阶层的一种养生方式。膏方是一种长时间熬制而成的中药膏剂，其功效主要体现在补养和调理上，尤其是对于"治未病"的理念有着重要的体现[1]。

膏方在历史上得到了广泛应用，历代医家不断丰富其理论与应用方法，逐

---

① 王曦，英语跨文化交际博士后，北京中医药大学人文学院副教授，研究方向：中医英译及对外文化传播。

② 马艺丹，北京大学医学部研究生，研究方向：医学社会学。

步形成了较为完善的膏方体系。在古代宫廷中，膏方常用于皇室成员的养生和疾病防治。明清时期，膏方逐渐流传到民间，并受到民众的欢迎，成为一种季节性调理的重要方式。以明代著名医家李时珍为代表，膏方理论在他的《本草纲目》中得到了详细论述，这进一步推动了膏方在中医药中的应用和发展[2]。

膏方的制作工艺十分复杂，需要严格遵循中医理论和配方原则，以确保药效最大化。医家在制作膏方时，首先需要根据患者的体质、病情、季节等因素辨证施治，选择合适的中药材进行配伍。在传统医学中，膏方具有"滋补调理、增强体质、平衡阴阳"的功效，因此特别适用于慢性病的调理与养生保健。随着时间的推移，膏方的配方变得愈加复杂，逐渐形成了一套系统化和科学化的药物配伍体系[3]。

中医膏方不仅具有深厚的历史文化背景，还与中国传统医学的理论体系密切相关。膏方的基础理论是中医的"阴阳平衡""五行调理"及"治未病"等原则，其通过调节身体内部的平衡，帮助患者在日常生活中维持健康状态。这种医学理念贯穿中医药的发展历程，也影响了中医药在世界范围内的传播[4]。

在中国古代社会，使用膏方是上层社会的特权。随着中医药的普及，膏方逐渐被普通民众接受和使用，成为一种受众广泛的养生手段。到了现代，膏方在特定季节的使用，尤其是在冬季，仍然在中国南方城市如上海、杭州等地非常流行，这些地区的医院和中医诊所每年秋冬都会推出膏方服务，为患者定制个性化调养方案[1]。

在膏方的文化传承过程中，历代医家不断根据实践经验总结出许多经典膏方配方。这些配方具有不同的功效，适用于不同的体质和病症。例如，有的膏方用于补肾，有的用于养胃，还有的用于提高免疫力和抵抗力。这种个性化调理方式使得膏方成为中医药中较为独特的疗法之一[2]。

2. 中医膏方在国内外的影响力

随着中国综合国力的提升和文化自信的增强，中医药逐渐走向世界。膏方作为中医药的一种独特疗法，也开始受到国际社会的关注。尤其是随着"一带一路"倡议的推进，膏方逐步进入了东亚、东南亚及欧美地区的华人社区，成为中国文化输出的重要内容之一。在这些地区，膏方调理的个性化特点深受当地华人群体的青睐，尤其是在慢性疾病的治疗和养生保健领域[3]。

然而，与针灸和推拿等中医项目相比，膏方的国际知名度仍然较低。针灸在国际上已经被广泛认可，并作为一种有效的替代疗法进入了许多国家的医疗体系，而膏方由于其制作过程复杂、配伍个性化强及对中医理论的高度依赖，在推广上存在诸多障碍[5]。同时，膏方在国际市场上的推广还面临文化差异的挑战。膏方背后的中医理论，如"阴阳五行"及"气血调理"等，往往难以被西方主流医学所接受。这些理论体系与西方以解剖学和实验数据为基础的医学模式有着显著差异，导致西方社会在理解和接受膏方时存在一定的困难[4]。

除了文化差异，法规限制也是膏方国际传播的一个重要障碍。膏方中的许多中药材，特别是一些动物药和矿物药，可能会受到不同国家药品监管政策的严格限制。例如，在一些国家，某些中药成分被认为是有毒的，因而被禁止使用。这些因素在一定程度上限制了膏方的推广和应用[4]。

尽管如此，膏方在华人社区的传播仍然具有重要的市场潜力。华人社区是膏方进入国际市场的桥梁。通过华人中医师和中医诊所的推广，膏方在东南亚、北美等地的华人群体中得到了广泛应用。华人社区对中医药有较高的认同感，在日常养生和慢性病管理方面，华人更倾向于使用中医药[5]。这为膏方在这些地区的发展提供了重要契机。

此外，随着国际学术交流的增加，膏方在国际中医药学术界的影响力也在逐步提升。近年来，中医药高峰论坛和国际学术会议中，膏方的疗效和应用逐渐成为讨论的热点，尤其是在慢性病调理和健康管理方面，膏方的独特疗效引起了国际医学界的广泛关注[4]。

然而，要真正提升膏方的国际知名度和影响力，还需要从多方面进行努力。例如，在文化宣传方面，可以通过影视作品、国际展览、文化节等形式加强对膏方的推广，提升其在海外市场的认知度[1]。在产品开发方面，膏方需要根据不同市场的需求进行调整，开发符合国际标准的简化版本，同时满足外国的法律法规要求[4]。通过多渠道、多层次的努力，中医膏方有望在未来的国际市场上获得更大的认可与发展。

（二）研究目的与意义

1. 探讨中医膏方国际传播的重要性

中医膏方的国际传播不仅是中医药文化推广的一部分，更是推动中医药全球化、提升中国文化软实力的具体举措。随着全球对自然疗法和传统医学的关注度增加，膏方作为中医药中的重要元素，具备巨大的国际市场潜力。探讨其国际传播的意义在于挖掘膏方在不同文化背景下的接受度，助力中医药行业的全球化发展，为膏方走向世界提供理论依据。

中医膏方是在中医基础理论的指导下，针对不同人群的不同临床症状遣药、组方，炼制而成。熬制膏方，需将中药饮片加水多次煎煮，去渣取汁，经蒸发浓缩后，加入阿胶等动物胶质及黄酒，炼蜜或炼糖，熬制完成后的膏方最终呈半流体状。其制备遵循个体化用药原则，随证加减，具有药力平和、含药量高、药效持久的特点。此外，中医膏方还具备口味甘润、便携易服等优势，在临床诊疗及日常养生保健实践中的应用十分广泛。

随着现代生活水平不断提高，人们的生活方式、饮食结构、作息规律发生改变，慢性虚损性疾病的防治及使用中药养生调补、改善体质逐渐成为热点话题。后疫情时代，人们普遍关注如何保持身体健康、预防疾病，对日常养生保健医疗提出了更高的要求。中医膏方因其多重优势，逐渐受到患者青睐。如今，中医膏方已广泛应用于内科、外科、妇科、儿科等多系统疾病的治疗补虚、滋补养生[6]。

膏方在临床实践中的未病先防、重视养生思想对构建"治未病"特色预防保健治疗服务体系有极其重要的意义。它将中医学倡导的"治未病"思想、丰富的养生理论、宝贵的临床经验与当今预防医学、康复医学、老年医学的发展相结合，实现"治未病"的继承与创新，与国家健康发展战略确定的"关口前移"和"重心下沉"等方针相契合，也与现代医学从以疾病为主导向以健康为主导的转变趋势相一致[7]。

2. 为中医膏方国际传播提供策略建议

通过研究中医膏方在国际传播过程中遇到的挑战与问题，本文将提出一系列策略建议，旨在解决当前国际传播中的瓶颈。这些建议包括推动中医膏方国际市场的标准化建设、加强文化宣传、优化市场营销策略等，为中医膏方的全球推广提供可行性方案，最终实现膏方在国际上的应用与广泛认可。

进入新世纪，膏方在国内的传播规模不断扩大。2000年以前，膏方只在长三角地区盛行，随着膏方文化不断传播，北方地区开始逐步推广膏方。随后广州、深圳、佛山等地的中医院陆续推出膏方门诊服务，膏方治病养生逐渐被岭南地区人民所推崇。截至2010年，我国先后有11个省市开展膏方业务，各省市中医医院的膏方用量逐年递增，膏方市场潜力较大。为了满足广大群众对膏方的需求，国家中医药管理局医政司立项编写了《中医养生保健技术操作规范膏方》，规范了膏方的概念、配方、制作、使用等。中华中医药学会建立了"全国中医膏方培训基地",推动开展膏方师资和培训基地认证、优化膏方行业标准、规范膏方市场等各项工作[7]。加强规范化管理,不仅有利于国内市场的安全有序发展、促进膏方传承与发展,更为中医膏方国际传播奠定良好基础,有助于国际社会精准了解、正确使用中医膏方,推动中医膏方国际传播。

推动中医膏方国际传播,要鼓励借助现代科技手段对其进行药理、临床、循证医学等研究,梳理脉络,以量化成果提升中医膏方在世界范围内的认可度。膏方现代化工业技术的应用促成了成品类膏方的问世,相关学术研究也已从最初的中医理论探讨延伸至临床试验类的疗效评估,应用动物模型来验证作用机制,并从细胞生物学、免疫学等多方面进行分析探讨[7]。此外,对膏方的学术研究既有临床定性研究,也有运用数据挖掘等现代科技手段进行的定量分析;同时,膏方治疗相关疾病的文献研究中也开始出现荟萃分析报道,均为膏方的推广提供了科学依据。

推动中医膏方国际传播,需在国内现有传播形式的基础上加以创新,设计符合不同国家文化实情的传播策略。传统文化复兴需要借助一定的载体,也要有创新的思维。当前,国内各地现有传播形式主要包括媒体宣传、线下活动等。例如,截至2024年,上海市中医医院连续13年举办"中医药文化推广传播季"活动,为展示当地特色海派膏方搭建平台。在海派中医非遗流派展区和传统中药展区,多项国家级、市级和区级非遗项目纷纷亮相,不仅展示了"书、方、物、器、药"等具有中医药非遗项目特点的物品,膏方药材、自制制剂等新产品也亮相展区[8]。在山西太原,山西中医药大学附属医院晋阳膏方节截至2024年已举办12届。膏方专家团队总结多年的临床经验,研制新膏方,以满足人们多元化的需求。通过膏方节活动,越来越多的市民感受到中药的魅力,开始使用膏方。膏方防病治病、养生保健的功效得到具象化。通过多年的积累,"晋阳膏方"品牌已经成为特色和名片[9]。

在媒体的宣传、各地举办膏方节的影响下,中医膏方面向更广泛的国际市场,既是机遇,也是重任与挑战。推动中医膏方国际传播,应注重地区差异分析,首先聚焦于市场潜力较大的地区。我国膏方文化发源于以上海为中心的江南地区[10],其重要原因之一便是地理因素的影响。江南地区属于典型的亚热带季风气候,冬季阴冷。中医膏方的补阳、补气、补血等作用可缓解冬天阴冷潮湿气候所造成的不适[11]。由此类推,应重点关注全球与我国江南一带气候相似的地区，依靠自然地理基础，在相应区域加大推广投入，以便打开海外市场、促进中医膏方国际传播。

二、中医膏方国际传播的现状分析

（一）中医膏方的全球市场概况

1. 主要传播地区与市场规模

中医膏方的国际传播主要集中在东亚、东南亚、欧美等地区。东亚国家如日本、韩国等，由于与我国文化相近且有长期使用中药的传统，对膏方的接受度较高，市场规模逐渐扩大。东南亚国家，如新加坡、马来西亚等国的华人社区对膏方的需求较大，市场正在快速发展。在欧美国家，随着中医药在这些地区的普及，膏方的市场潜力也逐步被发掘，尤其是在健康保健和自然疗法领域。

中医膏方历史悠久，疗效稳定，服用方便，现代临床应用较为广泛。中医膏方是古老的传统中药剂型之一，其用于治病的记载最早见于春秋战国时期的《五十二病方》和《养生方》[12]。东汉末年至南北朝时期，内服滋补膏方初现雏形[13]。最初对膏方的使用多局限于内科疾病的预防及治疗，随着其在临床诊疗中的应用日益广泛，近年来医者也尝试将膏方的适用范围逐渐扩展至骨伤科疾病[14]。

2. 主要消费者群体与市场需求

中医膏方的主要消费者群体包括中老年人、亚健康群体、慢性病患者及追求养生保健的人群。在东亚和东南亚地区，这些消费者群体对膏方的需求较为稳定，他们注重膏方的滋补和调理功能。在欧美市场，消费者则更关注膏方的天然成分、温和疗效及个性化的健康管理解决方案，需求逐渐多样化。此外，膏方的防病、治未病功能也吸引了注重疾病预防的年轻消费者。

中医膏方治未病的思想具有深厚的历史渊源。《黄帝内经》中的治未病思想贯穿整个辨证论治过程。《素问·四气调神大论》曰："是故圣人不治已病治未病，不治已乱治未乱，此之谓也。夫病已成而后药之，乱已成而后治之，譬犹渴而穿井，斗而铸锥，不亦晚乎！"提出预防疾病的重要性。《灵枢·逆顺》曰："上工刺其未生者也，其次刺其未盛者也，其次刺其已衰者也……故曰：上工治未病，不治已病。"上工刺其未生者，后人引为未病先防，是早期治疗的"治未病"思想。《金匮要略》的"见肝之病，知肝传脾"也体现了治未病之既病防传的理念。叶天士的"先安未受邪之地"，更是对"治未病"理论很好的发扬[15]。

中老年人及一些亚健康群体、慢性病患者和追求养生保健的人群非常重视对疾病的防治，中医膏方的主要受众正是这些群体，众多临床经验表明，中医膏方在骨伤科疾病治疗、儿科疾病预防等方面也有一定效果。因此，中医膏方的发展前景广阔，市场潜力巨大。

（二）中医膏方的国际认可度

1. 亚洲和欧美部分国家对中医膏方的法律法规

亚洲和欧美部分国家对中医膏方的法律法规存在较大差异。东亚和东南亚国家与中国在文化和历史上有着密切的联系，当地对中医膏方的接受度相对较高。在这些国家，中医膏方通常被视为传统药物，一直以来都在医疗保健领域占据着重要地位，其法律环境相对宽松，为膏方的传承与发展提供了良好的条件，并有较高的市场准入度。

韩国传统医学以"韩医"为主，与中医有着深厚的渊源。中医膏方被纳入传统医学范畴，受到一定程度的认可和支持。韩国政府积极推动传统医学的发展，为中医膏方等传统药物的应用提供了政策保障。例如，韩国设立了专门的韩国韩医学研究院（Korea Institute of Oriental Medicine），加强对传统医学的研究和开发。同时，韩国也制定了相关的法律法规，规范传统医学的临床应用和市场流通。在药品注册方面，韩国对中医膏方的要求相对宽松，只要符合一定的质量标准和安全性要求，就可以获得批准上市。

在日本，中医膏方通常被视为汉方药的一种形式，受到法律的保护和规范。中药在日本被称为汉方药，分为"医疗用汉方药"和"一般用汉方药"两种。其中，"医疗用汉方药"必须经医生诊断、开具处方后才能购买；药店日常销售、消费者可以自主选择购买的为"一般用汉方药"[16]。此外，日本还加强了对汉方药的知识产权保护，鼓励企业进行创新和研发。

在东南亚国家，如泰国、马来西亚、印度尼西亚等，中医也有着广泛的应用和较高的认可度。这些国家对中医膏方的法律法规相对宽松，市场准入度较高。例如，在泰国，中医师可以合法注册和执业，中医膏方也可以作为传统药物在市场上销售。

叁　综合发展篇

在欧美国家，中医药则面临较为严格的监管。在美国，中医膏方通常作为膳食补充剂进行管理。美国食品药品监督管理局（FDA）对膳食补充剂的监管相对宽松，主要要求产品标签必须真实、准确，不得声称具有治疗疾病的功效。然而，这并不意味着中医膏方可以在美国自由销售。如果中医膏方中含有新成分或未经批准的成分，就需要经过严格的审批程序才能上市。此外，美国一些州还对中医的执业进行了规范，要求中医必须获得相应的执照才能从事医疗活动。

不同国家对中医膏方的法律法规存在较大差异，这既反映了不同国家对传统中医药的认知和态度，也影响了中医膏方在国际市场的推广和应用。为了促进中医膏方的国际化发展，需要加强国际交流与合作，共同推动中医药的标准化和规范化建设。同时，也需要加强对中医药的科学研究和临床验证，提高中医药的科学性和有效性，为中医药的国际化发展提供有力的支持。

2. 国际市场对中医药的接受程度

随着现代科学技术的发展，越来越多的国内外科研机构开始对中医药进行深入研究。通过科学实验和临床研究，验证了中医药的疗效和安全性，为中医药在国际市场上的推广提供了有力的证据。例如，一些研究表明，中药中的有效成分具有抗氧化、抗炎、抗肿瘤等作用，为中医药的应用提供了科学依据。近年来，我国积极开展中医药的国际交流与合作，与世界上很多国家分享中医药的经验和成果。通过举办国际中医药学术会议、开展中医药国际培训等活动，促进了中医药在国际上的传播和推广。同时，我国还与一些国家签订了中医药合作协议，共同推动中医药的国际化发展。

随着社会对健康的关注度不断提高，人们越来越倾向于自然疗法和整体健康管理。中医药强调"治未病"的理念，注重通过调节人体的整体功能来预防和治疗疾病，这与上述趋势不谋而合。中医膏方还因其独特的调理功能和传统文化背景逐渐受到关注。中医药不仅是一种医疗手段，还蕴含着深厚的中国传统文化内涵，其独特的哲学思想、治疗理念和方法，引起了越来越多的国际人士对中国传统文化的兴趣和探索。例如，中医的阴阳五行学说、经络学说等理论，以及中药的炮制工艺、方剂配伍等，都成为国际上研究和学习的热点。

然而，东西方医学理念的差异仍然存在，部分消费者对中医药的科学性和疗效持怀疑态度。加强科学研究和临床验证，以提供可靠的数据支持，有助于提升中医膏方在国际市场的认可度和接受度。与此同时，中医药蕴含着深厚的中国传统文化内涵，文化差异和语言障碍也影响了中医药在国际市场上的传播和推广。一些国际人士对中国传统文化了解有限，难以理解中医药的理论和方法。中医药的专业术语和文献资料大多是中文，翻译难度较大，也给国际交流和合作带来了一定的困难。总之，中医药在国际市场的接受程度正在逐步提升，但仍面临着一些挑战。通过加强科学研究、提高质量标准、加强文化传播等策略，可以进一步提升国际市场对中医药的接受程度，推动中医药的国际化发展。

（三）中医膏方的传播模式与渠道

1. 传统传播渠道：书籍、学术论文

传统传播渠道如书籍、学术论文在中医膏方的国际传播中扮演了重要角色。这些渠道主要面向学术界和专业医师，通过深度的理论研究和临床实践经验推广膏方知识。这些出版物通常涵盖膏方的历史背景、配方组成及其在现代医学中的应用，促进了国际学术界对膏方的关注和研究。例如，《中医膏方大全》[17]从膏方的起源、发展、组方原则等角度出发，对膏方的特点、特色、优势、应用、制作等方面展开系统论述，既涵盖膏方的常用治则，也结合四季应用膏方、体质调理用膏方，以及服用方法、保存要求、注意事项等内容进行全面阐释。本书按照脏腑特点，从肺系疾病、心系疾病、脾胃疾病、肝胆疾病、肾系疾病、外科疾病、妇科疾病、男科疾病、儿科疾病、皮肤疾病、五官疾病、疑难杂病12个方面介绍了膏方的应用。

《本草纲目》作为中国古代本草学的集大成之作，详细记载了众多中药的性味、功效及制备方法，其中不乏关于膏方的描述。近年来，该书的多个英译本（如由罗希文教授主译的版本）在国际上广泛传播[18]，为海外学者和爱好者了解中医膏方提供了宝贵的资料。此外，随着中医药研究的深入，越来越多的学者撰写关于中医膏方的学术论文。这些论文通过严谨的实验设计、科学的数据分析，对中医膏方的药理作用、临床疗效及安全性等进行了深入探讨，有利于提高中医膏方的国际认可度。例如，有学者运用膏方治疗分化型甲状腺癌术后心悸，强调中西医理念的结合，参考患者的病机和临床用药特点，自行设计膏方用于临床，旨在增强疗效和预防复发，具有较高的临床推广价值[19]。

2. 现代传播手段：互联网、社交媒体、跨境电商

随着互联网的普及，社交媒体和跨境电商成为中医膏方国际传播的重要途径。社交媒体平台如 Facebook、Instagram、微博等，通过短视频、直播、图文内容等形式，直观地向全球用户展示膏方的制作过程、使用方法和功效。例如，在小红书、抖音等社交媒体平台上，涌现出了一批专注于中医膏方传播的博主。他们通过发布视频、图文等形式，向用户介绍中医膏方的功效、制作方法、适用人群等，同时分享个人使用体验和案例，这种直观、生动的传播方式吸引了大量海外用户的关注和兴趣，有效推动了中医膏方的国际传播。同时，一些中医药企业或机构在 Facebook、Instagram、Twitter 等国际社交媒体平台上创建了官方账号，并定期进行内容更新和互动，发布关于中医膏方的专业知识、文化故事、使用技巧等内容，并与海外用户进行交流和解答疑问。这种跨文化的交流方式有助于增进海外用户对中医膏方的了解和信任。此外，跨境电商平台如亚马逊、天猫国际等，也为膏方进入海外市场提供了便捷的渠道，促进了产品销售和品牌认知度的提升。通过这些现代手段，中医膏方得以快速进入国际市场并接触到更广泛的消费者群体。

三、问题与建议

（一）存在的主要问题

1. 法律与政策障碍

中医膏方作为中医药的瑰宝之一，在国际传播过程中虽取得了一定成果，但仍面临诸多挑战和问题。不同国家对中医药管理的法律法规存在差异，部分国家对中医药的监管较为严格，要求膏方通过临床试验和认证，而其他国家可能尚未建立相关法律框架。这种不一致性使得膏方在国际市场上的推广和合法销售面临挑战。

中医膏方在国际市场上的注册往往受到国外医药监管法规的严格限制。由于中医学的理论体系与西方医学存在差异，中医膏方往往难以满足西方相关药物注册法规的要求，导致许多中医膏方无法在海外合法注册[20]。例如，在意大利，一些华人中药店因销售未经许可的药物和无证行医而遭到查封。中药店被举报销售处方药，且未遵守营业时间规定，导致警方介入调查。在美国，中药通常被定义为食品补充剂，而非药物。因此，许多中药及中医膏方难以按照药品标准进行注册和销售。此外，部分中药成分如麻黄曾被 FDA 禁止使用，附子、细辛等也被列入不安全的"黑名单"。

中西方在历史、文化、医学体系等方面的差异，使西方社会对中医药和中医膏方的认知存在一定的偏差和误解[21]。尽管拔罐、针灸等中医治疗方法在全球范围内受到一定欢迎，但中医膏方等内服药物仍被视为替代疗法或补充疗法，中医学难以与西方主流医学体系相提并论。这也导致中医膏方在国际市场上的接受度较低。

2. 国际认证与标准化问题

在国际市场上推广中医膏方，还需要解决认证与标准化的问题。不同国家对膏方的成分、生产工艺、功效等有不同的要求，在上述方面缺乏统一的国际标准，导致产品在跨国销售中容易遇到技术性贸易壁垒。中医膏方的疗效评价和质量控制标准与西方医药产品存在显著差异，这导致中医膏方在技术标准上难以与西方医药产品接轨。这种技术标准障碍不仅影响了中医膏方的国际注册，还限制了其在国际市场上的广泛应用[22]。除客观形成的壁垒外，也有部分问题源于人为因素：中医膏方的国际传播往往需要具备中医药知识、语言能力、跨文化沟通能力的专业人才。然而，目前这类专业人才相对匮乏，这限制了中医膏方在国际市场上的推广和普及[23]。中医膏方的知识产权保护也是国际传播中的一个重要问题。中医药知识产权的复杂性和特殊性使得许多中医膏方的知识产权未得到有效保护，这导致一些国家的制药企业可以轻易地使用中医膏方的配方和制备工艺进行仿制和生产，从而损害了中医膏方的国际声誉和利益[24]。

3. 文化差异与接受度

中医强调整体调理和个体化治疗，而西方医学则更注重循证医学和病症的局部治疗。

中医整体观秉持维护人体周全康健的理念，深掘疾病根源，重视防微杜渐、正本清源。个体化医疗如量体裁衣，根据每位患者独一无二的体质与病情，精心雕琢诊疗方案，力求疗效之极致。中医整体观与个体化医疗的智慧交融，使疾病预防与治疗的目标得以更加高效地实现，为患者铺设一条周全而高效的康复之路。

西医植根于解剖学、生物学、病理学等现代科学的沃土，深入探索分子、细胞、器官的奥秘，构建了一个严谨而精细的生命科学体系。西医秉持"证据至上"的信念，通过无数实验与临床研究的洗礼，验证医学理论的真实性与可靠性。在诊断的舞台上，西医展现出了其精准高效的风采。实验室检查与影像学检查如同医生的慧眼，血液检查、X光、CT、MRI等技术为剖析患者病情提供了坚实的科学依据。西医的诊断，往往依据解剖病理学、实验室数据与科学研究的标准化指南，确保了诊断的准确与可靠。

在临床治疗上，中西医因医学理念不同产生的差异化治疗也屡见不鲜，以诊疗膝关节炎为例，中医将整体观念与个性化治疗思想融入膝关节炎的治疗中，采用针灸疗法中的补泻技术来治疗膝关节炎，疗效显著，安全性高，能有效减轻患者膝关节的疼痛，改善膝关节功能障碍，并提高患者生活质量[25]。西医利用非药物疗法治疗膝关节骨性关节炎，同样有非凡的疗效，最新的治疗方案融合了关节腔内注射与中医治疗的精髓，以及手术（特别是关节镜微创手术）与中医疗法的联合应用[26]。膝关节腔注射与关节镜手术作为当前广泛采用的非药物干预手段，各自具有独特优势。当这些现代医学技术与中医的内服药物调理及外用治疗法（如针灸、拔罐、推拿等）结合时，能够产生更为显著且全面的治疗效果，成为中西医结合治疗的典范。

不难看出，中西医无论是在治疗观念上，还是在治疗方法上都有着天壤之别。然而，想要真正精准匹配患者的具体病情，使患者尽快康复，仍需在选择治疗方案时，确保西医治疗与中医疗法相互协调与补充，既要发挥各自长处，又要弥补对方可能存在的不足，灵活调整治疗策略[27]，使中西医两种体系的优势得以最大程度地融合，从而取得最佳的治疗效果，提升患者的康复质量与生活质量。

尽管多种治疗方法显示中西医结合更有效，但是目前中医膏方在国际上尚未获得广泛认可，其面临的主要问题包括中西方对于医学的研究方式不同、中医药缺乏具体可量化的科学证据、国外药品的法规限制和中医药传播过程中的教育培训不足等。中西医在医疗理念上的巨大差异导致西方消费者对中医膏方的功效和科学依据存在质疑，影响了中医膏方在国际市场上的接受度。

4. 语言与文化传播的障碍

中医药术语翻译是推动中医学术国际化进程的重要载体，其准确性、专业性和深度直接决定了中医药在国际学术界传播与交流的成效。

对译者而言，将中医膏方的精髓以学术化的语言精准表达，需要深入理解中医的哲学根基与科学原理，并掌握跨文化交流的技巧，以确保中医理论在翻译过程中既能保持其原有的学术价值，又能被国际学术界广泛接受与认可[28]。这一任务不仅要求译者具备扎实的中医理论基础与翻译技能，还需具备敏锐的学术洞察力与创新能力，以应对中医理论在国际化过程中所面临的文化差异与理解障碍等问题。

然而，由于中医翻译领域缺乏统一的标准，加之中医术语多源自古汉语，与其他领域相比，其英语表达缺少既定术语，在使用上缺乏明确的规范和标准。这导致在翻译实践中，一个中医术语往往有多种不同的英文翻译方式，或者同一英文词汇被用于指代多个中医术语，而这些翻译之间差异显著，缺乏一致性。这种现状不仅增加了中医国际交流的复杂性，也对中医膏方理论和使用方法的准确传达构成了挑战。

例如，现代医学的糖尿病与中医学的消渴病在概念上存在对应关系。尽管世界卫生组织已将消渴病的标准英文翻译定为"wasting-thirst"，但在专业医学教材中，其翻译却展现出一定的差异性和多样性。部分教材直接采用"diabetes"作为翻译，但这种译法相对笼统，未能充分体现出中医消渴病的独特性与特异性。另有一些教材则倾向于音译，将消渴病直接翻译为"Xiaoke"[29]，这种方式虽然保留了中文原词的发音，但在国际交流中可能因文化背景的差异造成理解上的困惑。

因此，在中医膏方的国际传播中，语言和文化的差异使得外国消费者难以充分理解其背后的理论和使用方式。文化传播不畅导致中医药知识无法在目标市场中有效普及。

5. 市场推广与品牌建设不足

中医膏方作为传统中医药的重要组成部分，在当今国内中医药市场中有较好的发展，但在海外的市场还不够成熟，其国际知名度也远低于针灸，这与膏方在海外的市场推广不足有极大关系。其中，最明显的不足是膏方领域缺乏优质的国际品牌。中药市场的不断发展离不开深受消费者信赖的品牌。权威的中药品牌能减少消费者的困惑和担忧，从而放心地使用各类中药，尝试中医药治疗。中医膏方是中药方剂的特殊形式，其市场推广也基于高知名度品牌所树立的优势，吸引消费者。与海内外知名度较高的综合类中药品牌相比，专注于中医膏方产品的品牌数量相对较少，且其认知度相对较低，缺乏有影响力的品牌作为行业标杆进行推广。

目前，国内知名度较高、影响力较大的膏方品牌包括北京同仁堂和天津卿雅堂，以及北京西苑医院、上海龙华医院等开展膏方业务时间较长的中医医院。单纯研制膏方的中药品牌极少。而在海外，面向全世界的消费者，中药本身的应用率就偏低，中药方剂市场整体也较为冷清。海外的消费者，尤其是西方国家的人们，对中医的认同往往停留在针灸、骨伤、推拿等技法的应用上，主要将中医运用在外在身体康复、个性化健康管理等方面。对于中药方剂等内服药，大部分人并未完全认同，更不会加以应用。因此，在国际上知名度较高的中药品牌并不多。

近年来，只有少数中药制药品牌成功打开中药海外市场。同仁堂是利用品牌效应在国际市场上营销较为成功的中药企业。同仁堂在国内外注册的商标达到 140 多个，推出的十大王牌产品也具有极长的生命周期，同仁堂已成为国内外中药的招牌。在国际市场销售时，同仁堂会大力宣传品牌优势，从而使海外消费者更容易接受产品。利用强大的品牌效应，同仁堂不仅仅是一个经济实体，更是一个文化载体，能在消费者购买产品时实现销量增长与文化传播的双赢结果[30]。

以岭药业研发的专利中药芪苈强心胶囊联合标准化治疗可显著降低心衰恶化住院风险、心血管死亡风险，这一循证研究在 2024 年 8 月被刊发在国际顶级医学期刊《自然医学》[31]上。这是以岭药业成功克服挑战，根据世界市场情况不断丰富产品线与创新，取得中医药出海的重大突破，也进一步提升了以岭药业作为中药制药品牌的影响力和号召力，为中药走向世界市场助力。

国内中医膏方的最大市场在上海。上海城隍庙的童涵春堂国药店坚持举办中医膏方养生活动，为药店打响了名号，提高了知名度。秉承着"名店、名医、名药"的宗旨，他们持续打造知名国药品牌，不断加强市场竞争力，吸引了许多海外游客、华侨、华人来购买中医膏方[32]。

然而这只是膏方品牌能够面向海外市场的个例。在世界范围内，中医膏方仍然缺乏龙头企业支持，以至于在业内没有足够的权威，不易引起西方医学界的重视；缺乏优质、口碑较好的品牌来吸引、引导消费者，海外消费者在不够了解中医药的情况下容易对膏方产生疑虑；缺乏系统化、专业化的国际中药企业对中医膏方产品的研发，难以生产出迎合世界多元化市场需求的膏方产品。品牌认知度不高、影响力不够的问题使得中医膏方在与现代保健品和药品的竞争中处于劣势，消费者对膏方认识的不足，又进一步限制了中医膏方的市场发展。

目前，中医药开启全球市场新篇章是时代的要求，也是中医药文化传播的大势所趋。然而，面向海外多元化的市场，面对文化习俗、健康需求差异巨大的全球化消费者，中医药在国际市场的营销策略还较为匮乏[33]。膏方作为中药系统中占比较小的一部分，本身就存在起效速度较慢、服用不如西药方便等劣势，在国际上的知名度和受欢迎程度比普通中药更低，没有足够的机会和丰富的方式开展海外市场的营销[34]。膏方的营销渠道建设不足，主要依赖线上平台、网络媒体，缺乏正规的介绍和权威的讲解，同时也缺乏线下的大规模营销活动，其营销形式并未结合当地文化特色，难以吸引当地消费者。由此导致难以建立起稳定的线下销售网络，限制了市场覆盖率和渗透率。

另外，当前膏方的国际营销策略主要集中在产品本身，缺少对目标市场的深入分析和精准定位，也缺少对膏方背后博大精深的中医文化的对外输出[35]。许多外国人因为针灸等中医技术对传统中医药产生了浓厚的兴趣，借此机会，其他中医药相关产品在营销时便不能忽略对整体中医药文化的宣传。海外人士要了解正宗优质的中医膏方，绝大多数都只能来到中国的中医馆体验并消费。对海外市场的宣传只能从中国本土小切口输出。例如，通过来上海旅行的海外游客，在童涵春堂消费后把膏方带回自己的国家，进行小范围的宣传。这是建立在少数外国人到国内旅行、留学、生活的基础上的，对膏方国际市场开拓的帮助并不大，这种模式的影响范围较小也较为被动。

要想打开中医膏方的国际化市场，就要主动地向外输出，积极运用自媒体在世界范围内宣传，并结合不同国家和地区消费者的多元需求来营销。作为医药产品，最重要的还是产品研发，只有具备过硬的技术，才能得到世界的认可[36]。作为中医药的重要组成部分，膏方在开拓海外市场时，其营销策略不能仅仅停留在表面，应该提升技术，深挖膏方的特色疗效，取得西方医药卫生领域的认同，从而减少海外消费者对药品的担忧，在竞争激烈的西药市场中赢得一席之地。

（二）典型案例研究

1. 阿胶中医膏方的国际推广困境

阿胶以传统中医药为基石，积极推动其品牌走出国门，成为推动中医药文化传播的重要力量[37]。据东阿阿胶相关负责人透露，近年来，东阿阿胶加速了海外市场布局，通过整合销售与文化传播，形成了双轮驱动的增长模式。这一战略使其不仅在香港市场站稳脚跟，更将目光投向了东南亚等新兴市场，显示出其全球化战略雄心[38]。阿胶作为中国传统中药材，具有悠久的历史和丰富的文化内涵，但阿胶的国际推广面临一定的挑战，其主要原因是阿胶的传统生产工艺需要大量使用驴皮，这引发了动物保护组织的强烈反对，特别是在西方国家，动物福利和伦理问题备受关注。驴皮的使用与"杀驴"这一行为直接相关，因此，驴皮伦理争议问题对阿胶的国际推广造成了极大的伦理和社会压力。在一些地区，特别是欧美国家，动物权益保护法非常严格，涉及屠宰动物的行为可能引发公众的不满和反对，甚至可能导致法规限制和市场限制。有些国家禁止进口含动物成分的中药材，或要求对产品进行更为严格的审查和标识。动物保护组织在全球范围内发起抗议（图1），要求停止为获取驴皮而屠宰驴，这可能导致消费者对阿胶产品产生负面看法和抵制情绪。

图1 Facebook上的动物保护组织抗议推文

动物保护组织的抗议和对驴皮使用的反对声音，促使我们更加重视动物福利与可持续发展之间的平衡。为此，推动阿胶产业的转型与升级，探索替代原料开发与生产工艺创新，将有助于提升产品的国际形象，使其符合全球对环保和伦理的要求。同时，这也为我们弘扬中华优秀传统文化、推动中医药走向世界提供了新的机遇。我们应积极响应社会关切，推动阿胶产业的可持续发展，促进人与自然的和谐共生，展现中国在全球动物保护和可持续发展方面的责任与担当。

2. "一带一路"地区中医膏方推广成功经验

在"一带一路"地区，例如东南亚地区华裔较多，京都念慈菴蜜炼川贝枇杷膏等中医膏方会出现在大型商场。另外，中医膏方因与当地传统草药治疗方法有相似之处，迅速被市场接受。在"一带一路"地区推广中医膏方，可以通过多种策略来提高其市场接受度和消费者认同感，实现文化传播与市场拓展的双重目标。

首先，增强文化认同感是关键。在马来西亚吉隆坡，中医药企业每月举办"中医养生讲座"，邀请当地知名中医师向居民分享中医理论和膏方的实际应用。这种互动不仅让居民了解中医的基本知识，还使其与中医膏方建立了情感联系。在泰国，当地中医产品公司与传统泰国草药制造商合作，推出结合中医膏方和泰国草药的"养生膏方"，这种产品强调天然成分，通过当地市场的推广吸引消费者。

其次，契合当地人群的健康需求也至关重要。在印尼，中医药店在雨季推出"抗寒膏方"促销活动，强调膏方在提高免疫力和增强体质方面的功效，吸引了大量关注，促使销售量上升。在越南，品牌商针对换季时节的健康问题推出"春季调理系列"，专门推出多款膏方以调理身体和缓解疲劳，吸引消费者。

提升品牌建设同样不可忽视。在新加坡，中医膏方品牌商通过高端包装和优质产品，成功塑造出"健康生活方式"的品牌形象，并结合健康博主的推广吸引年轻消费者，建立良好的品牌忠诚度。在菲律宾，品牌商通过电商平台进行线上销售，同时在购物中心设立临时展位，进行产品试用和讲解，消费者体验后可直接下单，以此提升品牌的曝光率和销售量。

在产品质量与安全性方面，标准化生产显得尤为重要。中国的中医膏方生产企业通过与国际标准化组织合作，获得 ISO9001 认证，以确保产品质量符合国际标准。这一认证不仅提高了产品的市场竞争力，也增强了消费者的信任。品牌商家还与高校合作开展临床试验，研究中医膏方在改善失眠等健康问题方面的效果，并将结果发表在专业医学期刊上，这样可以有效提升产品的公信力。

最后，建立合作伙伴关系能够进一步拓展市场。在柬埔寨，中医药公司与当地医院合作，建立了"中医膏方咨询中心"，为患者提供个性化调理方案和膏方推荐，提高了中医膏方在当地医疗体系中的地位。此外，中医膏方公司还与健身中心合作，推出"养生与健身结合套餐"，为参与健身活动的会员提供定制的膏方，帮助他们在运动后进行身体调理。通过这种合作，双方都获得了新的客户群体，形成了良好的市场联动。

3. 成功因素分析

中医膏方的国际传播成功离不开国家的政策支持。中医药作为中国文化软实力的重要组成部分，得到了国家层面的大力推动，特别是在"一带一路"倡议下，许多国家对中医药的接受度逐步提升。中国政府在出口中医药产品时提供了政策支持与补贴，促进了膏方等中药产品的国际化。

国家中医药管理局、中央宣传部、教育部、国家卫生健康委、国家广电总局联合印发的《中医药文化传播行动实施方案（2021—2025年）》[39]提出"深入挖掘中医药文化精髓"等四方面重点任务，让中医药进一步融入大众生活。此外，在推进中医药文化传播机制建设方面，方案还提出定期开展中医药文化传播人才遴选培训、开展中医药健康文化素养调查等具体任务。

成功的国际推广需要针对不同市场制定差异化的营销策略，通过了解当地市场需求、消费者偏好和文化背景，制定针对性强的推广计划。例如，在欧美市场，注重产品的科学性和疗效验证，联合医学专家做背书；在东南亚市场，则强调膏方的养生与调理功能，并与当地草药传统结合，增强市场接受度。了解对方国家在使用动物药和矿物药方面的宗教、文化习俗，对于中医药的国际推广至关重要。不同国家和地区的宗教信仰和文化传统对药物成分有着深刻的影响。例如，某些宗教（如伊斯兰教、犹太教）对猪肉成分有严格禁忌，印度教则对牛有崇拜和保护的传统，其信众对使用含有动物成分的药物可能存在抵触情绪。矿物药材方面，一些地区的文化和风俗可能会限制或抵制使用某些矿物，如矿物来源或含有重金属的药材可能被认为不符合自然疗法的理念。了解这些文化和宗教背景，有助于制定合适的市场策略和产品调整，避免文化冲突，促进中医药产品的推广。

膏方企业可基于客户需求推出衍生产品，研发特色膏方，如义乌三溪堂自创的桑椹膏。据原三溪堂总经理申屠学军介绍，桑椹是夏季的当令水果，味甘、酸，性微寒，可入心、肝、肾经，具有滋阴补血、养颜美容、生津润燥之功效。在一些名医的帮助下，三溪堂研发出了六种桑椹膏，分别是桑椹养颜膏、桑椹乌发防脱发膏、桑椹益智膏、桑椹安神膏、桑椹润燥膏、桑椹三降膏。医生一对一辨证后，根据每个人的不同体质加入不同的补益类中药材，定制适合自己的养生膏。自桑椹膏在海内外推广以来，三溪堂每年在第二季度能够销售 3000 多单膏方[40]。

高质量的产品是中医膏方国际推广成功的基础。通过严格的质量控制和标准化生产流程，膏方品牌如"同仁堂"确保了产品的安全性与有效性，增强了消费者的信任。在服务方面，个性化的健康调理方案成为竞争优势，如"大医精诚"根据消费者的健康状况定制膏方，提升了用户满意度。此外，膏方品牌通过移动应用程序进行健康跟踪和反馈，增强了客户的参与感和忠诚度，如"中医宝"在欧美市场通过与当地健康专家合作，提供符合市场需求的膏方，提升了中医文化的认可度。同时，膏方品牌也通过举办健康讲座和研讨会，普及中医知识，消除消费者疑虑，进一步促进销售。总之，结合高质量的产品与个性化服务，中医膏方能够有效拓展国际市场，赢得更多消费者的青睐。

（三）对策与建议

1. 政策与法规对策

中医膏方在国际市场上的推广受到各国在药品研发、生产、流通、监管和使用等方面所建立的综合性制度和框架的制约，包括相关的法律法规、政策标准和管理机构等。如今国际社会有三种不同类别的国家：一类国家认同传统医学，把中医药看作与现代医学同样重要的主流医学，并认同中医药具有相应的法律地位；另一类国家只认同现代医学，不认同中医药具有法律地位，但也不禁止中医药的传播；还有一类国家认同传统医学的法律地位，但仍以现代医学为主流医药体系，把中医药等传统医学作为补充或辅助医疗手段[41]。在此种国际大环境下，若中医膏方无法在当地获得法律地位，则更加难以传播。

为了更好地推动中医膏方的国际传播，建议加强各国中医药法规的协调与统一。例如，推动建立中医药产品国际标准，促进中医药进入更多国家的医疗体系。如今我国的中医药标准化行动仍在推进，为全面贯彻《中华人民共和国中医药法》《中华人民共和国标准化法》《中共中央国务院关于促进中医药传承创新发展的意见》《国家标准化发展纲要》，还需要优化中医药标准体系总体布局、加强重点领域中医药标准供给、促进中医药标准与科技创新的互动发展、推进中医药标准国际化、深化中医药标准化改革创新、夯实中医药标准化发展基础，以上六个方面是我国未来实现中医药高质量发展的重要任务。通过加强与国际标准化组织（ISO）、世界卫生组织（WHO）等国际组织的交流与合作，使中医药纳入"一带一路"标准应用示范项目建设中，将进一步推进中医药标准国际化，促进各国中医药法规趋向协调与统一[42]。

同时，应与国外的医疗监管机构展开合作，确保中医膏方的合法性与合规性，为后续的市场推广提供政策保障。中医药已传播至196个国家和地区，我国与40余个外国政府、地区主管机构和国际组织签订了专门的中医药合作协议，开展了30个较高质量的中医药海外中心、75个中医药国际合作基地、31个国家中医药服务出口基地的建设工作[43]。

2. 加强中医膏方的国际认证与标准化工作

为了提高中医膏方的国际市场竞争力，必须加强膏方的国际认证工作。应建立一套符合国际标准的质量管理体系，并积极参与国际组织的标准制定工作。通过认证可以确保产品的安全性和疗效，增加消费者对中医膏方的信任感。国际标准化认证是世界医药发展的必然趋势，已形成了一套十分严格和完备的程序和标准，积极参与这一过程是中国传统医药进入国际市场迈出的重要一步[44]。此外，要推动膏方的标准化生产，减少质量差异，确保全球市场提供一致的高质量产品。在这一方面，做好中药质量管理是与国际标准直接相关的，与中医膏方产品相关的原材料采购、供应链管理、库存管理等制度，完全能够符合现代药学在质量、可追溯性和动态监测方面的要求[45]。

3. 加强对外宣传，增进文化交流

中医膏方作为中华传统医学的代表之一，具有深厚的文化底蕴。因此，建议通过各种文化交流活动与国际媒体合作，宣传中医膏方的历史、文化和疗效。利用现代传播工具，如社交媒体、视频平台等，推出多语言、多形式的文化传播内容，吸引国际受众对中医膏方的兴趣，促进文化认同与接受。推动中医药文化在国外传播，尤其要实现跨文化语境下中医药文化传播的路径创新，推动中医药文化融入当地受众的生产生活，把文化传播转变为文化服务。构建中医药文化传播的现代话语体系、以文化符号表达文化内涵、创新中医药文化传播媒介、建立良好的中医药文化传播生态系统，以上都不失为实现这一目的的有效途径[46]。

通过举办国际性中医药学术会议、论坛等活动，加强中医膏方在学术领域的推广，促进国际医学界对中医膏方的认可和研究。邀请国际权威专家进行合作研究，提升中医膏方在国际医学界的地位，并通过这些学术活动促进更多国家将膏方纳入健康养生体系中。

4. 推动中医翻译标准化建设

推动中医膏方翻译标准化建设是中医药国际化的重要步骤。首先，需要建立统一的翻译标准，确保中医膏方的名称、成分、功效等能够准确传达给不同语言的受众。这不仅有助于提升中医膏方的国际认知度，还能减少误解和偏差。此外，翻译过程中要注意中医药的文化背景和术语，避免过度简化或曲解。建议整合医学、语言学及文化专家的力量，共同制定国际通用的标准化术语库，以保障中医膏方在不同文化和语言环境中的有效交流。同时，加强与各国相关监管机构的合作，确保翻译文本符合当地法律和医学伦理要求，推动中医药产品安全和规范的国际推广。

例如，"安神补脑"是很多中医膏方的主要功效之一，这些膏方可用于缓解失眠、焦虑和记忆力衰退。然而，"安神补脑"在英语中直接翻译为"calming the mind and nourishing the brain"可能并不完全准确，特别是"补脑"在英语中没有直接对应的医学术语。可以采取结合直译和意译的方式，例如用"used to calm the mind and enhance cognitive function（for improving sleep and mental clarity）"来更清楚地介绍该膏方的治疗效果，同时确保译文能够为非中医背景的读者提供明确的指导。

再如，在中医膏方的使用中，由于文化差异，西方消费者可能对某些药材较为敏感。例如，"鹿茸"在中国常用于补肾壮阳，但在一些西方文化中，动物来源的成分可能引起伦理争议。在翻译时，应提供更多的文化背景信息，解释鹿茸在中医药中的传统用途和安全性，并明确指出其来源和现代替代成分，避免因当地消费者不了解或误解而引发对该产品的排斥。比如，鹿茸可以解释为："Deer antler velvet，traditionally used in Chinese medicine to support kidney function and vitality，sourced from ethically managed farms."

叁　综合发展篇

5. 市场推广与品牌建设策略

不同国家和地区的文化、消费习惯和健康需求不同，针对性的营销策略至关重要。"一带一路"倡议促进了中医药国际贸易的发展，在经济全球化与现代化发展背景下，文化差异、文化冲突及西医文化等因素，导致国际社会对中医药的认知存在严重偏差，加之中医药国际产业链被国际医药巨头掌控，以及国际营销中存在自我参照标准和民族中心主义的主要障碍，致使我国中医药国际贸易壁垒重重[47]。建议对各个国家的市场进行充分调研，了解其消费者需求，并根据当地情况进行产品定位和推广。结合互联网营销手段，利用社交媒体和电子商务平台塑造品牌形象，通过健康讲座、线上咨询等方式拉近与消费者的距离，增强互动性。

在国际市场上打造具有竞争力的中医膏方品牌，需要持续提升品牌的认知度和美誉度。在这一过程中，品牌的传播和宣传是至关重要的一环。除了与国际知名医疗机构和健康专家合作，还可以通过多种渠道将产品推广至全球市场。首先，可以利用社交媒体平台进行品牌推广，通过发布产品信息、分享用户体验和医疗专家推荐等内容，吸引更多的关注和认可。其次，可以举办线上和线下的品牌活动，如中医膏方讲座、健康咨询会等，增加品牌的曝光度和知名度。另外，可以邀请明星代言或签约品牌形象大使，通过明星效应吸引更多消费者对品牌的关注和信赖。

在打造具有国际竞争力的中医膏方品牌过程中，还应当注重产品的研发与创新，不断完善产品配方，提高药效和安全性，以满足不同国家和地区消费者的需求。同时，可以通过技术合作，引入先进的生产工艺和设备，提高产品的质量和生产效率，增强品牌的竞争力，提高市场地位。此外，还可以结合传统中医药与现代科技，开发出更加适合现代人群生活方式的健康产品，拓展中医膏方在全球市场的应用范围。

在推广品牌文化方面，可以通过定期发布品牌资讯、医疗健康知识等内容，提升品牌的专业形象和权威性，赢得消费者的信赖。此外，可以加强与媒体的合作，参与行业展会和活动，扩大品牌影响力和知名度。同时，建立健全售后服务体系，保障产品质量和消费者权益，提升品牌的口碑和忠诚度。

在国际市场上打造具有竞争力的中医膏方品牌，需要通过综合运用合作、创新、传播等策略，不断提升产品质量和知名度，树立健康文化理念，最终赢得消费者的认可和支持，才能更好地使品牌的国际认知度得到提高。

叁 综合发展篇

产品质量是中医膏方在国际市场上立足的关键。中医膏方是在传统中医药理论指导下进行组方配伍的，加水煎煮、过滤去渣、静置沉淀、滤取上清液，浓缩至适量后，加蜂蜜、冰糖、动物胶类等加工而成的稠厚半流体制剂[48]。在这一复杂的生产过程中，必须引入现代科技手段，确保膏方从原料选择、生产工艺到成品包装的每一个环节都符合国际标准。此外，应不断提升产品的创新能力，结合国际市场的健康需求，推出更适合国际消费者的膏方品类。

在国际市场中，优质的售后服务是消费者信赖品牌的重要因素之一。建议为国际消费者提供专业的膏方咨询服务，包括个性化调理方案和健康指导。通过线上与线下相结合的方式，设立专业的客服团队，帮助消费者正确使用膏方，并提供持续的健康管理服务，提升用户对品牌的忠诚度。

四、总结与展望

通过对中医膏方国际传播的案例分析与对策探讨，本研究发现了中医膏方国际传播的重要性。作为中医药文化的重要组成部分，膏方不仅具有独特的疗效，也承载着丰富的中华文化内涵，其国际传播不仅有助于提升中国文化的全球影响力，也满足了国际市场对天然、调理类健康产品的需求。

中医膏方在国际市场的推广仍面临诸多挑战，包括外国法律法规的差异、市场营销策略的适应性、品牌认知度的提升，以及产品标准化与质量认证的难题。这些问题都需要通过政策支持、市场调研与策略调整等手段加以解决。

中医膏方的国际传播在未来具有广阔的发展前景。随着全球健康观念的升级和对传统医药疗法关注度的提升，中医膏方的国际市场潜力巨大。未来应加强中医药的国际标准化工作，推动中医膏方在更多国家获得合法认证和政策支持，为膏方的全球推广铺平道路。将中医膏方的文化底蕴与现代科技相结合，推出更加便捷、创新的产品形式，例如通过数字化工具进行健康管理和调理方案的个性化定制。未来还应进一步强化膏方品牌的全球化布局，通过精准的市场营销策略进入更多国际市场，同时注重产品线的多元化开发，以满足不同市场的健康需求。

中医膏方的国际传播之路虽然充满挑战，但随着全球健康趋势的变化和中医药影响力的提升，中医膏方未来将呈现出更加蓬勃的发展势头。

参考文献

[1] 刘国柱.中医膏方的历史与发展[J].中医药研究，2017，12（3）：23-30.

[2] 李金华.中医膏方的国际传播现状与思考[J].中医文化，2020，15（3）：45-50.

[3] 张丽萍.中医膏方在东南亚的传播模式研究[J].国际中医药杂志，2018，7（4）67-70.

[4] Song，Y.（2019）.Challenges and Strategies of the International Dissemination of Traditional Chinese Medicine.Proceedings of the 3rd International Seminar on Education Innovation and Economic Management（SEIEM 2018），149-152.

[5] 苏文文，李广森，王雯雯，等.60例旅居柬埔寨华人"长新冠"患者中医诊断、证型及中医体质分析[J].北京中医药，2024，43（10）：1212-1215.

[6] 杨金怡，丁炜光.中药膏方应用概述[J].中国疗养医学，2022，31（1）：48-50.

[7] 林基伟，汪栋材，吴海滨，等.中医膏方历史源流及现代发展状况[J].中成药，2018，40（11）：2254-2256.

[8] 新民晚报.非遗古籍、国潮月饼、养生药茶连续13年举办的"中医药文化推广传播季"满满"国医新风潮"[EB/OL].（2024-09-07）[2025-02-20].https://news.qq.com/rain/a/20240907A06VTI00.

[9] 张群群，钱芳，徐玲玲，等.海派膏方历史发展浅析[J].药学实践与服务，2023，41（7）：408-410.

[10] 中国新闻网.中医膏方药食同源的传承：匠心守护 古法开新[EB/OL].（2024-03-20）[2025-02-20]. https://www.cqn.com.cn/zyy/content/2024-03-20/content_9038485.htm.

[11] 龚鹏，朱抗美，余小萍，等.海派膏方兴盛成因与思考[J].中医药导报，2016，22（20）：5-7.

[12] 林基伟，汪栋材，吴海滨，等.中医膏方历史源流及现代发展状况[J].中成药，2018，40（11）：2554-2556.

[13] 黄亚博，霍介格，罗兴洪.江苏中医膏方临床应用专家共识（2021）[J].江苏中医药，2022，54（1）：1-13.

[14] 江岩，朱抗美，龚鹏，等.从古代医籍与名医医案处方管窥膏方的历史变迁

[J]. 中国中医基础医学杂志，2019，25（5）：614-616，684.

[15] 王丛礼. 从《黄帝内经》治未病理论谈中医儿科膏方的应用 [J]. 中国中医药现代远程教育，2023，21（3）：134-137.

[16] 经济参考报. 业界呼吁以疗效为依据深化交流 [EB/OL].（2024-01-03）[2025-02-20]. https://news.yunnan.cn/system/2024/01/03/032895505.shtml.

[17] 王绪前. 中医膏方大全 [M]. 北京：中国医药科技出版社，2016.

[18] 付璐.《本草纲目》在欧洲的流传研究 [D]. 北京：中国中医科学院，2020.

[19] 沈盛晖. 中医膏方在分化型甲状腺癌术后心悸中的应用 [J]. 浙江中医药大学学报，2019，43（7）：645-648.

[20] 叶淑兰，何靖宇. 中医药文化对外传播：症结与思路 [J]. 对外传播，2019（8）：65-67.

[21] 张静，卢德春. 中医药文化对外传播的影响因素与组态路径研究 [J]. 科技传播，2024，16（9）：162-164.

[22] 张一凡. 中医药在海外的传播与前景 [J]. 文化纵横，2017（1）：60-67.

[23] 张洪雷. 互联网视域下中医药文化对外传播研究 [C]// 世界中医药学会联合会中医药文化专业委员会第一届学术研讨会论文集. 北京：世界中医药学会联合会，2015：73-81.

[24] 黄文卿，徐怀伏. 不确定性规避文化维度下的中医药国际化障碍分析 [J]. 亚太传统医药，2010，6（5）：1-3.

[25] 张乐茹，金连峰. 近五年西医非药物疗法结合中医药对膝关节骨性关节炎治疗方案综述 [J]. 实用中医内科杂志，2024，38（10）：92-95.

[26] 陈欣红，唐平，张全明，柯兰. 基于"中医整体观"探讨针刺补泻手法治疗膝关节炎的运用 [J]. 基层中医药，2024，3（6）：94-99.

[27] 孙云峰，周莹. 从中医药的"整体观念"与"个体化治疗"探索呼吸疾病的管理启示 [J]. 中医药管理杂志，2024，32（1）：121-123.

[28] 丘晓媛. 中医西传视域下中医理论译著的特点及问题浅析 [J]. 海外英语，2023，18：28-30.

[29] 张琳琳. 中医英语翻译的问题和对策探析 [J]. 国医论坛，2022，37（3）：68-70.

[30] 简莉霞. 中药企业跨文化国际市场营销策略研究——以同仁堂为例 [D]. 沈阳：辽宁大学，2014.

叁 综合发展篇

[31] 中医药出海新突破：以岭药业系列重磅研究登上国际顶刊 [EB/OL].（2024–08–29）[2025–02–20]. https://www.163.com/dy/article/JAOKQ3UR05118O92.html.

[32] 耿浩 . 北京市膏方市场的推广研究 [D]. 北京：北京中医药大学，2011.

[33] 高强 . 我国中药国际市场营销现状及对策研究 [D]. 沈阳：辽宁中医药大学，2008.

[34] 刘爽 . 中药国际市场营销策略研究 [J]. 商业经济，2015（5）：3.

[35] 曾建武，蒋杰 . 香港"京都念慈菴"对内地中成药研制开发与国际营销的启示 [J]. 亚太传统医药，2014，10（18）：1–3.

[36] 陈漫 . 基于"华佗模式"的中医药国际贸易模式研究 [D]. 广州：广州中医药大学，2014.

[37] 风暴眼工作室 . 2024 凤凰之星出海上市公司评选：东阿阿胶、华能获评年度出海案例 [EB/OL].（2024–09–05）[2025–02–20]. https://www.sohu.com/a/806561963_121976703.

[38] 杨志云 . 让膏方产业走得更远 [N]. 中国中医药报，2016–11–10（3）.

[39] 中华人民共和国中央人民政府 . 国家中医药管理局 中央宣传部 教育部 国家卫生健康委 国家广电总局关于印发《中医药文化传播行动实施方案（2021—2025 年）》的通知 [EB/OL].（2021–06–29）[2025–02–20]. https://www.gov.cn/zhengce/zhengceku/2021–07/07/content_5623103.htm.

[40] 吴梦月 . 膏方营销出新招 [J]. 中国药店，2019（6）：86–87.

[41] 陈妍曦，刘雾堂 . 基于乔哈里人际沟通视窗理论的中医药国际传播策略 [J]. 亚太传统医药，2024，20（9）：8–13.

[42] 中华人民共和国中央人民政府 . 国家中医药管理局关于印发《中医药标准化行动计划（2024—2026 年）》的通知 [EB/OL].（2024–06–17）[2025–02–20]. https://www.gov.cn/zhengce/zhengceku/202407/content_6965475.htm.

[43] 中华人民共和国中央人民政府 . 中医药已传播到世界 196 个国家和地区 [EB/OL].（2023–09–06）[2025–02–20]. https://www.gov.cn/yaowen/liebiao/202309/content_6902465.htm.

[44] 王一娟 . 国际标准化认证是中药走向世界市场的第一步 [N]. 经济参考报，2007–06–08（16）.

[45] 肖臻，宋琼芳，董悦青，等 . 给国际认证做中医"加法" [N]. 健康报，2018–

09-03（6）.

[46] 许烨婷.推动中医药文化"走出去"[J].文化产业，2024（27）：109-111.

[47] 颜鲁合."一带一路"背景下基于价值认同视域的中医药国际营销策略[J].中国商论，2023（18）：79-84.

[48] 杨玉红.某中医院膏方发展回顾及可持续发展建议[J].人人健康，2020（14）：309.

HB.16 中医膏方市场监管与标准化建设

张菁芳①　黄海龙②　李　然③

摘　要：中医膏方作为中医药文化的重要组成部分，因其独特的制备工艺、显著的疗效及滋补养生功能，深受国内外消费者的喜爱。中医膏方市场监管及标准化规范旨在确保产品质量，保障公众健康，打击假冒伪劣产品，维护市场秩序，并推动中医药现代化发展，通过法律法规、监管体系、质量检测及标准制定等措施实现全链条管理。本文通过市场调研，全面分析了中医膏方行业的市场环境、市场基本状况、消费者需求、产品种类与质量、价格策略、销售渠道以及竞争格局。在市场监管方面，当前中医膏方市场存在品质问题、销售资质问题，以及传统制作与工厂批量生产之间的矛盾。针对上述问题，本文提出了加强中医膏方市场监管与标准化建设的对策与建议。在标准化建设方面，应组织专家研究制定中医膏方的统一质量标准和规范，包括药材选择、制作工艺、质量控制等方面。此外，还应加强质量控制体系建设，确保膏方质量稳定可靠。同时，鼓励和支持中医膏方生产企业进行技术创新和研发，提高膏方的制备工艺和质量控制水平。

关键词：中医膏方；市场监管；标准化建设

中医膏方作为中医药文化的重要组成部分，以其独特的制备工艺、特有的疗效及滋补养生功能，深受世界人民喜爱。然而，随着市场需求的不断增长和各种替代性工艺的不断出现，中医膏方行业也面临着从业人员资质不规范、产

---

① 张菁芳，管理学博士，广西旅发大健康产业集团有限公司党委委员，高级专家，研究方向：中医药发展战略、卫生经济、文旅大健康。

② 黄海龙，南京航空航天大学博士生，研究方向：健康产业竞争力、健康旅游。

③ 李然，中医学博士，药学博士后，研究方向：中药资源开发与新药研究、中药药理学。

品质量参差不齐、市场监管缺失、标准化建设滞后等问题。这不仅极大影响了中医膏方的声誉，更可能危害广大消费者的身体健康。因此，加强中医膏方市场监管与标准化建设，对于保障消费者权益、促进行业健康发展具有重要意义。这是一个需要社会各界参与的系统工程，在生产、广告、销售、危害溯源、法律惩治、社会宣传等多方面都需要进行一体化的制度建设，该目标的最终达成任重而道远。

一、市场调研

（一）调研方法

首先，需要对中医膏方行业进行界定和分类，明确膏剂的定义、分类及适应病症。

根据《中医膏方临床应用与制备工艺规范》[1]，膏方是在中医辨证论治的基础上，按照方剂学组方原则，优选药材用水煎煮，取煎煮液浓缩，加炼蜜、糖（或转化糖）、阿胶、龟甲胶等制成的半流体制剂。

其次，使用常见的调研方法进行符合上述定义的调研。

网络调查法：通过互联网关键词、延伸阅读等方式进行文献调研。

访谈法：与中医膏方专业人士进行交流，包括研发者、市场从业人员等。

调查问卷法：通过向行业相关人士发放电子问卷进行调研。

（二）调研内容

中医膏方行业的市场调研是一个系统而细致的过程，旨在全面了解和分析该行业的市场状况、竞争态势、消费者需求以及潜在的发展趋势。其主要内容包括以下几个方面。

1. 市场环境调查

政策环境：了解国家和地方政府对中医膏方行业的政策法规、行业标准、监管要求等，以及这些政策对行业发展的影响。

经济环境：分析宏观经济形势、消费者购买力、行业投资收益状况等，评估经济环境对行业发展的影响。

社会文化环境：研究消费者对中医药文化、中医膏方的认知度、接受度及服用中药制剂的习惯，了解社会文化因素对行业发展的影响。

2. 市场基本状况调查

市场规模：估算中医膏方行业的市场规模，包括市场总量、增长率等。

市场结构：分析市场的细分情况，如按产品类型、消费群体、销售渠道等划分的市场结构。

市场动向：关注市场的最新动态，包括新产品推出、消费者需求变化、竞争格局变化等。

3. 消费者及消费需求调查

消费者群体：明确中医膏方的主要消费群体，包括年龄、性别、职业、收入水平等特征。

消费需求：了解消费者对中医膏方的具体需求，如产品功效、口感、价格、包装等。

消费习惯：分析消费者的购买渠道、购买频率、购买量等消费习惯。

4. 产品调查

产品种类：调查市场上中医膏方的种类，包括传统膏方、创新膏方等。

产品质量：评估市场上中医膏方的质量水平，包括药材来源、制作工艺、产品效果等。

产品竞争力：分析不同品牌中医膏方的竞争力，包括品牌影响力、规模、产品优势等。

5. 价格调查

价格水平：了解市场上中医膏方的价格水平，包括不同品牌、不同类别、不同规格产品的价格。

价格策略：分析不同品牌中医膏方的价格策略，如定价依据、折扣政策等。

价格竞争：评估市场上中医膏方的价格竞争状况，包括价格战、价格联盟等现象。

6. 销售渠道调查

销售渠道类型：了解中医膏方的销售渠道类型，包括线上渠道（电商平台、社交媒体等）和线下渠道（药店、医院等）。

销售渠道分布：分析不同销售渠道的分布情况，包括各渠道的销售额、市场份额等。

销售渠道效果：评估不同销售渠道的效果，包括销售增长率、客户满意度等。

7. 竞争格局调查

竞争主体：明确中医膏方行业的竞争主体，包括主要品牌、企业等。

市场份额：分析各竞争主体在市场上的份额，了解市场竞争的激烈程度。

竞争手段：研究各竞争主体在市场上的竞争手段，如产品创新、价格策略、营销策略等。

8. 市场趋势预测

发展趋势：根据市场调研结果，预测中医膏方行业的发展趋势，包括市场规模、竞争格局、消费者需求等方面的变化。

机遇与挑战：分析中医膏方行业面临的机遇与挑战，为行业参与者提供决策依据。

综上所述，中医膏方行业的市场调研应涵盖市场环境、市场基本状况、消费者及消费需求、产品、价格、销售渠道、竞争格局以及市场趋势预测等多个方面。通过全面而细致的市场调研，可以为中医膏方行业的参与者提供有价值的决策依据。

（三）调研结果

1. 市场规模与发展趋势

近年来，随着人口老龄化趋势的加剧、慢性疼痛人群的增加及消费者对中医药认可度的提高，中医膏方市场规模持续扩大，且增长率高于全球平均水平。全国膏方市场规模巨大，定制膏方市场规模已近 10 亿元，且传统定制膏方与成品化时尚新膏方都有各自的庞大市场群体[2]。市场规模从 2016 年的42.32 亿元增加到 2022 年的 63.28 亿元[3]，预计 2030 年中医膏方将成为中药产业的重要一环[4]。

2. 地域与职业分布

中医膏方的主要消费群体包括老年人、中青年人群、运动员及健身爱好者、儿童等。老年人因身体功能下降和慢性疾病等原因，对缓解疼痛、调节免疫的保健类膏方有较大需求。中青年人群由于工作、生活压力较大，也容易出现肩颈、腰腿疼痛等问题，对调养亚健康状况的膏方有一定需求。运动员及健身爱好者在运动过程中容易受伤，对跌打损伤类膏方有较大需求。儿童因发育

叁　综合发展篇

迟缓、体型瘦小或肥胖等问题，对健脾胃、促消化、调节肠胃功能等膏方需求趋热。

年轻人群中，新膏方在南方形成明显的消费时尚，尤其是沿海发达省份，如浙、粤、苏、沪等形成了核心消费区，长三角和珠三角的客群相对密集。消费人群 40% 是公司职员，约 13% 是个体经营 / 服务人员 [2]。

3. 产品受欢迎品类

中医膏方市场上的产品类型丰富多样，包括贴膏、软膏、乳膏及各类滋补膏方等。这些产品不仅用于治疗各种疼痛、肿胀等症状，还具有润肺、补肾、补益气血、祛湿等多种养生功效。市场销售表现较好的有茯苓膏、姜枣膏、枇杷梨膏、四物膏、人参黄精膏、参鹿膏、酸枣仁膏等，其中雪梨膏的市场受欢迎程度最高 [2]。

4. 行业竞争格局

目前膏方生产企业数量多但上规模的少，整体而言产品同质化严重，缺乏龙头企业，小作坊式生产特征明显，行业集中度低，导致市场格局高度分散。中医膏方市场上存在众多品牌和产品，包括传统中医药品牌、外资品牌以及新兴品牌等。随着各类电商平台的涌现，中医膏方行业的全球化趋势也得以体现，特别是 6000 万海外华人的需求较为旺盛。但由于监管力度和手段的不足，以及生产技术标准的相对宽松，目前市场上的中医膏方产品种类繁多但质量参差不齐。这给消费者选择带来了一定的困扰，也影响了行业的健康发展。

5. 法规与标准遵循

全国性的中医膏方相关法规尚未出台。2024 年仅有江苏省发布了《中医膏方临床应用与制备工艺规范》，对中医膏方的制备与临床应用制定了相关规范。

6. 数据分析与预测

"2024 至 2030 年中国膏剂（膏方）行业市场预测与投资规划分析报告"认为："中国膏剂（膏方）行业市场规模将以年均 8% 的速度增长。政府的支持和鼓励政策，如'健康中国 2030'战略中的传统医药部分，直接促进了膏剂行业的市场规模增长和结构优化。"

综上所述，中医膏方行业正处于快速发展与转型期，市场规模持续增长，产品品类丰富，行业竞争格局逐渐优化，跨境电商化与全球化趋势明显，同时受到资本投入与行业整合的影响，相关法规与标准也在逐步完善。

二、市场监管与标准化建设现状

（一）市场监管现状

首先是品质问题。当前中医膏方市场上存在大量未经审批或缺乏质控标准的膏方产品，消费者难以辨别其优劣真伪。各药店、医院乃至个体户均参与膏方制作与销售，其中大部分生产方不具备专业的中药材质控检测条件，甚至部分医院尚未建立膏方质量标准，完全依赖人工经验制作，部分产品委托企业加工以扩大生产，难以保障品质一致性。

其次是销售资质问题。多元化市场销售渠道大大增加了市场监管难度。传统销售渠道包括中医院、综合药房、养生会所等，近年来电商平台大量涌入膏方市场，但很多电商平台的销售模式具有临时性特征，部分产品仅在特定时段快速售罄，极难及时发现和监管。

最后是本质性矛盾。传统中医的中药膏方强调"一人一方、按时调方"，而工厂批量化生产需遵循统一标准，二者存在根本性冲突。

（二）标准化建设现状

中医膏方的制备工艺、原材料选择、质量标准等方面目前缺乏统一、规范的标准体系，使得产品质量难以保证，同时也限制了行业的规范有序发展。

这一方面是相关政策体系有待完善，尽管国家中医药管理局发布了《中医药标准化行动计划（2024—2026 年）》等政策措施，以推动中医药行业的标准化发展，但与中医膏方直接相关的国家标准或行业标准并未出台。江苏省曾出台过地方标准，但偏于工艺制备，并不全面。另一方面的困难来源于中药行业本身——标准分类繁多、查询不方便、同品种执行不同标准、中药材及饮片的地方标准不统一等。

（三）人才与技术

人才方面，中医膏方领域的人才结构相对复杂，涵盖了中药种植、炮制、药理、药剂、营销等多个领域。这些人才对中医膏方的研发、生产、销售等环节不可或缺。一方面是高端人才缺乏，特别是在中药研发和创新领域，具备现代药物研发知识和技术的中药研发人才尤为稀缺；另一方面是复合型专业人才短缺，尤其是既懂中医又熟悉现代生产的复合型人才。

技术方面，膏方制备技术传承不足，创新能力有待提升。传统膏方制备技术包括药材的选取、炮制、煎煮、浓缩、收膏等各个环节，"传子不传女""传徒留一手"等文化痼疾导致大量传统技法失传。加之守旧思想作祟，膏方制备与现代技术的融合又相对滞后，使得其技术难有突破。

三、问题与建议

（一）存在的主要问题

1. 市场监管的主要困难和问题

监管主体不明确：膏方市场涉及多个监管部门，包括市场监督管理部门、卫生健康部门以及中医药管理部门等。各部门之间的职责划分不明确，容易导致监管重叠或监管空白。作为"保健食品"的膏方，主要由市场监督管理部门按照食品标准监管，其功效界定相对更难。

法规政策不完善：目前针对中医膏方的具体法规和政策尚不完善，缺乏可操作的监管及处罚手段。膏方处方医师的资格认定、膏方加工制作规范管理以及膏方价格、膏方宣传等方面缺乏明确的法规依据。

行业自律不足：部分膏方生产企业或医疗机构缺乏自律意识，存在夸大宣传、诱导消费等行为。一些不具备资质的医疗机构也开展了膏方业务，可能对患者和膏方行业的发展造成损害。

膏方市场乱象多：膏方市场假冒伪劣产品泛滥的问题严重损害了中医声誉和消费者利益。一些膏方加工企业为了降低成本，使用劣质药材或简化制作工艺，导致膏方质量参差不齐。

2. 标准化建设的主要困难和问题

标准体系不完善：目前中医膏方的标准化体系尚未形成，缺乏统一的质量标准和规范。

不同地区、不同企业之间的膏方制作标准存在差异，难以进行统一监管和评估。

工艺可控性差：膏方的制作工艺复杂，涉及多个环节和步骤，难以实现标准化和规模化生产。制作过程容易受到人为因素和环境因素的影响，导致膏方质量不稳定。

质量控制指标专属性不够：中药质量标准在管理和执行过程中存在诸多问题，如中药标准分类繁多、查询不方便等。膏方的质量控制指标缺乏专属性，难以准确反映膏方的真实质量水平。

专业人才短缺：膏方的制作和监管需要专业的中医药人才和技术支持。目前市场上缺乏具备相关技能和经验的专业人才，导致膏方市场的标准化建设进展缓慢。

（二）对策与建议

1. 加强中医膏方市场监管

明确监管主体与职责：确立中医药管理部门为中医膏方市场监管的主要责任部门，同时协调市场监督管理部门、卫生健康部门等相关部门共同参与监管，明确各部门的职责分工，避免监管重叠和监管空白。

完善法规政策：制定和完善针对中医膏方的具体法规和政策，明确膏方处方医师的资格认定、膏方加工制作规范、膏方价格及宣传等方面的规定。加大对违法违规行为的处罚力度，提高违法成本。

加强行业自律：推动建立中医膏方行业协会或组织，加强行业内部自律和监管。鼓励行业协会制定行业标准和服务规范，提高行业整体水平。

强化市场监督：加强对中医膏方市场的日常监督和检查，及时发现和处理违法违规行为。建立消费者投诉、举报机制，方便消费者维护自身权益。

2. 推进中医膏方标准化建设

制定统一标准：组织专家研究制定中医膏方的统一质量标准和规范，包括药材选择、制作工艺、质量控制等方面。推动标准与国际接轨，提高中医膏方的国际竞争力。

加强质量控制：建立健全中医膏方质量控制体系，确保膏方质量稳定可靠。加强对膏方生产企业的监管，要求其建立严格的质量管理制度和检验体系。

推动技术创新：鼓励和支持中医膏方生产企业进行技术创新和研发，提高膏方的制备工艺和质量控制水平。推广使用先进的生产设备和技术手段，提高膏方的生产效率和质量稳定性。

叁　综合发展篇

加强人才培养：加大对中医膏方专业人才的培养力度，提高其专业技能和素质。推动高校和科研机构开设中医膏方相关专业课程，培养更多专业人才。

加强宣传教育：通过各种渠道加强对中医膏方的宣传和教育，提高公众对中医膏方的认识和了解。普及中医膏方的正确使用方法和注意事项，引导消费者理性消费。

四、总结与展望

加强中医膏方市场监管与标准化建设是保障中医膏方质量、维护消费者权益和促进中医药行业健康发展的关键。加强中医膏方市场监管与标准化建设需要从多个方面入手，包括明确监管主体与职责、完善法规政策、加强行业自律、强化市场监督和推进标准化建设等。这些措施的实施将有助于保障中医膏方的质量和安全，促进中医药行业的健康发展。

此外，中医膏方市场要走向正规化、有序化，还可考虑推动建立中医膏方行业协会，加强行业内部自律和监管，推动行业标准化、规范化发展，鼓励行业协会制定行业标准和服务规范，提高行业整体水平；加强宣传教育，提高公众认知度，普及中医膏方知识，引导消费者理性消费；鼓励媒体对中医膏方市场进行监督和报道，揭露违法违规行为，维护市场秩序；推动科研创新，提升膏方疗效。

参考文献

[1] 江苏中医药信息网.中医膏方临床应用与制备工艺规范[EB/OL].（2024-11-09）[2024-12-12]. http://www.jstcm.com/uploadfile/20240408150901618.pdf.

[2] 医药卫生网.《2020中国膏方养生白皮书》发布，定制膏方市场达10亿，90后养生认品牌[EB/OL].（2020-10-30）[2024-12-12]. http://www.yywsb.com/article/202010/1249513.html.

[3] 智研咨询.2023年中国养生膏行业全景速览：线上渠道成为市场亮点[EB/OL].（2024-05-03）[2024-12-12]. https://www.chyxx.com/industry/1183329.html.

[4] 人人文库 .2024 至 2030 年中国膏剂（膏方）行业市场预测与投资规划分析报告 [EB/OL].（2024–09–20）[2024–12–12]. https：//www.renrendoc.com/paper/349168158.html.

HB.17 新质生产力在中医膏方产业的发展现状与未来展望

赵汉青① 魏向慧② 彭佳羽③

摘　要： 中医膏方是中医传统八大剂型之一，集滋补、治疗、养生功能于一体，是中医养生的重要手段。近年来，随着新质生产力概念的提出和相关技术的发展，中医膏方产业迎来了新的机遇和挑战。新质生产力代表着新一轮科技革命和产业变革的趋势和方向，强调创新在生产力发展中的核心作用。新质生产力是推动中医膏方产业高质量发展的重要力量，通过科技创新、生产要素的创新性配置、产业的深度转型升级以及数字经济的支撑，为中医膏方产业发展提供了新的动力和方向。本报告分别从新质生产力相关政策分析、发展环境，中医膏方产业发展现状的角度阐述了在中医药振兴的趋势下和国家政府政策支持下，新质生产力在中医膏方产业中的发展现状并提出未来展望。中医膏方产业将继续依托新质生产力，通过加强基础研究和人才培养、提升中药材质量、推进科技创新、加强膏方产业监管等方式，推进中医膏方产业的高质量发展。

关键词： 新质生产力；创新；膏方；中医膏方产业

中医膏方产业是以中医药理论为基础，涵盖膏方产品生产、品牌塑造、市场销售等多环节的综合产业。膏方产品是将中药材的药效成分经煎煮、提炼等

---

① 赵汉青，医学博士，副教授，河北大学中医系主任。主要研究方向：中医药战略发展。
② 魏向慧，医学硕士，河北大学中医学院研究生。主要研究方向：新质生产力与中医膏方产业。
③ 彭佳羽，医学硕士，河北大学中医学院研究生。主要研究方向：中医医院健康科普短视频运营与监管。

加工后制成的膏体形态产品，因其便于储存、口感好且易于吸收的特点，在现代社会中越来越受到养生爱好者的欢迎。中医膏方产业的发展不仅能够为传统医学创造经济价值，同时也有助于中医药文化的传承与发展。本报告从探索中医膏方产业发展现状的角度出发，寻找产业发展中存在的问题与挑战，并提出相应的解决策略。同时研究新质生产力对中医膏方产业发展的影响，旨在为膏方产业实现高质量发展提供参考与启示。

一、新质生产力发展概况

（一）新质生产力概念界定

新质生产力是推动高质量发展的内在要求和重要着力点，是创新起主导作用的新生产力，具有高科技、高效能、高质量的特征，是符合新发展理念的先进生产力质态。它由技术革命性突破、生产要素创新性配置、产业深度转型升级而催生，以劳动者、劳动资料、劳动对象及其优化组合的跃升为基本内涵，以全要素生产率大幅提升为核心标志，特点是创新，关键在质优，本质是先进生产力[1]。新质生产力正是生产力现代化的具体体现，即新的高水平现代化生产力（新类型、新结构、高技术水平、高质量、高效率、可持续的生产力），是以前没有的新型生产力种类和结构，相比于传统生产力，其技术水平更高、质量更好、效率更高、更可持续。新质生产力是马克思主义生产力理论的中国创新和实践，扎根于中华优秀传统文化，凝聚了党领导推动经济社会发展的深邃理论洞见和丰富实践经验[2]，是科技创新交叉融合突破所产生的根本性成果。

（二）新质生产力政策分析

推动经济持续健康发展、建设经济强国、提升国家综合实力和人民生活水平，是中国在新时代的决心和方向。党的十九大报告提出，我国经济已由高速增长阶段转向高质量发展阶段，正处在转变发展方式、优化经济结构、转换增长动力的攻关期，建设现代化经济体系是跨越关口的迫切要求和我国发展的战略目标。必须坚持质量第一、效益优先，以供给侧结构性改革为主线，推动经济发展质量变革、效率变革、动力变革，提高全要素生产率，着力加快建设实体经济、科技创新、现代金融、人力资源协同发展的产业体系，着力构建市场机制有效、微观主体有活力、宏观调控有度的经济体制，不断增强我国经济创新力和竞争力[3]。发展新质生产力是推动高质量发展的内在要求和重要着力点，各级党委、政府都非常重视，出台了相关政策，坚决贯彻落实党中央决策部署，因地制宜发展新质生产力[4]。具体政策文件见表1。

表1　新质生产力相关政策汇总

时间	发布单位	政策及解读	相关内容
2023年9月	新时代推动东北全面振兴座谈会	习近平总书记强调，要以科技创新推动产业创新	积极培育新能源、新材料、先进制造、电子信息等战略性新兴产业，积极培育未来产业，加快形成新质生产力，增强发展新动能
2023年12月	中央经济工作会议	中央经济工作会议发表重要讲话	以科技创新引领现代化产业体系建设。要以科技创新推动产业创新，特别是以颠覆性技术和前沿技术催生新产业、新模式、新动能，发展新质生产力
2024年7月	中国共产党第二十届中央委员会第三次全体会议	《中国共产党第二十届中央委员会第三次全体会议公报》	要健全因地制宜发展新质生产力体制机制，健全促进实体经济和数字经济深度融合制度，完善发展服务业体制机制，健全现代化基础设施建设体制机制，健全提升产业链供应链韧性和安全水平制度
2024年4月	湖北省人民政府办公厅	《关于加快培育新质生产力推动高质量发展的实施意见》	深入贯彻习近平总书记关于发展新质生产力的重要论述，抢抓新一轮科技革命和产业变革机遇，加快培育新质生产力，推动湖北高质量发展
2024年8月	宁波市人民政府办公厅	《宁波市人民政府办公厅关于加快发展新质生产力全力推进新型工业化的若干意见》	强化创新人才支撑，强化投融资支持，强化争先创优示范，强化统筹协调联动
2024年9月	北京市人力资源和社会保障局	《北京市新质生产力人力资源开发目录（2024年版）》	适应新质生产力发展要求，持续推进国际科技创新中心建设、国家服务业扩大开放综合示范区和中国（北京）自由贸易试验区建设，加快推进北京高水平人才高地建设等

资料来源：政府官网。

（三）新质生产力发展环境

新质生产力兴起于全球经济快速发展与科技进步的背景下，正处于高速发展的关键时期。在中国经济发展政策的引导下，新质生产力发展势头良好，规模不断扩大。

1. 国际环境促进新质生产力发展

当前国际环境表现为科技竞争日益激烈，全球范围内掀起科技创新浪潮。各国纷纷致力于加大对科技创新研发的投入以争夺科技大国前列排名，这种国际环境促使各国不断提高科研能力和创新水平。随着全球科技革命和产业变革的加速，新技术、新业态、新模式不断涌现，为我国新质生产力发展提供了广阔的发展空间。在全球化背景下，我国与世界各国的科技交流与合作日益频繁，这为我国新质生产力的发展提供了更多学习其他国家先进经验和技术的机会。面对新一轮科技革命带来的机遇与挑战，我国提出了"大力推进现代化产业体系建设，加快发展新质生产力"的战略部署，促进新质生产力发展。

2. 国内环境推动新质生产力发展

对于新质生产力的发展，国家高度重视并出台了一系列鼓励政策。除此之外，我国科技创新的研发投入不断加大，包括扩大科研经费投入，增加对高新技术人才培养的投入等，为新质生产力发展提供资金支持。战略规划方面，国家通过制定相关产业规划鼓励未来产业，大力发展量子技术、人工智能、生命科学等领域，这为新质生产力的发展指明了方向和路径。经济层面，消费是刺激生产力发展的重要动力。随着我国经济迅速发展，人民群众的消费需求日益多样化，人们更向往高品质、优服务、高科技的产品。企业不得不加大科研投入，制造更先进的产品以满足消费者需求，这一转变为新质生产力的发展提供了更多驱动力。同时，企业本身面临着淘汰陈旧生产工艺、降低生产成本、提升企业品牌效益等方面的问题，这些压力促使企业积极引进新质生产力相关技术，促进企业转型升级。

参 综合发展篇

二、中医膏方产业发展概况

（一）中医膏方和中医膏方产业的概念

中医膏方，又称膏剂，以其剂型为名。内服膏剂在后来又称为膏方，因其起到滋补作用，又称为滋补药。膏方是一种具有营养滋补和预防治疗综合作用的成药，它是在大型复方汤剂的基础上，根据人的不同体质、不同临床表现进行辨证论治从而确立不同处方，经浓煎后掺入某些辅料而制成的一种稠厚状半流质或冻状剂型[5]。中医膏方具有便于服用、药效持久等特点，且在继承传统工艺的基础上融入现代科技，如真空浓缩、低温提取等技术，提高了膏剂的纯度与品质。膏方的应用范围也从单一的滋补养生扩展到慢性病调理等多个领域。中医膏方产业是指以中医药理论为指导，以膏方为主要产品形式，涉及中药材的种植、采集、加工、炮制、研发、生产、销售、服务等多个环节的综合性产业。

（二）中医膏方产业现状

随着人口老龄化趋势的加剧与慢性病人群的增加，中医膏方产业近年来发展迅速，逐渐受到市场的广泛关注和认可。膏方作为中医养生与调理的重要形式，受到越来越多消费者的喜爱。许多中医药企业纷纷创新生产工艺，提高膏方的质量和疗效，同时建立了完善的销售网络和线上平台以拓展市场。中医膏方产业正处于快速发展阶段，展现出广阔的发展前景，政策支持和现代科技手段的应用也为膏方产业的发展提供了新机遇。

1. 市场规模持续增长

近年来，膏方产品的市场份额一直保持增长趋势，我国养生膏行业市场规模从2016年的42.32亿元增至2022年的63.28亿元，其中通用膏方占比高达75.9%，定制膏方约占24.1%[6]。白皮书显示，中国膏方市场规模可观，其中线下传统膏方定制市场规模就达到10亿元。淘宝数据显示，2020年线上新膏方成品销售额预计为4.55亿元。以膏方消耗量最大的主料阿胶的行业市场规模7年平均增速约为21%做类比，中国膏方市场也经历了显著增长[7]。根据相关市场研究报告，2023年我国膏方市场规模已接近300亿元，预计未来几年的年增长率将保持在 15% 以上。这些数据反映了中医膏方产业的市场规模和增长趋势，也预示着中医膏方产业在未来具有广阔的发展空间和潜力。

2. 国家政策措施支持

近年来国家层面出台了一系列措施以鼓励中医药和中医膏方产业的发展，首先在法律法规方面出台了国家和地方级的中医药发展规划，如《中医药发展战略规划纲要（2016—2030 年）》《中医药标准化行动计划（2024—2026 年）》等，明确了中医膏方是重要的传统医药形式，将其纳入健康中国战略，提高其行业地位。资金投入方面，国家通过设立专项资金，鼓励企业进行技术研发、设备升级和市场拓展，通过提供财政补贴、税收优惠等支持措施，减轻企业负担。此外，国家大力支持加大中医膏方产业的科研力度，鼓励院校和研究机构进行相关理论与实证研究，推动中药材的标准化和现代化，提高膏方的科学性和有效性；支持中医药教育机构发展，培养更多专业人才，以满足膏方产业的人才需求；积极推动中医膏方的国际化，通过展会、交流等方式扩大其在海外市场的影响力，推动中医药文化的传播。这些政策措施体现了国家层面对膏方产业的重视，对促进中医膏方产业的高质量可持续发展具有重要意义。

3. 国际发展态势良好

随着中医药文化在国际上不断传播，我国传统中医治病理念与治病方法的国际影响力逐渐扩大，中医膏方也越来越受到欢迎，很多膏方已经被引入欧美等国际市场。国际市场上的膏方产品种类日益丰富，这些产品面向不同人群的健康需求，包括预防、调理和增强免疫力等。世界中医药学会联合会中医膏方专业委员会积极推动中医膏方的国际交流，加强国内外学术交流，推进中医膏方标准化体系建设。越来越多的中医药企业通过电商平台和传统零售渠道进入国际市场，利用社交媒体和健康博主的影响力进行品牌推广，促进产业协作与国际贸易。中医膏方产业呈现出积极的发展态势。通过国际交流合作、标准化建设、文化传播和国际贸易等多方面的努力，中医膏方产业正在逐步扩大其在全球的影响力。

（三）依托新质生产力振兴中医膏方产业的思路

新质生产力是创新起主导作用，摆脱传统经济增长方式、生产力发展路径，具有高科技、高效能、高质量特征，符合新发展理念的先进生产力质态[8]。创新是新质生产力的核心，振兴中医膏方产业的关键武器就是科技创

叁 综合发展篇

新。因此，依托新质生产力振兴中医膏方产业是大势所趋，也是引领中医药产业高质量发展的必由之路。本报告从科技创新与研发、数字化转型、产业链优化、标准化生产、人才队伍建设方面探讨依托新质生产力振兴中医膏方产业的思路。

1. 科技创新与研发

创新是产业发展的基石，振兴中医膏方产业首先应该抓住科技创新的手段。依托新质生产力，通过科技手段加强对中药材加工技术的研发，采用先进的提取和制备技术以提高膏方的有效成分浓度和生物利用度。膏方产业应提升智能制造技术水平，利用人工智能等高新技术对膏方生产过程进行监控和数据分析，提升生产效率和产品质量，同时降低人力成本。对膏方企业而言，可以利用大数据分析消费者的健康需求和体质信息，开发个性化膏方，满足不同消费者的特定需求，增强其膏方产品的市场竞争力。例如东阿阿胶股份有限公司提出并落地"1238"战略，坚持以党的建设为引领，强调中医药文化传承创新，大力弘扬中医药文化，积极培育发展中医药新质生产力。东阿阿胶通过系统布局研发体系、深化"产学研用"合作、推动科技成果转化等举措，促进胶类中药开辟新赛道、打造新优势，从而扩大市场需求。

2. 数字化转型

依托新质生产力加快中医膏方产业数字化转型升级，有利于快速振兴中医膏方产业。例如，利用大数据技术收集和分析消费者的健康需求和偏好，帮助企业优化产品线和制定精准营销策略，提高市场响应速度；通过数字化供应链管理平台，优化原材料采购、库存管理和物流配送，提升运营效率。这有助于膏方企业响应市场变化，及时调整生产和销售策略。国家中医药管理局、国家数据局印发的《关于促进数字中医药发展的若干意见》也支持推动中药全产业链数据协同。近些年来，越来越多的中医膏方企业运用新质生产力加快企业转型升级，胡庆余堂在产品开发上积极探索古方、名方的二次研发，在制作工艺方面不断应用现代制造技术，生产基地两度搬迁，以智慧生产推进新质生产力构建，从一家传统药号发展成为根植于传统国药、适应市场经济并与国际市场接轨的现代化中药企业。

3. 产业链优化

依托新质生产力推动中医药与膏方产业链的整合和优化，形成完善的中医药产业体系，是提升产业整体竞争力的重要步骤。膏方生产的最主要的原材料是中药材，因此中医膏方完整的产业链包括原材料种植、产品加工及成品膏方销售等多个环节。推动中医药产业结构优化升级，有利于带动中医膏方产业的高质量发展。从企业角度出发，要制定膏方生产线标准化流程，优化生产工艺，研发更为先进的膏方生产技术。勇于做到"断舍离"，抛弃一些陈旧的生产技术和设备，加大对科技创新的投入。减少或规避生产过程出现的各种问题，保证膏方质量、疗效的稳定。规范产业链中的每一个环节，有助于加快中医膏方产业结构优化升级。湖南谷医堂是国内知名的一家科技中医企业，它积极探索现代科技与传统中医药结合的新路径，成功构建了"互联网＋中医药健康服务与管理"发展模式，有利于推动膏方产业链优化升级。

4. 标准化生产

依托新质生产力加快中医膏方产业标准化生产，能够有效提升产品质量和生产效率，也有利于膏方企业提高在市场中的竞争力和信誉度。2022 年，世界中医药学会联合会中医膏方专业委员会会长董瑞向第一届理事会作工作报告，强调要推进中医膏方标准化体系建设。首先在全行业建立一套全面的膏方生产标准，包括原料挑选、生产工艺、设备参数、检验标准等，确保各个环节遵循一致的原则，从而提高产品的一致性和可靠性。建立健全中医膏方质量管理体系，对原料采购、生产过程及成品出厂等环节进行严格质量控制，确保每一批膏方都能达到标准。与行业协会和科研机构合作，推动中医膏方行业的标准化发展，鼓励企业共同参与制定行业标准，提高行业的整体生产水平。目前已有很多知名中医膏方企业进行标准化生产与研发工作。以御品膏方为例，该工厂目前已通过 ISO9001 质量管理体系、ISO14001 环境管理体系和 ISO22000 食品安全管理体系认证，建成能够满足保健食品生产标准的十万级净化车间。

5. 人才队伍建设

振兴中医膏方产业离不开专业的人才队伍。人才是推动产业创新、提高竞争力和促进可持续发展的关键因素。新质生产力的发展要求培养大量专业技术人才，这些人才也正是中医膏方产业发展所需要的庞大力量。企业应根据中医膏方产业发展的实际需求制定人才引进计划，以吸引国内外具有中医药文化背景、现代药学知识和管理经验的人才。在企业内部鼓励员工科技创新，完善薪资奖励措施，激发员工创新积极性。加大新产品开发的资金投入，激发整个企业的创造力，为推进中医膏方产业高质量发展提供活力源泉。同时，推动膏方

参　综合发展篇

产业与高等院校和科研机构合作，开设中医药相关文化课程，培训制作膏方的人才，为中医膏方产业建立起一支科学、专业、高素质、高技能的人才队伍。

三、问题挑战与应对措施

（一）中医膏方产业存在的主要问题

1. 生产发展创新内驱力不足

市场上膏方产品同质化现象严重，中医膏方产品类别及功能相对单一，缺乏针对不同消费者需求的创新产品，导致竞争压力加大、市场吸引力下降。许多膏方企业生产工艺设备陈旧，缺乏对新技术和新设备的引进和应用，生产效率低下，产品质量不稳定。在生产过程中，使用的中药材资源未能充分利用，造成材料浪费，无法实现资源的最佳配置。在提取、浓缩、制剂等关键技术领域缺乏突破，无法提升膏方的有效成分含量和使用效果。很多企业生产的膏方产品多年始终如一，不能满足当前消费环境下人们的消费理念与习惯。

2. 一线专业技术人才短缺

目前，膏方产业缺乏专业人才培养体系。首先，依靠中医师承或企业招聘培训难以培养出大量符合市场需要的高质量膏方人才。膏方作为调养身体、治疗疾病的产品，往往需要对症下药，即根据人的不同体质、不同病情去辨证论治，开出满足消费者不同需要的个性化膏方。因此，膏方的配伍和制作需要专业的一线中医师，他们需要具备丰富的中医理论知识和临床经验。然而，目前一线专业膏方人才短缺，难以满足市场的需求。其次，膏方的生产制作工艺复杂，对原材料的选取、加工、制备等各个环节都需要严格把控，这要求生产人员技术熟练，但掌握传统膏方制作技艺的技术人才越来越少，且培养成本高、周期长，这制约了中医膏方产业的可持续发展。

3. 中药材供应与质量不稳定

膏方的原材料是中药材，对于中医膏方产业而言，稳定的原材料供应是产业高质量可持续发展的重要基础。中药材的种植、生长、成熟、采摘等都受到各种因素的影响，如环境、天气、人工等，非常容易出现供给问题。随着膏方市场需求的增加，一些药材产量有限但市场需求量大，供不应求导致价格上涨，直接提高了膏方企业的生产成本。此外，中药材的质量也直接影响膏方的疗效。目前市场上中药材质量参差不齐，甚至出现假冒伪劣药材，导致膏方产品质量稳定性大大降低。中药材市场的复杂性使膏方生产保障受到不小的挑战。

（二）质量监管与市场竞争失衡

当前膏方市场缺乏统一、权威的质量标准，这导致不同企业、机构所生产的膏方在质量上各有差异，有关部门监管难度较大，直接影响了消费者对膏方产品的信任度。另外，在我国医药产品市场上，膏方产品的定性尚不明确，目前没有规范条例能够明确膏方是属于药品还是保健品。这种状况不仅不利于有关部门开展市场监管，还容易引发各种纠纷。与此同时，随着中医膏方市场规模的不断扩大，企业之间的竞争日益激烈。个别企业受利益驱动，可能会剑走偏锋，采取不正当竞争手段，例如虚假宣传、诱导消费、价格战等。这些行为不仅会侵害消费者的利益，更会扰乱膏方市场秩序。因此，妥善平衡产品质量与市场竞争之间的关系，对中医膏方产业的健康发展至关重要。

（三）对策与建议

1. 着力提升科技创新水平

为推动中医膏方企业科技创新，企业应加大对创新的支持力度。比如设立专业膏方研发实验室，专注开发膏方新产品，提高原有膏方的质量等。通过吸收中医药、生物科学等领域的专业人才，建设服务于膏方产业的科研队伍。增加膏方产品科技研发的资金投入，为新产品开发、工艺改进和技术升级提供充足的资金支持。另外，企业可以与高等院校和科研机构建立合作关系，共同开展膏方研发实验项目，利用多元化专业知识和技术资源，着力提升科技创新水平。同时，企业应重视市场调研，通过调查、采访等多种方式了解实时市场动向，掌握消费者喜好，研发出能够满足消费者多样化膏方产品需求的好产品，从而提升市场份额，提高品牌吸引力和竞争力。

2. 加强人才与基础设施建设

人才是技术创新的主体，也是提高产业竞争力的核心要素。中医膏方企业应尽快制定人才引进政策，吸引具有创新能力的高层次人才，增加行业专业人才储备。依托高校和科研机构，培养具备中医药专业知识的人才。为企业员工制定中医膏方相关的课程与培训，增强他们的专业知识和技术能力，定期组织

叁 综合发展篇

行业内外的研讨会和培训课程等。企业内部鼓励员工参与研发与创新活动，设立创新奖励机制，激发团队精神与创新积极性，形成内外结合的激励机制，共同推动中医膏方产业的科技进步。基础设施建设方面，企业加大资金投入，支持膏方产品科技研发工作。生产环节方面，淘汰陈旧设备、工艺，出资建设先进生产线和引进高新智能化生产设备，快速提高生产效率和产品质量。对外积极争取政府及相关部门的政策支持与资金扶持，吸引外来投资，推动中医膏方产业可持续发展。

3. 提高中药材质量与供应保障

中药材是膏方最主要的原料，优质的中药材质量是保障膏方疗效的基石。对于中医膏方产业而言，原材料供应与质量问题至关重要。运用新质生产力手段建立现代化中药材种植基地，在种植过程中运用高新技术手段进行监测，以减少中药材生长问题的发生。如遥感技术可以实时监测中药材种植区域的生态环境、生长状况等信息，便于农户及时观测，快速确定应对策略。膏方企业还可以投资改善中药材的种植环境和基础设施，提高种植质量。为种植农户开设培训课程，专门传授高质量栽培技术，推广优良种子，从而提高中药材的产量和质量。同时，膏方企业要寻找优质中药材种植基地和供应商，与其建立长期合作关系，确保原材料的稳定供应。在企业内部制定一套完整的中药材采购、验收、储存和使用标准，对中药材原料的质量严格把关，为膏方的生产提供更可靠的品质基础。

4. 加强质量监管及市场秩序公平

要加强中医膏方产业的质量监管，首先要完善相关法律法规，制定和完善针对中医膏方生产、销售等问题的法律法规，并明确中药材原材料的质量标准、生产流程和监管要求。产业层面，建立专门的中医药质量监管部门，负责对市场的监督与管理，保障行业法规与标准落到实处。加强企业的自我监督和相互监督，提升膏方市场整体质量水平。有关部门还需针对中医膏方生产企业进行定期抽查和检查，防止企业浑水摸鱼，生产不符合标准和质量控制要求的产品。市场层面，提高中医膏方市场准入门槛，加大监管力度，对包括中医膏方生产企业、从业人员及中药材供应商在内的市场主体设定严格规范的准入标准，对违反质量监管法规的企业或个人采取严厉惩戒措施。最后，通过规范市场竞争维持秩序，提高消费者信任度，从而促进中医膏方产业可持续发展。

四、总结与展望

在社会经济快速增长、人口老龄化问题日益严重的大背景下，人民群众对健康养生的需求持续增加，健康养生服务的市场需求不断扩大。传统中医药文化所倡导的健康养生理念越来越受到追捧，中医膏方的市场需求逐渐扩大，中医膏方的生产将更加规范化、标准化，并推动市场规模持续扩大。当前，中医药事业的传承与发展被提升到国家战略高度，中央与地方政府相继出台政策措施鼓励、支持中医膏方产业健康发展，这些政策为中医膏方产业的发展提供了坚实的政策基础和标准化发展路径。

本报告对中医膏方产业进行了科学的概念界定，系统梳理了中医膏方产业的发展现状、重要政策与标准、市场规模及发展趋势，深入分析了中医膏方产业在发展过程中面临的问题与挑战，并提出针对性的发展建议。中医膏方产业的发展应立足人民群众切身需求，与时俱进，顺应多产业融合创新发展趋势，满足人民群众的个性化中医膏方需求，科学创新中医膏方产品，让消费者体会中医药文化，信赖中医膏方产品。

近年来，新质生产力发展被提高到国家战略层面，中央和地方各级政府积极响应，出台政策支持新质生产力的发展。新质生产力在中医膏方产业中发挥重要作用，并取得显著发展成效，膏方产业在生产环节等诸多方面都呈现出积极变化。然而，中医膏方产业发展过程中也面临着一些问题，如人才短缺、原材料质量参差不齐、市场竞争失序、监管不足等。相信在不远的未来，中医膏方产业将依托新质生产力，逐步突破发展障碍，实现持续、稳定、高质量的发展，为广大群众提供更加优质的膏方产品和服务，为人类生命健康事业作出更大的贡献。

参考文献

[1] 张辉，唐琦.因地制宜发展新质生产力的重要原则研究 [J].教学与研究，2024（9）：16–30.

[2] 如何理解新质生产力 [J].粮油科学与工程，2024，38（2）：56.

[3] 刘英团.坚持市场化改革方向　推动经济高质量发展 [J].上海企业，2018（2）：74-76.

[4] 主要指标呈现积极变化　向好因素累积增多 [N].中国信息报，2024-10-21(1).

[5] 刘霞，胡兰贵，冯玛莉，等.不同辅料膏方的制备工艺研究 [J].中草药，2013，44（7）：820-824.

[6] 李玲玲.2023年中国养生膏行业全景速览：线上渠道成为市场亮点 [EB/OL].（2024-05-03）[2024-12-01]. https：//www.chyxx.com/industry/1183329.html.

[7] 新浪网.《2020中国膏方养生白皮书》发布，定制膏方市场达10亿，90后养生认品牌 [EB/OL].（2020-11-03）[2024-12-01]. https：//business.sina.com.cn/co/2020-11-03/doc-iiznezxr9608872.shtml.

[8] 抓住新型工业化"关键任务"构建现代化产业体系 [N].广西日报，2024-03-04（6）.

HB.18 北京同仁堂永盛合阿胶的
发展历史和现代应用

张学婷① 赵丽萍② 武 婧③

摘 要： 阿胶的应用历史悠久，在3000多年的发展历程中，基于不同疾病、配伍需求，其应用范围十分广泛。以阿胶为原材料打造具有持续市场竞争力的品牌产品需要多方面的努力。以北京同仁堂永盛合阿胶为例，其发展历程与现代应用，正是中医药老字号品牌将传承发扬与市场发展相结合的典范。鉴于阿胶本身具有极高的开发应用价值，以及北京同仁堂老字号的影响力，本文聚焦北京同仁堂永盛合阿胶的发展历程与现代应用实践，开展探索研究，以期为中医药产品的传承发扬与市场转化提供借鉴，为相关产品的深度开发及市场化提供思路。

关键词： 北京同仁堂；阿胶；永盛合；发展历史；现代应用

北京同仁堂永盛合阿胶的发展历史和现代应用，是中医药老字号品牌传承与发扬的典范。北京同仁堂创办于1669年，并自1723年起开始向清朝皇宫提供御药，这一过程延续了整整188年。北京同仁堂凭借其独到的商业模式和对传统智慧的坚守，秉承着"炮制虽繁必不敢省人工，品味虽贵必不敢减物力"的理念，在中医药界树立起卓越的口碑与威望。本报告将从阿胶的历史演变与

---

① 张学婷，北京中医药大学针灸推拿学硕士，中国中医药信息学会膏方分会副秘书长，研究方向：膏方、阿尔茨海默病、中医外治法。

② 赵丽萍，中药学硕士，北京同仁堂科技股份发展有限公司，研究方向：中医药文化、膏方、中成药。

③ 武婧，北京中医药大学中西医结合硕士，中国中医科学院望京医院，主治医师，主要研究方向：膏方、双心疾病诊疗。

参 综合发展篇

发展、阿胶的现代医学应用及相关机制、永盛合阿胶的发展历史及处方组成分析、永盛合阿胶的现代应用四个方面进行系统论述。

一、阿胶的历史演变和发展

（一）阿胶的历史演变

胶类药材是中国传统医药特有的一类药材，其记载始见于《五十二病方》。胶最开始的原料多种多样，小至鼠，大至犀牛，其皮皆可做胶，且多为杂皮胶。唐代之前，胶多以牛皮为原材料。在牛皮胶的传统应用中，其功效主要集中于止血、活血及消肿，因而多用于治疗跌打损伤、痈疽肿毒、吐血等出血类疾病[1]，其补虚功效并未得到广泛关注。

阿胶是一种具有悠久历史和深厚文化底蕴的中药材，其入药最早记载于《神农本草经》，发展历史可以追溯到 3000 多年前。阿胶二字中的"阿"与其产地关系密切，《水经注》明确指出，阿胶之名及其产地东阿在战国时期称为阿或柯，乃济水下游流经之地。秦代之后，改阿为东阿，并设立了东阿县，即如今的山东省阳谷县阿城镇[1]。唐代以前，阿胶主要用于治疗虚劳羸瘦。随着阿胶原料的调整变化以及历代医家临床使用经验的不断积累，阿胶的新功效不断被发现，如祛风和滋阴补肺等。

用驴皮代替牛皮制作阿胶的变化与各历史时期的社会因素密切相关。唐代以前，驴在中原地区相对稀缺。唐代至明代，随着中原与西域的商贸往来不断加强，驴皮资源也逐渐充足[1]。在此期间，使用驴皮制作阿胶的工艺日益精良。人们对牛皮胶与驴皮胶的功效认知发生了显著变化，进而影响了其在临床中的应用。起初，人们认为驴皮胶与牛皮胶具有相似的功效，但随着临床经验的积累，两者功效差异日渐明显，驴皮胶药效更佳的认知逐渐形成，遂成为主流。明清时期，阿胶的发展有了质的变化，其制作技艺已经非常成熟，御赐"福"字成为正宗阿胶的标识。明清时期，阿胶最初是贡品，专为宫廷御用，随着时间的推移和制作技艺向民间的普及，阿胶逐渐成为广大民众日常调理身体的佳品。

（二）阿胶的炮制及功效

阿胶的制作工艺复杂，需经过选材、清洗、煮炖、过滤、浓缩、凝固和干燥等多道工序，以确保最终产品的高品质和纯度。阿胶的炮制方法由简单到复杂，从古代的探索到现代的熟练运用，这一过程使阿胶的药理作用得到充分发挥。根据近年来国家和地方政府颁布的阿胶炮制规范，主要运用不同的炮制辅料炒制阿胶，比如蒲黄炒阿胶、蛤粉炒阿胶以及甘草粉炒阿胶，还有"阿胶珠"和"阿胶"两种规格的炮制品。2008年版《北京市中药饮片炮制规范》就在"阿胶"和"阿胶珠"的基础上提到"阿胶丁"的炮制规格[2]，即将阿胶块捣成不规则的块状，在炮制时有助于辅料的渗透吸收和药效的充分发挥。《中华人民共和国药典》2020年版则明确描述了阿胶的形态可呈长方形块、方形块或丁状块[3]，其颜色呈棕色至深棕色，有光泽。质地坚硬而脆弱，断裂面有光泽，碎片在光照下呈现棕色半透明的状态。其气微，味微甘。阿胶的炮制为捣成碎块，而阿胶珠则为阿胶烘软，切成1厘米左右的丁，照炒法用蛤粉烫至成珠，内无心时取出，筛去蛤粉，放凉。此外，除国家标准、部颁标准及省级炮制规范中收载的炮制方法外，现代文献中也记载了关于阿胶炮制的方法，如甘草粉炒阿胶、微波法、真空法、烘制法等[4]。

《中华人民共和国药典》2020年版记载，阿胶味甘，性平，归属于肺经、肝经和肾经，其主要功能为补血滋阴、润燥、止血。主要用于治疗由血虚而引起的萎黄、眩晕、心悸、肌痿无力、心烦不眠、虚风内动、肺燥咳嗽、劳嗽出血、吐血、尿血、便血、崩漏、妊娠胎漏等[3]。

二、阿胶在现代医学中的应用及相关机制

阿胶不仅承载了丰富的历史文化价值，在现代医学中也展现出了广泛的应用前景，成为滋补养生的重要中药之一。因此其功效不局限于传统中医药的理论认知，还通过大量的现代科学研究和临床试验得到了进一步验证。这进一步的研究证明了阿胶的多种生物活性，也揭示了其在治疗多种疾病方面的潜力。

（一）阿胶的现代医学应用

在临床应用中发现，阿胶能够促进红细胞和血红蛋白在血液中的生成，其

叁 综合发展篇

补血功能比铁剂更具有优势[5]。此外，阿胶还能调节体内的钙平衡，增强钙的吸收和存储[6]，具有促进骨骼愈合和增强免疫力的显著效果，并且能够预防和治疗营养不良。同时，阿胶能够通过诱导细胞凋亡及促进癌细胞恢复正常状态，从而发挥其抗肿瘤作用[1,7-8]。

研究表明，阿胶具有显著的免疫调节作用。例如，有研究表明阿胶能够显著增强小鼠的免疫功能，提高淋巴细胞增殖能力、促进细胞因子分泌以及提高 NK 细胞活性[9-10]。也有研究发现，连续服用阿胶的小鼠在感染流感病毒后的存活率明显高于对照组，这表明阿胶对免疫系统的激活作用有助于抵抗病毒感染[11]。另一项研究显示，阿胶可以有效改善老年患者的免疫功能下降问题，通过提升巨噬细胞的吞噬功能、改善 T 淋巴细胞功能，从而提高机体免疫力[12]。因此，阿胶在增强人体免疫力方面具有显著效果。

阿胶在心血管疾病防治方面也显示出良好的疗效。研究显示，阿胶能够显著降低血清中的低密度脂蛋白胆固醇水平，并提高高密度脂蛋白胆固醇的水平，从而有效地预防动脉粥样硬化的发生[13]。阿胶还能够抑制血管内皮细胞的氧化应激反应，减少炎症因子的释放，促进血管内皮细胞的生长和修复，改善血管内皮功能，有助于预防和治疗高血压[14]。因此，阿胶对于心血管疾病的预防和治疗也具有积极的作用。

阿胶在抗疲劳和延缓衰老方面也有一定的效果。研究表明，阿胶能够显著提高运动耐力和抗疲劳能力，还能延缓衰老过程。该研究指出，阿胶能够通过调节抗氧化酶的活性，减少自由基的产生，从而减轻氧化应激反应，延缓细胞衰老[15]。阿胶还能够促进胶原蛋白的合成，保持皮肤弹性，延缓皮肤老化过程[16]。因此，阿胶在抗疲劳和延缓衰老方面具有显著效果。

阿胶在妇科疾病治疗方面也有广泛的应用。阿胶能够显著缓解更年期的常见症状，例如潮热、出汗和情绪波动等[17]。也有研究发现，阿胶能够通过调节内分泌系统改善卵巢功能，从而缓解更年期症状[18]，还能够显著改善子宫内膜异位症患者的症状，如疼痛、月经不调等[19]。

最后，阿胶在血液系统疾病的治疗方面也有一定的疗效。一项研究表明，阿胶能够显著提高血红蛋白水平，改善贫血[20]。有研究发现，阿胶能够通过促进红细胞的生成，提高血红蛋白的合成效率，从而改善贫血症状。阿胶还能够提高机体免疫力，其机制可能是通过抑制 TNF-α 表达增强免疫功能[21-22]。

（二）阿胶治疗作用的相关机制

阿胶在现代医学研究中被发现的药理作用包括促进红细胞生成、增强免疫力、抗疲劳及延缓衰老等，其作用机制如下。

阿胶的主要成分为蛋白质及其水解产物氨基酸，并且还包含多种微量元素，例如钙、硫等。这些成分能够提升红细胞数，促进血红蛋白的合成，改善体内钙平衡，从而有效控制缺铁性贫血[23]。此外，阿胶还通过促进骨髓及脾脏中造血干细胞、造血祖细胞（BFU 和 CFU）的增殖来提高红细胞和血红蛋白水平[24]。研究表明，失血性贫血患者服用阿胶后，红细胞数和血红蛋白水平显著升高[25-26]。阿胶还能够调节体内的钙平衡，增强钙的吸收和存储，并预防和治疗骨质疏松症[27-28]。

阿胶含有的多糖、氨基酸和微量元素等多种活性成分均被认为能够调节免疫系统。具体来说，阿胶可以通过提高细胞和体液免疫力来增强机体的免疫功能[29]。此外，阿胶能够通过诱导细胞凋亡及促进癌细胞恢复正常状态，还能够通过减缓肿瘤的生长改善相关症状，并延长患者的生存期[7-8]。

阿胶能够增加血红蛋白含量和肝糖原储备，提高机体的氧气运输和能量供应能力，从而增强耐力和抗疲劳能力[30]。研究表明，阿胶能够显著增加休克状态下的血液黏滞性，在一定程度上维持了有效循环血量，有利于微循环恢复正常[31-32]。阿胶能够延缓衰老过程[12,27]，其活性成分如胶原肽具有高抗氧化性[33]。

三、永盛合阿胶的发展历史及处方组成分析

（一）永盛合阿胶的发展历史

北京同仁堂永盛合阿胶的发展历史是中医药老字号成功转型和现代化的典范。北京同仁堂的胶制品生产有着悠久的历史，永盛合阿胶最初被称为福字阿胶，根据质量标准又可分为"福、禄、财、寿、喜"等级别，其中"福"字标识的阿胶品质最为卓越，属于顶级阿胶。福字阿胶的起源可以追溯到清朝，至今已有 200 余年的历史。北京同仁堂在其优良制药传统的孕育下，凭借精湛的炮制技艺与对药材品质的严苛把控，使福字阿胶脱颖而出，成为宫廷御用药材

及达官贵人滋补养生的珍品。

福字阿胶选用上等驴皮为主料，配以多种道地中药材，历经多道复杂工序精心熬制而成。其制作过程注重对传统工艺的传承，在泡皮、刮毛、焯皮、化皮、靠汁、打沫、过滤、沉淀、出胶等环节均一丝不苟，在辅料的选择与配伍上更是独具匠心，依据中医药理论巧妙配伍，以进一步增强阿胶的滋补功效与药用价值。

历经岁月的洗礼与沉淀，同仁堂的福字阿胶在民间享有良好的声誉，成为百姓心目中养生补气、调理气血的上佳选择。福字阿胶以其卓越的品质在市场上广受欢迎，尤其在东南亚、我国香港及南方省份销售情况良好。经过北京市卫生局的批准，1991 年 9 月，福字阿胶正式更名为"永盛合阿胶"。这一名称变更象征着其在延续经典的同时，又迈向了新的发展阶段，继续为人民的健康贡献力量。

永盛合阿胶的创新还体现在对现代科技的应用和市场需求的适应上。随着科学技术的进步，同仁堂引入了先进的生产设备和技术，如自动化生产线和精密的检测设备，使得生产过程更加高效、精准。2010 年，同仁堂引进了一套全自动阿胶生产线，大大提高了生产效率，减少了人为因素带来的误差。同仁堂还加强了对阿胶成分的研究，利用现代分析技术深入探究阿胶的有效成分及其作用机制，为产品的进一步优化提供了科学依据。

北京同仁堂永盛合阿胶通过工艺上的创新与标准化、原料的改进与质量提升，以及产业规模的扩大和文化的广泛传播，不仅保持了传统产品的质量，更推行多元化品牌战略，积极拓展新市场与营销渠道，依托创新的 OTC 营销模式和互联网资源推广产品，并延伸至现代制药及医疗服务等领域。此外，北京同仁堂还积极参与国际市场竞争，成功将传统中药推向国际市场，产品销往多个国家和地区。

（二）永盛合阿胶的制法、功能主治及使用注意

1. 永盛合阿胶的制法

永盛合阿胶是同仁堂独家产品，严格遵循《中华人民共和国卫生部药品标准（中药成方制剂）》第十九册质量标准，其成分为驴皮、甘草、川芎、熟地黄、当归、白芍、茯苓、制半夏、生地黄、醋炙香附、玉竹、白芷、陈皮、麦冬和黄芪等药材，制法如下：将上述十五种药材中除驴皮外的十四种药材加水

煎煮三次，合并药液再进行过滤，滤液减压浓缩成相对密度为 1.35（50℃）的清膏。驴皮经漂洗去毛后切割成小块，再次清洗干净，分批次加入清水进行煎煮，合并煎液并进行滤过，滤液加白矾适量，搅匀静置后，取上清液文火浓缩。接着加入先前得到的清膏，再加入适量的冰糖、花生油和黄酒，继续浓缩至稠膏状，冷凝切块，最后在阴凉处干燥。

2. 永盛合阿胶的功能主治

永盛合阿胶的功能主治为益气养血、滋阴润肺，用于气血两亏所致的身体瘦弱、目暗耳鸣、月经不调[34]。对于骨蒸劳热、虚劳久嗽、喘息失眠、吐血衄血、痰中带血、崩漏带下、胎动胎漏、产后血晕等也有一定的作用[35]。

3. 永盛合阿胶中各药物的功效

阿胶：驴皮，用于熬制阿胶。味甘，具有平和的性质，属肺、肝、肾经，具有补血、滋阴、润燥及止血的作用。用于治疗血虚引起的萎黄、眩晕、心悸，缓解肌肉无力、烦躁失眠、虚风内动等症状，适用于肺燥导致的咳嗽、久咳引发的咯血，以及吐血、尿血、便血等出血症状，此外还可用于治疗妊娠期间的胎漏。

阿胶、熟地黄、当归、白芍补血，川芎、当归活血；黄芪、甘草补气，香附、陈皮理气；阿胶、玉竹、麦冬、地黄滋阴，茯苓利水，半夏化痰，白芷燥湿，通调水道。全方有补有疏，可以更好地发挥益气养血、滋阴润肺的作用。另外，永盛合阿胶中包含四物汤、二陈汤两个方剂。当归、白芍、川芎、熟地黄共同组成了四物汤。四物汤具有养血和调节月经的作用，适用于血虚引起的症状，如面色苍白、头晕目眩、心悸气短及月经不调等，该方剂可增强永盛合阿胶的养血功能。二陈汤由陈皮、半夏（制）、茯苓和甘草四味药材组成，具有燥湿化痰、理气和胃的功效[36]，该方剂用于治疗痰湿阻滞引起的症状，如咳嗽、痰多、胸脘胀闷、恶心呕吐等，可通过祛痰以防止永盛合阿胶的滋阴功能太过。

四物汤具有"调益荣卫，滋养气血"的作用，是中医补血调血的经典和常见方剂，常用于治疗女性的各类疾病。该方剂具有补血与散滞的作用，适用于治疗血虚、血滞所引发的多种症状，如头晕目眩、面色苍白、心悸不安、失眠多梦、月经不调以及脐腹疼痛等。现代药理研究表明，四物汤具有补血、调经、雌激素样、抗氧化、抗凋亡、改善脑损伤、抗癌等作用。临床研究表明，四物汤可用于治疗妇科、骨科、肿瘤等相关疾病，还能促进骨髓造血。在各类血液疾病、骨科疾病和妇科疾病的治疗中，四物汤改善外周血象、修复损伤红细胞、调整血液流变特性及发挥雌激素样作用的应用十分广泛，且其副作用较少。

二陈汤出自成书于北宋的《太平惠民和剂局方》，是历代公认的祛痰剂之祖方[37]。该方组方严谨，配伍精当，具有理气化痰的功效，对痰饮证及相关疾病具有确切的疗效。近年来，二陈汤的研究大多集中在呼吸系统疾病的治疗上[38]，在涉及其他系统疾病时，也常常从中医理论出发，以"从肺论治"的方式进行探讨。二陈汤的药理学研究主要集中在呼吸系统疾病，尤其是慢性阻塞性肺疾病的治疗上，并且对二陈汤在体内的作用机制进行了深入详细的探讨[39]。

在现代医学研究中，北京同仁堂永盛合阿胶也显示出多方面的药理作用，特别是在促进红细胞生成、增强免疫力、抗疲劳和延缓衰老等方面具有显著效果。其在治疗贫血、提高耐缺氧能力、改善血小板含量等方面也有一定的作用[40-41]。

4. 永盛合阿胶的使用禁忌和注意事项

永盛合阿胶的应用场景非常广泛，但在服用时，还应注意以下几点。

（1）本品为补血滋阴之剂，性质黏腻，凡脾胃虚弱、食入难消、呕吐泄泻、腹胀便溏、咳嗽痰多者禁服。

（2）对本品及所含成分过敏者禁用。

（3）服药期间，忌辛辣、生冷、油腻食物。

（4）服用量应根据个人体质和需要调整，不宜过量。

（5）感冒发热患者不宜服用。

（6）高血压、心脏病、肝病、糖尿病、肾病等慢性病患者应在医师指导下服用。

（7）平素月经正常，突然出现月经过多或过少，或经期错后，或阴道不规则出血，应去医院就诊。

（8）若服药2周后症状无缓解，应去医院就诊。

（9）儿童、孕妇应在医师指导下服用。

（10）过敏体质者慎用。

（11）保存时应避免潮湿和高温，药品性状发生改变时禁止使用。

（12）儿童必须在成人监护下使用。

（13）请将本品放在儿童不能接触的地方。

（14）如正在使用其他药品，使用本品前请咨询医师或药师[34]。

（三）永盛合阿胶的辨别及保存方法

1. 永盛合阿胶的真伪辨别

永盛合阿胶临床应用比较广泛，使用者需要密切关注如何辨别阿胶的真伪、好坏。在日常生活中通常使用以下几种方法去辨别。

（1）外观　真阿胶表面有光泽，呈半透明状，颜色为棕褐色或琥珀色，厚薄均匀，没有气孔，不会黏手。假阿胶通常颜色不透亮，表面可能没有光泽，有时会有气孔或油孔。

（2）味道　检测方法是用开水打湿干净的毛巾，包住阿胶块约2分钟，然后闻其味道，真阿胶会有中药特有的清香，而假阿胶则气味不佳。

（3）内部质地　真阿胶质地硬且脆，用力敲击会直接断开，不会弯曲，断面光滑无气孔。假阿胶较有韧性，不易掰断，掰断后可能黏合起来，断面可能有气孔。

（4）透明度　真阿胶是半透明状的，可以用手机闪光灯照射来观察。假阿胶则几乎不透光。

（5）将阿胶砸成小块后，放入沸腾的水中进行搅拌，真阿胶会完全溶解，液体表面会浮起一层脂肪油，且无可见的颗粒状杂质。假阿胶难以完全溶解，可能会出现未溶解的絮状物等。

（6）包装和产地　在选择阿胶时，应优先考虑那些标明了生产商和生产地点的包装，并尽量选择知名度较高的、可信赖的大品牌。

通过以上方法，可以较为准确地辨别阿胶的真伪。

2. 永盛合阿胶的保存方法

正确的阿胶保存方法可以保护其质量、药效和营养价值，延长其使用寿命，以下是一些推荐的保存方法。

（1）防潮　阿胶应该存放在干燥的环境中，避免潮湿。潮湿环境会导致阿胶变质或发霉。

（2）避光　应将阿胶存放在避光的地方，避免阳光直射，因为紫外线可能会影响阿胶的质量。

（3）密封　阿胶应该密封保存，可以使用密封袋或密封罐来防止空气中的

叁　综合发展篇

湿气和杂质进入。

（4）低温　阿胶应存放在阴凉的地方，可以放在冰箱的冷藏室中，这样可以更好地保持其新鲜度和有效性。

（5）防虫　确保阿胶存放处的清洁，避免虫蛀。

（6）避免异味　阿胶容易吸收周围的气味，应远离有异味的物品，以免影响其品质。

（7）定期检查　定期检查存放的阿胶，确保没有发霉、变质等情况。

如果阿胶块表面出现霉点或颜色改变，有异味或味道发生变化，变质或粘连，不易砸碎，应避免使用。

四、永盛合阿胶的现代应用

（一）医疗应用

在现代医学体系中，永盛合阿胶作为一种传统中药，在多种疾病的治疗中得到了广泛应用。阿胶具有补血止血、滋阴润燥等功效，可有效治疗气血不足、阴虚火旺等引发的各类病症。例如，在治疗缺铁性贫血时，阿胶能够促进造血干细胞的增殖与分化，提高血红蛋白含量，改善贫血症状。对于血小板减少导致的出血性疾病，阿胶可通过调节凝血因子的活性，缩短凝血时间，从而起到止血的作用。

此外，永盛合阿胶还常被用于治疗多种妇科疾病，如月经不调、闭经及痛经等。它通过促进雌激素的分泌与代谢，改善子宫血液循环，从而缓解经期不适，调节月经周期。在中医临床实践中，永盛合阿胶对肺结核、慢性肝炎、慢性胃炎等慢性疾病的康复期治疗，亦能发挥其独特的作用，通过滋养肝肾、补益气血，增强机体免疫力，促进身体的恢复与调养。

（二）养生保健领域

随着现代人健康意识的提升，养生保健成为生活中的重要关注点。永盛合阿胶凭借其卓越的滋补功效，成为养生领域的宠儿。永盛合阿胶富含胶原蛋白、氨基酸和多种微量元素等营养成分，能够为人体提供日常所需的各种营养，增强体质，提高机体的抗疲劳能力与抗压能力。

长期服用永盛合阿胶，可有效提高睡眠质量，减少失眠、多梦和容易惊醒等与睡眠相关的问题。这是由于阿胶能够调节人体神经系统的功能，促进大脑神经递质的平衡，使人体在夜间能够更好地进入放松状态，从而提高睡眠深度与质量。同时，阿胶还具有抗氧化作用，能够清除体内的活性氧物质，有助于减缓细胞衰老过程，减少皱纹、色斑等皮肤老化问题的发生，使肌肤保持光滑细腻、富有弹性，实现由内而外的美容养颜效果。

在现代快节奏的生活中，人们常常面临精神压力大、免疫力下降等健康问题。永盛合阿胶能滋养气血、调和阴阳，有助于调节人体的免疫系统，增强机体的免疫力和对抗病原微生物的能力，对感冒、流行性感冒等疾病具有防护作用。对中老年人而言，永盛合阿胶通过补充骨骼所需的营养成分，有助于增强骨骼密度与韧性，防止骨质疏松的发生，降低骨折风险，为中老年人的健康生活保驾护航。

（三）美容护肤领域

在美容护肤方面，永盛合阿胶的应用也日益广泛。除了通过内服改善肌肤状态外，其在化妆品领域也有着独特的应用价值。现代研究发现，阿胶中的胶原蛋白成分能够与皮肤细胞结合，形成一层水合作用屏障，帮助皮肤锁住水分，从而维持皮肤的水润状态。同时，其含有的多种氨基酸等营养成分可促进皮肤细胞的代谢活动，激活胶原蛋白的合成过程，从而提高皮肤的弹性与紧致度，减少皱纹的生成。

许多高端护肤品品牌纷纷将阿胶提取物作为重要成分应用于产品研发中，推出了一系列具有保湿、抗皱、紧致等功效的护肤产品，如阿胶面膜、阿胶精华液、阿胶面霜等。这些产品一经推出便受到广大消费者的青睐，为美容护肤市场注入了新的活力与生机。

（四）永盛合阿胶的适用人群

北京同仁堂永盛合阿胶主要适合以下几类人群服用。①气血两亏人群：适用于因气血不足引起的身体瘦弱、面色苍白、疲劳无力等症状。②产后妇女：产后妇女在生产过程中失血较多，服用阿胶可以补血养气，帮助身体恢复。③术后患者：手术后的患者身体虚弱，服用阿胶有助于气血的恢复。④月经不调患者：阿胶有助于调节月经周期，改善月经不调的症状。⑤老年人：老年人

叁 综合发展篇

317

随着年龄的增长，气血逐渐亏损，服用阿胶可以滋补身体。

需要注意的是，虽然阿胶有诸多益处，但并不是所有人都适合服用。例如，体质偏热、感冒发热者及孕妇等特殊人群，在服用阿胶前应咨询医生或专业健康顾问。

五、总结

北京同仁堂永盛合阿胶在历史的长河中不断积淀，在现代社会更是凭借其在医疗、养生保健、美容护肤等多领域的卓越应用价值，焕发出新的生机与活力。在坚持传统工艺的同时，不断创新和适应市场需求，北京同仁堂不仅保持了其在中医药领域的领导地位，还成功地将传统中药推向国际市场。永盛合阿胶不仅是中医药文化的瑰宝，更是现代人们追求健康与美丽的得力助手，在传统与现代的交织中，续写着属于它的传奇篇章，为人类的健康事业作出贡献。总结来说，北京同仁堂永盛合阿胶的发展历史是中医药老字号成功转型和现代化的典范。

参考文献

[1] 张金聚，张英，孟江，等.阿胶历史沿革考 [J].中国中药杂志，2020，45（10）：2464-2472.

[2] 北京市药品监督管理局.北京市中药饮片炮制规范 [M].北京：化学工业出版社，2008.

[3] 国家药典委员会.中国药典（一部）：2020 年版 [M].北京：中国医药科技出版社，2020：197.

[4] 燕娜娜，熊素琴，陈鸿平，等.阿胶炮制历史沿革与现代研究进展 [J].中药材，2018，41（12）：2948-2952.

[5] 李娜.东阿阿胶、东阿镇阿胶及阳谷阿胶水溶性成分 HPLC 指纹图谱研究 [D].济南：山东中医药大学，2011.

[6] 陈伟，范文玺，王晓敏，等.UPLC-QqQ/MS 法检测阿胶强骨口服液阿胶及杂皮源成分 [J].中国民族民间医药，2023，32（24）：28-32.

[7] 曲媛鑫，付英杰.阿胶化学成分、质量控制及药理作用研究进展 [J].特产研究，2023，45（3）：136-143.

[8] 伊娜，杨铧，武勇，等.阿胶药理药效研究进展 [J].世界最新医学信息文摘，2017，17（54）：12-15.

[9] 安梦培，张守元，张淹，等.阿胶对免疫低下模型小鼠免疫功能的影响 [J].药物评价研究，2018，41（4）：567-571.

[10] 卢连华，周雯，张建岭，等.小分子阿胶纯粉片对小鼠免疫调节功能的影响 [J].天然产物研究与开发，2019，31（增刊1）：121-124.

[11] ZHU L，ZHAO W，LU J，et al. Influenza virus matrix protein M1 interacts with SLD5 to block host cell cycle[J].Cellular microbiology，2019，21（8）：e13038.

[12] 张国伟，马俊华，梁玉景，等.不同分子质量阿胶组分对 RAW264.7 小鼠巨噬细胞的免疫调节作用 [J].食品与发酵工业，2022，48（14）：125-131.

[13] 杨敏春，李清林.阿胶、鳖甲胶对高血脂症大鼠血脂水平及血液流变学的影响 [J].中华中医药学刊，2016，34（4）：849-854.

[14] 李民，刘丽，张守元，等.复方阿胶浆对血液系统的作用机制及临床应用 [J].药学研究，2018，37（2）：112-114.

[15] SHEN L，CHEN H，ZHU Q，et al. Identification of bioactive ingredients with immuno-enhancement and anti-oxidative effects from Fufang-Ejiao-Syrup by LC-MS（n）combined with bioassays [J].Journal of pharmaceutical and biomedical analysis，2016，117：363-371.

[16] WANG D，LIU M，CAO J，et al. Effect of Colla corii asini（E'jiao）on D-galactose induced aging mice[J].Biological & pharmaceutical bulletin，2012，35（12）：2128-2132.

[17] 汝文文，和娴娴，钤莉妍，等.阿胶对围绝经期大鼠卵巢颗粒细胞凋亡及 Bcl-2 和 Bax 表达的影响 [J].中国药物评价，2015，32（32）：147-150.

[18] 耿彩霞，于新巧，赵纪刚.阿胶黄芪口服液治疗围绝经期综合征 86 例疗效观察 [J].中国中医药科技，2010，17（3）：210.

[19] 李洪梅，孙建辉，赵婷婷，等.复方阿胶颗粒对月经不调和痛经的药理作用研究 [J].中医药导报，2016，22（12）：48-50.

[20] WU HZ，REN CY，YANG F，et al. Extraction and identification of Collagen-derived peptides with hematopoietic activity from Colla Corii Asini [J].

叁　综合发展篇

Ethnopharmacology，2016，182（8）：129.

[21] 卢艳，韩丽，铃莉妍，等.阿胶枣对小鼠免疫调节作用的研究 [J].中国药物评价，2016，33（5）：423-425，430.

[22] 安梦培，张守元，张淹，等.阿胶对免疫低下模型小鼠免疫功能的影响 [J].药物评价研究，2018，41（4）：567-571.

[23] 郭健，孙佳明，张志颉，等.阿胶化学成分及药理作用研究进展 [J].吉林中医药，2013，33（4）：389-391.

[24] 吴宏忠，杨帆，崔书亚，等.阿胶酶解成分对贫血小鼠造血系统的保护机制 [J].华东理工大学学报（自然科学版），2008，34（1）：47-52.

[25] 张荻，侯丽，孙韬，等.复方阿胶浆改善化疗相关性贫血的临床研究 [J].北京中医药大学学报（中医临床版），2012，19（3）：15-18.

[26] 巴红娟，黎冰.复方阿胶浆治疗老年贫血的临床观察 [J].中外医学研究，2013，11（34）：22-23.

[27] 刘谷全.中药阿胶的临床应用及药理作用 [J].临床合理用药杂志，2014（35）：74-75.

[28] 张萍.阿胶的真伪鉴别以及炮制经验 [J].中国社区医师，2015（22）：14-15，17.

[29] 李志，陈壁锋，黄俊明，等.阿胶口服液对小鼠细胞免疫和体液免疫功能的影响 [J].中国卫生检验杂志，2008，18（7）：1426-1427，1437.

[30] 李辉，王静凤，赵芹，等.阿胶的活性成分及其对运动小鼠的抗疲劳作用研究 [C]// 中国畜牧业协会.首届（2015）中国驴业发展大会高层论坛论文汇编.北京：中国畜牧业协会，2015：148-153.

[31] 姚定方，张亚霏，周玉峰，等.阿胶对内毒素性休克狗血液动力学、流变学及微循环的影响 [J].中国中药杂志，1989，（1）：44-46，64.

[32] 熊雅茹，傅红，杨方.阿胶多肽的高分辨质谱鉴定及活性研究 [J].天然产物研究与开发，2020，32（8）：1348-1356.

[33] 梁荣，徐乐，樊琛，等.酶解法制备阿胶蛋白肽工艺条件优化及抗氧化活性分析 [J].食品工业科技，2024，45（10）：217-224.

[34] 国家药品监督管理局.OTC 中药说明书范本——"永盛合阿胶说明书"基本信息 [EB/OL].（2002-11-06）[2024-12-06]. https://www.nmpa.gov.cn/datasearch/search-info.html?nmpa=aWQ9MzY2MCZpdGVtSWQ9ZmY4MDgwO

DE4NDViZTIyOTAxODQ2NDlhZGZmYzAyOGE=.

[35] 道客巴巴.地黄丸系列 [EB/OL].（2002–11–06）[2024–12–06]. https://www.doc88.com/p-9853177821027.html.

[36] 邓广辉，贾慧，李允家，等.二陈汤通过调控脾脏铁转运能力改善非酒精性脂肪性肝病小鼠的铁代谢 [J].南方医科大学学报，2023，43（8）：1287–1296.

[37] 陈梦琦，劳慧敏，张桂菊，等.基于《中华医典》探讨清代医家治疗哮喘的用药规律 [J].山东中医药大学学报，2021，45（5）：640–645.

[38] 杨万林，张樱山.二陈汤治疗呼吸系统疾病的研究现状 [J].中国临床药理学杂志，2024，40（8）：1236–1240.

[39] 包永生，谢文英，王俊月.二陈汤研究进展 [J].中国实验方剂学杂志，2019，25（23）：9–18.

[40] 王辉.探究永盛合阿胶治疗肿瘤化疗相关性贫血的临床效果 [J].首都食品与医药，2024，31（7）：145–147.

[41] 邹济源，杜莹洁.探究永盛合阿胶治疗肿瘤化疗相关性贫血的疗效及改善生活质量的效果 [J].首都食品与医药，2024，31（2）：155–157.

叁　综合发展篇

HB.19 膏方中胶类中药的应用分析

刘斯宁 ①　　李慧玉 ②　　王丽新 ③

摘　要：胶类中药作为膏方的重要组成部分，兼具赋形、增效双重功能，具有独特的药用价值和临床意义。本文重点分析阿胶、龟甲胶、鹿角胶、黄明胶等在膏方中的应用特点及临床价值，探讨其在中医临床中的作用及发展前景，为临床合理应用胶类中药提供参考。

关键词：胶类中药；膏方；临床价值

一、引言

膏方作为中医临床中一种具有营养滋补和治疗预防综合作用的方剂，其历史悠久、疗效显著。胶类中药在膏方中发挥着独特作用，近年来受到越来越多的关注，是中医学的瑰宝和独特发明。阿胶、龟甲胶、鹿角胶、黄明胶等胶类中药的临床价值及其在膏方中的应用值得进一步深入探讨。

二、膏方中胶类中药的应用

（一）阿胶

阿胶为马科动物驴的干燥皮或鲜皮经煎煮、浓缩制成的固体胶[1]。其性

① 刘斯宁，国家胶类中药工程技术研究中心。
② 李慧玉，国家胶类中药工程技术研究中心。
③ 王丽新，同济大学附属上海市肺科医院中西医结合科主任医师、教授。

322

平，味甘，归肺、肝、肾经，具有补血滋阴、润燥、止血功效，用于治疗血虚萎黄、眩晕心悸、肌痿无力、心烦不眠、虚风内动、肺燥咳嗽、劳嗽咯血、吐血尿血、便血崩漏、妊娠胎漏等症。在膏方中，阿胶常用于治疗血虚、阴虚、虚劳咳嗽、失眠、月经不调、不孕、肿瘤骨髓抑制等症。现代研究表明，阿胶具有提高机体免疫力 [2]、改善各类贫血 [3-5]、助孕 [6]、改善骨髓抑制 [7]、美容 [8]、抗疲劳 [9] 等作用。

1. 阿胶的历史沿革

阿胶的历史源远流长，最早见于《五十二病方》。其名称源自《神农本草经》，被列为上品，书中记载其功效为："主心腹内崩……女子下血，安胎。久服轻身益气。"《本草经集注》中载："出东阿，故曰阿胶。"历代医家经过数千年的经验积累及临床实践，对阿胶有了深入的认识，形成了有关阿胶丰富的医药史料，包括药性药理记载、医方、医案及论述等。在古代医学典籍中，关于阿胶的医案记载多达 1700 余例，其主要功效包括补血止血、滋阴润肺、养心安神、美容养颜等，涵盖了内科、外科、妇科、儿科及各种杂病等领域。其中，《伤寒杂病论》中涉及阿胶的方剂就有 20 种之多。由此可见，阿胶在临床应用中的价值颇高。

2. 阿胶的制作工艺

阿胶的制作工艺复杂而精细，传统工艺包括洗皮、泡皮、凉皮、刮毛、焯皮、化皮、炼胶、切胶、擦胶、包装等多个步骤。现代膏方制作在继承传统工艺的基础上，引入了先进的技术和设备，提高了生产效率和产品质量。制作过程中，驴皮的选择至关重要，如东阿阿胶股份有限公司选用整张纯驴皮，采用数字化、自动化质控的生产线，使杂质精准去除，保证胶原蛋白水解程度均一，提高阿胶溶解度。

3. 阿胶的化学成分与药理作用

胶类中药含有大量的蛋白质、多肽、氨基酸和丰富的微量元素。阿胶中蛋白质、多肽、氨基酸含量为 60%～80%，含有 18 种氨基酸，其中甘氨酸占比为 18.83%，脯氨酸占比为 9.40%，谷氨酸占比为 8.63%。这些成分共同作用，赋予阿胶多种药理活性。研究发现，阿胶能够促进造血功能，提高红细胞、血红蛋白、白细胞、血小板水平，对贫血有显著的改善作用。此外，阿胶还具有增强机体免疫力、抗疲劳、抗辐射等作用，这些作用与其所含的多种生物活性物质密切相关。

4. 阿胶在膏方中的应用实例

在临床应用中，阿胶常与其他中药配伍使用，以增强疗效。例如，在治疗血虚引起的面色苍白、头晕目眩、心悸失眠等症状时，常与熟地黄、当归、白芍等补血药同用。在治疗肺燥咳嗽时，可与麦冬、贝母、杏仁等润肺止咳药配伍使用。

5. 历代经方中的阿胶

阿胶在经方中的应用十分广泛，历代著作对此论述颇丰，见表1。

表1 历代经方中的阿胶

科室	病种	经方
妇科/妇产科	经孕产乳更：月经不调、崩漏、更年期综合征、绝经前后诸证、不孕症、产前安胎、产后补气血	两地汤（《傅青主女科》）：滋阴清热。（阿胶三钱，约11.25g） 温经汤（《金匮要略》）：温经散寒，养血暖宫。（阿胶二两，约27.6g） 芎归胶艾汤（《金匮要略》）：养血止血，调经安胎。（阿胶二两，约27.6g） 清肝止淋汤（《傅青主女科》）：清肝滋任，化湿止带。（阿胶三钱，约11.25g） 寿胎丸（《医学衷中参西录》）：补肾，安胎，肾虚滑胎，及妊娠下血，胎动不安，胎萎不长者。（真阿胶二两，约27.6g） 白头翁加甘草阿胶汤（《金匮要略》）：清热解毒，凉血止痢，养血滋阴。（阿胶二两，约27.6g）
内科	血液疾病：缺铁性贫血、再生障碍性贫血、慢性病贫血、血小板减少症、白细胞减少症 脾胃疾病：胃出血、胃溃疡、赤白痢疾、便秘 脑病类：失眠	黄土汤（《金匮要略》）：温阳健脾，养血止血。（阿胶三两，约41.4g） 大黄甘遂汤（《金匮要略》）：破瘀逐水，养血扶正。（阿胶二两，约27.6g） 三甲复脉汤（《温病条辨》）：滋阴清热，潜阳息风。（阿胶三钱，约11.25g） 黄连阿胶汤（《伤寒论》）：降火安神，心肾不足，心烦失眠。（阿胶三两，约41.4g） 炙甘草汤（《伤寒论》）：益气滋阴，通阳复脉，养血定悸。（阿胶二两，约27.6g） 猪苓汤（《伤寒论》）：利水，养阴，清热。（阿胶一两，约13.8g）
肿瘤科	放化疗及术后补气血、升高血小板、提高免疫力	可大剂量阿胶单用，也可配方使用，多为各医院自拟方 经方应用： 薯蓣丸（《金匮要略》）：虚劳诸不足，风气百疾。（阿胶七分，约7g）

科室	病种	经方
呼吸科	肺燥咳嗽、劳嗽咯血、肺损呕血、肺风喘促、慢阻肺	清燥救肺汤（《医门法律》）：清燥润肺，养阴益气。（真阿胶八分，约3g） 阿胶散（又名补肺散）（《小儿药证直诀》）：养阴清肺，止咳平喘。（阿胶一两半，约45g） 月华丸（《医学心悟》）：滋阴保肺，消痰止咳。（阿胶一两，阿胶30g） 桔梗杏仁煎（《景岳全书》）：养肺滋阴，兼清脓毒。（阿胶二钱，约6g）
治未病	亚健康调治，面色苍白、萎黄，精神不振，免疫力低下，腰膝酸痛等	可用食补汤方： 阿胶固元膏、阿胶粳米粥等

（二）阿胶珠

阿胶珠是阿胶经炒制后制成的珠状物，现行标准中炒制辅料分为蛤粉和蒲黄两类。

1. 阿胶珠的制作工艺

取阿胶，切成1厘米左右的丁，照炒法（通则0213）用蛤粉烫至成珠，内无溏心时，取出，筛去蛤粉，放凉。制作好的阿胶珠表面呈棕黄色或灰白色，附有白色粉末。体轻，质酥，易碎。断面中空或多孔状，淡黄色至棕色。气微，味微甜[1]。

2. 阿胶珠的炮制作用

根据炮制机理，烫制能降低阿胶的滋腻之性，矫正不良气味，更方便患者服用，同时起到增效作用。传统经验认为蒲黄炒阿胶可增强阿胶补血止血的作用，蛤粉炒阿胶有入肺、清热化痰的作用[10]，如清代汪昂的《本草备要》载："蛤粉炒祛痰。"

（三）黄明胶

黄明胶主要由牛科动物黄牛的皮熬制而成[11]，又称水胶、牛皮胶、海犀胶，味甘性平，归肺、肝、肾经，具有滋阴润燥，养血止血的功效，用于体虚便秘的治疗。黄明胶的使用历史悠久，明代李时珍的《本草纲目》记载，其可治"一切痈疽肿毒，活血止痛，润燥，利大小肠"。明代倪朱谟在《本草汇言》中说："黄明胶，止诸般失血之药也。"《本草备要》云："黄明胶，甘平。功与阿胶相近，亦可代用。用葱白煮粥，通大便"。现代研究发现，黄明胶可以治疗大鼠慢传输型便秘[12]，动物实验表明，黄明胶能在一定程度上减轻肺部炎症，但疗效不及阿胶[13]。

（四）龟甲胶

龟甲胶为龟甲经水煎煮、浓缩制成的固体胶[1]，呈长方形或方形的扁块或丁状。深褐色。质硬而脆，断面光亮，对光照视时呈半透明状。气微腥，味淡。其性凉，味咸、甘，归肝、肾、心经。滋阴，养血，止血。用于治疗阴虚潮热，骨蒸盗汗，腰膝酸软，血虚萎黄，崩漏带下。在膏方中，龟甲胶常用于治疗阴虚发热、骨蒸潮热、盗汗、遗精等症。现代研究表明，龟甲胶具有调节免疫功能、改善骨质疏松等作用。

1. 龟甲胶的化学成分与药理作用

龟甲胶含有骨胶原、胶质、脂肪、钙、磷、肽类、酶和多种氨基酸，及锶、锌、铜、锰、铬、镁、铁等多种人体必需的微量元素，还含有甾族化合物、脂肪酸、脂肪酸酯和氨基酸等[14]。现代研究发现，龟甲胶具有改善更年期骨质疏松症[15]、提高免疫力[16]、改善少弱精子症[17]、抗氧化[18]、治疗失眠[19]等作用。

2. 龟甲胶在膏方中的临床应用

在膏方中，龟甲胶常与其他滋阴潜阳、益肾健骨的药物配伍使用。例如，在治疗阴虚发热、骨蒸潮热时，可与知母、黄柏、地骨皮等药物同用。在治疗盗汗、遗精时，可与牡蛎、龙骨、浮小麦等药物配伍。

《神农本草经》记载，龟甲"味咸平。主漏下赤白，破癥瘕痎疟，五痔，阴蚀，湿痹，四肢重弱，小儿囟不合。久服，轻身不饥"。清代黄宫绣的《本草求真》记载："龟胶，经板煎就，气味益阴……补阴分之阴，用板不如用胶……是以古人滋阴多以地黄为率，而龟板、龟胶止以劳热骨蒸为用。"

（五）鹿角胶

鹿角胶为鹿科动物梅花鹿或马鹿的角经水煎煮、浓缩制成的固体胶。呈扁方形块状或丁状。黄棕色或红棕色，半透明，有的上部有黄白色泡沫层。质脆，易碎，断面光亮。气微，味微甜。其性温，味甘、咸，归肾、肝经，温补肝肾，益精养血。用于肝肾不足所致的腰膝酸冷，阳痿遗精，虚劳羸瘦，崩漏下血，便血尿血，阴疽肿痛[1]。现代研究表明，鹿角胶具有促进造血、改善肾功能等作用。

1. 鹿角胶的化学成分及药理作用

鹿角胶主要含有胶原蛋白、多种氨基酸、微量元素等成分[20]。研究发现，鹿角胶具有改善贫血、增强机体免疫力、抗疲劳、治疗更年期骨质疏松[21]、抗炎镇痛[22]、抗放化疗骨髓抑制[23]、改善骨关节炎[24]、男性不育[25]等作用。

2. 鹿角胶在膏方中的临床应用

在膏方中，鹿角胶常与温补肾阳、补益精血的药物配伍使用。例如，在治疗肾阳虚所致的腰膝酸软、头晕耳鸣时，可与淫羊藿、巴戟天、肉苁蓉等药物同用。在治疗遗精、早泄时，可与金樱子、芡实、莲须等药物配伍。

《神农本草经》中记载白胶"主伤中劳绝，腰痛，羸瘦，补中益气，妇人血闭无子，止痛，安胎。久服轻身延年。一名鹿角胶"。明代《神农本草经疏》说："鹿乃仙兽，纯阳之物也。其治劳伤羸瘦，益肾添精，暖腰膝，养血脉，强筋骨，助阳道之圣药也。"

三、质量控制与产业挑战

（一）质量控制的主要挑战

1. 原料稀缺性导致掺假问题

资源紧张：阿胶（驴皮胶）依赖驴皮资源，但国内驴存栏量持续下降（根据 FAO 数据，中国驴存栏量近 30 年减少约 76%），导致原料价格飙升，部分企业转向进口驴皮（如非洲、南美），但大多数供应链稳定性无法保证。

掺假手段多样：①低价替代。以马皮、猪皮、牛皮冒充驴皮（马皮羟基脯氨酸含量与驴皮相近，传统检测方法易漏检）。②混伪掺杂。在阿胶糕、复方制剂中降低胶类含量，掺入明胶或工业胶。③行业影响。掺假导致产品药效降低，甚至引发安全问题（如重金属超标、使用非法添加剂）。

叁　综合发展篇

2. 检测技术瓶颈

传统鉴别方法的局限性：性状鉴别（如"透光性、断面纹理"）依赖经验，主观性强，难以标准化。理化检测（如灰分、水分、重金属）仅能评估部分质量指标，无法精准鉴别物种来源。

深加工产品的检测难题：阿胶糕、口服液等成品中，胶类成分被稀释，常规高效液相色谱（HPLC）或 PCR 法检测灵敏度不足。复方制剂中多种成分干扰，导致特征峰重叠，影响检测准确性。

（二）技术创新与行业应对策略

1. 分子鉴别技术的突破

特征肽检测法：

原理：基于 LC–MS/MS（液相色谱–串联质谱），对驴、马、牛等胶原蛋白的特异性肽段进行鉴别。

应用案例：东阿阿胶股份有限公司联合中国食品药品检定研究院制定《阿胶中驴源性成分检测标准》（2015 年），可检出 0.1% 的马皮或牛皮掺假。《中国药典》2020 年版收录 PCR 法和特征肽法作为阿胶真伪检测标准，其中 DNA 条形码技术适用于原料皮张的物种鉴定，但对深加工产品（高温熬制后 DNA 降解）的适用性有限。

2. 产学研合作推动标准化

国家胶类中药工程技术研究中心"一中心三高地"战略，研究内容如下。

物质基础解析：通过代谢组学、蛋白质组学明确各种胶类中药的活性成分（如小分子肽、糖胺聚糖）。

作用机制研究：如阿胶促进造血功能的信号通路（Wnt/β–catenin，EPO 调控）。

标准化生产：制定驴皮采收、熬胶工艺（如"东阿水提胶"技术）的 SOP，确保批次一致性。

开发快速质控设备（如近红外光谱在线监测水分和氨基酸含量）。

高校与企业协同：山东中医药大学、中国药科大学等机构参与制定《胶类中药绿色制造指南》，推动低碳生产。

四、结语及展望

阿胶、鹿角胶、龟甲胶、黄明胶等胶类中药在膏方中不仅能够发挥滋阴养血、补肾益精、润燥止血等传统功效，还因其富含胶原蛋白和多种活性成分，在现代医学研究中展现出抗衰老、免疫调节、抗氧化等多重作用。胶类中药在膏方中的应用不仅增强了药物的疗效，还改善了膏方的口感和稳定性，为患者提供了更为便捷有效的治疗方式。

然而，胶类中药的应用也要遵循中医辨证施治的原则，针对不同体质和病症进行合理配伍与剂量调整。同时，现代研究应进一步深入探讨其作用机制和安全性，以期为胶类中药在膏方中的科学应用提供更多依据。未来，随着中医药现代化进程的推进和临床研究的深入，胶类中药在膏方中的应用将更加广泛和精准，为中医药的传承与创新注入新的活力。

总之，胶类中药在膏方中的应用充分体现了中医药"治未病"和"辨证论治"的理念，其独特价值将继续为人类健康事业作出重要贡献，未来应用前景十分广阔。

参考文献

[1] 国家药典委员会. 中华人民共和国药典：2020 年版 [M]. 北京：中国医药科技出版社，2020.

[2] 陈瑛琪，任世利，刘广志，等. 阿胶多肽的组成及功能研究进展 [J]. 山东农业大学学报（自然科学版），2024，55（2）：288-294.

[3] WU H Z，YANG F，CUI S Y，et al. Hematopoietic Effect of Fractions from the Enzyme-Digested Colla Corii Asini on Mice with 5-Fluorouracil Induced Anemia [J]. The American Journal of Chinese Medicine，2007，35（5）：853-866.

[4] LI Y F，HE H，YANG L L，et al. Therapeutic Effect of Colla Corii Asini on Improving Anemia and Hemoglobin Compositions in Pregnant Women with Thalassemia [J]. International Journal of Hematology，2016，104（5）：559-565.

[5] 袁通金，杨金美，韩华梦. 阿胶治疗儿童血小板减少症的临床论治 [J]. 内蒙古

叁 综合发展篇

中医药，2024，43（6）：37–39.

[6] 杨嫦玉，杨桂艳，张颖，等 . 阿胶治疗对不孕症患者子宫内膜容受性的改善 [J]. 中国优生与遗传杂志，2012，20（12）：114–115.

[7] 黄金菊，周跃华，殷东风 . 阿胶治疗癌症患者肿瘤相关性贫血临床研究 [J]. 亚太传统医药，2018，14（7）：167–169.

[8] 伊娜，杨铧，武勇，等 . 阿胶药理药效研究进展 [J]. 世界最新医学信息文摘，2017，17（54）：12–15.

[9] 姜一朴，邸志权，王延涛，等 . 小分子阿胶抗疲劳、抗氧化及止血作用研究 [J]. 中国药理学通报，2019，35（2）：203–208.

[10] 燕娜娜，熊素琴，陈鸿平，等 . 阿胶炮制历史沿革与现代研究进展 [J]. 中药材，2018，41（12）：2948–2952.

[11] 向诚，郭晶磊 . 皮胶类药物在中医应用中的历史演变 [J]. 中医药文化，2020，15（5）：46–58.

[12] 赵婷婷，王春艳，李士栋，等 . 黄明胶治疗大鼠慢传输型便秘 [J]. 中成药，2017，39（11）：2376–2381.

[13] 张喆，胡晶红，姚成芳，等 . 阿胶、黄明胶对被动吸烟小鼠肺脏 Th17/Treg 细胞亚群分化及相关细胞因子表达的影响差异 [J]. 中国免疫学杂志，2019，35（1）：35–40.

[14] 唐宇，肖丹，刘子毓，等 . 龟甲胶的研究现状及展望 [J]. 中华中医药杂志，2019，34（6）：2593–2598.

[15] 钟秀远 . 基于氨基酸代谢途径探讨龟甲胶对 PMOP 模型大鼠的作用机制 [D]. 长沙：湖南中医药大学，2022.

[16] 肖丹，唐宇，何清湖，等 . 龟甲胶对不同年龄不同性别免疫低下型大鼠的调节作用研究 [J]. 时珍国医国药，2022，33（6）：1322–1325.

[17] 盛文 . 基于 Bcl-2/Bax 通路及线粒体功能探讨龟甲胶治疗肾阴亏虚型少弱精子症的作用机制 [D]. 长沙：湖南中医药大学，2021.

[18] 刘俐，何清湖，唐宇，等 . 龟甲胶对肾阴虚大鼠抗氧化活性和 Bax、Bcl-2 蛋白表达的影响 [J]. 世界科学技术 – 中医药现代化，2021，23（5）：1406–1414.

[19] 施敏，刘富林，夏旭婷，等 . 龟甲胶治疗围绝经期失眠症的网络药理学研究 [J]. 世界中医药，2022，17（16）：2276–2280.

[20] 陆包伟，王能，何清湖 . 鹿角胶的最新研究进展 [J]. 光明中医，2021，36（17）：2881-2884.

[21] 蒙海燕，曲晓波，李娜，等 . 鹿茸及鹿角胶对去卵巢大鼠骨质疏松症的影响[J]. 中药材，2009，32（2）：179-182.

[22] 张婧卓，林喆，律广富，等 . 鹿角胶的抗炎镇痛作用研究 [J]. 吉林中医药，2014，34（10）：975-977.

[23] 李晶，李娜，律广富，等 . 鹿角胶对环磷酰胺所致血虚模型小鼠的影响 [J]. 吉林中医药，2014，34（10）：973-975.

[24] 林嘉辉，陈炳艺，龙美兵，等 . 龟甲胶和鹿角胶含药血清对豚鼠骨关节炎软骨细胞 JNK 及 p38 MAPK 基因表达的影响 [J]. 中国中医骨伤科杂志，2016，24（10）：1-4.

[25] 赵明，高庆和，晏斌，等 . 基于"肾主生殖"理论论治男性不育症 [J]. 中医学报，2023，38（5）：970-974.

叁 综合发展篇

"健康经济与管理系列"简介

　　蓝皮书是权威学术智库作品,具有高水准、规范严格、作者代表广泛、影响力大、研创周期长、研创成本高等特点。"健康经济与管理系列"由侯胜田教授发起并担任总主编,不仅涵盖传统医疗康养领域,而且特别关注新兴和朝阳领域,如大健康、中医药、康养休闲旅居、数智健康、数智医疗、数智康养、数智中医药、数智健康管理、健康科技转化、食药同源、中医膏方、银龄产业等。"健康经济与管理系列"每部蓝皮书都由总报告和多篇分报告组成,每篇报告都基于该领域发展现状,聚焦分析本领域发展挑战与问题,不仅对前景进行分析和预测,更关注提供创新性问题解决方案或对策建议。

　　"健康经济与管理系列"蓝皮书规划研创出版 30 个分系列,已经陆续出版近 20 个分系列,涵盖全球健康、全球中医药、世界传统医药、健康产业、中医医院、中医医馆、互联网医院、医养结合、健康旅游、康养旅居、森林康养、中医药文创、数智健康、数智中医药、银龄产业、食药同源、中医膏方、中医药科技成果转化等行业 300 多个细分领域。正在筹组编委会的领域包括:饮食康养、运动康养、高原康养、温泉康养、园艺康养、中药产业、医疗器械、人参产业、民族医药、医院运营、医院学科、医院护理、医院后勤、数智医疗、数智康养、数智健康管理等。

　　来自国内外近两千位作者参加了"健康经济与管理系列"蓝皮书研创。蓝皮书作者来自:国家卫生健康委员会、国家中医药管理局、中国医学科学院、中国中医科学院、北京市中医药管理局；江苏省卫生健康委、上海市卫生与健康发展研究中心、山东大学卫生管理与政策研究中心、中国中医科学院中医药信息研究所、中国中医科学院中医临床基础医学研究所、中国中医药科技发展中心、天津市医学科学技术信息研究所、北京市卫生健康大数据与政策研究中心、广东省社会科学院、广东省中医药科学院、北京中医药研究所、北京市西城区医疗机构管理服务中心等相关政府管理和研究机构。

"健康经济与管理系列"蓝皮书作者主要来自：清华大学、北京大学、上海交通大学、北京理工大学、东南大学、澳门大学、澳门城市大学、河北大学、北京林业大学；北京协和医学院、北京中医药大学、温州医科大学、上海中医药大学、广州中医药大学、天津中医药大学、河北中医药大学、山东中医药大学、陕西中医药大学、甘肃中医药大学、江西中医药大学、湖南中医药大学、湖北中医药大学、成都中医药大学、黑龙江中医药大学、长春中医药大学、辽宁中医药大学、山西中医药大学、云南中医药大学、河南中医药大学、海南医学院、牡丹江医学院、广东药科大学、重庆中医药学院、上海健康医学院、河北水利电力学院、沧州医学高等专科学校、沧州师范学院；首都经贸大学、北京工商大学、北京第二外国语学院、北京联合大学、中华女子学院、三亚学院、上海城建职业学院、攀枝花学院、上海工商外国语职业学院等。

"健康经济与管理系列"蓝皮书作者还来自北京协和医院、中国人民解放军总医院、中日友好医院、四川大学华西医院、首都医科大学宣武医院、首都医科大学附属北京中医医院、北京回龙观医院、北京小汤山医院；江苏省中医医院、北京中医药大学第三附属医院、北京中医药大学东直门医院、北京中医药大学东方医院、北京中医药大学房山医院、清华大学玉泉医院（清华大学中西医结合医院）、北京广安门医院、北京市鼓楼中医医院、北京丰台中西医结合医院、北京市房山区良乡医院、北京市第六医院、北京市第一中西医结合医院、广东省中医院、广州中医药大学深圳医院、山东中医药大学附属医院、上海中医药大学附属龙华医院、上海中医药大学附属曙光医院、三亚市中医医院、苏州市中医医院、扬州市中医医院、杭州市中医医院、四川彭州中医医院、中国中医科学院广安门医院保定医院、贵州中医药大学第二附属医院、乌鲁木齐市米东区中医医院、北京华信医院；中国人民解放军空军特色医学中心、广东省人民医院、大连理工大学附属中心医院、中南大学湘雅二医院、新疆医科大学第一附属医院、西安国际医学中心医院、山西省肿瘤医院、杭州市红会医院、广州市红十字会、黑龙江省总工会医院、北京市朝阳区紧急医疗救援中心、河南中医药大学附属郑州市大肠肛门病医院、西安中医脑病医院等。

部分作者还来自国药集团、中国康养集团、腾讯、京东、百度、浪潮、东软集团、北京同仁堂科技发展股份有限公司、东阿阿胶股份有限公司、固生堂等企业；国家自然博物馆、中国药用植物研究所、广西壮族自治区药用植物园、成都中医药大学药用植物园；广东中医药博物馆、上海中医药博物馆、亚洲糖尿病防治（香港）研究院；广西旅发大健康产业集团有限公司、长城保险经纪有限公司、和君集团、深圳市前海汇颐科技有限公司、北京华夏健业研究院、医联医生集团（深圳）有限公司、行客旅游网、北京吴少博律师事务所、河南易展堂药业有限公司、华夏药食同源供应链平台（北京）有限公司、北京鹤年堂医药有限责任公司、四川省农业科学院经济作物研究所、科智咨询株式会社、日本科学城筑波日中协会、扬裕医疗科技（保定）有限公司等知名企业或研究机构。

部分作者还来自北京中医生态文化研究会、中国老年学和老年医学学会国际旅居康养分会、世界中医药学会联合会国际健康旅游专业委员会、世界中医药学会联合会医养结合专业委员会、中国中医药信息学会医养居融合分会、中国中医药信息学会膏方分会等。

　　"健康经济与管理系列"蓝皮书出版后，编委会将适时组织蓝皮书首发仪式、蓝皮书发布会、蓝皮书研讨会、蓝皮书巡讲等宣传分享活动。截至2025年6月，"健康经济与管理系列"已经陆续在北京、上海、广州、成都、长春、保定、常州、海口、雄安等地举办了数十次蓝皮书发布和研讨活动，后续宣讲分享活动正在持续进行中。

致　　谢

　　衷心感谢北京中医药大学管理学院、北京中医药大学国家中医药发展与战略研究院健康产业研究中心、澳门城市大学大健康学院、上海交通大学健康长三角研究院、清华大学社会科学学院健康产业与管理研究中心、温州医科大学大健康发展研究院、四川省中医药科学院中华中医药文化研究院、北京中医生态文化研究会、中国老年学和老年医学学会国际旅居康养分会、世界中医药学会联合会国际健康旅游专业委员会、世界中医药学会联合会医养结合专业委员会、中国中医药信息学会医养居融合分会、中国药膳研究会酒与食养专业委员会、北京中西医慢病防治促进会膏方诊疗分会、北京同仁堂科技股份发展有限公司、东阿阿胶股份有限公司、北京华夏健业生态农业研究院有限公司、北京稷安国际健康管理服务有限公司、云华堂（北京）中医药科技有限公司等单位对本书研创出版的支持。特别感谢中国中医药出版社、华夏律康（北京）信息咨询有限责任公司等单位对本蓝皮书研创、出版和发布提供的组织和协调工作的大力支持。